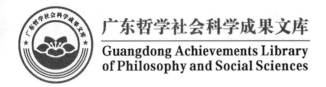

广东哲学社会科学成果文库
Guangdong Achievements Library
of Philosophy and Social Sciences

近现代化进程中的"客商"研究

JINXIANDAIHUA JINCHENG ZHONG DE "KESHANG" YANJIU

闫恩虎　著

中山大学出版社
SUN YAT-SEN UNIVERSITY PRESS

·广州·

图书在版编目（CIP）数据

近现代化进程中的"客商"研究/闫恩虎著．—广州：中山大学出版社，2023.12

（广东哲学社会科学成果文库）

ISBN 978 - 7 - 306 - 07925 - 1

Ⅰ. ①近…　Ⅱ. ①闫…　Ⅲ. ①客家人—商业文化—研究—中国　Ⅳ. ①F729

中国国家版本馆 CIP 数据核字（2023）第 201283 号

出　版　人：王天琪
策划编辑：金继伟
责任编辑：麦晓慧
封面设计：曾　斌
责任校对：梁恺桐　陈　颖
责任技编：靳晓虹
出版发行：中山大学出版社
电　　话：编辑部 020 - 84110283，84113349，84111997，84110779，84110776
　　　　　发行部 020 - 84111998，84111981，84111160
地　　址：广州市新港西路 135 号
邮　　编：510275　传　　真：020 - 84036565
网　　址：http：//www.zsup.com.cn　E-mail：zdcbs@mail.sysu.edu.cn
印　刷　者：佛山市浩文彩色印刷有限公司
规　　格：787mm×1092mm　1/16　19.5 印张　350 千字
版次印次：2023 年 12 月第 1 版　2023 年 12 月第 1 次印刷
定　　价：78.00 元

前　言

客家商人（简称"客商"，Hakkas Businessmen）及其形成的"客家商帮"在近代以前的中国商界无论是实力和名声都并不是很突出，原因有三：一是其活动重点区域在南洋；二是在国内没有取得大宗商品的专营权，不像晋商在明代垄断朝廷对蒙古战事的物资供应，或者像徽商取得盐业等的专营权；三是它并非地缘性商帮，也非业缘性行帮，而是以文化为纽带的族群性商帮。清初，"客商"是江西、四川等地经济复苏以及南中国山区开发的重要力量，在艰难的垦殖经营中深化"中国"的国家意识和文化理念。客家族群的自觉发生在 19 世纪末，在此之前他们多被归类于广东帮或福建帮、江右帮。近代以后，海外"客商"率先突破传统商人的封闭性，作为变革者，成为近现代化的推动力量。罗香林说："自从明末清初，客家人士随着同住闽粤的其他汉人，竞向海外各地从事工商业的经营以后，因经济势力的澎涨，中西人士始渐有注意到客家民系来的。"①

一

本书中涉及的海外"客商"，大部分仅是粗通文墨的农家子弟，因生活所迫，甚至不得不靠借贷，漂洋过海务工经商，有的人在短短十几年时间，成为世界一流的企业家，而且还将子女培养成人才。温雄飞 90 多年前就感慨，这些人无丝毫祖国政治之力援助保护，仅靠团结而苗壮生存，俊秀者且更握经济上之大权，跻身富显，作居留地之巨室，是何因缘能力而克至此？"匹夫编氓，赤手空拳，万里南来。一跃而为百数十万之富豪，握经济上一部分之牛耳。其人之功业固足记，而其力役致富，经济上之制度，令其所以能致于今日之现状者。"② 这就是说，他们给予我们最大的启示是，唯有制度的文明才能从根本上释放国民的创造力。

在近现代文明转型的历程中，"客商"将现代性带入中国东南沿海，成

① 罗香林. 客家研究导论（外一种：客家源流考）[M]. 广州：广东人民出版社，2018：13.

---

① 罗香林. 客家研究导论（外一种：客家源流考）[M]. 广州：广东人民出版社，2018：13.
② 温雄飞. 南洋华侨通史（影印本）[M]. 郑州：河南人民出版社，2016：188.

为洋务运动后中国现代化的一支推动力量。现在，虽然这些海外"客商"分布在世界各地，但从文化意义上讲，他们都是中国人。正如有些西方学者所言：华商虽然分散在世界不同国家，但他们在社会上、政治上、文化上，尤其重要的是在经济上仍是其祖籍国的一个组成部分。① 他们也是文明"去地域化"的重要力量，是撬动自己所处的两个政治世界的边缘性杠杆。

"客商"是中国近现代的独特商人群体。中国人口占世界五分之一多，比当今全球所有高收入国家的人口总和还要多。作为一个一以贯之的世界大国，中国的现代化进程应当属于人类时代文明的核心之一。对于后起的、追赶型的现代化国家而言，研究一个商人群体与现代化的关系，不仅可以深化对工商业推动力量的认识，也有助于更深刻地认识东方国家现代化进程的特点。具体而言，"客商"及商帮文化的研究，具有以下意义。

（一）完善商业文化学和商业伦理学学科体系建设

学科伦理是理论形成和发展的基础。在传统商业伦理上，中西方各有突出点。西方学者将商业伦理问题归结为五类：贿赂、胁迫、欺骗、偷窃和不公平歧视。他们高度强调综合社会契约理论，"强调了商业伦理学的综合社会契约理论的研究方法，在目前看来似乎是理论结合实际的最佳方法"②。同时也将价值观、道德标准、组织文化以及个人特性作为商业伦理学的研究内容，本质是新教思想的反映。马克斯·韦伯将其概括为责任与义务两类。③ 中华的商业文明在先秦时期便已经成形，并在当时就已发展出明确而完整的商业理论，即信义与兼济天下。其中的许多思想来源于《易经》。兼济天下者，救困济世，共谋发展。这差不多就是现代的社会市场营销理念了。春秋时，弦高犒师救国，郑穆公欲赏之，弦高辞之曰："诞而得赏，则郑国之信废矣。为国而无信，是俗败也。赏一人而败国俗，仁者弗为也。以不信得厚赏，义者弗为也。"郑国先君郑桓公建国时，曾与商人有盟誓："尔无我叛，我无强贾，勿或匄夺。尔有利市宝贿，我勿与知。"弦高恪守盟约，认为救郑国是其商人的义务，此乃信义也。秦统一六国后，历代王朝实行抑商政策，商人沦为"四民之末"，但"言商向儒"一直是主调。"由于受'万般皆下品，唯有读书高'这样的传统价值观的支配，弃儒

---

① BASCH L, SCHILLER N G, BLANC C S. Nations unbound: transnational projects, postcolonial predicaments, and deterritorialized nation-states [M]. Langhorne, PA: Gordon and Breach, 1994: 8.

② [美] 弗里切. 商业伦理学 [M]. 杨斌, 石坚, 郭阅, 译. 北京：机械工业出版社, 1999: 9-19.

③ [德] 韦伯. 新教伦理与资本主义精神 [M]. 于晓, 陈维纲, 译. 北京：生活·读书·新知三联书店, 1987: 59.

从商的商贾们大多以儒家伦理规范自己的经营活动，影响所及，促进了中国商人伦理的形成。"① 这种伦理观是明清时期中国商帮文化的核心和共识，即以诚待人、以信接物、以义谋利、仁心为质。由此可以看出，中国传统商业伦理强调商人内心的觉悟，而西方商业伦理则强调行为规范。

20 世纪中期，随着经济全球化的深入，商业伦理的研究在西方学术界如火如荼，理性主义、道德原则与经验主义等观点各有千秋。就道德推理而言，大多数学者认为，当前的商业伦理学，至少在传统的道德推理模式中，已不能满足商业发展的现实需要。美国商业伦理协会前会长韦拉斯贝斯强调四种不可简化的道德原则：功利主义、道德权利、正义和关怀；狄乔治和布兰迪认为主要是两种道德原则：功利主义和康德主义道德；博特赖特提出商业伦理应该建立在三种道德原则之上：功利主义、康德主义的权利、正义。甚至有人提出，应该将美德伦理学作为商业伦理学的基础。② 概而言之，人文学科的教授强调规范，而商学院的社会科学界则注重经验主义方法。但重视案例分析和实证研究的重要性是各方的共识。决疑法在 20 世纪 70 年代成为伦理学主要研究方法，一些商业伦理学家建议，商业伦理学应当致力于收集案例并使之系统化。大学教授应该重视道德推理，通过让学生了解案例的方式培养他们的道德判断，使他们能够辨别未来身处的商业环境如何相似于或怎么不同于这些案例。"如今，几乎所有的商学院都要求他们的学生研修商业伦理课程。根据道德推理的传统观念，这类企业项目和学校课程不仅应当试着给参与者介绍一般性道德规则，也应当在使用这些规则的过程中提供一些练习，讨论哪些规则能够被应用于特殊的商业案例。"③

相较于犹太人商团、穆斯林商团等建立在"一神教"信仰基础上的紧密型商人组织，中国传统商帮则是业缘、地缘或族群的认知群体，强调道德规范，组织相对松散。那么其信用机制、协作体系及激励机制是如何建立的？晋商通过"避亲用乡"原则以及规范的号规形成多边惩戒及激励机制，解决了这个问题；而徽商则通过族规商约形成凝聚力和防范体制，同

① 田兆元，田亮. 商贾史 [M]. 上海：上海文艺出版社，2007：104.

② SOLOMON R C. Ethics and excellence: cooperation and integrity in business [M]. New York: Oxford University Press, 1992; MORRIS T V. If Aristotle ran General Motors [M]. New York: Henry Hold & Co. , 1997; MOBERG D. The big five and organizational virtue [J]. Business Ethics Quarterly, 1999, 9: 245 – 272.

③ [美] 韦拉斯贝斯. 商业伦理学中的道德推理：观念、理论与方法 [J]. 张霄，译. 江海学刊，2018（2）：44 – 50.

样解决了这一问题。① 著名的比较制度史研究专家阿纳·格雷夫认为，文化习俗和社会规范类似于默认契约，是对一组完备契约的替代，因为它定义了对相关人行为的预期和约束，由此协调商人间可能发生的纠纷。②

明朝以后，士商合流，商帮成为推动商业伦理巩固和商业文化演化发展的重要力量，并直接影响社会伦理。1635 年，商人李晋德编撰了一本关于商人德行规范的系列箴言书——《商贾梦醒》。该书强调经商中道德比利润更重要，诚实是取得长期利润的基本保证。它将儒家教义与商业日常活动相结合，提出商人应该"本心仁厚"，日常做到以下三点：一是勤奋谨慎，早睡早起；二是节俭积财，量力而行，不铺张浪费，不与嫖赌之徒为伍；三是日常账务要认真清晰，"人处家务，量入以制出，则终身无失，若不划算，必有差失"。这本书以及同时期的《士商类要》《商贾便览》《客商规鉴论》等商书，属于商人的自律规范，是其道德伦理认知的社会宣言。比如《商贾便览·工商切要》开篇就强调："习商贾者，其仁、义、礼、智、信，皆当教之焉，则及成自然生财有道矣。苟不教焉，而又纵之其性，必改其心，则不可问矣。虽能生财，断无从道而来，君子不足尚也。"③ 这些商人的自律宣言与同时期汪道昆等思想家的"商德论"相对应，可以说是与同时期起源于德国的新教伦理一样的社会思潮。只可惜，它不久就被明末清初由阶级矛盾和民族矛盾激化导致的斗争浪潮所淹没。

从清代几个商帮的章程中，我们可以了解中国商帮文化的义利辨识与兼济天下观，以及商帮是怎样通过自我管理来践行这些伦理准则的。北海的广州会馆章程"序言"写道："本会希望此章程之颁布，庶几可引导由同籍贯联结一起之本会同仁，统一意见、行动，并借此共勉，恪守祖业而勿堕；本会同仁精诚团结，与邪恶势力势不两立，奸猾刁顽之徒最好力避本会，以免自讨没趣。"宁波的厦门会馆（福建分会馆）在其商规的"绪言"写道："据说，经营有方的交易可获利三倍，而一个言而有信的人更值得尊敬。"④ 湖南长沙盐帮行规的一条说："一公立盐秤砝码，存值年店。凡我同人，时常赴校，以归画一，庶不致高下其手，任意低昂。倘有大小参差者，

---

① 蔡洪滨，周黎安，吴意云. 宗族制度、商人信仰与商帮治理：关于明清时期徽商与晋商的比较研究 [J]. 管理世界，2008（8）：87 – 99.

② GREIF A. Institutions and the path to the modern economy：lessons from medieval trade [M]. Cambridge：Cambridge University Press，2006：35 – 45.

③ 吴中孚. 商贾便览 [M]. 杨正泰，校. 南京：南京出版社，2019：16.

④ 玛高温. 中国的商会 [G] //彭泽益. 中国工商行会史料集：上. 北京：中华书局，1995：6.

鸣知值年，公同议罚。"①

晋帮的号规已经接近于现代企业制度，是对商业伦理的管理阐释。大体内容如下：一，商号从业不得带家眷，不得兼营他业，不得在店内接待亲朋好友，非因号事不得到分号串门，不得到东家或掌柜家中闲坐，休假回家携带财物要登记；二，不准柜上借款；三，打架斗殴、拨弄是非、结伙营私、不听指挥，开除；四，掌柜对外代表商号，东家不得以商号名义在外活动，只能在合账时行使权力，不得干预商号人事安排，平时不得在商号食宿、借钱或指使伙计办私事；五，伙计入店须有殷实的人或店铺担保，出师前不得回家，不得在营业地婚娶；六，总号与分号之间的信件往来一律编号和注明日期，机密事需由高级职员亲往口授，总号要不定期检查分号经营并考核从业人员。②

目前中国商业理论领域的基础研究相对滞后，建立在实证基础上的商业伦理与文化研究，尤其是对中国传统商业文明的挖掘整理亟待深化。在当今经济全球化和国家间竞争日益激烈的背景下，发展中国话语的商业文化学和商业伦理学意义重大。中国商业传统悠久，有自成一体的商业文化体系，商帮文化是其中重要的一部分，深化商帮文化研究，分析其"商道"包含的伦理及文化内涵，在国际视野中演化中国商业文化和商业伦理，促进商业文化学和商业伦理学理论发展，以坚实的基础研究推动商科教育的发展，有助于培养学养深厚、视野开阔的民族企业家人才。

著名社会学家、普林斯顿大学教授罗兹曼说：至少在文化上，中国文明无疑是人类社会所创造出来的完美的文明之一。③ 著名历史学家罗威廉认为，虽然中国人口的绝大多数是由农民组成，但即使到了清朝中叶，中国仍然可能是全世界最商业化的国家。④ 帝制时代的中国重农抑商，但也正是这种环境，造就了中国商人缜密的思维体系和灵活的应用素质，这是一种重要的民族文化资源和社会资本。马来西亚前总理马哈蒂尔在其著作《马来人的困境》中说：华人不仅长着杏仁眼，而且天生就是精明的生意人。⑤

---

① 湖南商事习惯报告书·商业条规［G］//彭泽益. 中国工商行会史料集：上. 北京：中华书局，1995：200.

② 蔡洪滨，周黎安，吴意云. 宗族制度、商人信仰与商帮治理：关于明清时期徽商与晋商的比较研究［J］. 管理世界，2008（8）：92.

③ ［美］罗兹曼. 中国的现代化［M］. 国家社会科学基金"比较现代化"课题组，译. 南京：江苏人民出版社，2010：16.

④ ［美］罗威廉. 最后的中华帝国：大清［M］. 李仁渊，张远，译. 北京：中信出版社，2016：110.

⑤ MAHATHIR. The Malay dilemma［M］. Singapore：D. Moore for Asia Pacific Press，1970：20.

1931 年，美国政治学家海登来到菲律宾棉兰老岛考察，被当地华商的精神所感动。他写道："这位华人是一位典型的具有冒险精神和创业精神的商人先驱，正是像他这样的华商和他们所开设的店铺，将远东边远地区的大部分商业贸易都掌握到了（华人）手中。"① 法国历史学家贝热尔认为，"中国商人从漫长的历史中，继承了商业和财务两方面的高度才能，繁琐的规章，繁多的中介人，以及运转的专业分工，使得商人能够将小手工业者和农民产品商品化，并将其纳入——但不是控制本地的，或者是区域的；在较少的情况下，或是全国的市场"②。

中国正在完善社会主义市场经济体制，马克思主义是不断发展的理论体系。本书中罗列大量的商人事迹，以及论述其与社会发展的互动关系，有助于在新的商业伦理学科建设中更好地阐释公平与效率、公正与人类福祉的原则。

（二）强化中国参与国际贸易规则的发展演化

长期以来，国际贸易规则主要由欧美国家主导，经济全球化也是发达国家的跨国公司所主导。到目前为止，这些跨国公司垄断了全球超过 60%的生产、超过 80%的贸易和超过 90%的国际直接投资。

中国有着悠久的商业文明，在地中海商业文明崛起时，中国的商业文明已经发展了几个世纪。不阻商旅，一直是先秦时期方国邦交的基本原则，从春秋时期弦高犒师及齐桓公"葵丘会盟"（"无忘宾旅""无遏籴"等）就可以看出当时诸候国对商贸的重视。可以肯定的是，WTO 的中国话语是未来国际贸易规则发展的重要内容。中国政府提出的"一带一路"倡议，本质上是对现行国际贸易体系的拓展。"'一带一路'倡议旨在填补国际贸易规则中的缺失部分，并通过重塑贸易市场及生产网络，打破亚太地区，尤其是周边地区贸易的隔离和碎片化的趋势。"③ 根据 IMF 统计，2009—2016 年，中国对世界经济增长的年均贡献率达到 30%以上，2017 年中国货物贸易总额达到 4.1 万亿美元，超过美国货物贸易总额（3.9 万亿美元），已经是世界第一大贸易体。习近平总书记说："二十年前甚至十五年前，经济全球化的主要推手是美国等西方国家，今天反而是我们被认为是世界上

---

① HAYDEN J R. The Philippines：A study in national development［M］. New York：Macmillan，1942：699 – 700.

② ［法］贝热尔. 中国的资产阶级，1911—1937 年［M］//费正清. 剑桥中华民国史（1912—1949）：上卷. 杨品泉，等，译. 北京：中国社会科学出版社，1994：716.

③ ［坦桑尼亚］加斯顿. "一路一带"倡议与国际法［J］. 新华文摘，2018（6）：139.

推动贸易和投资自由化便利化的最大旗手"①；"我们要积极引导经济全球化
发展方向"②。中国的文化自信应该主动地表现在对国际贸易规则的辨识与
拓展上。

国际贸易规则不能仅以工业革命以来的西方意识为原则，还应该追溯
到更久远的中世纪及其以前的商业文明。即便现代经济全球化，也不是欧
美早期工业化国家主导开拓的。卜正民认为，理论界习惯于把欧洲某些沿
海地区的人口视为早期现代世界的创造者，但事实上，明朝人在这一进程
中扮演的角色丝毫不亚于孕育了这一体系的其他施动者。③ 法国著名历史学
家费尔南·布罗代尔将15—17世纪经济全球化的初始阶段称为"南海世界
经济体"，这个经济体的核心是中国明王朝。"这种贸易安排有赖于一个经
济条件和一个政治条件。经济条件是明朝这个经济体必须不断为一个巨大
的国外市场提供质量合格、价格合理的产品，也就是说，中国是拉动增长
的引擎。……在整个16世纪，商品经济的增长以及在其最后三十余年才有
所松弛的闭关政策，保证了这一贸易体系强有力的存在。这个网络的既有
活力也许足以使其本身成为所谓的'世界经济体'（world-economy）。"④ 这
就是说，经济全球化的序幕是由明朝中国东南沿海商人、欧洲开拓者以及
阿拉伯商人共同开启的，而本书所讲的"客商"便是其中一支重要力量。

工业革命以前的世界贸易，国家干预比较少，基本上是通过商人间的
共识协调来进行。乾隆年间，英国殖民地方官员马士评价当时的广州贸易：
"在世界的任何部分和世界史的任何时期，都还不曾有过超越他们之上的；
贸易经营全凭口头约定，从不用一个书面契约；彼此间有很多的互助和
同情。"⑤

长期以来，西方学术界认为地中海是早期世界商业文明的发源地，而
中国则是抑商的农耕文明的典型。但近期欧美学者的研究成果认为欧洲早
期也不是重商的，古希腊、古罗马一样是重农抑商的。早在18世纪，孟德
斯鸠就说："不少人持有这样两种想法：其一，商业是世界上最有用的东

① 习近平. 在省部级主要领导干部学习贯彻十八届五中全会精神专题研讨班上的讲话 [M].
北京：人民出版社，2016：22.

② 习近平. 深化伙伴关系　增强发展动力：在亚太经合组织工商领导人峰会上的主旨演讲
[N].人民日报，2017-01-18（1）.

③ ［加］卜正民. 挣扎的帝国：元与明 [M].潘玮琳，译. 北京：中信出版社，2016：
253-254.

④ ［加］卜正民. 挣扎的帝国：元与明 [M].潘玮琳，译. 北京：中信出版社，2016：218.

⑤ ［英］马士. 中华帝国对外关系史：第一卷 [M].张汇文，等，译. 北京：生活·读书·新
知三联书店，1957：97.

西；其二，罗马是世界上治理得最好的国家；有这样两种想法的人都以为罗马人曾经大力鼓励商业并提高其地位，事实却是罗马人很少想到商业"；"罗马人的气质和荣耀以及他们的军事素质和政体形式，都使得他们远离商业"。① 工业革命以前的世界商业体系，中国是主要开创者以及主导者。费正清说，东亚早已有它自身组成的庞大而复杂的商务中心。早期西方的贸易事业，不过是在已有数百年历史的商业渠道中，增添了一些小小的数额而已。②

16 世纪初，印度尼西亚、马来亚等地是繁华的商业贸易区域。英国历史学家考德威尔研究认为，当时当地的商业中心可以同欧洲任何商业中心媲美，马六甲被西方旅客们视为世界上最大的国际商业港口。③ 印度尼西亚的一位历史学家说，当第一批荷兰商人和水手来到东印度群岛时，他们对当地自然条件和文明的丰富多彩感到吃惊，观察力比较敏锐的人认识到南亚人和东亚人在财富和经商才能以及商业技术方面都大大超过西欧人。④ 但荷兰殖民者到来后，有计划地阻碍农业以外的当地产业的发展，爪哇本地的工商业活动完全被摧毁了；造船业、五金业、铸铜业都没有了；纺织业和农村手工业衰落了；商船队没有了，商人们则成了海盗。⑤ 马六甲在葡萄牙殖民者到了以后，"商舶稀至……海路几断"（《明史·满剌加传》）。1638 年前后，巴雷托·德·雷申德记述：所有南方民族都曾到马六甲来买卖商品，因此商业兴盛，获利也不少，可是现在几乎全部绝迹。⑥

早期东南亚商业的繁荣，华商起了重大作用，"客商"是其中的重要力量。可惜，这些文明成就被殖民者摧毁了。也就是说，今天西方所吹嘘的全球化其实是在摧毁原有文明的基础上建立的，从它产生之日起就显示着霸权主义的逻辑。发展经济学家基思·格里芬说：最近五个世纪中不发达国家的历史，主要是欧洲扩张的后果。欧洲所支配的国际经济贸易规则首先造成了不发达，然后又阻挠摆脱不发达的行动。⑦ 著名美籍华人经济学家

---

① ［法］孟德斯鸠. 论法的精神：上 ［M］. 张雁深，译. 北京：商务印书馆，1995：14.

② ［美］费正清. 美国与中国 ［M］. 张理京，译. 北京：世界知识出版社，1999：136.

③ CALDWELL M. The modern world：Indonesia ［M］. Oxford：Oxford University press，1968：39.

④ VLEKKE B H M. The history of the Dutch East-Indies ［M］. Cambridge，MS：Harvard University press，1946：178.

⑤ ［英］格里芬. 从历史上看不发达问题 ［M］// ［美］威尔伯. 发达与不发达问题的政治经济学. 高铦，等，译. 北京：商务印书馆，2015：130.

⑥ ［英］温斯泰德. 马来亚史 ［M］. 姚梓良，译. 北京：商务印书馆，1958：110.

⑦ ［英］格里芬. 从历史上看不发达问题 ［M］// ［美］威尔伯. 发达与不发达问题的政治经济学. 高铦，等，译. 北京：商务印书馆，2015：123.

邹至庄认为市场经济在中国已经存在了几千年，利伯维尔场①经济体系是人类最伟大的发明之一。但它不是由一个人或一些人，也不是由一个政府发明的，而是为满足社会需求，世界各地经济制度不断演变的结果。例如，在中国，不仅行业和贸易的重要制度在宋朝昌盛一时，而且早在汉代，伟大的历史学家司马迁对市场定律的描述便包含了"一只看不见的手"的含义，其语言之清晰明白不逊于亚当·斯密的《国富论》。② 这段"描述"是指《史记·货殖列传》中的这段话："故待农而食之，虞而出之，工而成之，商而通之。此宁有政教发征期会哉？人各任其能，竭其力，以得所欲。故物贱之征贵，贵之征贱，各劝其业，乐其事，若水之趋下，日夜无休时，不召而自来，不求而民出之。岂非道之所符，而自然之验邪？"费正清认为，8 到 13 世纪，中国是世界上最先进的社会。当时兴起的国内外私人贸易，是一场"商业革命"；"晚宋是个商业大国，它出口的铜钱、丝绸和瓷器远及东亚各国，并输入印度尼西亚、印度、中东和非洲。……当时中国在国外的影响是基于商业和文化，而不是军事实力"③。

巴基斯坦经济学家马赫布·乌尔·哈克认为，西方主要工业国聚集在一起对于世界未来的经济做出重大决策时，几乎不去征求穷国的意见，因为发展中国家在布雷顿森林体系中的投票权不到总数的 1/3，尽管它们在联合国大会中数量上占多数，但它们对国际经济决策并无真正的重大影响。发达国家表示它们已开始反对"专横的多数"，而与此同时，穷国的多数决议却不能生效，第三世界国家甚至还不能以平等的地位坐到世界谈判桌上来。④ 中国是当今世界上最大的发展中国家，是建立公平公正的世界经济新秩序的重要力量。悠久的商业文化以及华商在东南亚开发建设的卓越贡献，是中国和第三世界国家一起重构世界贸易新秩序的宝贵资源。马赫布·乌尔·哈克说：第三世界的大学、研究机构和学术讨论会必须认真地提出现存经济秩序中固有的蓄意歧视的具体事例，应该以严肃和客观的分析精神，将具体的材料在国际会议上提出来，"我们对这个主题不能做出充分的研究是不可饶恕的。如果我们不去做这件事，富国是没有内在的刺激力去进行

---

① 利伯维尔场：利伯维尔（Libreville）现在是加蓬的首都，昔日是法国的殖民地。利伯维尔场主义就是古典自由主义。

② ［美］邹至庄. 中国经济转型：第 3 版 ［M］. 徐晓云，等，译. 北京：电子工业出版社，2017：292.

③ ［美］费正清. 美国与中国 ［M］. 张理京，译. 北京：世界知识出版社，1999：30，62.

④ ［巴基斯坦］哈克. 旧经济秩序的不平等 ［M］//［美］威尔伯. 发达与不发达问题的政治经济学. 高铦，等，译. 北京：商务印书馆，2015：283.

这件事的。归根到底，事实是强大的武器，远远胜于雄辩"。[①]

（三） 弘扬儒商文化，提升社会资本

儒商是中国文化的独特产物，其核心是兼济天下的情怀。

在经济全球化的背景下，壮大民族实业，积极的商业文化有重要的促进作用。研究"客商"及中国传统商帮，弘扬儒商文化，充实民族企业文化，有利于增强竞争实力。正如著名历史学家李约瑟、黄仁宇所言：中国商人不缺乏积极主动、诚实、节俭、精打细算、机敏灵活的品格。这已经充分表现在他们作为商人的成功上——在19世纪中国人侨居的所有海外国家，中国商人的成功远远超过当地人。[②] 向先行工业化国家及其企业家学习固然重要，但更重要的是对自我文化的内省与扬弃。日本、韩国、新加坡等东方国家经济崛起的成功经验表明，中华儒家文化的核心元素仍能在市场经济竞争中焕发独特活力。诺贝尔经济学奖获得者阿马蒂亚·森认为，经济行为理论的全面发展，应该归功于对具有不同价值观念的社会所进行的比较研究，"工业化成功的儒家思想的秘诀"是这类理论中的一个重要例子。[③]

当今世界的经济竞争，重心是市场开拓。拥有市场，就拥有财富和发展的主动权。1925年，美国总统卡尔文·柯立芝说：美国人民的首要业务是商业。而通用电气公司前董事长韦尔奇则把柯立芝的这句话引申为"世界的首要业务是商业"。几乎每一个人、每一个地方，都在制造、创造、修建或销售某个东西。无论是个人还是企业，无论是小企业还是大企业，无论是老牌经济体还是新兴经济体，企业家精神都得发扬光大。[④]

邹至庄认为，中国的企业家精神由来已久，因为中国的市场经济已经存在了几千年了。近40年的经济增长证明，聪明的企业家懂得把握趋势，会巧妙利用其所处的环境。"企业家应当在促进国家整体福利的过程中发挥更加积极的作用，比如致力于提供公共物品的活动，而不仅仅是受到市场看不见的手的激励、在自利的动机驱使下从事活动。企业家可以通过自我

---

① ［巴基斯坦］哈克．旧经济秩序的不平等［M］//［美］威尔伯．发达与不发达问题的政治经济学．高铦，等，译．北京：商务印书馆，2015：287－288.

② ［英］李约瑟，［美］黄仁宇．中国社会的特质：一个技术层面的诠释［M］//［美］黄仁宇．现代中国的历程．北京：中华书局，2011：25.

③ ［美］森．伦理学与经济学［M］．王宇，王文玉，译．北京：商务印书馆，2001：24.

④ ［美］韦尔奇J，韦尔奇S．商业的本质［M］．蒋宗强，译．北京：中信出版社，2016：ⅩⅩ－ⅩⅩⅠ.

教育或社会活动改善他们在社会中的角色。"①

　　企业家精神、诚信意识、团队合作、商业技能，这些都是重要且关键的社会资本。当代发展经济学已从"制度至关重要"演变为"社会资本至关重要"。所谓社会资本，就是社会组织的特征，例如信任、规范、人际网络等，它们通过推动协调和行动来提高社会运行效率。西方许多学者将"东亚奇迹"归结为社会资本充分发挥作用。他们认为，东亚国家和地区的成功除了受战略和政策因素影响外，稳定和谐的人际关系及与儒家文化的道德规范相结合所表现出来的社会资本，是东亚经济发展的特殊动力和深层次原因。世界银行21世纪初发布的《增长的质量》研究报告指出："另一个能够对高质量增长起到积极作用的力量来自强化一个国家的非正式制度，即所谓'社会资本'。"② 商帮，是中国商人的自组织，存在和发展了近千年，有规范的组织体系和团队准则，发挥了众多的甚至重大的社会功能，是人类商业文明的重要组成部分。研究商帮文化，与时俱进，有利于增加可促进中国可持续发展的社会资本。

　　家族传承是企业家无法回避的现实问题。本书中讲述的知名"客商"如郑观应、廖竹宾、梁密庵、胡文虎、伍佐南、田家炳等人的家族的百年经历，不仅是中国近现代史的缩影，更是一部儒商奋斗史和华夏文明的拓展史，是重要的社会资本。目前，家族企业占全球企业总数的60%以上，美国布鲁克林家族企业研究学院的研究表明，约有70%的家族企业传不到下一代，88%的家族企业传不到第三代，只有3%的家族企业在四代仍在经营。中国也有一句古话：富不过三代。而这些"客商"家族，延续百年以上的比比皆是，五六代还在经营的也不是少数，这是今天研究儒商文化的重要个案。香港科技大学教授苏耀昌认为，关注传统因素的研究是现代化研究的新趋势。早期西方现代化理论认为，亲缘关系是传统社会的特征，其形成的社会结构是一种"特殊主义"的结构，不适应现代经济的发展要求。但在中国香港、中国台湾以及东南亚的华商中，比较盛行的恰恰是以家庭为中心的家庭企业，这些企业不仅能够适应现代经济环境，而且发展迅速，从数人的小企业发展成为数百人甚至上万人的大企业，这类企业是香港和台湾经济发展的支撑性力量。"家庭企业也是以赚钱为目标，它的功能是特指性，这就是它的现代性实质，它不同于传统的家庭、亲属团体等

---

　　① ［美］邹至庄. 中国经济转型：第3版［M］. 徐晓云，等，译. 北京：电子工业出版社，2017：197，298.

　　② 世界银行. 增长的质量［R］.《增长的质量》翻译组，译. 北京：中国财政经济出版社，2001：30.

功能弥散团体；但它又存在着很多传统家庭文化的东西，如强调对家庭及家族的忠诚，强调亲属之间的互助，员工可以无条件为企业加班，企业在经济不景气时也会与员工共渡难关，等等。"①

儒商文化研究应该在国际比较的视域展开，海外华商是该视域的核心案例之一。20世纪二三十年代，海外华商的研究曾一度成为热点。著名报人、暨南大学教授温雄飞1930年出版《南洋华侨通史》，影响甚大。1939年，商务印书馆出版著名社会学家、清华大学社会学系首任系主任陈达的《南洋华侨与闽粤社会》，该书明确提出探析南洋华商与中国现代化关系的问题。作者在序言中强调：在南洋的华商中，客家人占有相当重要的位置。但遗憾的是，在他的调查区域中，客家聚居地仅有饶平一县。"譬如客（家）人在南洋是比较众多的，但客（家）人的主要住区为梅县及旧嘉应州所属各处，而本报告仅包括饶平县一处（因实地调查仅限于该县的一部），这是客（家）人与本地人杂居的县份，可以指示客（家）人向东南迁移的路线。"② 20世纪60年代以后，随着东亚经济的崛起，儒家文化与现代经济的关系成为国际理论界的热点。对海外华商尤其是东南亚国家华商的研究，是这个热点问题研究的重要部分，费正清、列文森、施坚雅、孔飞力、郭德利、高家龙等汉学家因从事此研究而声誉日隆。20世纪50年代，列文森说，儒家文化所推崇的是非职业化的人文理想，而现代化需要的是专业化以及专业化精神，因此，"在现代世界里，儒教的'中庸'特性已没有存在的余地，它不再是可供选择的一种方法，而成了来自新的权力中心之新精神的对立物"③。但随后日本、韩国、新加坡等东亚经济奇迹的出现，直接回击了列文森的论调。而华商在东南亚国家中社会、经济地位的持续上升更让西方汉学界对儒家文化另眼相看。孔飞力2008年出版的 Chinese Among Others：Emigration in Modem Times（《他者中的华人：中国近现代移民史》）极具代表性。美国新制度经济学家阿纳·格雷夫比较分析了穆斯林商团、犹太商团和中国商帮在治理模式、多边惩罚与激励机制以及跨期信用方面的差异，在学术界影响甚大。文化人类学家们在这方面的研究也颇为深入。其中，著名人类学家约翰·奥莫亨德罗因为发表了研究菲律宾怡朗华商社群的博士论文而声名鹊起。奥莫亨德罗在其调查研究过程中，对一名白手

---

① 林济. 传统、现代与华南地区的发展：苏耀昌先生访谈录［M］//叶显恩、卞恩才. 中国传统社会经济与现代化：从不同的角度探索中国传统社会的底蕴及其与现代化的关系. 广州：广东人民出版社，2001：588 – 589.

② 陈达. 南洋华侨与闽粤社会［M］. 北京：商务印书馆，2011：233.

③ ［美］列文森. 儒教中国及其现代命运［M］. 郑大华，任菁，译. 桂林：广西师范大学出版社，2009：248.

起家，管理一个纷争不断的家族企业的罗姓华商肃然起敬。他的研究认为，华人在菲律宾主动适应当地文化和政治环境者少之又少，因为华人的文化赋予他们高于菲律宾人的商业优势。"与那些失败的商人相比，成功的商人会保持更多的华人方式，与华人同侪工作。""我在论文中用了整整一章篇幅来描述我的研究方法：我怎样检验'保持中华文化如何影响华人商业成就'的假设。"但他又不无忧虑地说："强大的华人家族商业帝国到最后常会分崩离析，因为在全部华人乃至其家庭中，并没有太多'宗族精神'。"①可能奥莫亨德罗在调查样本中没有进行族群分类，笔者想强调的是，如果说"客商"在华商群体中有什么特别之处，那就是宗族精神和文化传承，而后者则是儒商的重要元素。

（四）巩固国家安全

近代以来的世界发展史表明：强国之路始于海洋。"二战"后建立的世界体系是海洋体系而不是陆地体系。经济安全是国家安全的原则，由于能源传输，中国国家安全重心（特别是经济安全）已经推移到海洋领域。马六甲海峡是全球最重要的航道之一，据世界海运理事会统计，全球25%的海上航运要经过这里，其中包括中国60%的外贸运输、日韩85%以上的石油、美国90%以上的西太平洋原料贸易运输。2016年，中国对外直接投资额达1961.5亿美元，在全球占比达到13.5%，中国超过日本，成为世界第二大对外直接投资流量来源国。海外投资安全已经成为国家经济安全的重要内容。东南亚各国是当前中国海外直接投资的重点区域。新时代国家安全的概念必须强调国家利益安全和国家战略安全。前者指保障领土以外国家利益稳定的支持体系；后者指全球化背景下国家基于自身发展战略而在领土外投射影响力的保障体系。目前，全球约有3700万海外华侨、华人，其中70%居住在东南亚（南洋），而印度尼西亚、泰国、马来西亚则集中了全球约半数的华侨、华人。而这三个国家正是"客商"的集中区域。

西方汉学家一直将帝制中国称为帝国，甚至还划分为"第一、第二、第三帝国"。然而帝国的核心特征是军事化和领土扩张，而不是帝制。帝国概念的渊源是西亚的亚述、波斯，地中海的马其顿和罗马；后期的蒙古、奥斯曼土耳其，以及近代搞殖民扩张的欧洲列强也符合这些特征。德意志、俄罗斯一度自诩"第三罗马"。而中国自秦统一后，历代王朝一直致力于国家非军事化，军事力量主要用于对付游牧民族的侵扰和地方叛乱，对于周

①　[美]奥莫亨德罗. 像人类学家一样思考［M］. 张经纬，译. 北京：北京大学出版社，2017：62，254，263，264.

边国家一直采取怀柔、绥靖等政策，强调的是文化认同，而不是军事占领。因此，中国传统的国家安全观是文化融合，这一点在现在更加重要，正如亨廷顿所言，文化断层是当今世界安全的根本隐患。

根据中国海关总署发布的数据，2020 年，东盟超过欧盟，成为中国最大货物贸易伙伴，中国则连续 12 年成为东盟第一大贸易伙伴。由于"客商"在南洋开发的历史贡献，东南亚国家政府和人民对当时的"客商"领袖充满尊重和怀念，至今，仍以各种形式纪念他们。历史上有许多"客商"领袖曾担任东南亚国家领导人，进行"客商"与南洋开发的历史研究，对于加深友谊，促进中国与东南亚各国的友好往来，抑制某些国家的极端民粹主义思潮［比如印度尼西亚的"阿沙阿特主义"（Assaatism）、泰国拉玛六世的"东方犹太论"等］有重要的意义。最重要的是，有助于消除文化断层，深化大中华文化圈对经济合作与发展的促进作用。

历史上，"客商"是"海上丝绸之路"的开拓者之一。这一贸易交往航道在今天是关系中国国家经济安全的重要脉络。21 世纪的"海上丝绸之路"涉及的国家和地区数量很多，包括韩国、日本、印度尼西亚、泰国、马来西亚、越南、柬埔寨、新加坡、菲律宾、缅甸、文莱、印度、斯里兰卡、巴基斯坦、科威特、沙特阿拉伯、土耳其、埃及、阿联酋、肯尼亚、坦桑尼亚、希腊、意大利等，它们彼此间各方面的差异巨大，要突破地域、民族、宗教、文化、政治、经济因素的局限，在经贸上产生共鸣，需要经历一个艰难、漫长的过程。但已明确的一点是，东南亚国家在其中占重要位置并发挥着重要作用。而"客商"则是这些国家或地区历史上的重要开埠者。本书对华人开发南洋的历史进行了系统性梳理和总结，期望能为 21 世纪"海上丝绸之路"的发展起到促进作用。正如费孝通所言："对于全球化、文明、文化的研究，不仅仅是一种纯知识性的探索，它应该成了解决人们面临的严峻问题的一门科学。"①

（五）深化海外华商网络，促进对外贸易

在海外中华商会，尤其是东南亚国家的中华商会中，"客商"历来有重大的影响。海外中华商会是华商网络的核心组织，是中国对外贸易和联系华侨、华商的重要桥梁。深化海外华商网络，可以有效帮助跨国公司较快适应东道国的制度环境、商业习俗及文化传统，获得利益相关者的支持，从而建立起竞争优势。

---

① 中国民主同盟中央委员会，中华炎黄文化研究会. 费孝通论文化与文化自觉 [M].北京：群言出版社，2005：529－530.

历史经验证明，后起的工业化国家与发展中国家开展贸易，比其与发达国家开展贸易更为重要。德国在 19 世纪下半叶实现工业化的过程中，其贸易重心并不是英法，而是东欧和中欧国家；日本在 20 世纪六七十年代崛起时，其贸易重心也是亚非拉的新兴市场经济国家。"东南亚诸国，是未来实践 21 世纪'海上丝绸之路'战略的首要之重，同时也是空间区位上与中国距离最近、联系最为密切的部分。这些国家均具有发展空间巨大、前景优渥、经济增长态势迅猛等优势，同时还拥有如新加坡、马尼拉、雅加达等数量颇多的海港城市；另一方面不可忽视的是，在这其中的大部分成员，几乎都是最低收入国家，他们往往拥有经济总量巨大与人口负担较重的双重压力，在一定程度上可说既是机遇也是挑战。"① 只有华商们团结协作，才能将这些历史文化及地缘区位优势转化为竞争优势，使中国民族企业在全球化竞争中取得长足发展，并从根本上保障国家经济安全。

二

本书包含四个论述维度，一是传统农业国的现代转型中，工商资本与现代化的关系；二是文化与商业群体特质；三是中国社会的特殊性与现代化共识；四是文化的兼容与发展。其实，最核心意图是商业文化的创新。任何领域的创新若能凝聚为思想元素，便可称之为"伟大"。福特、松下幸之助等可以被称为伟大的企业家，是因为其他企业家与他们的差距不在于财富，而在于思想的坡度。中国春秋时期的孙武是伟大的军事家，因为他提出"不战而屈人之兵"的思想；亚当·斯密是伟大的经济学家，因为他揭示了财富形成的主要根源。

本书的重点在于逻辑与史实，因此叙述体例有一些特别，显得不够紧凑。虽然努力使研究成果理论化，但仍显示出资料性和拼凑感。发展实业、资助社会公益，这似乎是现代商人的社会责任，其他商业群体在这方面都有建树，叙述"客商"这方面事迹，不是本书的重点。本书强调的是他们的特别之处，即从海外将新理念和现代组织带入当时的国内，并且在开创民族制造业、开启现代教育及建设交通方面独树一帜，这三方面恰好是现代社会的基础，即这些投资是符合现代化价值准则的投资。

在这四个维度之下，有四个问题值得思考。

第一，这些没有受过多少学校教育的农家子弟，漂洋过海，在较短的

---

① 杨国桢，陈辰立. 历史与现实：海洋空间视域下的"海上丝绸之路"［J］. 广东社会科学，2018（2）：110 – 116.

时间内成为世界一流的企业家，这一奇迹背后的影响因素有哪些？当然，基础是文化因素，即客家文化——"衣冠南迁"后一直延续的中原士族的传统认知。客家人信奉儒家文化，自称"衣冠南迁"；经商是他们应对艰难岁月的理智选择，也是他们的优良传统。这也是中华文明共融性的魅力所在。但更重要的因素是环境的变化——跨海迁徙。只有开放的环境才能从根本上激发人力资源的创造潜力，这才是创新发展的动力所在。也就是说，增强社会流动性是推动发展的原动力。

第二，大量的延续数代、跨越百余年（特别是经历了剧烈变革的时代）的商业家族，其传承的奥妙何在？家庭是社会的细胞，恩格斯说："一定历史时代和一定地区内人们生活于其下的社会制度，受着两种生产的制约：一方面受劳动的发展阶段制约，另一方面受家庭的发展阶段制约。"① 客家文化以儒家文化为正统，但在宗法体系方面，客家人没有实行嫡长子继承制，而是选贤能者主事；客家族群的家庭是累世同居制，这可能有利于集中财力谋发展。也就是说，客家人在财产代际传承方面，既不完全是中国传统的析产制，也不同于欧洲和日本的长子独承制。客家认同的五个要素——客家话、族谱、祠堂、堂联、堂号，都是具有教化作用的。这就是儒商文化，即与时俱进的开拓精神和兼济天下的情怀。美国地理学会原会长、耶鲁大学教授斯埃尔沃思·亨廷顿认为：客家，英文是 Hakkas，在人类学上有相当重要的地位。因为当他们迁徙时，自然淘汰会逐渐把懦弱的、重保守的分子淘汰或是留在后面，而比较有毅力、有才干的将会脱颖而出，成为领导者或创造者。②

第三，近代"客商"倾力支持中国革命，参与了中国革命的全过程，他们可以被称为一种革命的力量，但它与欧美的资产阶级还是有区别的。因为，对于海外"客商"而言，中国是他们的祖国。"（海外）华人群体已不是'侨民群体'，而是成了居住国的一个民族——华族。"③ 但从这些人的身上，又能进一步感受到"祖国"的深厚内涵。比如胡文虎是抗战期间捐款最多的华侨，他生前捐款给中国的数额最多，占49%，其次是新加坡、马来西亚，占21%，再次才是缅甸、泰国等。胡文虎出生在缅甸，应该是新加坡籍，而东南亚是他的财富来源和成功之地。

---

① ［德］恩格斯. 家庭、私有制和国家的起源［M］//中共中央马克思恩格斯列宁斯大林著作编译局. 马克思恩格斯选集：第四卷. 3 版. 北京：人民出版社，2012：2.

② ［美］亨廷顿. 自然淘汰与中华民族性［M］. 潘光旦，译. 上海：新月书店，1929：120–127.

③ 周丰峨. 华侨教育与华文教育［M］//暨南大学华侨研究所. 华侨研究. 广州：广东高等教育出版社，1988：230.

第四，工商业者对社会的贡献，我们称为"企业家的社会责任"，那么，是不是该有"社会的企业家责任"，即营造有利于企业家创新发展的社会环境？总之，本书想要重点探索的是：中国传统中与现代化并不相悖的各种资源，是怎样在近现代的激烈变革中，通过什么样的途径、经由何种人的努力促进了现代性中国化的萌生与发展？这些"中国经验"的内在逻辑和普世意义何在？它对世界范围内现代性的构建有怎样的影响？

革命是近现代中国的明确主题，也是现代化的重要动力。而探讨商业势力与革命的关系，"客商"是一个值得研究的个案。"客商"南洋开埠，东南亚华侨是近现代中国革命的重要支持者。孙中山曾经说过："华侨为革命之母。"据统计，1905 年，兴中会能够明确身份的会员有 286 人，而其中 219 人是华侨、华商。武昌起义爆发时，仅新马的同盟会会员就有 3 万多人。①

"客商"的南洋开拓之路，也是文化传播与文明融合之路。南洋开发对于当时人地矛盾突出、农业疲敝的中国东南沿海地区来讲，是人们新的生机和获得财富的梦幻之路；对于当时帝制中国来讲，是通向现代世界的"南风窗"，是近现代化的交流场和民主民族革命的大后方。蒋廷黻认为，中国的发展方向与欧洲相反，不是由南向北，而是由北向南。中国的政治势力、文化及人民渡长江而逐渐占领江南以及闽粤，这一路的发展才是中民族事业的正统。② 而在洋务运动以后，南洋地区发挥了对中国现代化的重要促进作用。孔飞力认为，从明政府开放海禁以后的五个世纪，中国逐步与世界接轨，在这一历史进程中，海外移民发挥了重要的作用，有时甚至是决定性的作用。推翻帝制的革命源于海外华侨的发动和关键性支持，自 16 世纪以来，海外华侨的活动一直与中国的经济发展息息相关。③

本书由"客商"而论及"客商"子弟，原因是在中国的传统宗法理念中，子弟是其精神的延续。费正清认为，中国家庭是自成一体的小天地，是个微型的邦国。家庭生活是培养一个人参与国家政权的训练基地。④ 而崇先敬祖则是客家文化的核心之一，客家人家族传承意识明显高于其他族群。20 世纪以前的中国教育主要是私塾教育，"客商"弘扬了客家人崇文重教的传统，不管是在国内还是海外，都要以儒家道统教育子弟，其子弟无论从

①　冯自由. 革命逸史：第四集 [M]. 北京：中华书局，1981：25 – 27.

②　蒋廷黻. 中国近代史 [M]. 南京：江苏人民出版社，2014：122.

③　[美] 孔飞力. 他者中的华人：中国近现代移民史·前言 [M]. 李明欢，译. 南京：江苏人民出版社，2016：3 – 5.

④　[美] 费正清. 美国与中国 [M]. 张理京，译. 北京：世界知识出版社，1999：22.

政、从文或继续经商，他们仍然是客家文化的载体，是"客商"精神的传承者，也是儒商文化的弘扬者，正如孔飞力所说的"扩展家庭之纽带的空间维度"①。

本书有专章讲述"客商"与海外华文传播，因为海外华文传播不仅是消除文化断层的重要手段，也是革命与建设的重要促进，更为中国的对外贸易与对外交流奠定了文化基础。

建筑被称为"硬文化"，它是时代精神最直接的体现，近代以来的中国建筑本身就是现代化进程的思想凝结。正如俄国著名作家果戈理所言："建筑是世界的年鉴，当歌曲和传说都缄默的时候，只有它还在说话。"海外"客商"在南中国落后山区建起中西合璧的现代建筑，这些建筑是将西式框架与中国传统元素融合，它本身就是一种生活的革命和探索精神的凝聚。因此本书也专门辟出一章探讨"客商"建筑的文化内涵。

本书中的近现代分期以中国标准教科书的界定为标准，即从事件史的角度，将鸦片战争作为中国近代史的开端。但本书在叙述中也关注了其他观点，比如，有学者认为，从结构史的角度，18 世纪末人口剧增，导致社会危机出现和社会结构改变，中国近代史应该从此时开始；孔飞力在《他者中的华人：中国近现代移民史》中将 1567 年作为中国近现代历史的开端，他认为这一年明政府解除海禁，"中国不可阻挡地与外部世界相接轨"。②

由于本书中涉及的人物比较多，其地域分布分散，包括十几个国家和地区（地名混杂），领域宽广（涉及军政商学农等各方面），时间跨度也比较大，加之语言差别，资料采集很艰难。相当一部分资料来源于著名翻译家、《随笔》杂志原主编黄伟经主编的《客家名人录》（梅州地区卷），在此深深感谢黄老先生 20 年来对笔者本人的关心和培养。一部分资料采集自公共信息，还有一部分来自作者的走访调查，有些资料可能欠准确，希望相关人士和知情者举证纠错。

本书中有关客家人物的认定标准：一是客属地区的籍贯；二是自述客家人，比如韩素音等；三是研究人员的立传；四是客属组织的成员；五是家谱、族谱的记载。

本书的核心是现代性问题，其他商帮如福建帮、潮帮、广府帮、宁波

---

① ［美］孔飞力. 他者中的华人：中国近现代移民史·前言［M］. 李明欢，译. 南京：江苏人民出版社，2016：5.

② ［美］孔飞力. 他者中的华人：中国近现代移民史·前言［M］. 李明欢，译. 南京：江苏人民出版社，2016：5.

帮等在中西文明对接及中国现代性发育方面都做出过重大贡献，许多方面甚至超过客家商帮。本书绝无所谓"文一""武二"之类想法，之所以选择客家商帮作为对象进行探讨，也许是因为"他们是汉族里头一个系统分明的支派，也是中西诸社会学家、人类学家、文化学家极为注意的一个汉族里的支派。近百年来，中国一般局势的变迁，一般历史的进展，差不多都同他们有很大的关系"①。

笔者不是客家人，不存在日本学者论及的"客家至上主义"的思想嫌疑，也无意宣传"南迁神话"，更不会巩固"客家的刻板意象"。② 笔者在客属中心地区——梅州工作生活 30 年，虽然受到客家文化的浸淫，但始终是一个观察者。客家人的勤劳、含蓄、好客、积极向上，以及他们的家族传承和特色美食给笔者留下很深的印象。在感慨这个移民文化的融合力、开拓力的同时，也深深忧虑这个悠久文化形成的"熵"。罗香林 80 多年前说："客家如果要恢复国内外的商权，要解决民生的疾苦，要建设理想的家邦，无论如何，总非先把旧日自负自骄的观念即刻打破而多多的与国内诸族系相合作不可。"③ 但愿这本阐释客家优秀儿女在社会转型过程中的卓越奋斗的书，能对如何让客家文化在新时期继往开来、再创辉煌这个问题的探讨，起到抛砖引玉的作用。

感谢广东省哲学社会科学规划基金的资助。感谢嘉应学院美术学院原院长曹知博教授，梅州市美术家协会原主席、梅州画院原院长罗标先生，他们精美的客家民居素描给本书增色不少。感谢致公党梅江区委副主委邱梅女士对本书文字的修订。本书的英文资料由赣南师范大学教授田明刚博士订正，笔者的女儿、北京大学基础医学院博士生闫菽灵也对书中英文注释进行了一些订正，深表感谢。

由于时间关系以及本人学识局限，本书存在许多不足之处，恳望专家学者批评指正。

2023 年 1 月 12 日于肃雍堂书斋

① 罗香林．客家研究导论（外一种：客家源流考）［M］．广州：广东人民出版社，2018：12.

② ［日］河合洋尚．客家研究的三个视角及今后的课题［M］∥［日］河合洋尚．日本客家研究的视角与方法：百年的轨迹．北京：社会科学文献出版社，2013：145－153.

③ 罗香林．客家研究导论（外一种：客家源流考）［M］．广州：广东人民出版社，2018：222.

目　　录

第一章　中国传统商业形态与商帮文化

商业时而被征服者摧毁，时而受到君王骚扰，于是商业就远离遭受压迫之乡，走遍全球，落脚在可以自由呼吸的地方。

——孟德斯鸠《论法的精神》第二十一章第三节

第一节　崇商时代

中国传统的商业形态演变可以分为两个阶段：先秦时期和帝制时期。前者是自由商业时期，可以说是崇商时期；后者则采取抑商政策。洋务运动以后，中国进入绅商时期。

儒家重要经典之一《白虎通》这样解释商贾："商贾何谓也？商之为言商也，商其远近，度其有亡，通四方之物，故谓之商也；贾之为言固也，固其有用之物以待民来，以求其利者也。行曰商，止曰贾。"

《易经》是儒家经典的"群经之首"，其《系辞下》言："庖羲氏没，神农氏作……日中为市，致天下之民，聚天下之货，交易而退，各得其所。"神农氏即炎帝。《系辞下》说黄帝"刳木为舟，剡木为楫。舟楫之利，以济不通，致远以利天下"；"服牛乘马，引重致远，以利天下"。这就是说，中华人文始祖炎帝、黄帝都是远古的商业开拓者。《史记·五帝本纪》载五帝之一的舜"耕于历山，渔雷泽，陶河滨，作什器于寿丘，就时于负夏"，即舜在受禅以前是一个手工匠、小贩。司马迁在《史记·平准书》中说："农工商交易之路通，而龟贝金钱刀布之币兴焉。所从来久远，自高辛氏之前尚矣，靡得而记云。"高辛氏即"三皇五帝"中的第三帝——帝喾（《大戴礼记》载"五帝"为黄帝、颛顼、帝喾、尧、舜）。至于中国的货币出现时间有没有司马迁讲的那么早，有待于进一步的考古发现和研究论证，但不可否认的是，蒙昧时代的中华圣贤多是从商立身的，商道是中华文明的重要源流。

中国第一个王朝夏朝的开创者是禹。《管子》说:"禹以历山之金铸币。"夏初期是否有铸币,目前尚未得到证实,但此记载说明了先秦时期人们对商业发展的关注。商朝的先祖亥是商人,商部落是因为经营盐利而富强起来,进而王各方国。周克商后,周公以成王之命告诫商遗民:"其艺黍稷,奔走事厥考厥长。肇牵牛车,远服贾,用孝养厥父母。"(《尚书·酒诰》)即要商遗民继承祖业,经商孝敬父母。"商人"一词源于此。

周部落是以农耕强大起来的。而辅佐文王、武王克商的姜子牙是商人出身。《古史考》载姜子牙"宰牛于朝歌,市贩于孟津"。《史记·齐太公世家》载其治理齐国:"太公至国,修政,因其俗,简其礼,通工商之业,便鱼盐之利,而人民多归齐,齐为大国。"周王朝初期,为营建都邑,统治者大力发展工商业。武王"乃令县鄙商旅曰能来三室者与之一室之禄"(《汲冢周书·大聚》),即三户商人享受一个大夫的耕禄。周公将"关夷市平,财无郁废,商不乏资"作为兴邦策略。《周礼·考工记》载:周初都邑营建,"方九里,旁三门,左祖右社,面朝后市"。京畿地区,"辟开修道,五里有郊,十里有井,二十里有舍,远旅来至,关人易资,舍有委"(《汲冢周书·大聚》),即朝廷安排专门人员为商人提供服务。《周书》称:"农不出则乏其食,工不出则乏其事,商不出则三宝绝,虞不出则财匮少。"说明当时商业是社会重要的四业之一,而且商人地位很高。《国语·晋语》说:"公食贡,大夫食邑,士食田,工商食官,皂隶食职。"工商食官,即官府保护工商业者。但钱穆等学者认为,工商食官是指当时工商业官营。

西周时期,商业的管理制度已经系统化,这在《周礼·司徒教官之职》中有详细记载。而且明确规定禁止交易的内容,如《礼记·王制》载:"圭璧金璋不粥(鬻)于市,命服命车,不粥于市;布帛精粗不中数、幅广狭不中量,不粥于市;奸色乱正色,不粥于市;锦文珠玉成器,不粥于市;衣服、饮食,不粥于市;五谷不时,果实不熟,不粥于市;木不中伐,不粥于市,禽兽鱼龟不中杀,不粥于市。"孔子是商朝王族后裔,但对周朝的礼乐工商文明非常钦佩,感慨说:"郁郁乎文焉,吾从周。"中国经济思想史学会首任会长胡寄窗认为,早期儒家不反对商业经营这种态度在古代世界范围内已算奇特,而在中国,与战国后期以来两千多年中极端轻视商业的流行观点相对比,却是很突出的。① 可以肯定,早期的儒家是崇商的,周公之论和孔子的学生子贡善于经商就是例证。

周王朝统治者把治下之民分为国人和野人,前者指城内工商业者,后

---

① 胡寄窗. 中国经济思想史简编 [M]. 北京: 中国社会科学出版社, 1981: 43.

者指乡村农民。其统治是以工商业者为基础。周厉王在位时，任用荣夷公为卿士，实行"专利"政策，将山林湖泽改由天子直接控制，不准国人进入。镐京的国人不满，遂于公元前841年举行暴动，史称"国人暴动"。周厉王带领亲信逃离镐京。召公与周公代行王政，史称"周召共和"。这很像两千多年以后英国的"光荣革命"。可见当时工商业者的社会影响有多大。周宣王执政后，也想抑制工商业者的势力，但效果并不明显。范文澜认为，工商业者自周召共和以后，日益兴盛。幽王时，许多贵族破产流落，但富有的商人却可以做官受爵，过着贵族式的生活。当时贵族也想做买卖，牟取高额的利息。王叔郑桓公知道周室快灭亡，便同商人订互助盟约，请商人帮助他建立新郑国。西周末年，商人地位提高，分享政权，旧贵族愤愤不平，因此《诗经》的《小雅》《大雅》里留下不少的怨恨诗。[①] 胡寄窗说："在西周王朝统治的全盛时期，各种古代文献均未显示有丝毫轻视工商业重要性的迹象。"[②] 帝制中国的仁治传统来源于周，"三代之治"是汉以后士大夫以古论今的主调。周王朝的崇商国策为以后士大夫等知识分子反对抑商提供了历史依据。

春秋时期，弦高"犒师救国"、范蠡"三迁其富"、子贡"结驷连骑……国君无不分庭与之抗礼"。表面上看，似乎商人社会地位很高、影响很大，可以"与王者埒富"，"田池射猎之乐，抑之人君"。其实，重大的社会变革此时已经拉开了序幕，商人的社会地位面临断崖式的下降。

这场变革首先从商业发达的齐国开始，主导者是管仲。首先，管仲认为，齐国要强大，国家必须有雄厚的经济实力，而壮大国家经济实力的直接方法是盐铁官营。"管子对曰：'……国无盐则肿，守圉之国，用盐独甚。'桓公曰：'诺。'乃以令使袁之，得成金万一千余斤。"（《管子·轻重甲》）"桓公曰：'……请以令断山木，鼓山铁。是可以无籍而用尽。'管子对曰：'不可。今发徒隶而作之，则逃亡而不守；发民，则下疾怨上，边境有兵则怀宿怨而不战。未见山铁之利而内败矣。故善者不如与民，量其重，计其赢，民得其十，君得其三。有杂之以轻重，守之以高下。若此，则民疾作而为上虏矣。'"（《管子·轻重乙》）盐铁官营，使商人的经营范围受到了巨大的限制，其社会地位和影响力也必然下滑。其次，平抑物价，缩小商人的利益空间，限制其商业发挥。"故万乘之国必有万金之贾，千乘之国必有千金之贾者，利有所并也。计本量委则足矣，然而民有饥饿者，谷有所藏也。民有余则轻之，故人君敛之以轻；民不足则重之，故人君散之

---

①　范文澜. 中国通史：第1册［M］. 北京：人民出版社，1978：96－97.

②　胡寄窗. 中国经济思想史简编［M］. 北京：中国社会科学出版社，1981：6.

以重。凡轻重敛散之以时，则准平。"（《汉书·食货志》）再次，让商人之子恒为商，取消其从政、参政的资格，直接从政治上归为另类。"令夫商，群萃而州处，察其四时，而监其乡之资，以知其市之贾，负、任、担、荷，服亲、辂马，以周四方，以其所有，易其所无，市贱鬻贵，旦暮从事于此，以饬其子弟，相语以利，相示以赖，相陈以知贾。少而习焉，其心安焉，不见异物而迁焉。是故其父兄之教不肃而成，其子弟之学不劳而能。夫是，故商之子恒为商。"（《国语·齐语》）最后，鉴于西周工商势力威胁王室，管仲提醒国君，商人不可信任。"管子曰：'万乘之国必有万金之贾……非君之所赖也，君之所与。故为人君而不审其号令，则中一国而二君二王也。'桓公曰：'何谓一国而二君二王？'管子对曰：'今君之籍取以正，万物之贾轻去其分，皆入于商贾，此中一国而二君二王也。故贾人乘其弊以守民之时，贫者失其财，是重贫也；农夫失其五谷，是重竭也。故为人君而不能谨守其山林、菹泽、草莱，不可以立为天下王。'"（《管子·轻重甲》）至此，中国的崇商时代开始落下帷幕。

战国时期，诸侯争霸，国家机器开始成为战争动员的工具，耕战是核心。商人的互通有无和自由来往是战争秩序所不容的，抑商成为必然趋势。"进入战国时期，商贾们猛然发现，他们的地位一下子从天堂跌入地狱。他们的荣耀没有了，尽管于物质上可珠光宝气，但被人以贱类视之，他们被列入末流。"① 在这方面，秦国是最坚定的执行者。《商君书·外内二十二》言："民之内事，莫苦于农，故轻治不可以使之。奚谓轻治？其农贫而商富，故其食贱者钱重，食贱则农贫，钱重则商富，末事不禁，则技巧之人利，而游食者众之谓也，必乱国祸民。农之用力最苦，而赢利少，不如商贾技巧之人。苟能令商贾技巧之人无繁，则欲国之无富不可得也。"秦国随着商鞅变法而强大，"重本抑末"也迅速被各诸侯国效法。各诸侯国均不同程度地出台某些官营规范或直接限制私营工商业的法令，比如魏国的李悝让国家干预粮食贸易，通过"平籴法"打击商人的积居行为。当时魏国的大梁是最大的粮食贸易中心，这一措施直接削弱了商人们的社会力量。

《史记·吕不韦列传》载："吕不韦贾邯郸，见（异人）而怜之，曰：'此奇货可居。'"《战国策·秦策》载："濮阳人吕不韦贾于邯郸，见秦质子异人，归而谓父曰：'耕田之利几倍？'曰：'十倍。''珠玉之赢几倍？'曰：'百倍。''立国家之主赢几倍？'曰：'无数。'不韦曰：'今力田疾作，不得暖衣饱食；今定国立君，泽可以遗世。愿往事之。'"投机是一种商业

---

① 田兆元，田亮. 商贾史 [M]. 上海：上海文艺出版社，2007：28.

本性，也是一种人的天性，商业被抑制，投机之能便转移到政治领域，这也许是传统中国官场陋习难以根治的原因之一。

具有讽刺意义的是，厉行抑商的秦始皇竟然是商人扶持起来的。甚至秦始皇统一天下、"上农除末"的步伐，也是在商人吕不韦的辅佐下开启的。这个傲视天下的专制君主，却对充满传奇色彩的女富商巴寡妇清极其尊重，亲自召见，并留其在咸阳颐养天年。巴寡妇清死后，秦始皇追封其为贞妇，下令在其葬地筑"女怀清台"，以昭天下。《史记·货殖列传》载："乌氏倮畜牧，及众，斥卖，求奇缯物，间献遗戎王。戎王什倍其偿，与之畜，畜至用谷量马牛。秦始皇帝令倮比封君，以时与列臣朝请。"这说明，秦始皇本质上仍然是实用主义者，他需要商人的智慧和才能辅佐其统治。

第二节 抑商时代与商帮的形成演变

一、商帮产生的社会背景

（一）帝制中国的重农抑商与商帮的产生

秦帝国，是以农业为基础强大起来的。都江堰、郑国渠等大型水利工程使得成都平原、关中平原成为"天府之国"，农业的发达为帝国的统一大业提供了雄厚的物质基础和充足的兵源。因此，秦国的统治者认为天下财富源于最初的实物生产——农业，工多为奇技淫巧，商则为贱买贵卖的不义之举。秦国的国家治理理念和价值标准成型于商鞅变法。商鞅思想的核心是"耕战"，"国之所以兴者，农战也"（《商君书》）。商鞅认为，商人或手工业者这些不从事农业生产的人，都是危险的寄生虫，将他们分开登记，以备在国家工程或边防中充当无偿劳役。"僇力本业（农业），耕织致粟帛者复其身。事末（商）利及怠而贫者，举以为收奴。"（《史记·商君列传》）他甚至要求"废逆旅"（废除旅馆，使外出经商者没有住所），"壹山泽"（国家垄断山泽之利，不允许私人开发经营），（《商君书·垦令》）在灭六国的过程中，秦每征服一国，便迫使当地商人离开本乡迁往异乡。统一中国后，秦始皇"徙天下豪富于咸阳十二万户"，其财产绝大部分都被官府没收。秦始皇还命人在琅琊石刻"上农除末"。秦时的法律规定，商人必须编入市籍，有市籍的商人及其子孙，与犯罪的官吏和赘婿一样，都在谪戍之列，即随时都可以被押往边疆服役或定居。《史记·秦始皇本纪》载："三十三年，发诸尝逋亡人、赘婿、贾人略取陆梁地，为桂林、象郡、南海，以谪遣戍。"任嚣南攻百越占领广东后，秦始皇将被贬的官吏、罪犯、商人大批迁往岭南，其中商人最多。秦始皇还规定，连父母、祖父母入过商籍的人也要迁往"瘴疠之气弥漫"的岭南。

汉承秦制，将对商人的歧视政策理论化、体系化。晁错的《论贵粟疏》是这一理论的代表。从当时的国家治理体系来讲，以农业为本，将百姓束缚在土地上，有利于早熟的统一帝国的内部控制，控制以皇权和官僚等级为标准，防止财富积累所形成的另类权力对皇权发起挑战。汉高祖规定商人不得穿丝绸，不得乘车，不得购买土地，还必须与奴婢一样，加倍交算赋钱（主要是人头税）。汉武帝时，恢复秦朝的谪戍制度——"七科谪"，七类谪戍者有四类与商人有关，即登记的商人、曾经登记为商人的、父母为商及祖父母为商者。汉初的政治家和学者大都认为农业是"本业"，而商业是"末业"，"崇本抑末"是主导思想。他们认为商人是"食者""游食之民"，将农村的土地兼并和农民的贫困归咎于商人的投机，认为商业发达可能会导致粮食储备不足。"贫生于不足，不足生于不农，不农则不地着，不地着则离乡轻家，民如鸟兽。虽有高城深池，严法重刑，犹不能禁也。"强调农业是财富的唯一源泉，"不农"则游，会危害社会安全。"而商贾大者积贮倍息，小者坐列贩卖，操其奇赢，日游都市，乘上之急，所卖必倍。故其男不耕耘，女不蚕织，衣必文采，食必粱肉；无农夫之苦，有阡陌之得。因其富厚，交通王侯，力过吏势，以利相倾；千里游遨，冠盖相望，乘坚策肥，履丝曳缟。此商人所以兼并农人，农人所以流亡者也。"（《论贵粟疏》）晁错的思想很快被统治者落实为国策。两汉时期，商业税实行双倍征收，旨在打压商业。"秦汉时期几乎所有在后代留有文字作品的人都承认，国家经济发展优先考虑的是刺激农业的发展并保护农民……他们认为农业是财富的真正唯一来源。制造业和商业如果不认真加以控制，就会威逼农民远离他们耕种的土地，或者使他们堕落成佃农，而不向国家提供赋税和劳役。"①

公元前81年，在大司马、大将军霍光的主持下，朝廷从全国各地召集贤良文学人士60多人到京城长安，与以御史大夫桑弘羊为首的政府官员共同讨论盐铁官营、酒类专卖、均输、平准、统一铸币以及屯田戍边、对匈奴和战等系列重大问题。双方展开了激烈争论。在野的贤良文学人士在经

---

① ［加］卜正民. 早期中华帝国：秦与汉 ［M］. 王兴亮，译. 北京：中信出版社，2016：109 - 110.

济方面要求"罢盐铁、酒榷、均输",认为实行盐铁等官营政策是"与民争利",认为官营工商业"非治国之本务",是"与商贾争市利"。他们提出"外不障海泽以便民用,内不禁刀币以通民施"的自由经济主张。这次会议,虽然没有触及重农抑商的基本国策,但有效地阻止了汉武帝时期为打击匈奴而开创的国家垄断的"战时经济"模式的蔓延,一定程度上保护了工商业者的利益。不久,朝廷废除了酒类专卖和关内铁官。30 年后,桓宽根据会议的官方记录,加以推衍整理,增广条目,写成《盐铁论》。这是中国文化史上很重要的一部策论集,也是人类历史上第一部关于国家垄断与自由竞争的理论分析文献。它也为后世统治者治国理政以及有识之士保护商人商业利益的主张提供了理论依据。

帝制中国的两千多年间,"重农抑商"一直是统治的主流思想。中国是一个重史的国家,强调"以史为鉴"。从史书体例可以看出,《史记》中尚有《货殖列传》记载一些大商人的事迹,《后汉书》以后,正史中绝少有商人事迹的记载。并且史书对一个时代的商业也没有总结性评论,对商人即便有所涉及,也多半是持批评态度。

历代王朝抑商的形式主要有几种:一是课以重税,一般商业税赋是农业税赋的两倍以上,有时甚至数倍;二是将商户移民迁徙,王朝初期多采用这种方式;三是将商人编入市籍,实行身份歧视,剥夺本人及其子弟的政治参与权;四是实行"均输平准"等统购统销政策,抢占商业空间;五是实行禁榷制度,缩小商人经营范围,对最有利可图的领域,诸如盐、铁、酒、茶、粮食,甚至矿物质如矾等以及外国输入的香料实行国家专卖;六是改变币制,使商人积累的货币财富贬值;七是实施"告缗",直接没收商人财产;八是要求商人捐输或助赈助饷,无偿征用商人资产。

到了 18 世纪,欧洲工业革命如火如荼,其商业资本通过海外殖民开始在全球扩张。但被西方学者誉为"近代早期国家建构之首创者"① 的雍正皇帝在 1727 年仍晓谕天下臣民:"朕观四民之业,士之外,农为最贵,凡士工商贾,皆赖食于农,故农为天下本务,而工贾皆其末也。"(《大清世宗皇帝实录》卷五十七)并明谕:"夫节俭之风,贵行于闾里,而奢靡做习,莫甚于商人";"朕思此等贸易外洋者,多不安分之人"。马克思在《资本论》第一卷的《货币或商品流通》中提道:"清朝户部右侍郎王茂荫向天子上奏折,主张将官票、宝钞改为可兑换的钞票。"在这一章的注 83 中写道:"在 1854 年 4 月的大臣审议报告中,他受到严厉申斥。他是否因此受到笞刑,

① [美] 罗威廉. 最后的中华帝国:大清 [M]. 李仁渊,张远,译. 北京:中信出版社,2016:60.

不得而知。审议报告最后说：'臣等详阅所奏……所论专利商而不便于国。'"① 这就是说，即使在鸦片战争后，国门洞开，清政府仍然将"商"与不"国"对立。费正清认为："从理论上讲，读书做官的人自古就把商人看作不从事生产的寄生虫。在中国古文里，人们并不认为商人把产品从甲地运到乙地有什么功劳，因此他是被列入社会的低层等级的。但在实际上，商人的活动是被官吏控制住的，他被官府看成是小伙计，官僚阶级可以利用他的活动，并从他身上挤出油水来，为他们自己或为政府谋利益……所以政府不许可兴起一个独立的商人阶级，来侵犯它的这些特权。"②

史景迁认为，中国的统治者认为贸易是不安和动乱的温床，担心贸易会将中国的国防机密泄露给外国势力，导致珍贵白银外流，促生海盗势力及其他犯罪活动。③ 国家政策中的抑商，带来文化上的蔑商。商人成了被国家体制边缘化的社会群体。822 年，唐穆宗以优待将士的名义，一度非正式地取消工商杂类不准入仕的限制，但遭到了士大夫们的反对，其曰："遂使富商豪贾，尽居缨冕之流。"晚唐诗人杜牧的《泊秦淮》诗"商女不知亡国恨，隔江犹唱后庭花"，直接将商人摆在了儒家文化、家国情怀的对立面。王安石的《金陵怀古》再次强化这种意识："至今商女，年年犹唱，后庭遗曲。"所谓"士农工商"，商人是四民之末，"无商不奸"成为他们无法摆脱的道德阴影。民间竟有所谓"车、船、店、脚、牙，无罪也该杀"之说。在社会统治权力被科举出身的文官集团高度垄断的情况下，商人要生存和发展，一是结帮，这样才能拥有同官场以及地方势力谈判的实力；二是同官员建立一种隐秘的权力与利益交换网络。而这两者都必须建立在稳定的社会关系上，或乡亲、或同行，只有这种社会化的关系，在士大夫"家国天下""仁义之道"的执政处世体系里才可以公开活动。因此，以行业、地域或族群等为纽带的商帮产生了。

（二）中国历史上的重商思想

中国的重商思想由来已久，西周以前，中国就遵循重商主义的治理思路。即使进入帝制时代，统治者虽然主要以抑商为主导思想，但每个王朝开国之初，百废待兴，朝廷仍然要以鼓励工商业繁荣为先；只是到了统治

---

① ［德］马克思. 资本论：第一卷［M］//中共中央马克思恩格斯列宁斯大林著作编译局. 马克思恩格斯文集：第五卷. 北京：人民出版社，2009：149 – 150.

② ［美］费正清. 美国与中国［M］. 张理京，译. 北京：世界知识出版社，1999：47.

③ ［美］史景迁. 追寻现代中国：1600—1912 年的中国历史［M］. 黄纯艳，译. 上海：远东出版社，2005：70.

稳定以后，为了保障粮食等战略物资供应，应对北方游牧民族的侵扰，防止商人自由流动干扰经济社会秩序，同时，防止商人的生活奢侈破坏儒家社会伦理道德，更为关键的是，防止商业势力财大气粗挑战皇权官威，统治者才开始抑商。比如，西汉王朝是在秦末农民起义和楚汉战争造成的废墟上建立的，满目疮痍，百废待兴，物资紧缺的局面急需商人来扭转。在这样的情况下，兴商重商是当务之急。因此，才有司马迁《史记·货殖列传》中所言的："汉兴，海内为一，开关梁，弛山泽之禁，是以富商大贾周流天下，交易之物莫不通，得其所欲。"

秦汉以降，中国的重商思想主要表现为反对"重农抑商"的本末论，主张农工商并举。司马迁的《史记·货殖列传》就是一篇重商主义的宣言："故待农而食之，虞而出之，工而成之，商而通之，此宁有政教发征期会哉？人各任其能，竭其力，以得所欲。故物贱之征贵，贵之征贱，各劝其业，乐其事，若水之趋下，日夜无休时，不召而自来，不求而民出之。岂非道之所符，而自然之验耶？《周书》曰：'农不出则乏其食，工不出则乏其事，商不出则三宝绝，虞不出则财匮少。'财匮少而山泽不辟矣。此四者，民所衣食之原也。原大则饶，原小则鲜。上则富国，下则富家。贫富之道，莫之夺予，而巧者有余，拙者不足。故太公望封于营丘，地潟卤，人民寡，于是太公劝其女功，极技巧，通鱼盐，则人物归之，襁至而辐凑。故齐冠带衣履天下，海岱之间敛袂而往朝焉。"这简直就是对经济自由主义最通透的论述，比起西方自由经济学说出现还要早得多。

西汉时期的理财专家桑弘羊是一个明确的重商者（他关于盐铁专卖的思想另当别论）。他否定农业是创造财富的唯一来源，主张以商富国。"自京师东西南北，历山川，经郡国，诸殷富大都，无非街衢五通，商贾之所臻（聚集），万物之所殖者……宛、周、齐、鲁，商遍天下。故乃商贾之富，或累万金，追利乘羡之所至也。富国何必用本农，足民何必井田也？"（《盐铁论·力耕》）"燕之涿、蓟，赵之邯郸，魏之温、轵，韩之荥阳，齐之临淄，楚之宛丘，郑之阳翟，三川之两周，富冠海内，皆天下名都，非有助之耕其野而田其地者，居五诸侯之衢，跨街冲之路也。故物丰者民衍，宅近市者家富。富在术数，不在老身；利在势居，不在力耕也。"（《盐铁论·通有》）"陇、蜀之丹漆旄羽，荆、扬之皮革骨象，江南之楠梓竹箭，燕、齐之鱼盐旃裘，兖、豫之漆丝絺纻，养生送终之具也，待商而通，待工而成。故圣人作为舟楫之用，以通川谷，服牛驾马，以达陵陆；致远穷深，所以交庶物而便百姓。"（《盐铁论·本议》）他提倡发展外贸，"外国之物内流，而利不外泄也。异物内流则国用饶，利不外泄则民用给矣"

（《盐铁论·力耕》）。

钱穆认为汉代抑商，政府只是加倍增收商人的人口税，或限制他们的政治出路，并没有压低他们的生活享受。[①] 元狩五年（前118年），汉武帝采纳大司农颜异的建议，实行盐铁专卖，但具体执行的是大农丞东郭咸阳、孔仅和侍中桑弘羊，这3人都是商人出身，东郭咸阳和孔仅是盐铁商，桑弘羊则是洛阳富商之子。纵观整个西汉，商业是繁荣的。《史记·货殖列传》载：汉初，宣曲任氏储粮致富；七国之乱爆发，无盐氏贷款给列侯招兵买马，年利为十倍，战乱平息，无盐氏成关中首富；河南郡卜式以畜牧业致富，慷慨输边；齐地刀间从奴隶中挑出人才，派他们经营手工业和商业，使刀间得以私累家资千万，而奴隶们倡言"宁爵毋刀"（宁愿做奴隶不要爵位也要跟着刀间）。葛剑雄分析西汉时期的经济格局："农业并不是收益高的行业，但秦杨经营得当，富甲一州。盗墓是不光彩的勾当，田叔却由此起家。赌博是恶业，桓发因而致富。男子汉看不起做行商，雍县人乐成却发了财。贩油脂的人地位低下，而雍伯赚了千金。卖浆是小生意，张氏却获利千万。郅氏靠磨刀这样的薄技而享受豪华的宴席，浊氏干制作胃脯这类小事而拥有高车驷马，张里凭马医的本领而过上王侯般的生活。"[②]

南北朝时期，南北政权处于对峙以及军事割据，官府政治控制力下降，加之南方地区大开发，商品经济一度繁荣。六朝的官僚普遍经商，商人从政、干政也很普遍，整个社会重商气息颇浓。日本学者川本芳昭认为，南朝的"恩幸"制度，让一批商人参政、议政，不仅商品经济空前繁荣，而且直接促成货币经济的大发展。《颜氏家训》记载，当时长江货运出现"二万斛船"，按照当时的度量单位计算，两万斛相当于600万斤。这样的货运船在当时是世界上独一无二的。英国到了1835年，其制造的轮船的总吨位还不及1.1万吨。"这是五六世纪时世界上唯一的，并且极为早熟的物资流通形态。""商人们向大消费地建康运送物资，贵族、大地主的庄园与西方中世纪的庄园不同，那里生产商品供给消费地，被纳入商品流通的网络中。货币被用作交换的手段。"[③] 货币流通在五六世纪已经全面渗透到南朝商业、国政和平民生活的方方面面，并进一步催生了以铜钱为媒介的税收体系和官员薪俸的货币支付制度。两汉时期，官员的级别是以多少石薪俸来划分的，也就是说，薪俸是以实物（换算为禄米）来计算的。到南北朝时期，

---

① 钱穆. 国史新论 [M]. 北京：生活·读书·新知三联书店，2004：15.

② 葛剑雄. 看得见的沧桑 [M]. 上海：上海教育出版社，1998：28.

③ [日] 川本芳昭. 中华的崩溃与扩大：魏晋南北朝 [M]. 余晓潮，译. 桂林：广西师范大学出版社，2014：135－136.

南朝已经完全使用货币支付薪俸。这是商业空前发展的结果。

隋唐时期，虽然政权由土地贵族和军事贵族把持，商人地位低下，但钱穆认为，从下层农民最低生活的保障来看，唐代政府颇注意对农民生活的保护，放任工商业自由发展。① 也就是说，蔑商但没有抑商。许倬云更是认为，唐朝的基础不在农村，而在商业道路上。② 唐代宗时的户部尚书刘晏是一个重商主义者。他改革榷盐法、漕运和常平法，将原被政府垄断经营的盐业转运、销售向商人开放，采取"（官）收盐户所煮之盐转鬻于商人，任其所之"的方法，协调了政府、盐户、商人的利益，调动生产者、经营者的积极性。宋代将这种做法扩展到茶、盐、香、矾等领域。

有一股特殊的商业文化基因在唐朝时融入中国，那就是来自伊朗高原的粟特商团。粟特人在古代一直是活跃于中亚的商贸力量，一度垄断丝绸之路的贸易中介。唐朝时粟特人被称为昭武九胡，其中以康国（中心位置在今乌兹别克斯坦的撒马尔罕）最著名，史载康国粟特人"善商贾，好利，丈夫年二十去旁国，利所在无不至"。也许因为世代从商的原因，粟特人自小就学习周边民族的语言，中国史书载粟特人通"六蕃语"或"九蕃语"。《唐会要》载：康国生子必以蜜食口中，以胶置手内。欲其成长口尝甘言，持钱如胶之粘物。4 世纪初，粟特商人已经进入中国河西走廊一带。5 世纪初，中亚的绿洲城市经济发展起来，粟特商团在这一过程中迅速壮大，并建立了稳固的商业网络和独立的货币体系。为了谋求政治支持和商业垄断，他们开始向中原地区渗透。其中有一部分人投身军队，以军功跻身官场，安禄山的族系就是其中一支。大部分粟特人仍然从事贸易，唐王朝统一后曾以粟特首领（被称为萨宝）来管理粟特商团与粟特人聚居地，并允许他们享有一定自治权。安史之乱后，粟特人遭到排挤并失去贸易主导权。已定居中原的粟特人为了抹去胡人的特征，与汉人通婚汉化。而在北方草原的粟特人则投靠新崛起的回纥汗国，以其独特的经商、外交和文化能力成为回纥汗国的新贵族。还有一支粟特商团在唐朝初期进入渤海都督府辖区扩展贸易，安史之乱后这部分粟特人逐渐融入新兴的渤海国。粟特商团曾作为渤海国使节多次出使日本。渤海国灭亡后这些粟特人向契丹臣服，其中一部分后来集中到辽国西京大同，以其传统的军事和贸易才能帮助契丹同北宋、西夏及其他草原势力进行贸易交涉。③

---

① 钱穆. 国史新论［M］. 北京：生活·读书·新知三联书店，2004：24.

② 许倬云. 全世界人类曾走过的路，都要算我走过的路［M］//许知远. 十三邀：3，"我们都在给大问题做注脚". 桂林：广西师范大学出版社，2021：12.

③ 张笑宇. 商贸与文明：现代世界的诞生［M］. 桂林：广西师范大学出版社，2021：210－239.

　　《剑桥中国史》里提到，中国"8 世纪后期和 9 世纪是商人阶级大展宏图的时代"。因为安史之乱后，坊市制逐步瓦解，道德上的蔑商传统已经在经济混乱中失去意义，商人子弟开始从政，富商与士大夫之间曾经不可逾越的社会障碍也逐渐崩溃。"对商业和商界的严密监督和对通货的严格控制，都是传统理论的主要特征，但在晚唐被放弃，以后的任何王朝都没有成功地再予以推行。"①

　　五代十国时期，南方主要割据政权的创建者都有经商经历，钱镠（吴越）、杨行密（吴）和王建（前蜀）是贩私盐出身的，南汉政权的奠基者刘隐的祖父刘安仁是南下经商的河南商人，后弃商做官。因为土地税已经不能满足朝廷的开支，为开辟财源，南方各政权高度重视商贸。9 世纪末，广州、泉州、明州（今宁波）已经成为繁忙的中转贸易中心，海外贸易空前发达，商业税开始超过土地税，成为政府的主要财政收入来源之一。贸易大发展带来货币紧缺的问题，南方 24 个州中有 13 个州被迫铸造铁币，以满足商业发展对货币的需求。"随着商业和贸易的发展，南方也逐渐成为宋朝的经济中心，而正是十国巩固了南方的商业地位，为经济的迅速增长奠定基础。"②

　　值得一提的是，南汉统治者刘龑模仿长安扩建兴王府（今广州城），打破长安的"市""坊"制，实现"市"中有"坊"，"坊"中有"市"，将商业区和生活区合而为一，并且在城西设立蕃坊，供外国商人居住。广州是当时中国第一个实行市坊合一的大城市，此举奠定了广州商贸城市的基本格局。同时南汉发展盐业，促进粤盐北上，取代了江海盐的市场主导地位；还大力发展造船业，专门设立"巨舰指挥使"一职，制造大型海船从事海上贸易。王夫之在《宋论》中称，南汉在刘龑时期"坐拥百粤，闭关自擅，而不毒民……府库充实，政事清明，辑睦四邻，边烽无警"。薛居正的《旧五代史》评价刘龑："广聚南海珠玑，西通黔蜀，得其珍玩，穷奢极欲，娱僭一方，与岭北诸藩岁时交聘。"

　　宋朝建立后，虽然文官集团也想裁抑商业资本，实行均输和市易，以官营挤兑民营，但朝廷要维持庞大的边备开支和官僚体系的支出，需要充足的商贸税收来保障。因此，宋元两代，中国工商业发展环境相对宽松，政府也在很大程度上支持工商业发展，可称当时为农商并重的时代。范仲

---

　　① ［英］崔瑞德. 剑桥中国隋唐史（589—906 年）［M］. 中国社会科学院历史研究所，西方汉学研究课题组，译. 北京：中国社会科学出版社，1990：27—29.
　　② ［美］柯胡. 唐宋之间的南方王朝（907—979）［M］//［英］崔瑞德，［美］史乐民. 剑桥中国宋代史（907—1279 年）：上卷. 宋燕鹏，等，译. 北京：中国社会科学出版社，2020：128.

淹在《四民诗》中慨问："吾商则何罪，君子耻为邻。"说明士大夫中的有识之士开始反思蔑商之道。经商业绩也开始被视为政绩之一。《宋史·食货志》载："诸市舶纲首，能招诱舶舟，抽解物货，累价及五万贯、十万贯者补官有差。"即将招引外商同官员的业绩挂钩，达到一定标准就可以凭此升迁。宋初，朝廷规定：广州市舶司遇初到的外国商船，要设宴招待，名曰"阅货宴"，商船仆隶一同入宴；每年十月，外国商船要乘风回国，市舶司要设宴送行。外国商人甚至可以担任政府官员，比如，阿拉伯商人蒲开宗曾任安溪县主簿，后因贸易有功，被朝廷授予"承节郎"官衔，其子蒲寿庚曾任南宋泉州市舶司提举，"擅番舶利者"30 年，后任元朝的福建行省中书左丞，蒲寿庚之兄蒲寿宬在咸淳年间曾任梅州知州；另一位阿拉伯商人蒲亚里曾被南宋政府派遣回国招引商船。商人有时也参与政策制定。据《宋史·陈恕传》载，陈恕为三司使时，"将立茶法，招茶商数十人，俾各条利害"。《续资治通鉴长编》卷二二五"熙宁四年七月丁酉"条载："其议财也，则商估、市井、屠贩之人，皆召而登政事堂。"当时的泉州号称"天下货仓"，海外商贾云集。南宋以叶适为代表的永嘉学派明确主张"通商惠工，以国家之力扶持商贾，流通货币"，反对传统的"重本抑末"的政策。顾炎武在《天下郡国利病书》中说："南渡后，经费困乏，一切倚办海舶。"宋人周去非在其《岭外代答》中载，当时与宋朝通商的国家有 50 多个，"诸蕃国之富盛多宝者，莫如大食国，其次阇婆国，其次三佛齐国，其次乃诸国"。

宋代海贸还有三大重要的变化，一是朝廷允许沿海商人出海贸易。989年，宋太宗诏令："自今商旅出海外蕃国贩易者，须于两浙市舶司陈牒，请官给券以行。"（《宋会要辑稿·职官》）1167 年，朝廷令华商船舶出海不得超过一年。二是设置相当多的市舶司，推动海贸发展。除原有的广州市舶司外，989 年设杭州市舶司，992 年设明州（今宁波）市舶司，1074 年设澉浦（今上海）市舶司，1087 年设泉州市舶司，1088 年设密州（今诸城）市舶司，1113 年设秀州（今嘉兴）市舶司，南宋时再设温州和江阴市舶司。三是进出口商品空前增多，商品种类由以奢侈品为主转向以日用品为主。北宋前期，关税仅 50 万贯，占朝廷财政收入的 3% 左右。1102—1110 年上升到 110 万贯，南宋初期更是达到 200 万贯，占朝廷财政收入的 10%。宋高宗曾说："市舶之利最厚……岂不胜取之于民？朕所以留意于此，庶几可以少宽民力尔。"（《宋会要辑稿·职官》）

元政府把治下臣民划分为蒙古人、色目人、汉人、南人四等，前两者是特权阶层。色目人包括被蒙古人征服并带入大蒙古国的突厥人、粟特人、吐蕃人、党项人、波斯人（花剌子模人）、阿拉伯人等，基本上都是商人。元朝的王公贵族都热衷于商业，结交商贾，商人也常常因之而成为高官。当时诗人杨维桢在《盐商行》中这样写道："人生不愿万户侯，但愿盐利维西头；人生不愿千金宅，但愿盐商千料舸。"至元十五年（1278年）八月，元世祖特诏蒲寿庚："诸番国列居东南岛屿者，皆有慕义之心，可因诸舶番人宣布朕意，诚能来朝，朕将宠礼之，其往来互市各从所欲。"1279年，元世祖派广东招讨使杨庭璧下南洋招徕贸易。马可·波罗也曾被元世祖派遣去南洋联络海贸。元政府在沿海7个城市设置市舶提举司，元代是历代王朝设置通商口岸最多的。元政府还废除了宋代对进口货物实行专卖的禁榷和博买制度，舶货只要抽解后便可互市，税率为"粗货十五分抽二，细货十分抽二"，另外抽舶税1/30。元政府放宽了对出海的限制，无论官员、僧道、外国人，只要依例抽解，都可经营海贸，并且对海商及其家人"除免杂役"，以示鼓励。据元代《南海志》记载，当时与中国通商的国家或地区有140多个，出现了中国历史上空前的商贸盛况。元代的海贸开创了此后几百年以中国为龙头的"南海贸易体系"，这是经济全球化的萌芽阶段，不仅奠定了以后中国海上贸易的基础，也为欧洲地理大发现提供了海航指南。西方理论界一直有学者认为蒙古帝国才是全球化真正的先导者，这与元代中国作为南海贸易体系宗主的商贸政策有着直接的关系。

明清两代社会结构的复杂性越来越明显，原有的"四民"社会伦理观不断受到挑战。统治阶级似乎已经意识到工商业繁荣的重要性，但无力改变原有的价值体系、意识形态，社会治理的矛盾状态渐次暴露。加之持续不断的边患和内乱导致财政紧张，这一时期，虽然社会伦理文化仍然抑商，但统治者施政策略上却有恤商的倾向，而且思想界开始酝酿新的社会伦理。

明朝的开国皇帝朱元璋的成功同一个名叫沈万三的商人有一定关系，这个商人后来被他流放了；他的劲敌张士诚是盐贩子出身，他憎恨这个人，对其盘踞的苏州一带的老百姓实施重税赋的惩罚。客观地讲，朱元璋是一个农本主义者，也是务实主义者。他出身贫贱，不怎么认可正统文官理念。由朱元璋亲自编写的法令《大诰》言："士农工各有专务。商出于农，贸易于农隙。"他下令统一实施"三十税一"的低商税，并惩治刁难商旅的地方官员。"凡商税，三十而取一，过者以违令论"；"军民嫁娶丧祭之物、舟车丝布之类，皆勿税"。① 从《大诰》可以看出，朱元璋想把商业活动限制在城镇地区，而不主张农业经济的商业化，但中国这一时期恰好处于农村经

---

① 张廷玉. 明史［M］. 北京：中华书局，1974：364.

济的商业化潮流期，由此而兴起江南集镇和城镇化，当时的江南村镇就是为农村手工业服务的，这与早期欧洲城镇化过程中的手工业集中化有所不同。明政府在施政过程中，尽量减少国家对经济的干预，并且将一些国家物资供应以一定方式委托私商经营，比如边境驻军的粮食供应等。当代西方汉学界认为：明代选择了对商业既不限制也不鼓励的政策。它没有设置为商业服务和监督商业活动的机构，也没有担保财务协议的部门；但它也不妨碍交换、交易或协议的执行。而且间接地提供了有利于商业的各种条件，如重开大运河，容许漕运船夫携带货物自行交易而不是付给他们相应的工资，改实物纳税为以银纳税。① 明成祖在位时，废除不许商人衣丝绸的政令，他说："况商贾之士，皆人民也，而乃贱之，汉君之制意，朕所不知也。"（《皇明文征·成祖》）

明朝重商的特别之处在于，高级文官公开为商人仗义执言，表达明确的恤商态度。明初，"理学名臣"丘濬公开批判蔑商观念，认为指责商人造成贫富分化的观点是荒谬的，贫富分化恰恰是限制商业发展的产物。他指出，商人的活动决定了国家调集资源的能力，如果没有商人，国家财政活力所依靠的经济不能发挥作用。对国家来说，从商人手中接管市场活动就是制造灾难。因此他主张，国家应解除海禁并鼓励海上贸易，并建议政府免征三年关税来刺激贸易。（《大学衍义补》第25、28卷）弘治朝吏部尚书倪岳上奏：官员对商人"往往以增课为能事，以严刻为风烈"，"常法之外，又行巧立名色，肆意诛求。船只往返过期者，指为罪状，辄加科罚"。如有不从，"轻则痛行笞责，重则坐以他事，连船拆毁"，从而使"客商船只，号哭水次""多至卖船弃业"。嘉靖朝都察院右佥都御史庞尚鹏言："夫商人冒不测之险，而行货绝域，远逾数千里。单骑孤囊，昼有风尘之警，颓垣苇户；夜无衽席之家。彼强颜为此者，欲规十一之利，以自封殖焉耳。若所至关隘，复苦索之，彼揆于盈缩之间，或得失利害，不能相酬，即通都大邑，无往非求售之地，何必屑屑于辽东耶？"②

隆庆朝内阁首辅高拱是一个重商者，他执政期间，极力促成"俺答封贡"，实施和保护边境互市贸易，使边境经济也变得活跃起来。史载："自隆庆五年……每年互市，缎布买自江南，皮张易之湖广。彼时督抚以各部夷人众多，互市钱粮有限，乃为广召四方商贩，使之自相贸易，是为民市之始。间有商税，即以充在市文武将吏一切廪饩、军丁犒赏之费。"不久，

---

① ［加］布鲁克. 交通通信和商业［M］// ［美］牟复礼，［英］崔瑞德. 剑桥中国明代史（1368—1644年）：下卷. 杨品泉，等，译. 北京：中国社会科学出版社，1992：640 – 641.

② 陈子龙. 明经世文编［M］. 北京：中华书局，1962：3865.

大学士张居正提出"厚农而资商""厚商而利农"的经济主张。① 万历年间，湖广巡抚郭惟贤主张："足国莫先于惠商。所谓惠商者，岂必蠲其常课，而可取之利，尽置之于不取哉？兴一利，莫若除一害；省一分，则商贾受一分之赐。惟去其所以害商者，而其所以利商者自在也。"②

弘治朝名士李梦阳说："夫商与士，异术而同心。"③（《明故王文显墓志铭》）明朝中期，著名思想家王阳明提出"四民异业而同道"，反对抑商。他在《节庵方公墓表》中说："古者四民异业而同道，其尽心焉，一也。士以修治，农以具养，工以利器，商以通货，各就其资之所近，力之所及者而业焉，以求尽其心。其归要在于有益于生人之道，则一而已。士农以其尽心于修治具养者，而利器通货，犹其士与农也；工商以其尽心于利器通货者，而修治具养，犹其工与商也。故曰：四民异业而同道。"

具有徽商背景的著名学者汪道昆是晚明重商主义的代表人物，他的思想被后来西方汉学家称之为"新商业儒家思想"。这有些类似于同时期欧洲的新教思潮。

"把商人的事业有利地放在一个崇尚和忠于职守等行为的基础上，新商业儒家思想就能重视明代商业已经在中国社会组织中引起的巨大变化，同时又能把商人纳入道德升华的氛围中，这种氛围正是明代自我修养的思想把它作为达到真理和正确行为的标准而想方设法树立起来的。换句话说，时代的核心哲学正以过去认为不可能的方式加以塑造而去接纳商业。"④ 可以说，明朝中后期，商人作为一股社会新兴势力开始强大起来，并促成士商合流，冲击传统社会经济结构与组织秩序。

明朝后期，出现了一批商人自律与群体规范的书籍，如《士商类要》《士商要览》等，以士商合称，反映出当时士大夫阶层与商人阶层的紧密关系；《为商十要》《贸学须知》《客商一览醒迷》《商贾便览》《生意世事初阶》《杂货便览》等一系列商业指南类书籍，既强调儒家伦理道德，要求商人们重信崇义、守信行诺，也要求商人具有商业精神与商业技能。比如《商贾便览·工商切要》开篇就强调："习商贾者，其仁、义、礼、智、信，皆当教之焉，则及成自然生财有道矣。苟不教焉，而又纵之其性，必改其心，则不可问矣。虽能生财，断无从道而来，君子不足尚也。"这些书籍反

---

① 张居正. 赠水部周汉浦榷竣还朝序 [M] //张居正. 张太岳集. 上海：上海古籍出版社，1984：99.

② 李贽. 焚书 [M]. 北京：中华书局，1975：4417.

③ 李梦阳. 空同集 [M] //四库全书：第1262册. 北京：商务印书馆，2006：420.

④ ［加］布鲁克. 交通通信和商业 [M] // ［美］牟复礼，［英］崔瑞德. 剑桥中国明代史（1368—1644年）：下卷. 杨品泉，等，译. 北京：中国社会科学出版社，1985：671.

映了商人的自省和参与社会管理的愿望，它也标志着一种新的社会伦理的产生：合乎道德，具有职业精神，追求财富，以财富济世。这种社会伦理同儒家传统的清高自守、"贫而不坠青云之志"是相反的，比如孔子赞扬其弟子颜回："一箪食，一瓢饮，在陋巷，人不堪其忧，回也，不改其乐。"（《论语·雍也》）梁启超认为 16、17 世纪是中国儒家思想的大解放时代，可以比之于欧洲的文艺复兴。① 吴承明认为这一时期的思想解放，"于新思想因素创见不多，较普遍者为'惠商'思想"②。16 世纪中期欧洲的宗教改革，产生了新教伦理，这一伦理的核心是努力经营以及禁欲，即将人们履行世俗职业的义务视为道德实践的最高内容，即"天职"。马克斯·韦伯认为："资本主义经济秩序需要对挣钱的这种'天职'的全力投入，新教信仰塑造了人们社会生活的伦理规范，沉淀为欧洲社会特有的文化特质和生活方式，成为理性资本主义精神，推动了现代资本主义经济的发展。"③ 可以说，如果不是明末清初阶级矛盾和民族矛盾激化，社会陷入战争与混乱，这些"新商业儒家思想"若继续演化，有可能影响中国的历史进程，18 世纪的中国可能是重商主义的天地。因为这些书籍的撰写者提倡的是一种商业的专业精神，这实际上否定了列文森所谓的儒教"业余精神"论。明末的"新商业儒家思想"直接影响了黄宗羲、顾炎武等唯物主义思想家。黄宗羲认为道德与实践不能分离；顾炎武强调空洞的教条替代不了实践活动，并提出知识分子学习的目的是改造世界而不是阐释教条；戴震认为圣贤的学问来自他们的实践，而不是神秘主义的悟道；李塨认为宋明灭亡的原因是"笔墨之精神多，则经济之精神少"。"依据康德有关人类可能具有的理性——通过它人类能获得关于自然的知识——之标准。黄宗羲的'理是名，而非实'的论述，李塨的'无事何有理'的疑问，都可以包含在任何科学精神的表述之中。"列文森以这样的方式提出问题：中国在 17、18 世纪涌现了一批"唯物主义思想家"，这是否意味着即便是没有以工业化为背景的西方势力的入侵，中国社会也会独立实现某种以科学理性为其内在精神的"近代化"转变？④ 而法国著名汉学家魏丕信则直接说，其实中国当时已经

---

①　梁启超. 清代学术概论［M］. 北京：中华书局，1954：卷首.

②　吴承明. 现代化与中国16、17 世纪的现代化因素［M］//叶显恩，卞恩才. 中国传统社会经济与现代化：从不同的角度探索中国传统社会的底蕴及其与现代化的关系. 广州：广东人民出版社，2001：25.

③　［德］韦伯. 新教伦理与资本主义精神［M］. 林南，译. 南京：译林出版社，2020：40.

④　［美］列文森. 儒教中国及其现代命运［M］. 郑大华，任菁，译. 桂林：广西师范大学出版社，2009：4 - 8.

开始了"缺乏科学的现代化"。① 客观地说，欧洲的工业革命以及近现代科学的产生是由商业革命引发的，明末的商业革命很可能产生巨大的社会变革，以至于带动产业革命和科学革命。萧公权认为明清时期中国政治思想的转变是商贸引发的，"必俟明清时代海通之后，欧洲之高度文化随传教士而播于中土。……自不免激起思想上之革命。……明清政治思想自不得不另辟途径，向新方向以前进矣"②。

16—17 世纪，中国的对外贸易一直处于出超地位，大量的白银流入中国。保守估计，16 世纪后半期和 17 世纪前半期流入白银近 1.5 亿两，17 世纪后半期流入 2600 余万两；扣除商人海外费用、海上损失和抵付中国金银出口，净流入不少于 1 亿两，而 1 亿两将使当时中国的存银量增加 2/3。这对于中国社会经济发展来讲，是一个全新的因素。③ 明末清初，王源与李塨撰《平书订》，该书卷十一分社会为"士、农、军、商、工"，认为商重于工，并主张朝廷设立商部，居六卿之位。他的这一设立商部的建议，直到 250 多年后才实现。

明朝中后期重商思想的盛行，也与当时部分高官的家族经商经历有一定关系。正统至正德年间，五朝重臣，官至太子太傅、南京兵部尚书的王恕出身富商之家；弘治年间状元、翰林院编修康海，其家族是"长安善贾"；万历年间，内阁大学士、首辅张四维出身于晋商世家；万历初年，任礼部尚书、都察院左都御史的温纯出身于盐商家族；万历年间，武英殿大学士、礼部尚书许国的父亲是大名鼎鼎的徽商许鈇，等等。这同时也说明，当时的"市籍"对商人子弟科举及官场升迁已不存在阻碍，以至于"虽士大夫之家，皆以畜贾游于四方"。

清兵入关以前的经济在一定程度上继承了蒙古人的重商传统。入关以后，清政府为了复兴经济、增加财政收入，一度是重商的。"圣祖继世祖之后，与民休息，凡百秕政，次第革除，商业受益匪浅，如各关抽分溢额者，向例加与纪录。康熙四年，特令悉照定额抽分，免溢额议叙之例。又严禁各关违例收税，或故意迟延掯勒，并禁地方官吏滥收私派。科道督府失察者，并须坐罪。五年，命于征收关税处缮具税则，刊刻木板，以杜吏役滥收。二十三年，饬禁各处榷关稽留苛勒。二十四年，命光禄寺置买各物，

---

① WILL P-E. Modenisation less science, some reflections on China and Japan before westernisation [M]. A selected pamphlet, 1995.

② 萧公权. 中国政治思想史：上册 [M]. 北京：商务印书馆，2011：14.

③ 吴承明. 十六与十七世纪中国市场 [M] //中国商业史学会. 货殖：商业与市场研究：第 1 辑. 北京：中国财政出版社，1995：17–18.

俱照实价估计，定为条款，又谕江、浙、闽、粤海关，免沿海捕采鱼及民间日用货物之税，洋船海船，但收货物正税，蠲免杂费。四十三年，谕禁直省私设牙行，并饬户部造铁斛升斗颁行，以杜欺诈。此圣祖恤商之政也。"① 雍正皇帝继位之初，也有谕旨告诫官吏："天下的人，士农工商虽不一，朕视之皆是赤子。"（《雍正朝汉文朱批奏折汇编》第五册）并提出"通商"以"裕国"的主张。（《东华录》卷五）

康熙后期，随着政治经济局面的稳定以及国家治理体系的全面汉化，抑商的意识形态才开始复苏。但反对抑商的思想一直存在，如黄宗羲认为农工商皆本，本末论是荒谬的。他在《明夷待访录》中说："世儒不察，以工商为末，妄议抑之。夫工固圣王之所欲来，商又使其愿出于途者，盖皆本也。"康熙九年（1660 年），监察御史徐旭龄上疏请"省官役以清关弊"，开篇直陈："今日民穷极矣，所恃通财货之血脉者，惟有商贾。乃今商贾以关钞为第一大害，臣推原其故，总由于官多、役多、事多。有此三患，故商贾望见关津如赴汤蹈火之苦也。"请求"以后关差，不论满汉，但择廉干官员，止差一人，永着为例，则省一官，即省千万商贾之膏血矣"。（《清经世文编》卷五一）余英时搜集了 16 世纪到 18 世纪中国思想界对商人及商业的看法，他们基本上持肯定的态度。②

洋务运动开始后，发展商务、实业兴国一度是新兴知识分子的主流呼声，但大多数人认同的是洋务派官僚的"中体西用"论，而将工商业视为立国之本者则是少数。后者的代表人物有王韬、薛福成、刘铭传、郑观应等人。

有游历欧洲背景的思想家王韬把通商、兴商列为强国的首务，他说："且夫通商之益有三：工匠娴于艺术者得以自食其力，游手好闲之徒得有所归，商富即国富，一旦有事，可以供糗饷，此西国所以恃商为国本"③；"英国以商为本，以兵为辅，商之所往，兵亦至焉"。中国也应该"兵力、商力两者并用，则方无意外之虞"。（《弢园文录外编·遣使》）

薛福成直言："据四民之纲者，商也"，"故论一国之贫富强弱，必以商务为衡"。④ 进而指出："商务盛则利之来，如水之就下而不能止也；商务衰则利之去，如水之日泄而不自觉也。"⑤ 他在《英吉利用商务辟荒地说》一

① 王孝通. 中国商业史［M］. 上海：上海书店，1983：161.

② ［美］黄仁宇. 资本主义与二十一世纪［M］. 北京：生活·读书·新知三联书店，1997：499.

③ 王韬. 代上广州冯太守书［G］//赵靖，等. 中国近代经济思想资料选辑：中册. 北京：中华书局，1982：214.

④ 薛福成. 薛福成选集［M］. 上海：上海人民出版社，1987：297.

⑤ 薛福成. 薛福成选集［M］. 上海：上海人民出版社，1987：612.

文中，从商与士、农、工的关系进一步阐述了商业的重要地位："盖有商则士可行其学而学益精，农可通其植而植益成，工可售其所作而作益勤。"①

淮军出身的台湾首任巡抚刘铭传是近代重商的推动者与实践者。他把商务看作国民经济的枢纽和主要推动力，指出："非兴商务不足以开利源"，"商即民也，商务即民业也，经商即爱民之实政也"。（《刘壮肃公奏议》）他提出中国"欲自强，必先致富，欲致富必先经商"的主张，并列出一系列重商兴国的思路与措施。他在任台湾巡抚期间，大力实施自己的重商主义策略。据史学家连横"建省以后岁入总表"计算，刘铭传抚台 6 年年均财政收入 399.8 万两，是他抚台前一年台湾财政收入 90 万两的 4.4 倍。他主持兴办的铁路、轮船、煤矿、伐木、电报、邮政等新式民用企业年均收入 9 万两，占全省年均财政收入的 1/4。但"像刘铭传那样赞同商人阶级占支配地位的人，那是很少的"②。列文森认为：西方科学在十七八世纪仅在观念上对儒家构成潜在的威胁，但没有形成实际的冲击。原因在于受到商业力量潜在威胁的儒家官僚的社会地位仍然十分稳固，他们没有感受到实际的危机。③

总而论之，中国历史上工商业几度繁荣，中国甚至一度是国际贸易的主导者，而且一直也不乏支持重商的思想家、政治家，但为什么没有形成重商主义治理体系进而推动工业革命呢？关于这个问题，钱穆先生认为，"因中国始终忘不掉古代的制约经济与均产精神"。他说："汉代对商人收税特重，又不许服务政府的官吏兼营商业。到汉武帝时，把铸币权严格统制在政府手里，又把几种百姓日常生活必需的重要工业，如煮盐、冶铁之类，收归国营或官卖。纺织业中像贵重的丝织业，也由政府设官按年定额出品。酿酒业亦由政府统制。运输业中重要部门，亦由政府掌握，定为均输制度。市价涨落，由政府特设专官设法监视与平衡，定为市易制度。试问在此种政治设施下，商业资本如何发展？"④ 这就是说，强势政府、国家垄断、压制私营工商业，导致工商业一直处于农业经济的补充地位，难以形成推动技术革命的实力和动力。另外，中国独特的地理位置，使农业经济可以稳定持续发展，加上周边又缺乏竞争体，一个自循环体就这么形成了。这个自循环体系直接从中国传统的纪年方式上体现出来：十二属相，天干地支，

---

① 薛福成. 薛福成选集 [M]. 上海：上海人民出版社，1987：297.

② [法] 巴斯蒂 – 布律吉埃. 社会变化的潮流 [M] // [美] 费正清，刘广京. 剑桥中国晚清史（1800—1911 年）：下卷. 中国社会科学院历史研究所编译室，译. 北京：中国社会科学出版社，1985：552.

③ [美] 列文森. 儒教中国及其现代命运 [M]. 郑大华，任菁，译. 桂林：广西师范大学出版社，2009：41.

④ 钱穆. 国史新论 [M]. 北京：生活·读书·新知三联书店，2004：14.

六十年一甲子，循环往复。人们对海洋缺乏兴趣，因为仅陆地就可以完全解决生存与发展问题，海洋成了世界的终端，是神仙们住的地方，人去了就回不来，或者说"海上一日，世上百年"。如李白诗《梦游天姥吟留别》诗所言："海客谈瀛洲，烟涛微茫信难求。越人语天姥，云霓明灭或可睹。"商业导致的流动性会对这个自循环体系产生破坏力，因此它只能处于有效可控的补充地位。明末，中国商人介入南海贸易体系，对这个自循环体系产生了冲击；鸦片战争以后，这个自循环体系逐渐被工业革命后形成的国际贸易体系打破。

（三）欧洲的重商主义及其冲击

以色列历史学家赫拉利认为，中国明、清两代在现代早期也是蓬勃发展，领土显著增长，人口及经济发展幅度前所未见。在 1775 年，亚洲占了全球经济总额八成的比重，光是印度和中国，就占了全球生产量的 2/3。相较之下，欧洲就像个"经济侏儒"。但工业革命及重商主义主导下的经济扩张，使得欧美迅速超越亚洲农业经济体。在 1950 年，西欧加美国的生产量占了全球超过一半，而中国只剩 5%。① 150 年间，发生如此巨大的发展反差，有一个不可忽视的原因是两千多年来中国根深蒂固的"重农抑商"的国家治理理念没有随着时代的发展而变革。抑商直接导致思想控制，社会形态单一化，社会流动性降低，发展的活力难以发挥。但在当时的欧洲情况恰好相反，统治者们逐渐接受了商业的思维模式，后来商人和银行家甚至直接成为政治精英。欧洲人征服世界的过程中，所需资金来源从税收逐渐转为信贷，而且征服也逐渐由资本家主导，一切的目标就是要让投资获得最高的报酬。于是，欧美资本主义后来居上，打败了古老的东方帝国。"这些商业型的帝国，取得资金进行征服的效率就是高出一截……不管是努尔哈赤还是纳迪尔沙国王，帝国扩张几千公里之后就后继无力。但对资本主义的创业者来说，一次一次的征服，都让经济的动力更加强大。"②

郑和下西洋（1405—1433 年）是人类历史上规模最大的一次海上巡行与探险。然而，它却与全球化及早期现代化没有太大的关系。因为它主要是一次帝国国力的宣扬和天朝赏赐，需要的仅仅是域外的象征性臣服或认可，缺乏改变世界格局和发展方向的动力。但 360 多年后的英国库克却不一

---

① ［以色列］赫拉利. 人类简史：从动物到上帝［M］. 林俊宏，译. 北京：中信出版社，2017：263.

② ［以色列］赫拉利. 人类简史：从动物到上帝［M］. 林俊宏，译. 北京：中信出版社，2017：298－299.

样，它的殖民掠夺与经济扩张为的是利润、科学和商业，开启了经济全球化和现代化的序幕。英国东印度公司和荷兰东印度公司更是明确以商业作为动力，进行殖民扩张和掠夺。正是这种商业动力将工业文明推向全世界。

欧洲的重商主义是新大陆发现后殖民扩张的产物，也是世界秩序改变的重要原动力。1776 年，亚当·斯密《国富论》的出版，标志着重商主义成为时代发展的主流。财富取代血统成为社会身份认知的主要标志，国家也以富强作为施政的主要目标。以至于到了 1925 年，美国总统卡尔文·柯立芝仍然说："美国人民的首要业务是商业。"

19 世纪 30 年代，在华的英国商人有 100 多个，但他们的贸易额约有6000 万元的规模，这个数字相当于当时清政府财政收入的 1.5 倍和英国财政收入的 2/5 左右。保罗·肯尼迪将 19 世纪初的大英帝国称之为"商人的国家"①。为什么重商主义会主导欧洲的国家治理？保罗·肯尼迪认为，主要原因是欧洲不存在可以有效地遏制商业发展的统一权威。没有哪个国家的中央政府可以通过改变政策而造成某一特定产业的兴衰，也没有税收员对商人和企业家进行系统的和普遍的掠夺。同时，城邦之间的军事竞争也是欧洲商业发展的重要原因。商业的繁荣发展，直接推动城市化。"尤其重要的是独立城市的兴起，它的自由人口和对外贸的依赖，刺激了对商业法律的新型需求。"② 1622 年，荷兰的 67 万人口中已有 56% 住在中等规模的城市里。18 世纪末，亚当·斯密的重商主义思想已经被欧洲各国政府广泛接受：要使一个国家从最低级的野蛮主义上升到最高程度的繁荣昌盛，并不需要多少别的条件，只需要和平、低税和宽容的司法。18 世纪 60 年代，英国在通知驻普鲁士大使的信中这样说："我们必须先当商人，然后再当士兵……贸易和海上力量是相互依赖的……财富依赖商业，而财富是国家的真正资源。"美国第四任总统詹姆斯·麦迪逊在其与约翰·杰伊及亚历山大·汉密尔顿共同撰写的《联邦论》中强调：保护人的不同才能，尤其是"获取财产的不同才能"，是"政府的第一要务"。

亚洲最先接受重商主义思想的国家是日本。在当时的日本，这样的交易公开进行：开始现代化的国家把此前的武士阶级成员转变为商人，他们的企业后来发展成 20 世纪的财团。俄国在 19 世纪最后十几年才接受重商主义思想。格申克龙说，令人感到迷惑的是，正是俄国的马克思主义在 19 与20 世纪之交，为大多数知识界人士提供了与资产阶级的某种协调，使得他

---

① ［美］肯尼迪. 大国的兴衰［M］. 梁于华，等，译. 北京：世界知识出版社，1990：155.

② ［美］肯尼迪. 大国的兴衰［M］. 梁于华，等，译. 北京：世界知识出版社，1990：33.

们头脑中卑鄙的商人形象转变为建设者与创新者。① "明治维新"后强大起来的日本，第一个攻击目标就是隔海相望的大清。在甲午战争中，中国被认为是"弹丸小国"的日本打败，清政府不得不反思了。1898 年，光绪皇帝上谕："振兴商务，为目前切要之图。"这是中华帝国第一次明确提出商业是"国之要务"。1903 年，清政府成立商部，与六部同列。皇帝下诏："通商惠工，为古今经国之要政，自积习相沿，视工商为末务，国计民生日益贫弱，未始不因乎此。亟应变通尽利，加意讲求"②；"著各直省将军督抚，通饬所属文武各官及局卡委员，一律认真恤商持平，力除留难延阁各项积弊"（《清朝续文献通考》卷三九一）。从此，抑商国政退出历史舞台。

国家治理的重商思想与重商主义不是一回事，前者是以商业发展为动力，推动社会经济发展，而后者既是工业革命催生工商势力崛起的产物，也是民族国家理念的产物。"重商主义是'国家理性'原则在政治经济学中的应用，带有马基雅维利主义的色彩。从国与国的关系来说，重商主义将战争和商业融合在一套统一的逻辑中，认为金银就是财富，财富的总量是固定的，所以强调'先占先得'，本国的繁荣富足必然建立在削弱别国的基础上。"③ 从历史的观点看，重商主义作为一种思潮，在早期现代化进程中发挥过重要的作用，当然这个过程包含太多的掠夺和血腥。

（四）抑商国策的历史影响

对一种职业的政治和社会歧视，造成社会情绪冲击政府理性，影响对社会矛盾和社会问题的客观分析，这使得政策偏颇是必然的。葛剑雄说，有的史学家赞扬汉武帝加强中央集权，打击不法商人，抑制了土地兼并。实际上，真正能"专山泽之饶"的不是商人，而是像邓通、吴王刘濞这样的贵族官僚。商人占有的矿山、盐场不是出钱购买，就是完全靠自己开发的，从来不可能无偿使用。从西汉初就存在的对中央集权的威胁，从来不是来自商人或手工业者，因为即使只考虑自己的产业，商人们也不会赞成分裂割据。土地兼并也不是商人的专利，贵族、官僚、宦官、豪强地主无不兼并，而且多数是倚仗权势掠夺，不像商人那样出钱购买。④ 孟德斯鸠认为：重农抑商的社会，"即便土地广袤，也是一个穷国"⑤。"波斯人

---

① ［美］格申克龙．经济落后的历史透视［M］．张凤林，译．北京：商务印书馆，2012：76.

② 朱寿朋．光绪朝东华录：第四册［G］．北京：中华书局，1985：5013.

③ 张驰．孟德斯鸠论商业精神与征服精神［J］．世界历史，2020（3）：71.

④ 葛剑雄．看得见的沧桑［M］．上海：上海教育出版社，1998：30.

⑤ Deuvres complè. tes de Montesquieu, Tome I ［M］. Oxford：Voltaire Foundation, 2004, p. 421 – 422.

拥有海岸线，但不能利用，宗教令他们无法有经商的观念，其次也是被愚昧观念束缚。"① 即使到了民国，现代城市工商业已经蓬勃发展，但对乡村经济的影响也仍然很小。抑商传统形成的小农经济仍然很顽固。1939年出版的费孝通的 *Peasant Life in China*（《江村经济》）中说，整个开弦弓村（属于传统工商业发达的苏州地区）中，手工业者和商人仅占总人数的7%，而且1/3是外来人。"即使师傅可以公开传授手艺，但那些有条件让孩子种地的父母仍愿意让他们种地。村子里的土地不足以提供额外人口谋生，因此，外来人很难获得土地，而且土地也很少在市场上出售……所有外来人都没有地，其谋生的唯一手段是从事某种新手艺或经商。"② 刘大中和孔嘉对20世纪30年代中国人口职业分布的调查显示，1933年，商业从业人口仅占2.64%，工业从业人口占2.81%，而农业人口占73%，这一人口职业结构与19世纪20年代的美国相当。③ 抑商不仅导致社会发展的商业推动力不足，外向型经济发展格局难以形成，人们追求财富的冒险精神缺失，抑制了资本主义生产方式的产生发展；同时，也直接影响人们对财富机制的理性探索，压制了人们追求美好生活的信心。"中国商人嗜好商业投机，为迅速获得高额的利润而甘冒风险，但最主要的还是商人社会地位的低下，阻碍了其在经济上和政治上的转变。"④

抑商最终可能导致一种相对封闭的循环社会体系形成，并且两千年间一直在"乱"与"治"之间重复。但传统中国并非一个政教合一的国家，政府理念与民间思想及习俗之间常常不一致。因为，生存是老百姓的第一要务，税收也是政府有效运作的基础。

因此，商人、商业也必然要存在发展。"古有四民，曰士，曰农，曰工，曰商。士勤于学业，则可以取爵禄；农勤于田亩，则可以聚稼穑；工勤于技艺，则可以易衣食；商勤于贸易，则可以积财货。此四者，皆百姓之本业，自生民以来，未有能易之者也。"（《嘉定赤城志》）《汉书·食货志》有言："今法律贱商人，商人已富贵矣；尊农夫，农夫已贫贱矣。故俗之所贵，主之所贱也，吏之所卑，法之所尊也。"王亚南认为："官僚们虽然曾运用所谓抑商政策，运用汉武帝时所推进的种种商税乃至缗钱令阻止它，打击它，但在社会终归需要商业来集中并分散农民劳动剩余的场合，

---

① ［法］孟德斯鸠. 论法的精神：下［M］. 张雁深，译. 北京：商务印书馆，1995：8.

② 费孝通. 江村经济：中国农民的生活［M］. 北京：商务印书馆，2005：128－129.

③ ［美］费维恺. 经济趋势，1912—1949年［M］//［美］费正清. 剑桥中华民国史（1912—1949年）：上卷. 杨品泉，等，译. 北京：中国社会科学出版社，1994：38－39.

④ ［法］贝热尔. 中国的资产阶级，1911—1937年［M］//［美］费正清. 剑桥中华民国史（1912—1949年）：上卷. 杨品泉，等，译. 北京：中国社会科学出版社，1994：716.

商人或豪商们由此挫折所受到的损坏，最后终将取偿于农民。"① 陈志武等人的"量化历史"研究发现，清朝中期，土地和房屋在清代官员家庭资产中的比例在30%左右，金融、商业、实物资产占相当大的比例，田房虽然是官宦家庭投资置业的首选，但随着官员资产规模的增加，其比重明显下降，而金融和商业资产则随着官员资产规模的增加而增加。② 这说明，抑商的意识形态只能导致商业资本更加依附于官僚体系，从而加剧公权腐败。

政府可以将国内商业视为一种社会构成和财税来源，但对海外贸易，明清政府是严格控制的，长期只允许以"贡赋"的方式在规定的口岸进行。虽然元朝一度重商，贸易立国思想在帝制时期从来没有形成过。史景迁说，当时离开家乡去海外贸易或游历的中国人都被视为叛国者。即使与东南亚的贸易不断发展，清政府也无意谋求中国在海外的权利。虽然清政府也通过内务府从海外贸易中抽税，但对海外贸易的潜在利益兴趣不大。清政府也不相信商人，与明末一样采取严厉的措施对待沿海居民，以实现其军事和外交方面的目的。他们对外国人来华贸易拥有绝对管控权。清朝的观念和政策体制必然与西方势力发生冲突，特别是英国、法国和荷兰等新的殖民扩张国家开始取代昔日伙伴西班牙和葡萄牙的主导地位，扩展其海外帝国之后，这一冲突将更为强烈。③ 为了打开中国市场，扩大殖民掠夺，西方列强势必要对中国使用武力。

二、商帮的形成与演变

唐贾公彦《周礼注疏》言："肆，谓行列，肆长谓行头。"肆，是西周时期的市场管理组织，有"行头"之谓，说明当时可能存在行业组织。《旧唐书·食货志上》载："贞元九年（793年）三月二十六日敕：'……有因交关用陌钱者，宜但令本行头及居停主人牙人等检察送官。如有容隐，并许，卖物领钱人纠告其行头主人牙人，重加科罪。'"这说明唐朝商人的行业组织已经相当完善，但行头的作用主要是卫护同业，因为当时各种行业皆集中于一个市区（坊）中，无须作严密的组合。由于行头受政府差遣，因此行会的社会作用并不显著。李剑农认为：贾公彦谓"肆长即行头……亦是市中给徭役者"。盖行头之设，特以供政府之驱使耳。但到了宋朝以

① 王亚南. 中国官僚制度政治研究［M］. 北京：中国社会科学出版社，1981：69.
② ［美］陈志武，云妍，林展. 清代官员家产结构的量化研究［J］. 经济学家茶座，2018（2）：145.
③ ［美］史景迁. 追寻现代中国：1600—1912年的中国历史［M］. 黄纯艳，译. 上海：远东出版社，2005：137.

后，旧市制逐渐破弃，各种商店纷杂错处于各街巷，虽有多数同业商店及商贩仍集合于特殊的街巷，称之为某行或某市，然散布于某行或某市以外者随处皆是。行业之分区性渐去，政府之制约亦较难，于是宋以后行业组合之地位，较前更为重要，其组织亦自更周密。而宋代都、城废坊制，商店之开设、交易之举行，虽脱离市区地域之限制，然常有多数同业商店及多数同业商贩之交市，集合于特殊之街巷，或特殊便利之地点，称之"行"或"市"，因此"宋以后国内商业之宜注意者为行业组织地位之增重"。①商帮是行业组织的演化，是商人自组织发展的结果。商人组织很早就有，但在宋朝，其社会意义才显现出来。

早期商帮大体上可以分为业缘的行帮和地缘的商帮。行帮的出现比较早，隋唐时期，都城坊市制实行后，行帮就出现了。费正清认为，当时商人为了防止官府控制和剥削，必须强调商人集团的团结。长久以来，同一行业的商店都开设在城市的同一条街上。商人们按照行业而结合在一起，到晚唐或宋代时，他们经过与官府的周旋，建立了行会。②地缘型商帮出现得比较晚，大约在明朝中期。宋代以前的商人奉行"千里不贩籴"，因为路途遥远，安全难以保障。在明代以前，由于交通工具的限制和官府控制，长距离的物资流动很困难，行商处于单个而分散的状态，没有出现特定地域的商人群体，即有"商"而无"帮"。张正明在论述晋商形成时也这样说："明清以前的山西商人与其他地方的商人相较，尚无突出地位，也无一定的组织形式，还未形成商人集团。山西商人成为国内的一大商帮，并且走向世界，成为国际贸易商，则在明清时代。"③江西由于赣州在宋代作为交通枢纽的影响，跨区域贸易频繁，地缘帮的形成可能比较早。

宋、元时期，由于朝廷财政的需要和经济的繁荣，海贸发达，商人的社会地位一度有所提高。但明朝建立后，官方意识形态逐渐又恢复了蔑商传统，并断然实行海禁，严令"片板不许入海"，"敢有私下出诸番互市者必置以重法"。商舶贸易全被视为走私贸易，只剩下由朝廷严格控制的贡舶贸易。这样，东南沿海依靠海贸的商户就"纠党入番"、结帮应对，甚至发展成为和朝廷公开武力对抗的海盗集团。明初，统治者对内陆地区商户的管理也十分严格，先是每十年对商户户籍清审一次，后改为五年一次，"遇各衙门有大典礼，则按籍给直役使"。经历宋元两代相对宽松环境的商人难

---

① 李剑农. 中国古代经济史稿：第三卷［M］. 武汉：武汉大学出版社，2005：130－133，134.

② ［美］费正清. 导言：旧秩序［M］// ［美］费正清，刘广京. 剑桥中国晚清史（1822—1911 年）：上卷. 中国社会科学院历史研究所编译室，译. 北京：中国社会科学出版社，1985：17.

③ 张正明. 晋商兴衰史［M］. 太原：山西古籍出版社，1995：4.

以忍受这种盘剥和限制，于是纷纷根据商业活动的需要结帮应对。

另外，唐朝的坊市制被破坏以后，星罗棋布的集市为农村生产者出售农业剩余和手工业产品提供了便利，但阻碍了职业商人的正常发展。农民隔日担挑着自己的产品到集市售卖，无须经商人之手，而且不需要固定投资，职业商人在销售成本上就处于弱势。明清时期城市庙会兴起以后，农村大量的剩余劳动力进入城市，销售自己的产品，严重影响职业商人的利益。为了维护自身利益，商人必须发挥集团力量。

商帮或以业务关系结成，或以地域划分。"客商之携货远行者，咸以同乡或同业之关系，结成团体，俗称客帮。"（《清稗类钞》）比如从事长途贩运、流动于江河湖海者结成船粮帮，最著名的是后来的漕帮；用车载马驮者结成车帮、马帮等。城市里的坐贾一般按地域结帮，如潮帮、福建帮、川帮等。商帮中商贾们互相联系，同气相求，既要和官府周旋，又要同外帮相争，在艰难的环境中谋生存发展。其中以地域帮为最盛。卜正民认为，明代逐步建立徭役征银的制度，使工匠摆脱了国家的束缚，开始成为独立的生产者。但众擎易举，独力难支。工匠们因为聚集在城中的同一区域，便成立行会来保护和管理他们的集体利益。行会的会所一般都建成寺庙的样子，里面供奉的是行业的祖师爷。比如，苏州铁匠供奉的是老君，他们的行业会所名为"老君堂"；刺绣业供奉的是嘉靖年间的一位顾姓官员，因为他在闲时教家人刺绣，所制绣品渐有"顾绣"之名并盛行于世，由此，苏州绣业会所也称为锦文公所。① 明代中期开始，"城市不论大小，都可以有数量惊人的专业工匠'行会'，江宁县（其治地在南京）在1500年约有104个，位于长江江畔湖广的旧行政中心江陵附近的新商业城市长沙市在明末有99个"② 。吴承明认为，16—17世纪，众多商帮集中出现绝非偶然，而是时代变革的反映。这些主要从事长途贩运，脱离原来体制束缚的自由商人，类似于16世纪西欧的"特殊的商人阶级"或"专业商人"，其活动具有相当的社会效应，"并形成具有中国特色的商业文化，益可看出他们在现代化因素中的先驱作用"③ 。商帮作为社会组织，它们的出现带有相对的现代性，它本身就是对体制僵化和文化保守的抗击。

商帮的联络和办事机构是冠以地方名或行业名的会馆。清初刘侗的

---

① ［加］卜正民．挣扎的帝国：元与明［M］．潘玮琳，译．北京：中信出版社，2016：186.

② ［美］海德拉．明代中国农村的社会经济发展［M］//［美］牟复礼，［英］崔瑞德．剑桥中国明代史（1368—1644年）：下卷．杨品泉，等，译．北京：中国社会科学出版社，1992：488.

③ 吴承明．现代化与中国16、17世纪的现代化因素［M］//叶显恩、卞恩才．中国传统社会经济与现代化：从不同的角度探索中国传统社会的底蕴及其与现代化的关系．广州：广东人民出版社，2001：9.

《帝京景物略》言："会馆之设于都中，古无有也，始嘉（靖）、隆（庆）间，盖都中流寓土著，四方日至，不可以户编而数凡之也。用建会馆，士绅是至。"① 这就是说，大概到明朝中期会馆才在京城出现。早期会馆并非全因商事而建，而与科举制度有直接关系：每逢"大比之年"，各地举子进省城、京城应试，而商人则长年在省城、京城走动。举子们盘缠有限，商人们长期驻店也需要很多钱。而且，这些举子未来很可能成为各级官员，是商人潜在的靠山。这样，经济原因加上乡土观念，还有未来的利益驱使，促使举子和商人都希望有一个相互关照的住处。于是冠以地名的会馆便出现了，如陕西会馆、云南会馆、嘉应会馆等。据统计，明代在北京兴建的各地会馆有 50 多所。后来，更多的会馆全是由商人投资或捐资建造的。会馆的商业气息也越来越浓，有的会馆碑刻说明："建设会馆，所以便往还而通贸易，或货存于斯，或客栖于斯，诚为集商经营交易时不可缺之所。"会馆在提高商人的社会地位、加强官商联结方面起了很重要的作用。明朝中后期以后，会馆成为商人、官僚、乡绅、举子们以乡情关系相互联络的主要机构，发挥"迓神麻、联嘉会、襄义举、笃乡情"的作用。费正清认为，在 19 世纪以前，这些自愿组成的会馆很难做到巩固商人的利益和力量。相反，由于这些行会分属不同的贸易行业，代表着不同的经商群体，就使得它们各自为政。②

商帮依靠捐纳、联姻、报效、结交、科举等手段从朝廷中取得某种国家专卖品（诸如食盐、铁、煤、粮食等）的市场经营权以及某些战备品的生产和供应权，并设法规避赋税，以此谋取群体利益并降低风险，因此，他们具有封闭性、谋求垄断性和排他性的特点。由于当时交通、语言、习俗等方面的制约，地域或族群关系是比较可靠的联系纽带。就商帮而言，对朝廷及官员，他们要进贡和行贿；对地方势力，他们要笼络和勾结；对市场，他们要想方设法挤走竞争者，取得垄断权；对内，他们要进行利益的再分配。在这些因素的驱使下，商帮便逐渐成为具有内部组织体系和行业管理的社会势力。特别是明清朝廷颁布禁海令以后，商帮的海外贸易便带有走私的性质，他们必须和官员建立更加隐秘的利益关系才能保证自己的生存。内贸也一样听任于政治官员的随意操作，尤其是跨区域贸易，商人必须结成一定团体同官员建立长期关系才能保证其商业行为的可持续性，这样，商帮组织便逐渐严密化和程序化。罗威廉认为，行会的兴起及其在

---

① 陈宝良. 中国的社与会 [M]. 杭州：浙江人民出版社，1996：220.
② ［美］费正清. 导言：旧秩序 [M] // ［美］费正清，刘广京. 剑桥中国晚清史（1800—1911 年）：上卷. 中国社会科学院历史研究所编译室，译. 北京：中国社会科学出版社，1985：18.

帝国境内贸易中具有主导地位是清代商业的主要特征。"这些行会在帝国晚期具备了特定的形式，开始在都市景观中显得引人注目。有了'帮''行''公所'等不同名字，且有不同的成员标准（通常是共同贸易项目与同乡的特定组合），并逐渐遍布在大小不同的商业市镇中，依照当地的经济情形而有不同的目的。"① 到了19世纪，商帮在渐趋多元的城市社会中成为强大的力量，依靠资金丰富的会馆成为慈善事业与其他社会服务的经营者。清朝中期以后，商帮已经成为具有强大财力和开发建设能力的实体，也是公共服务的主要承担者。

明清时期，就地域帮而言，国内有著名的十大"商帮"。

（一）晋帮

吴承明认为，晋商是应北边开中②纳粮而兴起，弘治五年（1492年）开中折色后转化为南北贩运的"内商"。③ 晋商以山西为根据地，控制长城沿线的边关贸易。战时供应军备，主要经营盐、粮食、丝绸、铁器、棉布等商品。明朝中期，以银换盐合法化后，"山西商人也开始住进这些城市（扬州）。这些商人以分销盐为基业，在全国建立了巨大的网络，还经营其他的产品：茶（部分是专卖品）、棉布、木材和丝。大米和其他谷物每磅又恢复到较低的利润，常常只与其他产品一起经营"④。当时盐在江淮一带产地是两文钱一斤，到江西或山西等地变成了十六七文一斤，获利达到八倍。《弇州史料后集·严氏富资》载：严世蕃"尝与所厚客屈指天下富家居首等者，凡十七家，虽溧阳史恭甫最有声，亦仅得二等之首。所谓十七家者，己与蜀王、黔公、太监高忠、黄锦及成公、魏公、陆都督炳，又京师有张二锦衣者，太监永之侄也。山西三姓，徽州二姓与土官贵州安宣慰"。就是说，当时财产在50万两白银以上者才算巨富，全国只有17家符合这个标准，其中包括3家晋商和两家徽商，其余都是王公贵族和太监。可见，明朝中后期晋商的财富可以比肩王公。

① ［美］罗威廉. 最后的中华帝国：大清［M］. 李仁渊，张远，译. 北京：中信出版社，2016：117－118.

② 开中：即朝廷直接控制盐的生产，掌握专卖权，根据边防军事需要，定期或不定期出榜招商。应招的商人必须把政府需要的物资（如粮食、马匹、铁、布帛等）代为输送到边防卫所，然后取得贩卖食盐的专卖执照——盐引。凭盐引到指定的盐场支盐，并在政府指定的范围销售。

③ 吴承明. 现代化与中国16、17世纪的现代化因素［M］//叶显恩、卞恩才. 中国传统社会经济与现代化：从不同的角度探索中国传统社会的底蕴及其与现代化的关系. 广州：广东人民出版社，2001：9.

④ ［美］海德拉. 明代中国农村的社会经济发展［M］//［美］牟复礼，［英］崔瑞德. 剑桥中国明代史（1368—1644年）：下卷. 杨品泉，等，译. 北京：中国社会科学出版社，1992：493.

清初，晋商曾一度垄断茶叶贸易。清人袁翰在其《茶市杂咏》中说："清初茶叶，均系（山）西客经营，由江西转河南，远销关外。""晋帮"也是中国最早从事金融业的商人集团。"山西商人的足迹东南到台湾、海南岛，西南到云南、贵州、打箭炉，西北到达塔尔巴哈台、伊犁。东北则到了黑龙江。北向内蒙、外蒙，南下少数民族地区，有力地促进了民族经济的发展。他们由北而西，直达俄国彼得堡、莫斯科，同时东渡大海，前往朝鲜、日本，甚至远到伊朗，在对外贸易方面做出了重要贡献。"①

晋商内部依地缘关系分为许多小商帮，如平阳帮、泽潞帮、蒲州帮等，票号兴起后又形成平遥、祁县、太谷三大票帮。著名晋商有八大家之说：平阳（临汾）亢家（当时最大的盐商和粮商之一，民谚曰："上有老苍天，下有亢百万，三年不下雨，陈粮有万石"）、太谷曹家（经营药材、毛皮、布料、酿酒、票号等，"三多堂"闻名天下，商号遍布大半个中国，甚至远到莫斯科）、祁县乔家（以钱庄、当铺、粮店等著名）、介休侯家（由经营绸缎、茶叶、钱庄而后专票号生意，形成著名的"蔚字五联号"）、介休范家（以"承办、采运军粮"起家，《清史稿》评价范家："辗转沙漠万里，不劳官吏，不扰闾邻，克期必至，省国费亿万计。"后主营关外贸易，一度垄断了从日本贩卖洋铜的业务）、榆次常家（从事外贸，尤其是对俄国的外贸，是恰克图最大的外贸商）、祁县渠家（以贩运木材起家，后从事票号业务，同时在各省设有茶庄、盐店、当铺、绸缎庄、药材庄等，实现了票号资本与商业资本的相互转化，拥有著名的"长裕川""三晋源"商号）、太谷孔家（孔祥熙家族）。

晋商以重信义著称，组织内部重视职业道德教育，"重信义、除虚伪、节情欲、敦品行、贯忠诚、鄙利己、奉博爱、薄嫉妒、喜辛苦、戒奢华"是其教育的主要信条。遵循"避亲用乡"原则，其"伙计制"和"身股制"独有特色，即东家出资，掌柜和主要伙计以人力入股，东家不参与、不干涉，合伙经营，严格号规，品行为信，绝不许私藏，分利依贡献大小，不以资本论。这已经接近于现代企业的经营权与所有权分离，并具有严格的内部激励与控制机制。徐珂在《清稗类钞》中评价晋商的"伙计"："毫厘有差立摈之，他号亦不录用，以是作奸者少。"当时晋商评价财富，不重钱多少，而是看伙计人数。

郭嵩焘评价南北商帮说："中国商贾夙称山陕，山陕人智术不能望江浙，其推算不能及江西湖广，而世守商贾之业，惟其心朴而心实也。"1879

---

①　张正明. 晋商兴衰史［M］. 太原：山西古籍出版社，1995：5.

年 5 月 25 日《申报》评论："向闻西帮贸易规矩最善，定制綦严，倘有经手伙友等亏挪侵蚀等情，一经查出，西帮人不复再用，故西人之经营于外者，无不兢兢自守，不敢稍有亏短，致于罪戾。"①

（二）临清帮

山东临清商人利用当地地处大运河"南北咽喉"的优越位置，控制从山东半岛到华北、东北、蒙古草原和朝鲜半岛的贸易。因此临清一度号称"南有苏杭，北有临张"，被乾隆皇帝誉为"富庶甲齐郡"。

明成祖定都北京后，疏通大运河，不仅保障漕运，而且有力地促进了南北贸易。日本汉学家宫崎市定认为，中世纪以前的中国是内陆中心时代，宋代开始进入"运河中心"时代。王赓武说，唐以前，中国以都城经济最为繁荣，唐代由于大运河，扬州的繁华程度甚至超过了长安和洛阳。到明清，临清等沿运河城镇商业十分繁荣。②刘锦藻《清朝续文献通考》载，万历年间，全国八大钞关，有七个在运河边上，商税收入占朝廷商税总额的92.7%。康熙年间，运河关税仍占全国关税总额的一半以上。19 世纪上半叶，漕运走海路后，运河关税仍占 30% 左右。③

临清帮兴起的第一个领域是建材业。永乐十三年（1415 年），京师扩建，临清建材业迅速发展，尤其是烧砖业，其所烧之砖以"击之有铜声，断之无孔"而被列为贡砖。当时运河沿岸 30 多公里，分布砖窑 192 处，每处窑有两孔。从卫河和会通河的交汇处出发，北方商人沿大运河而下，船载运轧过的棉，供应江南纺织者。然后，这些商人又把江西、湖广的粮食运进江南，供应不再种粮的手工业者。最后，再将江南的丝绸、盐、大米、茶叶、木材、陶瓷等通过大运河运往临清集散。临清也是当时农耕经济与草原经济及西域商贸的交汇处，一批穆斯林商人常住这里。

临清帮的兴起与漕运密切相关，也是黄河改道的结果。每年漕运时期，临清便会呈现出"帆樯如林，百货山积"的壮观场面。弘治年间，礼部尚书倪岳上书："照得山东临清州，直隶淮安、扬州、苏州府，浙江杭州府，江西九江府等处，俱系客商船只辐辏之处。"（《明史·倪岳传》）他将临清排在全国商业中心之首，可见当时该地商贸之繁盛。李东阳在《过鳌头矶》一诗中描绘临清的繁荣景象："十里人家两岸分，层楼高栋入青云。官船贾

---

①　黄鉴晖，等. 山西票号史料［M］. 增订本. 太原：山西经济出版社，2002：582.

②　WANG G W. The Nanhai trade：early Chinese trade in the South China Sea［M］. 2nd ed. Singapore：Eastern University Press，2003：69 - 70.

③　许檀. 明清时期运河的商品流通［J］. 历史档案，1992（1）：80 - 85.

舶纷纷过，击鼓鸣锣处处闻。折岸惊流此地回，涛声日夜响春雷。城中烟火千家集，江上帆樯万斛来。"临清聚集了来自国内各地的货物，粮米、布帛来自济宁，绸缎多来自苏杭地区，茶来自江南各省，铁锅来自无锡、广东，瓷器则来自江西。万历年间，"北起塔湾，南至头闸，绵亘数十里，市肆栉比，有肩摩毂击之势"。

临清商人将聚集商品转销辽东、朝鲜半岛，纵横渤海湾。山东是孔孟之乡、儒家文化的发源地，故临清商人有"左手论语，右手算盘"之称。知名临清商人家族有孟洛川家族、王少卿家族等。小说《金瓶梅》中多次提到"临清码头"，从侧面说明临清当时商务的繁荣。

临清商人业务以转运贸易为主。明人曾说，临清大贾"皆侨居，不领于有司版籍"。临清州人刘梦阳也说，"临清以聚贾获名"。临清商帮的发展，主要是外来商帮临清化的过程。临清的外地商帮主要有徽帮、龙游帮、晋帮等，其中以徽商居多，以至时人称"山东临清，十九皆徽商占籍"。他们以棉布、绸缎、粮食及铁器、瓷器、纸、茶叶等为主要经营项目。万历年间，临清的棉布、绸缎和粮食三大行共承纳税额3.5万余两，几占临清关税总额的一半。① 宣德十年（1435年），朝廷将临清钞关升为"户部榷税分司"，其税银在万历年间达到83000两，位居全国八大钞关之首，占当时全国漕运税收总额的1/4。"15世纪初期赋税局（钞馆）的地理分布显示了帝国的主要商业命脉，并着重指出沿大河流的长途贸易是帝国经济结构的主要支柱这一事实。"②

商行管理是临清商帮的一大特色。"行"既是商人的同业组织，又是政府管理商人的一种手段。在临清，各业均有行，"行首主其事"，总理本行内部事务、包纳商税及支应各项公务。万历年间，税监马堂在临清激起民变后，山东巡抚黄克缵力主利用商人原有的"行"来管理商人，建议"不用委官，止用行首，量行户之大小，各二三人，或三四人，使司其事。盖以商贾而侦察商贾，计甚便也"（《明神宗实录》卷四一八）。

1826年后，随着粮食由漕运转为海运，运河沿线城市的商业开始衰弱。18世纪末，临清有20万常住人口，到19世纪末，人口已经不足以前的1/4。临清商帮也随之退出历史舞台。

---

① 许檀. 明清时期的临清商业 [J]. 中国经济史研究，1986 (2)：135－157.
② ［美］海德拉. 明代中国农村的社会经济发展 [M] // ［美］牟复礼，［英］崔瑞德. 剑桥中国明代史（1368—1644年）：下卷. 杨品泉，等，译. 北京：中国社会科学出版社，1992：478.

（三）徽帮

徽帮与晋帮均形成于 16 世纪早期，是古徽州一府六县（绩溪、歙县、休宁、黟县、祁门和婺源）的商人集团。其活动区域，"东起滨海江浙，西至川黔湖广，北上京师关东，南下南洋东瀛"，以安徽、浙江、江苏为中心，沿东西长江沿线和大运河沿线，纵横设置商业网点，经营多为批发和长途贩运。所谓"无徽不成镇"，"钻天洞庭遍地徽"。徽商经营行业以盐、典当、茶、木等为主。

徽商号称"左儒右贾""贾服儒行"，以儒商自誉。徽商崇宗敬祖，宗族势力强大。胡雪岩是晚清徽商最知名者，也是在当代被高度文学艺术化的商人。徽商以盐业为大，常与官府交酬，礼节讲求奢侈豪华，但其居家生活恪守节俭。康熙《徽州府志·风俗》载："然其家居也，为俭啬而务畜积。贫者日再食，富者三食，食惟饘粥，客至不为黍，家不畜乘马，不畜鹅鹜。"顾炎武在《肇域志》中也言徽商"则短褐至骭，芒鞋跣足，以一伞自携，而齐舆马之费。闻之则皆千万金家也"。

徽州人重商，汪道昆言："吾乡业贾者什家而七。"① 《徽州府志》载，明后期，"农十之三，贾十之七"。据明末宋应星估算，万历年间，徽商的资本总额已经达到 3000 万两白银，每年获利 900 万两，比国库税收多一倍。② 正是由于其资本雄厚，商人们才敢于挺直腰杆放言，冲击传统的"四民"伦理。"人在天地间，不立身扬名，忠君济世，以显父母，即当庸绩商务，兴废补弊。""生不能扬名显亲，亦当丰财裕后，虽终日营营，于公私有济，岂不犹愈于虚舟悠荡，蜉蝣楚羽者哉！"③ 明中后期，徽州弃儒从商者增多，"以商贾为第一等生业，科举反在次着"④。宋以后徽州文化教育事业繁荣，士人在朝野影响较大，徽商对当时社会伦理的演变以及明清政府的恤商政策影响巨大，其自组织与自律规范的形成对中国商业文化有重大的影响。对于中国的消费文化以及文化产品的市场化，徽商更是影响深远，饮食、家居装饰的徽派风格，以及文物收藏、徽班、昆曲、"扬州八怪"等声名远播的背后都有徽商的推动。徽商们长袖善舞，通过组织、参与文化活动，资助落魄文人或异见士人，充实、包装、抬举市井艺术，消解传统士大夫的伦理道德优势；又通过交结官场，联结乡谊，抬高自身社会地位，

---

① 张海鹏，王廷元. 明清徽商资料选编 [G]. 合肥：黄山书社，1985：440.

② 刘志琴. 商人资本与晚明社会 [J]. 中国史研究，1982（2）：71 – 88.

③ 张海鹏，王廷元. 明清徽商资料选编 [G]. 合肥：黄山书社，1985：46 – 83.

④ 凌蒙初. 二刻拍案惊奇 [M]. 上海：上海古籍出版社，1988：680.

取得地方事务的主导权。他们以经济实力和文化参与逐渐拆除市井与庙堂之间根深蒂固的藩篱，意欲重塑新的社会伦理。这一时期可以对应欧洲的新教运动。他们兴建豪华的花园和万卷藏书楼，收藏商代的铜器，购买宋代的珍本，展示唐代的图画，赞助艺术家，雇用作家替他们执笔。通过这些文化工程，使士人对商人另眼相看。有成就的徽商积极致力于把商业作为一种儒家生活方式并加以概念化。"这是一项困难的工作，因为固有的传统早就把四个等级地位纳入儒家观念的体系之中。穷文人仍能在社会体现自身价值，其方式是运用自己对文物的知识，而这种知识在用文化字眼宣传它们时是必不可少的，因此在富商花园集会时就需要这种人。但是穷文人为之侃侃而谈的文物的主人却是富商。"①

徽商的合伙制在明代已经相当规范、成熟，合伙人多是宗族成员，或者是家中仆人。从吕希治《新刻徽郡补释士民便读通考》中可以看到徽商合伙经营的规范文本，上面规定了合伙人各自的权利、义务以及应遵守的原则及事项。比如有些文本前言写道："立合约人窃见财从伴生，事在人为，是以两方协议，合本求利。凭中见证，各出本银若干，同心竭胆，营谋生意。所得利钱，每年面算明白，量分家用，仍留资本，以为渊源不竭之计。至于私己用度，各人自备，不得支动店银，混乱账目。故特歃血定盟，务宜苦乐均受，不得匿私肥己。如犯此议者，神人共殛。今欲有凭，立此合约，一样两纸，存后照用。"②

举族外迁经商地并广建宗族祠堂和"驱仆经商"是徽商的特色，这与徽州发达的宗族网络及朱子文化有着直接的联系。据考证，在中国目前已发现的 23 种宋元谱牒中就有 14 种属于徽州谱牒。"三世不学问、不仕宦、不修谱，即流为小人"，是徽州宗族固有的观念。族规家法是徽商内部控制的重要依据，在非法制环境中，它具有协调与凝聚的作用。"商人也购置大量田产为宗族聚居提供基础，使贫困族党（尤其是孤儿寡母）可以营生，这进一步增加了贫困同宗伙计背叛商人的机会成本。发达的宗族制度不仅提供潜在的惩罚机制，还利用'义举''义行'等荣誉，表彰那些能提携宗族子弟，或者为巩固宗族制度做出较大贡献（比如捐建祠堂、购置义冢等）的本族大贾，这对于商人和代理人则构成一种隐性的奖励。"③ 另外，徽商的"分产不分业"，

---

　　① ［加］布鲁克. 交通通信和商业［M］//［美］牟复礼，［英］崔瑞德. 剑桥中国明代史（1368—1644 年）：下卷. 杨品泉，等，译. 北京：中国社会科学出版社，1992：669–672.

　　② 谢国桢. 明代社会经济史料选编：下册［G］. 福州：福建人民出版社，1981：275.

　　③ 蔡洪滨，周黎安，吴意云. 宗族制度、商人信仰与商帮治理：关于明清时期徽商与晋商的比较研究［J］. 管理世界，2008（8）：87–99，118，188.

以及遗产阄书分配很有特色，从产权继承和持续经营的角度看，达到了所有权与经营权的分离，并将分配机制与激励机制相结合，实现了规模与效益的提升。可以说是家族企业治理模式现代性的早期探索。①

詹世鸾（詹天佑祖父）家族是近代广州的著名徽商世家。詹世鸾之父詹万榜1760年南下广州从事茶叶贸易，成为巨富，詹世鸾1824年在广州设立"归原堂"，声名大振。

（四）江右帮

江西省旧时别称江右，"盖自江北视之，江东在左，江西在右耳"，故江西商帮被称为"江右帮"。其形成较早，据说宋代就有。这与江西区位及南中国山地经济开发较早有关系。明代，江西商帮足迹遍及大江南北。张瀚《松窗梦语》说："天下财货聚于京师，而半产于东南，故百工技艺之人亦多出于东南，江西为伙，浙（江）、（南）直次之，闽粤又次之。"他认为江西人经商是地狭民贫所致："江西地产窄而生齿繁，质俭勤苦而多贫，多设智巧、挟技艺以经营四方，至老死不归。"但他同时也说，交通地势之利，是其商业繁荣的重要因素，"九江据上流，人趋市利；南、饶、广信阜裕胜于建、袁，以多行贾，而瑞、临、吉安，尤称富足；南赣谷林深邃，实商贾入粤之要区"。九江是当时极具影响的商埠，江苏一带流传着"三日不见赣粮船，市上就要闹粮荒"的俗语。据统计，弘治至万历年间，江西每年外输粮食500万石、茶叶500万斤、夏布230万匹、纸50万令，均居全国之首。景德镇瓷器更是闻名遐迩，嘉靖三十九年（1560年）江西按察使王宗沐编撰的《江西省大志》卷十九云："其所被，自燕云而北，南交趾，东际海，西被蜀，无所不至，皆取于景德镇，而商贾往往以是牟大利。"

在京江右商以瓷器商、茶商、纸商、布商、书商、药材商为多。据统计，明代各地在北京的会馆大概有41所，其中江西人开设的有14所，占34%，居各省之首。清光绪时，北京有会馆387所，江西人开设的为51所，占12%，仍为各省之最。湖广是江西商人纵横之地，盐、典当、米、木材、药材和布匹六大行业，是汉口的主要行业，皆有江西商号经营。岳州府（今岳阳）濒临洞庭湖，其"江湖渔利，亦惟江右人"，其药材业，多为江西樟树商人垄断，"豫章之为商者，其言适楚，犹门庭也"。故在湖广，有"无江右不成市"之说。西南的云南、贵州、四川等，是江西商人的又一主要活动地区。抚州

---

① 周生春，陈倩倩．家族商号传承与治理制度的演变：以胡开文墨业"分产不分业"为例[J]．浙江大学学报（人文社会科学版），2014（3）：33－42．

艾南英《天佣子集》云:"随阳之雁犹不能至,而吾乡之人都成聚于其所。"万历年间,在云南居住的人口,有一半以上是江西抚州人,王士性《广志绎》云:"滇云地旷人稀,非江右商贾侨居之,则不成其地。"而设在四川各地的江西会馆,竟多达200余处。此外,河南、陕西、两广、江浙及福建等地,亦遍布江西商人的足迹。他们在明中后期一度垄断瓷器、药材、木竹、茶叶、夏布、纸张和大米等的经营。遍布南北商埠的万寿宫就是江右帮的会馆,也有的直接命名为"江西会馆"或"豫章会馆"。清末扬州八大盐商中,江西商人就占了三位,分别是周扶九、萧云浦和廖可亭。

(五) 洞庭帮

洞庭帮又称"洞庭山帮""山上帮",因帮内商人籍贯为江苏吴县(今苏州市吴中区)的洞庭东山、西山而得名。东山商人家族主要活跃于以山东临清为中心的华北地区,以经营布匹贸易为主。代表人物主要出自翁家和席家。有"翁百万"之称的翁笾去世时,状元出身的内阁首辅申时行为之作传,其后人翁澍于康熙二十八年(1689年)修撰《具区志》,记述明至清初洞庭商人的行踪轨迹;席家在席左源、席右源时,北走齐燕,南贩闽广,以至"布帛衣履天下,名闻京师、齐鲁、江淮"。西山商人则主要活跃在以长沙、汉口为中心的长江中游地区,以经营米粮、绸布贸易为主。嘉靖至万历年间,西山商人在长沙与汉口建立了金庭会馆。西山商人的代表人物主要出自东村徐氏家族、蒋诏中家族等。

洞庭帮主导长江中下游的水路贸易,主要经营丝绸、棉布、茶叶、粮食等,素有"钻天洞庭"之称,冯梦龙在《醒世恒言》中有言:"两山之人,善于货殖,八方四路,去为商为贾。"顾炎武在《天下郡国利病书》中说:"(东山人)商游江南北,以迨齐鲁、燕、豫,随处设肆,博锱铢于四方。"明朝中后期的王惟贞家族名噪一时。近代上海滩流传着这样一句话:"徽帮人最狠,见了山上帮,还得忍一忍。"其"领本"经营颇具特色。清朝王维德在《林屋民风》卷七"领本"解释道:洞庭两山"凡经商之人,未必皆自有资本,类多领本于富室","恒例三七分认,出本者七分,效力者得三分,赚折同规","富家欲以资本托人谋利,求之唯恐不得也"。这种富人出资,能人经营,安规分成的资本运作,在当时金融业还不发达的背景下,有效地盘活了地方人力资源,带旺了地方经济。但这种民间资本借贷只能存在于一定的小范围内,出资方对借贷人的社会背景、能力有充分认识,并且有家族群体作为平衡。但无论如何必须承认,这是民间金融的独特创新,是其地方一种重要的社会资本形式。

太平天国运动后，大运河河道阻断，洞庭帮的商道亦断，遂没落。

（六）龙游帮

龙游帮主要由浙江衢州府所属的龙游、常山、西安（今衢州市衢江区）、开化和江山五县的商人组成，其中以龙游县商人最多，且经商手段最为高明，故冠以"龙游帮"名。龙游帮的活动区域以浙江、福建、江西十字交界为中心，从事纸、印书、中药、珠宝、丝绸、垦拓和粮食贸易。宋室南迁后，修建从杭州通往湘赣的官道会经过龙游，这条官道成了龙游人走四方的商道。明朝中期有"遍地龙游商"之说，因为"龙游之民，多向天涯海角，远行商贾，几空县之半"。到了清朝中期，龙游帮发展到了鼎盛时期，"多行贾四方，其居家土著者，不过十之三四耳"。据《皇明条法事类纂》记载，龙游帮与江西安福等地的商人合计五万余人，跋山涉水到云南姚安经商垦荒；有些人甚至漂洋过海，到了日本、吕宋等地扩展业务。

龙游帮知名商人如一代儒商童佩，其一生售书、读书、藏书，刻书、著书，所交王世贞、王稺登、胡应麟皆一时名儒。他生活俭朴，自谓："田父甘田中食，不忧馁也。"童巨川在嘉靖年间到宣府、大同做边贸生意，"一往返旬月，获利必倍，岁得数万金，自是兄弟更相往来，垂20余年，遂成大贾"。至清乾隆年间，童氏家族更是兴盛一时。

"龙游帮"以埋头苦干、不露声色为特点，在珠宝、古董业独占鳌头。龙游商最为特别的是，他们不将经营商业所赚得的资金用于购买土地或者经营典当、借贷业，以求获得稳定收入，而是投资手工业和工矿业，将商业资本转化为产业资本。

（七）宁波帮

宁波帮泛指旧宁波府属的鄞县（今宁波市鄞州区）、镇海（今宁波市镇海区）、慈溪（今浙江省慈溪市）、奉化、象山、定海（今舟山市定海区）六县的商人。宁波商帮大约是在明朝中后期形成的，"16世纪40年代，这个地区（宁波）成为中国与日本、中国与东南亚繁荣的非法或半合法贸易的中心"[1]。万历年间，宁波药业商人在北京创设鄞县会馆，这是京师的第一个宁波帮会馆；清初，慈溪县成衣行业商人在京创立的浙慈会馆。

清代宁波帮的发展分为两个时期。一是乾嘉时期，宁波海商迅速发展，

---

① ［美］威尔斯. 与欧洲沿海国家的关系，1512—1662年［M］// ［美］牟复礼，［英］崔瑞德. 剑桥中国明代史（1368—1644年）：下卷. 杨品泉，等，译. 北京：中国社会科学出版社，1992：316.

活动区域从长江和东南沿海延伸到海外，经营着合法且颇有规模的对日贸易，一跃成为国内著名商帮。二是鸦片战争后上海开埠，中外贸易的中心逐渐从广州转移到上海，早期的宁波帮商人看到了新的商务契机，他们在金融、贸易、航运、制造等行业崭露头角，创造了百余个中国"第一"：第一艘商业轮船、第一家机器轧花厂（通久源轧花厂）、第一家商业银行（中国通商银行）、第一家日用化工厂、第一批保险公司（华兴保险公司）、第一家由华人开设的证交所（上海证券物品交易所）、第一家信托公司（中易信托公司）、第一家味精厂、第一家灯泡厂，等等。

宁波商人是中国现代金融体系的早期构建者。宁波帮开设的钱庄，因长江下游和沿海地区同外商的贸易而兴盛，由银钱兑换业务扩展到汇票业务。费正清认为，宁波钱庄通过发展过户制度而满足了信贷需要，凭过户制度，商人在他们的钱庄存折中登记下彼此之间的每日交易，然后由钱庄每晚进行核算，使交易能得到结算和转账，这便替信用证券创立了一个粗具雏形的票据交换所。[①]

英国殖民史研究专家、港英政府首位库政司（即后来的财政司）罗伯特·蒙哥马利·马丁在其 1847 年出版的《中国：政治、商业与社会》中写道，当时从内陆地区每年有近 4000 艘小船通过江河与运河抵达宁波；而在宁波，又有大量的木材和木炭被运往上海，利润率是 25%；据说在离镇海 24 英里[②]远的舟山群岛，有超过 20000 人受雇捕鱼、制鱼，那些往来的渔船都是归宁波本地人所有，一般属于以家庭为单位所拥有的财产，或者是由 10 至 15 人组成的小型商业组织集资购买。这就是说，当时宁波商帮依靠上海贸易中心的有利条件，大力开发本地资源，推动经济商业化，并运用通过海上贸易获得的知识，建立现代性企业组织。宁波商人在中国经济的近现代转型过程中做出了重要贡献。1916 年 8 月，孙中山在宁波发表演说，高度评价宁波商帮："宁波人对于工商业经营，经验丰富，凡吾国各埠，莫不有甬人事业，即欧洲各国，亦多甬人足迹，其能力与影响之大，固可首屈一指者也。"香港"船王"包玉刚、"影视大亨"邵逸夫是 20 世纪宁波商帮的代表人物。

---

① ［美］费正清. 条约制度的形成［M］//［美］费正清，刘广京. 剑桥中国晚清史（1800—1911 年）：上卷. 中国社会科学院历史研究所编译室，译. 北京：中国社会科学出版社，1985：236.

② 1 英里≈1.609 千米。

（八）福建帮

福建帮由福州、兴化（今莆田市）、闽南三系商人组成，以泉州港、漳州港为中心，沿海岸线北上或南下，借舟楫之利从事商业贸易，是中国历史上最著名的海商集团。福建帮在明清时期是江南商贸最活跃的力量，从事纸张、铁器、木材、粮食、布帛和茶叶贸易。江南各地都有福建会馆，以苏州为例，雍正年间，福建八府商帮以府为单位在苏州建立了 7 所会馆。全省商人以府为单位在一个城市均建会馆，这在全国是绝无仅有的。①

五代以后，大量移民迁入福建，使当地的人地矛盾越来越严峻。到 1766 年，福建全省人均耕地约 1.82 亩，相比之下，江苏人均耕地 3.04 亩，广东 4.86 亩。面对地少且瘠、人多山横的局面，出海经商成为必然选择。福建帮以妈祖崇拜为特征。对于福建商人来讲，海岸线不是边界，而是纽带。对于朝廷的禁海令，福建商人早就学会了变通应对。"许多个世纪以来，闽南就在海洋利益与国家权威之间起着微妙的平衡作用。"②

南宋到清中期，福建商人一直掌控着东南沿海与南海的海上贸易。在国内，他们经营的糖、木材和杂货生意比较有名。元朝时，泉州号称"天下货舱"，阿拉伯商人、意大利商人、犹太商人以及南印度商人等长期在泉州居住，甚至通婚繁衍。明代思想家李贽的六世祖是泉州巨商，他所娶的就是"色目女"，一直到其祖父一代，他们家都和伊斯兰商人来往密切。因此，福建商人的视野比较开阔。当时有民谣说："盖地铺天万式装，有街无处不经商，客来四海皆惊异，货去神州尽道洋。"明内阁首辅叶向高说：福建福清之俗，"什三治儒，什七治贾"，"百姓就本寡而趋末众"。③ 明朝实行海禁以后，他们被迫亦商亦盗。明崇祯十二年（1639 年），给事中闽人傅元初在《请开洋禁疏》中说："海乃闽人之田，海滨民众，生理无路，加上荒年歉收，贫民往往被迫入海从盗，啸聚亡命。海禁一严，无以得食，则转而劫掠海滨，海滨居民男女老幼束手受刃，抢男霸女，金银宝物尽为其所有。"晚明谢杰在其《虔台倭纂》中说福建帮"寇与商同是人，市通则寇转为商，市禁则商转为盗"。清朝中期，福建商人活跃于中国各大商贸港口，仅苏州、天津就有上万福建商人从事大运河上的稻米贸易。"这些中国

① 范金民. 明清时期江南与福建广东的经济联系 [J]. 福建师范大学学报（哲学社会科学版），2004（1）：12 - 21.

② ［美］孔飞力. 他者中的华人：中国近现代移民史 [M]. 李明欢，译. 南京：江苏人民出版社，2016：28.

③ 张瀚. 松窗梦语 [M]. 北京：中华书局，1985：86 - 87.

港口很可能正是这些福建商人向海外发展的跳板，因为他们手中有通向南洋和日本的商贸网络。"① 19 世纪的一份调查显示，当时清政府所辖的 15 个省份的 65 个城市中都有"福建会馆"。②

福建帮很早就在琉球、台湾等地进行贸易。康熙末年，大量的福建人迁往台湾，他们主要是商人。闽南话是台湾的主要语言。在海外，福建商人纵横日本、东南亚，目前东南亚各国都有福建商人的后裔，其中以新加坡、泰国、菲律宾最为集中。1838 年在新加坡建造的天福宫（1860 年又改名福建会馆）是福建帮在海外最知名的联络机构。据陈达 20 世纪 30 年代在南洋的调查，闽籍侨商以漳州属者为最多，泉州次之，福州人甚少，闽侯人有时充当管账员，福清人则以放款著名。③

孔飞力说，在整个西方殖民统治早期阶段，福建帮是整个东南亚以及日本华商群体的主导者，"他们通过海洋冒险为华人移民建立了桥头堡"；"福建人是中国商业领域重要的中间商，因而也是荷兰贸易不可或缺的环节"；"虽然在东南亚社会的各行各业都遍布'福建人'，然而，他们在远洋航运业最为突出的特征是掌控大型商贸和银行金融"。④ 洋务运动以后，福建商人开始在北美等地拓展商务并移民。

近现代在东南亚影响巨大的福建帮有新加坡的章芳琳家族、侨领陈嘉庚、陈六使，以及在 19 世纪中后期创立横跨暹罗和马来亚的大型跨国公司的许泗章家族、印度尼西亚林绍良家族等。在 20 世纪，南洋的福建帮号召海外华商弘扬儒家文化、抵制洋货和排华浪潮，在历史上有重要的影响，代表人物有林文庆、曾少卿等。福建帮在文化教育事业上的贡献巨大，其创办的厦门大学和新加坡南洋大学（1980 年并入新加坡国立大学，原址改办南洋理工大学）更是闻名中外，出现了林连玉（被誉为马来西亚"华族教魂"，他的忌辰 12 月 18 日被定为"华教节"）等一批杰出华侨教育家和黄乃裳等一批民主革命者，也培养出辜鸿铭、林语堂、邱菽园等文化名人，还有"菲律宾国父"何塞·黎刹、印度尼西亚第四任总统阿卜杜勒拉赫曼·瓦希德等著名政治家。

---

① ［美］孔飞力. 他者中的华人：中国近现代移民史［M］. 李明欢，译. 南京：江苏人民出版社，2016：342.

② CHANG P. The distribution and relative strength of the provincial merchant groups in China, 1842－1911［D］. Seattle：University of Washington，1957：85－86.

③ 陈达. 浪迹十年之行旅记闻［M］. 北京：商务印书馆，2013：45.

④ ［美］孔飞力. 他者中的华人：中国近现代移民史［M］. 李明欢，译. 南京：江苏人民出版社，2016：29－60.

（九）广府帮

广府帮由珠三角及粤西沿海讲白话的广东商人组成。岭南乃山海之地，物产丰富，向来是中外商人聚汇之处。《汉书·地理志》称粤地"处近海，多犀、象、毒冒、珠玑、银、铜、果、布之凑，中国往商贾者，多取富焉"。《全唐文》说广州"地当要会，俗号殷繁"。南北朝时，广州商贸繁荣，广州刺史已经成为公认的可中饱私囊的肥缺。《南齐书·王琨传》说："南土沃实，在任者常致巨富。世云：广州刺史但经城门一过，便得三千万也。"唐宋以后，随着移民的不断涌入，珠三角地区靠有限的土地难以养活增加的人口。富余的男性劳动力出外经商成为必然选择。加之广府地区临海跨江，当地人向来有舟楫之利和出洋贸易的传统。8世纪初，高僧鉴真来到广州，看到这般景象："江中有婆罗门、波斯、昆仑（指东南亚马来群岛等地）等舶，不知其数。并载香药、珍宝，积载如山。其舶深六七丈。师子国、大石国、骨唐国、白蛮（指欧洲人）、赤蛮（指非洲人）等往来居住，种类极多。"（《唐大和上东征传》）《唐语林·卷八》载："凡大船必为富商所有，奏声乐，役奴婢，以据舵楼之下。海舶，外国船也，每岁至广州安邑。"宋高宗时，广州市舶司税收曾一度占南宋关税总额的98%。自南宋开始，珠三角一直是中国的商贸重地，佛山、顺德等地的冶铁业、陶瓷业和手工业等在明代名闻天下。佛山与河南朱仙镇（版画、年画）、湖北汉口镇（商业中心）及江西景德镇（瓷器）并称明清时期"天下四大镇"，而广州更是世界上唯一一个千年不衰的商港。明代孙典籍作《广州歌》云："广州富庶天下闻，四时风光长如春……朱楼十里映杨柳，帘栊上下开户牖。闽姬越女颜如花，蛮歌野曲声咿哑。巍峨大舶映云日，贾客千家万家室。"《文苑英华·授陈佩广州节度使制》称广州"雄蕃夷之宝货，冠吴越之繁华"。

广府帮的主力是海商，历史悠久。南宋周去非的《岭外代答》卷六记述了宋代广州制造的远洋船舶及贸易："浮南海而南，舟如巨室，帆若垂天之云，柂长数丈，一舟数百人，中积一年粮，一舟数百人，豢豕酿酒其中，置死生于度外。"明朝开放海禁前，他们主要利用外国船只同南洋地区贸易；开放海禁后，广州造船业迅速恢复发展，海贸业十分繁荣。《明实录》卷一九四言广州"番舶不绝于海澳，蛮夷杂沓于州城"。顾炎武《天下郡国利病书》言：沿海商民，"醵钱造舡，装土产，径望东西洋而去，与海岛诸夷相贸易。其出有时，其归有候"。明代王在晋的《海防纂要》言："广船视福船尤大，其坚致亦远过之，盖广船乃铁力木所造，福船不过松杉之类而已，二船在海若相冲击，福船即碎，不能当铁力之坚也。"广府帮在东南亚以马六甲、马尼拉、爪哇、安南等地的港口为据点，同欧洲、西亚等地商人进行海上贸易。茶叶、丝织品、陶瓷等是广府帮的主要贸易商品，带回来的是香料、异域物产和白银。目前东南亚各地出土的文物中，中国陶瓷占相当大的比重，从颜色和题字来看，绝大多数是从广东出口的。1775年，广州输出茶叶160万磅，到1785年，增至2800万磅；屈大均的《广东新语》云："广之线纱、与牛郎绸，五丝、八丝、云缎、光缎，皆为岭外京华、东西二洋所贵。予广州竹枝词云：'洋船争出是官商，十字门开向二洋。五丝八丝广缎好，银钱堆满十三行。'"乾隆中叶，每年从广州出口的丝织品达15万公斤。1859年，广州各商业团体联名向英国领事投递的禀帖中有言："查广东一省与贵国等通商交往已历二百余年。"说明广府帮在明代就已经同欧洲国家有贸易往来。

1757年后，随着广州独享对外贸易权，十三行集团形成，这一套由行商垄断对外贸易的体系即西方学者所谓的"广州体系"。广府帮在东南亚颇具影响，其业务重点在越南、柬埔寨一带。他们是中国近代最早期的买办商人群体之一，又是中国近现代产业体系的重要构建者之一，鸦片战争后，在香港、上海等口岸城市影响巨大。可以说，宁波帮、福建帮以及以广府帮为代表的广东商人在沟通江南与华南的经济联系，促进上海近现代经济日益兴盛，乃至在促使近代江南社会的转型中，均发挥了不可或缺的作用。① 广府帮代表家族有伍秉鉴家族、潘有度家族以及后来的简照南家族等。

（十）潮州帮

广东潮汕籍商人集团以讲潮方言为标志，内联京、津、沪、苏、杭等地，外聚东南亚，以海贸为重点，是南中国海以至南太平洋地区重要的商业力量。

史载，早在公元前112年，潮州就有大型商船集结。明朝陈天资《东里志·境事志》中说，大业六年（610年），陈棱征琉球，潮人开始从事海外贸易。"富商得以逶巡海道，与夷人交通，夷人亦得扬帆万里，与中国关市，皆自兹役起之也。"到唐朝时，潮州已是海上丝绸之路的重要始发港，天宝元年（742年）置潮阳郡以后，当地商贸迅速发展，成为东南沿海重要的贸易中心。泉州—潮州—广州已经成为中国与海外世界联系的主要航道。"自省会外，潮郡最大"，"他郡皆不及"（《潮州府志》）。到宋朝时，外商船舶经常往来潮州，潮州港、凤岭港及揭阳港甚至有大量的外国商人长期

---

① 范金民. 明清时期江南与福建广东的经济联系 [J]. 福建师范大学学报（哲学社会科学版），2004（1）：12 – 21.

居住。《宋史·外国传·三佛齐》载：太平兴国五年，"三佛齐番商李甫海乘舶船载香料、犀角、象牙至海口，会风势不便，漂船六十日至潮州"。到元朝时，潮商的海贸线路已经清晰。元代航海家汪大渊多次随贾舶泛洋出国，其《岛夷志略》载："石塘之骨，由潮州生。逶迤如长蛇，越海诸国，俗云万里石塘（即中沙群岛）……一脉至爪哇，一脉至渤泥及古里地闷，一脉至退昆仑之地。"明中期，汕头南澳岛是东南沿海一带通商船泊的必经泊点和中转站，享有"海上互市"的美称。汕头近代开埠后，成为粤东居民下南洋的出发港，更是近代商贸中心。潮商的海商历史可以分为两个阶段，即开放海禁前的"海贩—海盗"时期与开放海禁后的海贸时期。

　　潮州濒海，得鱼盐之利，又有韩江冲积平原发展种植业，当地民众生活相对富足。乾隆年间周硕勋编撰的《潮州府志》说："潮民力稼穑，收果木蔗糖及鱼盐之利，经商不出布帛米粟之门。"唐文藻编撰的嘉庆《潮阳县志》卷十亦云："处海滨之乡，鱼盐为业，朝出暮归，可俯仰自给。"这就是说，潮帮内伸外拓的大发展时期应该是"五口通商"后，"潮菜"也随着潮商的步伐走向海内外，成为中国菜系的代表之一。

　　盐业和糖业是潮帮国内贸易的重点。明代开始，潮州海盐北经福建（汀盐）、西过江西（南盐）销往内地各省。当时的税厂设在广济桥，广济桥边成为"四方盐商辐辏之所"，"粤税之大者无过此桥"。（《粤剑编·志古迹》）江南地区的糖业贸易一直由潮帮和福建帮垄断。乾隆时期，江南糖2/3是广东糖，乾隆《乍浦志·城市》载：糖商"皆潮州人，终年坐庄乍浦"。当时的潮阳县令李文藻曾诗咏："岁岁相因是蔗田，灵山脚下赤寮边。到冬装向苏州卖，定有冰糖一百船。"另外，大米、铁器、丝绸、棉布、木器、陶瓷、烟草等也在潮商贸易中占重要地位。宋朝以后，福建人口迅速增长，粮食供应大部分依赖于潮商。南宋理学名臣真德秀曾说："福、兴、泉、漳四郡，全赖广米以给民食。"（《真文忠公文集·申尚书省乞措置收捕海盗》）清代，汀州（今长汀县）有各地商帮会馆15个，其中潮商会馆就有两个。明代苏州就有潮州会馆，"潮人之仕宦商贾往来吴闻者踵相接"。潮州冶铁业在明代中期盛极一时，万历《广东通志·矿冶》载，当时的炼铁厂就有65座。《天下郡国利病书》载："潮矿冶出海阳等五县，每年听各县商民采山置冶。每置一座，岁纳军饷银二十三两，前去收矿炼铁。各山座数不等，计通共饷银一千两。"潮州陶瓷业在明代获得大发展，尤其是彩陶业，到康熙年间，仅枫溪镇就有经营陶瓷的商号30多家。铁器和陶瓷是明清时期潮商销往东南亚的主要商品。民国初年，枫溪每年出口南洋的陶瓷价值也在国币 150 万元左右。①

潮帮很早就进入东南亚拓展，以泰国最为集中。郑和第一次下西洋擒拿的海盗陈祖义就是潮州人。史载他盘踞马六甲已经十多年，鼎盛时成员过万，战船百艘，雄霸日本、中国台湾、南海及印度洋的海面。明政府悬赏 750 万两白银缉拿他，而当时明政府年财政收入才 1100 万两。因此，他被称为有史以来悬赏金最高的通缉犯。"在暹罗的中国人……以潮汕人居多……主要职业为商业……他们富于冒险性，小贩子常深入'山吧'与土人互市，资本大的商人，在市镇里经营各种商务。"② 当时中泰贸易的核心业务——大米贸易基本上由潮商垄断。"五口通商"以后，潮帮在香港影响尤其巨大，经营重点是贸易和金融业，代表人物有庄世平、李嘉诚等。因潮州人出海谋生而产生的"侨批"在中国近现代史、金融史以及商业文化方面具有重要的研究价值。

与国内其他商帮相比，潮商的族群认知和地域意识较强。他们较少占籍他乡经营，也难以融入当地社群；他们吃苦耐劳，有冒险精神，外出服贾不携家带口，往往独身行走；他们一般不会安于铢两必较的坐贾生活，甘愿冒险或投机以博十倍、百倍之利。③

商帮之说，一直是民间流传，学术界没有明确的界定。十大"商帮"的版本目前有好几种。总体而言，比较著名的商人集团，除上述之外，还有"陕西商帮"（有时同晋商合称"山陕帮"，主要活跃在内蒙古及西北一带）以及广东的"客家帮"和"海南帮"。

从影响的时间来讲，"江右帮"最早，在宋代已有雏形，宁波帮形成较晚。"太平天国战争所带来的国内贸易结构改变，大大地削减了徽州收入的重要性，山西商人也受到影响但程度没那么严重，而广东及宁波的移民社群则取代他们的位置。"④

从经营商品的种类来看，各商帮各有重心。盐业以晋商、徽商，还有陕商（有时与晋商同称西商）为主；丝绸业以宁波帮最著名；茶业则以江右帮、宁波帮、广东帮著名；烟业则以福建帮、宁波帮和龙游帮为最知名；粮食经营以晋商、徽商、宁波帮、广东帮、江右帮为主；木材经营以

---

① 陈达. 南洋华侨与闽粤社会 [M]. 北京：商务印书馆，2011：32.
② 陈达. 南洋华侨与闽粤社会 [M]. 北京：商务印书馆，2011：68.
③ 林济. 潮商史略 [M]. 北京：华文出版社，2008：113.
④ [美] 罗威廉. 最后的中华帝国：大清 [M]. 李仁渊，张远，译. 北京：中信出版社，2016：178.

晋商、徽商、陕商、江右帮和龙游帮为主；棉花则主要由晋商、徽商、陕商和临清帮经营。19 世纪，广东三大商帮在南洋均有各自擅长的业务：广府帮在手工业领域占据主导地位，他们是灵巧的修理工、能干的小五金商人和小业主，经营的客栈、餐馆很成功；潮州帮以物流业、种植养殖业著名；而客家商帮则以采矿业著名，后来转型贸易，"活跃于不同城市的诸多商贸领域"。①

洋务运动尤其是清末新政以后，随着近现代工业的发展，传统商帮逐渐被地方商会所取代，一个新的社会阶层出现了，那就是绅商。"1895 年之后，许多中上层文人虽未完全放弃追求学问，但也开始参与现代经济活动。他们不仅进行投资，而且也开办和经营各种企业。借助于这一新的社会阶层，工商业变成了令人尊敬的、受到重视的行业。"② 绅商因原来的士绅参与领导新的经济形态而形成，商会是他们组织形态，也是政府管理社会的重要机构。绅商的产生，既是近代中国经济现代性萌芽的客观需要，也是传统士绅的现代转身。只不过他们主导社会的方式由儒家经道变为经济实力，他们实质上是从旧传统的领导力演变为新制度的社会支撑。可以说，绅商是 20 世纪前半期中国社会改革与建设的重要力量，商人也名正言顺地进入国家治理与社会管理行列。这既是社会进步的产物，也是社会进步的推动力。"蔑商"已成为历史，传统商帮也作为历史遗产退出时代舞台。绅商与西方理论所说的资产阶级是有一定区别的。虽然他们人数不少，且在经济生活中居于主导地位，其生活方式、价值观、社会和政治倾向都与传统士绅不同，"但是他们仍然缺乏一个完全的统一目的，并且对传统的乡土和宗族关系仍承担着强烈的义务"③。

1902 年，中国第一个现代商会——上海商业会议公所成立。1903 年，清政府商部颁布《商会简明章程》，鼓励各省会、商埠成立商会。随后，中华商会联合会成立，国家商会联合会、省总商会、县分会、镇分所构成一个全国的商人组织网络。这个网络是近现代中国最有经济实力和最有社会影响力的社会组织。

---

① SKINNER G W. The Chinese minority [M] //MCVEY R (ed.), Indonesia New Haven, CT: Yale University Southeast Asian Studies, 1967: 97 – 117.

② [法] 巴斯蒂 – 布律吉埃. 社会变化的潮流 [M] // [美] 费正清, 刘广京. 剑桥中国晚清史 (1800—1911 年): 下卷. 中国社会科学院历史研究所编译室, 译. 北京: 中国社会科学出版社, 1985: 544.

③ [美] 陈锦江. 辛亥革命前的政府、商人和工业 [M] // [美] 费正清, 刘广京. 剑桥中国晚清史 (1800—1911 年): 下卷. 中国社会科学院历史研究所编译室, 译. 北京: 中国社会科学出版社, 1985: 410.

"如果说绅商是我国民族资本家的早期形态，在他们身上还或多或少保留着诸如崇尚名节、联结乡谊、信义经商以及因果报应等传统的价值观念和行为方式的话，那么新一代民族资本家则比较完整地体现出作为资本人格化的具体担当者。当他们执着地从事经济事业的时候，基本上是不加掩饰地向社会表明他们追逐利润、增殖资本的动机。"[①]

第三节　中国传统商帮文化及其传承

一、中国传统商帮文化及其特征

商帮文化是中国传统商业文化的重要构成。"货真价实""童叟无欺""买卖公平""义利并举"等是中国传统商业文化的普遍性内容，可算得上是最基本的商业伦理了。但汉语传统将商业叫作"生意"。生意者，生存、生活、生命之意义也。追求前两者的被称为买卖人，追求后者的则被称为商道。"道"是中国文化对某个领域的精神升华，是一种高尚或高贵的文化认可。有业必有道，得道者，必内圣外王。生存意义上的商人，锱铢必较、贪婪势利，常感慨"生存所迫"。生活意义上者，讲究和气生财，做生意就是做人情。大商之道，是通过财富实现理想，自诩"陶朱事业、端木遗风"。范蠡（陶朱公）、子贡（端木赐），依靠智慧经商发达后影响历史进程，被后世誉为"商圣"。这说明，中国传统商业文化注重溯源与创新。

商帮文化也是传统商业文化的组织反映。中国传统商业文化可以从两个器具上形象说明：一是算盘，二是杆秤。算盘（见图1-1）外形长方，以木条为框，中间有一横梁隔开，上端有两珠子，下端有五珠子，内置轴心，称

图1-1　北京画院藏齐白石作品第116号《发财图》（1927年）

---

①　徐鼎新，钱小明.上海总商会史（1902—1929）[M].上海：上海社会科学出版社，1991：247.

为档。上端的每个珠子代表数字五，下端的代表一。这是中国哲学思想天圆地方的体现。上中下三条横梁代表天地人，七个珠子就代表北斗七星。齐白石说算盘"欲人钱财，而不施危险，乃仁具耳！"

杆秤（见图1-2）是由秤杆、秤砣、秤盘组成的。秤砣叫"权"，依轩辕星座表，属主雷雨的神。秤杆称"衡"，象征紫薇星座。秤杆最先依北斗七星（天枢、天璇、天玑、天权、玉衡、开阳和瑶光，前四颗称"斗魁"，后三颗称"斗杓"）和南斗六星（天府星、天梁星、天机星、天同星、天相星、七杀星）在杆秤上刻制13颗星花，定为13两一斤。北斗七星代表方向，南斗六星代表人生。秦始皇统一度量衡，添加"福禄寿"三星，改成16两一斤。秤星必须是白色或黄色，不能用黑色，比喻做生意要公平、正直，不能黑心。秤杆上的第一颗星又叫作"定盘星"，其位置是秤锤与秤钩成平衡时秤锤的悬点。做杆秤的关键是能选准定盘星，只要确定好定盘星，就是一把好秤。因此，人们往往把定盘星用来比喻事物的准绳。

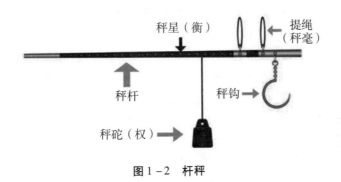

图1-2　杆秤

在做买卖时商人手提着的那个绳纽，叫作秤毫。它的意思是在约秤时要明察秋毫，决不可粗心大意。秤一提起来首先看到的是定盘星，提醒商人要权衡一下良心，无论做什么生意都不得缺斤短两。如果给人短斤少两则损阴德，其中少一两叫"损福"，少二两叫"伤禄"，少三两叫"折寿"。以此暗示人们做生意要诚实，不能昧着良心干那损人利己的事。

会馆是商帮在某个地区商业活动、为谋求商业利润与维护商业秩序而成立的场所，一般供奉地方性神灵或行业祖师。会馆是社会化组织，为帮内人提供基本服务，同时也是扩展共同利益的中心。孔飞力认为，会馆的中心在于强调维系家乡认可，"只有在建立起稳固的同乡情谊的基础上，侨居者才能拥有足以拓展与当地社会联系的安全感"。他认为商帮是一个"小生境"，即特定商人在特殊环境的生存空间；会馆是一种"通道"，即家乡旧环境的延伸，"正是由于一些通道，远在他乡的移民通过实实在在的利益和情感共享，而与自己的老家紧紧相联。它们既是一种联系纽带，也是一种文化生活空间"。①

方言是地缘商帮形成与联系的主要纽带，也是商帮文化的独特载体。方言是族群认可的核心标识，是信任产生的媒介。在外部压力下，方言是凝聚力的源泉，有利于形成经济协作平台，抵御外部侵蚀，缓和内部竞争与矛盾。"在历史上，中国移民之间基于方言与地缘的亲情，远比身为中国人的国族情感更为持久炽热，方言也意味着共同的乡缘，因而一直是中国移民在海外形成帮群的基本纽带。"②

商帮有共同的文化规范，体现在其会馆章程的前言部分，主要有这么几点：一是遵守法规道德，公平买卖，与所住的人和睦相处；二是关照新来的人，为在外去世的人善后；三是为家乡慈善出资出力。

中国菜系的形成与商帮有着直接的联系。应酬是商务活动的重要环节，宴会必不可少。商帮要结交官员，对宴会菜品必然十分讲究，不仅尽量体现地方特色，而且想方设法超过竞争对手，为此可能不惜巨资。慢慢地，地方菜系成为商帮活动的主要内容。徽菜因徽商而著名，淮扬菜是盐帮交际的重要"道具"，闽菜由福建帮带入四方，鲁菜是临清帮的场面，十香面、清真八大碗因临清帮而扬名，粤菜因广府帮和潮州帮而丰富多彩，浙江菜是龙游帮、宁波帮和温州帮的排场。

虽然像晋商号称"致富在数千里或数万里外，不资地力"（《五台新志》卷二），产品"上自绸缎，下至葱蒜，无所不包"，徽商也自称"其货无所不居，其地无所不至，其时无所不骛，其算无所不精，其利无所不专，其权无所不握"（万历《歙志》）。但实际上，商帮的来源地不同，其形成、发展环境也不同，经营的主要商品更是有所差异，也拥有不同的贸易线路、市场范围和关系网络，形成不同的经商理念和社会态度。因此，不同商帮文化有各自独特之处。

首先，在官本位盛行的传统中国，以商、官、学三者关系而言，各个商帮的理念互有侧重。比如晋商侧重商人的独立性，为官、为学的目的是为其商业服务。而徽商则以儒商自誉，表现出明显的依附性。这可以从他们所在区域的科举成就中看出来。据日本学者寺田隆信统计，自明正统戊

---

① ［美］孔飞力. 他者中的华人：中国近现代移民史［M］. 李明欢，译. 南京：江苏人民出版社，2016：40－45.

② ［美］孔飞力. 他者中的华人：中国近现代移民史［M］. 李明欢，译. 南京：江苏人民出版社，2016：24.

辰科（1448 年）到崇祯癸未科（1643 年），晋商中中进士的有 37 人，而徽商仅歙县和休宁县籍的进士就有 71 人。① 歙县在清朝取得科甲和成为朝廷高官的有：状元 5 人，榜眼 2 人，武榜眼 1 人，探花 8 人，传胪（二甲第一名）5 人，会元 3 人，解元 13 人，进士 296 人；大学士 4 人，尚书 7 人，侍郎 21 人。② 其他商帮在这方面都有各自不同的思想倾向。

其次，商帮文化的基础是地域文化，而商帮文化也是影响地域文化的直接因素。"跨地和远程贸易能否顺利进行取决于是否存在一个支持性的制度安排，它能低成本地解决委托代理问题，或者说给予代理人适当的激励使其诚实可信，尽心竭力为委托人服务。在这个意义上说，一个商帮的兴盛与否直接取决于商帮的治理模式。从经济史的角度看，任何商帮治理都离不开它所处的文化、地域和制度环境。"③ 商帮素喜以地域文化名人作标签，比如临清帮，地处孔孟故里，便以"左手论语、右手算盘"自诩；徽州是朱子故里，徽商便以儒商自居；山西是关公故里，晋商便以"义"标榜；陕西是周塬故土，陕西帮常以识礼自鸣。蔡洪滨等学者运用商帮"多边惩罚机制"框架研究明清时期徽商与晋商商业管理的区别与效益，发现徽商"儒风独茂"，往往举族外迁，并在经商地修建宗族祠堂；而晋商推崇"学而优则商""安土重迁"，极少携家眷外出经商。徽商以血缘宗亲关系为基础，依靠血亲关系选拔管理者，运用族规、礼制规范内部跨期承诺关系；而晋商则重地缘关系，多依乡亲关系任用管理者，以正式规范约束雇佣关系，靠奖金和股权激励组织成员。为了支持各自管理模式，徽商祭拜孔子、朱子，兴建文公祠，推崇儒家文化；而晋商则拜关公、修关庙，以义范利。④ 关公"义薄云天"的形象因为山西丝绸商人子弟罗贯中的《三国演义》而由民间推上了殿堂，关公本人被朝廷封圣庙祭，成为海内外中国商人、商帮奉祀的偶像，关公文化也是他们化解矛盾协调关系的伦理准则，更成为晋帮纵横天下傲视群雄的文化优势。

中国文化是一个多元汇合体，地域特色非常明显。黄仁宇认为，中国境内的文化起源不是一元的，从东北到珠江流域，都可找到文化起源的遗迹。⑤ 苏秉琦把中国大地上的史前文化划分为六大区系：①以长城地带为重

① ［日］寺田隆信. 山西商人研究 ［M］. 张正明，等，译. 太原：山西人民出版社，1986：63.

② 何炳棣. 明清社会史论 ［M］. 台北：联经出版社，2013：381 – 382.

③ 蔡洪滨，周黎安，吴意云. 宗族制度、商人信仰与商帮治理：关于明清时期徽商与晋商的比较研究 ［J］. 管理世界，2008（8）：87.

④ 蔡洪滨，周黎安，吴意云. 宗族制度、商人信仰与商帮治理：关于明清时期徽商与晋商的比较研究 ［J］. 管理世界，2008（8）：87 – 99.

⑤ ［美］黄仁宇. 中国大历史 ［M］. 北京：生活·读书·新知三联书店，2007：3.

心的北方地区;②以晋陕豫三省接邻地区为中心的中原地区;③以洞庭湖及其邻境地区为中心的长江中游地区;④以山东及其邻境为中心的黄河下游地区;⑤以江浙(太湖流域)及其邻境地区为中心的长江下游地区;⑥以鄱阳湖—珠江三角洲一线为中轴的南方地区。① 中国文化根据地域特征可以分为雪域文化(青藏高原文化)、高原文化(秦陇文化、夜郎文化)、平原文化(蜀文化、齐鲁文化、中原文化)、山水文化(巴文化、楚文化、岭南文化、八闽文化)和草原文化(蒙古文化)等。由于中国历史悠久,民族、民系,以及省、地、县等都有独具一格的文化特色。人是地域文化的产物。唐朝人柳芳指出:"山东之人质,故尚婚娅,其信可与也;江左之人文,故尚人物,其智可与也;关中之人雄,故尚冠冕,其达可与也;代北之人武,故尚贵戚,其泰可与也。及其弊,则尚婚娅者先外族后本宗,尚人物者进庶孽退嫡长,尚冠冕者略伉俪慕荣华,尚贵戚者徇势利亡礼教。"(《新唐书》卷一九九)鲁迅在其《南人与北人》一文中也说:"北人的优点是厚重,南人的优点是机灵。但厚重之弊也愚,机灵之弊也狡,所以某先生曾经指出缺点道:北方人是'饱食终日,无所用心';南方人是'群居终日,言不及义'。"一方水土养一方人,不同的区域文化孕育了不同的经济形态和相应的经济人格——商人的不同理念和行为,形成了独有的商业气质,融汇于商帮文化之中。比如,晋帮号称"守信不欺",遵循"不携眷、不娶外妇、不入外籍、不置外之不动产,业成之后,筑室买田,养亲娶妇必在故乡"的帮规;② 陕西商帮自誉"克勤兴业";宁波商帮被说成是"长袖善舞";洞庭商帮则被认为"因时逐利",时称"钻天洞庭";广东商帮"冒险犯难";徽帮则被称为"徽骆驼",以吃苦耐劳著称——"前世不修,生在徽州,十二三岁,往外一丢",又讲求"信义为先",贾儒并举,"财自道生,利缘义取";等等。

商帮文化也是影响地域文化的重要因素。商人因其财富和社会关系成为地方发展的重要力量,更是文化活动的主要资助者,他们的观念和行为特征直接影响地方习俗和文化。比如山西,晋帮的神灵信仰、居家建筑与摆设等对当地民间文化影响很大;晋商的"避亲用乡"原则也为当地人的职业提供了多种可能选择,因此山西人对科举入仕的追求远没有徽商那么强烈。晋帮在商业上的成功形成并强化其务实和开放的"儒贾观",即商与士异术而同心、学而优可仕亦可商,这些反过来影响山西地方文化。徽州人原来也是

---

① 苏秉琦,殷玮璋.关于考古学文化的区系类型问题 [J].文物,1981 (5):10–18.
② 王守恩.晋商的神灵信仰 [M] //张正明,孙丽萍,白雷.中国晋商研究史论.北京:人民出版社,2006:532.

"安土重迁"的，由于徽商的影响，他们才具有了走出去开拓的新品质。①

再次，商帮文化也是其特定生存环境的反映。客观地说，商帮的形成是一种不得已，面对艰难复杂的环境，他们还要借助某些神秘力量，比如拜祖师爷、财神、关公等，以求获得保佑。因此，商人就有各种忌讳，比如，出行立约等要选日子，现存崇祯八年（1635 年）编写的《商贾一览醒迷》，写的就是商人们如何选择日子趋利避害。卜正民说，中国商人会依据这些精确的计算来行事，希望将具有不确定性的经济活动中的风险降到最低，日常商业生活中也充斥着类似趋利避害的独特做法。② 最常见的是口语忌讳。例如，广东商人特别注意数字避免"四"，因为"四"与"死"同音；喜欢说"八"，因为其音与发财之"发"相近。福建和广东潮汕等地的沿海商人吃鱼到一半时，不能说"翻过来"，要说"顺过来"。中国人吃饭用的筷子，古汉语叫"箸"，因为与"阻"音相近，而"阻"是当时商人最忌讳的，商人们希望"快"，明代苏州商人便用"筷子"代替"箸"，这一叫法日后被广泛接受。可以说，现在中国许多民间习俗和忌讳都是由当时的商帮文化遗留或演变的。

最后，特定时代的商界领袖人物对其商帮文化有重要影响。在传统中国，行业的师承关系很重要，商业也不例外。大多数商人早年都是从在店铺当学徒走向商途的，帮内成功人士的经验和言行是这些人学习的教材。成功商人的业绩得到朝廷的嘉奖，或者以善行得到当地士绅百姓的赞誉，甚至会被当地人立祠纪念，这些成就更会成为商帮公开宣传和师傅教育徒弟的资料。比如黄州商帮（黄帮）的会馆帝王宫供奉本地的一个张姓商人。③ 因此，商帮文化带有相当一些早期帮内成功人士的个人特定内容。

二、国际视域的比较

组建商帮不难，难的是建立真正有效解决跨期承诺的商帮团体。商帮是一种商业组织，在中世纪的地中海地区，马格里布的犹太人也有类似的组织，即 traders' coalition，它以犹太教义为规则，形成协作与惩罚机制，有效地解决了跨期承诺问题。阿拉伯商人利用伊斯兰教的组织化资源建立经营区域的商

---

① 蔡洪滨，周黎安，吴意云. 宗族制度、商人信仰与商帮治理：关于明清时期徽商与晋商的比较研究［J］. 管理世界，2008（8）：87–99.

② ［加］卜正民. 挣扎的帝国：元与明［M］. 潘玮琳，译. 北京：中信出版社，2016：109.

③ ［美］罗威廉. 红雨：一个中国县域七个世纪的暴力史［M］. 李里峰，等，译，北京：中国人民大学出版社。2014：201.

团组织，它以信教为前提，成员利用穆斯林商圈开展贸易，得到稳定的贸易流量、优惠的赊账信用，降低了交易成本。13世纪，德意志北部城市形成汉萨同盟，汉萨（Hansa）在德语就是"会馆"的意思。陈志武认为，中国传统商帮因地制宜地内生出许多适合于本地的商业模式，解决了一些短距离、小范围的跨期承诺问题。但在南洋，相对于一神教信仰的穆斯林商团，竞争力显得有限。原因在于，第一，中国传统商帮基于宗亲、族群或地缘的信任体系，人数范围有限，无法同伊斯兰教、基督教、犹太教的信众人数相比，地理分布范围也有限；第二，依靠抑商的儒家文化来组织商帮，本身就是矛盾，在道义上排斥商业的文化怎么能通过商会组织就达到商业的最大化发展呢？"穆斯林商人比华商更具流动性，能生根他乡，建立由自己人布局的全球商业信用网络。这是一神教文明区别于'祖先神'文明的关键维度之一。"① 从758年阿拉伯商人和波斯商人在广州发动叛乱可以看出，当时他们在南太平洋地区已经拥有相当牢靠的商团网络。

商帮的亲缘关系并非华商独有。早期在新加坡的英国商人也是以亲缘结帮的，当时的欧洲12家公司，"一个苏格兰'帮'，彼此间明显有亲戚关系"。②

中国传统行帮没有像中世纪欧洲的行会那样对城镇的发展和社会变革产生重要的影响。"一些商人组织起来从贵族手中夺取特权时，一些最早的行会就诞生了。之后，这些行会就一直具有一定的政治功能。"一般来说，要参与城市活动，需要先加入某个行会。行会同时具有社会交际、慈善事业和执行教规的功能，但经济功能是核心。③

从资本形成来讲，南洋华商一般都是自有资本模式，即家族贸易模式，最多也就是简单的合伙。④ 而阿拉伯商人以集资模式为多，他们以伊斯兰教作为后盾，比靠佛教、道教、儒家文化下的亲缘或地缘作为纽带的南洋华商，有更强的商团网络提供跨期信用及契约执行支持。犹太商帮的资本模式类似于穆斯林商团。⑤ 在南洋的各帮华商面对早期的资本缺失，都不约而同地选择从事代理中间商，通过开拓市场的努力，完成资本积累。在新加

---

① ［美］陈志武. 文明的逻辑：人类与风险的博弈［M］. 北京：中信出版社，2022：64-69.

② MACLEAN R. A pattern of change：The Singapore International Chamber of Commerce from 1837［M］. Singapore：The Singapore International Chamber of Commerce，2000：17.

③ ［美］本内特. 欧洲中世纪史［M］. 林盛，等，译. 上海：上海社会科学出版社，2007：185.

④ 苏基朗. 刺桐梦华录：近世前期闽南的市场经济：946—1638［M］. 李润强，译. 杭州：浙江大学出版社，2012：234.

⑤ GREIF A. Reputation and Coalitions in Medieval Trade：Evidence on the Maghribi Traders［J］. The Journal of Economic History，1989，49（4）：857-882.

坡开埠初期，"有些华人很擅长搞产权交易和短期投机，他们本身缺少资本，但可以从欧洲人那里搞到货品，条件是开具未来分红的凭条……因为西方人发现，他们根本离不开华人中间商，而且贸易若能成功，带来的潜在回报也确实很有吸引力"①。19世纪末，欧洲资本开始涌入马来亚的锡矿业和橡胶业，新加坡华人采用买办体制来适应新的西方资本制度，然后投资实体产业，并逐步摆脱对欧洲资本的依赖。"目光远大、深有抱负的华人开始转而投资次级产业和现代银行业，此前华人开办的银行都有地域'帮'派的局限……1932年，三家闽南人的票号合并，组成了新加坡最大的华人银行——华侨银行。"②

这就是说，中国传统商帮，不管是业缘型还是地缘型商帮，从组织体系来看，是相对松散的，核心是道德认知，以自律为关键，缺乏信仰基石，入帮的成本比较低，组织束缚力弱，惩戒机制威慑力不够。中国传统商帮的基本运行往往以核心人物为关键，有明显的江湖色彩，相比于穆斯林商帮和犹太商帮，华商更容易滋生机会主义。泰兰达研究南洋华侨发现，华侨商帮是基于利益需要，而非基于宗教或其他"非功利"信念组成的联盟，其必然结果是：有需要的人才参加，一旦无此需要就退出，逆向选择严重，"搭便车"现象普遍，商业契约难以保障执行。③ 新加坡殖民地政府1889年专门制定了旨在消除危险性华商帮会的《帮会法令》(Societies Ordinance)。

阿夫纳·格雷夫认为，在11世纪的地中海，穆斯林商团的多边惩罚机制与他们的集体主义文化信念紧密相关，而热那亚商人则信奉个人主义文化信念，由此产生了两个商团不同的治理模式。当地中海贸易机会不断扩展时，基于个人主义文化信念的热那亚商团可以很容易与非热那亚商人合作，捕捉外部的扩张机会。而穆斯林商团则因依靠集体主义价值观和商团内部的多边惩罚机制来支持远程贸易，无法与商团之外的商人合作，难以有效应对环境的变化，最终趋于衰落。④ 中国传统商帮"言商向儒"，推崇儒家"和而不同"的价值趋向。早期进入南洋的福建帮、广府帮、潮州帮和客家帮都以儒家文化为旗帜，团结当地土著及欧洲殖民者，掀起了轰轰烈烈的南洋大开发热潮。可以说，在整个南洋大开发过程中，华商一直

① [英]藤布尔. 崛起之路：新加坡史 [M]. 欧阳敏，译. 上海：东方出版中心，2020：62.

② [英]藤布尔. 崛起之路：新加坡史 [M]. 欧阳敏，译. 上海：东方出版中心，2020：198－199.

③ LANDA J T. Trust, ethnicity, and identity: beyond the new institutional economic of ethnic trading networks, contract Law, and gift exchange [M]. Ann Arbor, MC: University of Michigan Press, 1994.

④ GREIF A. Cultural beliefs and the organization of society: A historical and theoretical reflection on collectivist and individualist societies [J]. Journal of Political Economy. 1994, 102 (5): 912－950.

是经济建设和文化融合的主力。这就是文化商帮与"一神教"商团的重大区别，也是华商跨越宗教隔阂促进文明进步的魅力所在。率先进入现代化行列的亚洲"四小龙"，都是儒家文化体，后来的"四小虎"，也是受儒、佛文化影响相当深远的国家，它们成功转型的背后，是几代华商开拓的心血，也是中国商帮文化的积极成果。巴丹认为，最近几十年来东南亚工业取得的显著成就很多是在华商家族的领导下实现的，这表明在特殊的社会历史环境中，更"集体主义"的制度可以得到重塑，以促进工业的发展；它还表明，以家族为基础的结构或者其他特殊结构有时能够替代合同法和非人格化的所有权。建立在家族基础上的组织可能比市场或官僚政治组织更具优越性。①

诺斯认为，13世纪是欧洲经济真正觉醒的时代，典型特征是商业和贸易迅猛扩张。为了进行海上贸易，商人组织发展出委托制（commenda）和合伙制（societas），极大地增加了那些有冒险精神的人从事有利可图的对外贸易的机会。这两种组织形式与明清时期晋帮的"伙计"制有相似之处。但在欧洲中世纪的封建经济形态下，政府控制力比较弱，行会可以取得新兴城市的自治权并主导商法的制定。而在帝制中国的大一统体制中，商帮是不可能做到这一点的。诺斯说，贸易发展和对远程贸易中私有财产的有效保护的需求增长是近代欧洲巨大变革的重要源头。中世纪行会由于向国王和大贵族购买经营垄断权，已经成为经济社会发展的障碍，随着股份制、代理商制以及银行信贷、商业保险等金融体制的建立，更有效率的组织成为发展的推动者，行会退出历史舞台。② 这同商帮在近代中国退出历史舞台是同样的。

三、商帮文化的现代传承与反思

商帮文化是特定历史阶段的产物，也是重要的传统文化资源。商帮也是现代商会的形成基础。商帮是内外各方面的压力的产物，作为商人的自组织，它首先要利用集体力量保护自我，然后规避内部恶性竞争，降低交易成本，由此而形成互帮互助的优良传统。这是商帮文化的核心之一，是重要的社会文化资源，对于今天弘扬企业家精神、提高企业管理效益，以

---

① ［美］巴丹. 分配冲突、集体行动与制度经济学［M］//［美］迈耶，斯蒂格利茨. 发展经济学前沿：未来展望. 本书翻译组，译. 北京：中国财政经济出版社，2003：194.

② ［美］诺斯，托马斯. 西方世界的兴起（900—1700）［M］. 贾拥民，译. 北京：中国人民大学出版社，2022：86–235.

及培养创业精神和竞争意识有着积极的作用。

从商业文化的角度讲，商帮文化中"儒意通商"的协调精神对于现代企业运作有着启示意义。要振兴民族经济，离不开各个行业之间的协调合作。房地产业增加对制造业的需求，金融业为制造业提供资金，网络经济和线下经济形成物联网的发展，服务业为工业产品提升增加值。这一切恰恰体现商帮文化中的"通"字，发挥出商帮文化中的"儒意"，则可以减少过度竞争导致的一些负面影响。"也许，在市场环境中锻造而成的商帮文化才是最有利于振兴实体经济的软实力。"①

商帮是明清时期支撑中国经济发展的重要力量。他们绞尽脑汁，跋山涉水，货通南北，物连中外，为促进经济繁荣和提升人民生活质量做出了重大的贡献。在特殊时期，商帮甚至担负起保障军队后勤的重大职责，比如，晋商在明朝长期为边军提供后勤物资。商帮这种不畏艰险的冒险、开拓精神是宝贵的传统文化资源；他们推动制度建设，资助公共设施，是社会文明进步的重要力量。

商会和行业协会是市场经济体制下联通政府与社会的重要渠道。前者对应传统中国的地缘型商帮，后者对应业缘型商帮。这两类商帮在数千年发展演变过程中积淀了深厚的文化资源，奠定了新时代中国商会发展的文化优势。目前，全球商会及行业协会的运行模式有三种：一是英美模式，以横向联系为突出特征，故又称为"水平模式"；二是欧陆模式，承担部分政府管理职能，以法律规定的渠道管理相关公共事业；三是日本模式，以政府引导运作为主要特征。相较而言，"日本模式对于市场经济起步较晚的国家更具有借鉴价值"。② 作为重要的社会机构，当前中国商会和行业协会的建设应该在纵横两个方向借鉴：纵向指传承中国传统商帮的组织理念和协作机制，减少组织运行成本和强化社会服务职责。横向指借鉴先行市场经济国家机构管理的法律经验，规范管理机制，达到两大目标：一是在秩序政策层面，商会、行业协会作为企业代表，成为与市场机制、国家政策相配合的又一种控制机制，在市场盲区或政策难以达到的领域发挥协调或管理职能；二是参与经济政策的制定，补充宏观方面的认识漏洞。蔡洪滨等通过对传统商帮治理机制的研究，指出：不存在一个独立于地域文化和经营环境的唯一有效的治理机制，制度多样性是不可避免的；一个有效的治理结构应该是有效地利用地域文化中的合理因素对内部治理进行整合，

---

① 金煜，戴菁. 振兴实体经济与商帮文化［N］. 社会科学报，2017 – 03 – 23（4）.
② 王力军，刘子忠. 市场经济条件下的商会协会［M］//张小冲，张学军. 经济体制改革前沿问题：国际比较与借鉴. 北京：人民出版社，2003：591.

形成关联博弈，节省企业内的治理成本；徽商和晋商当年的成功就是找到了这种有效的关联机制。当前中国企业寻求有效的企业治理机制的挑战在于，作为后发国，主要是模仿国外先进国家（以美国为主）的治理模式，而国外企业的激励系统与其特定的地域文化相耦合，未必与中国的文化环境、员工的价值观及预期形成一致的组合，因此如何构建一种真正适用于中国文化环境（包括区域文化环境）的激励系统是关键，如何创造性地实现地域文化与企业激励系统的良性耦合将是企业生存和发展的重要条件。①

商帮遗俗在一些地方或领域仍然存在。比如，以前潮帮内部商人间借贷是不立字据的，这是其内部信任的体现。前几年有一宗著名的反腐公诉案，潮汕某官员经商亲属说一笔钱是他借自某商人的，公诉人让他出示借据，他却说"潮商内部借款是不立字据的"。还有，玉器行业一向不立字据，谓之"赌玉"。现代市场经济是法制经济，法律文书是不可或缺的。因此，部分商帮遗俗需要与时俱进地做出改变。还有，传统商帮的封闭性与现代市场经济的开放性、公平性的竞争要求是有矛盾的。其与官员的隐秘关系与利益纠葛在法制社会可能涉嫌商业贿赂；其追求区域垄断经营的利益模式与现代反对垄断、鼓励竞争的要求也是不相容的。总而言之，当今需要弘扬的是商帮的开拓精神、济世情怀以及因势利导的商业技巧，而对于其在特定环境下形成的投机遗俗则需要警惕和防范。

根据陈志武的调查，当下一些中国公司在非洲、拉美、中亚和西南亚开展业务时，自建居住小区，实行封闭式管理，不学当地语言，讲中文，吃中餐，不与当地社会交往。② 传统商帮非常注意融入当地社会，以社会建设推动商业贸易，很少简单地认为生意就是买卖关系。目前某些中国公司在海外的这些行为是与经济全球化相悖的，是不可持续的。他们应该学习传统商帮尤其是南洋华商的开拓、融合精神，通过贸易关系建立全球协作发展的良好格局。

---

① 蔡洪滨，周黎安，吴意云. 宗族制度、商人信仰与商帮治理：关于明清时期徽商与晋商的比较研究 [J]. 管理世界，2008（8）：87-99.
② [美] 陈志武. 文明的逻辑：人类与风险的博弈，下册 [M]. 北京：中信出版社，2022：103.

第二章　客家商帮的形成与演变

社会心理决定了人类永久的经济问题。

——凯恩斯

第一节　客家人及其悠久的商业传统

一、客家的形成

"客家"（Hakkas）一词包含着一个移民现象。自西晋永嘉年间（307—311 年）开始，黄河流域的一部分汉人，因战乱逐步南徙。陆威仪认为开始于西晋末年的中原移民主要线路有三条，其中两条与客家的形成有关。一条是以黄河冲积平原为起点，穿过黄河下游和淮河流域，接近长江时，分流成一个"Y"形路径，东边一支通往长江口，流入杭州；西边一支则溯江而上，到达鄱阳湖，从那儿沿赣江南下，翻越梅岭，进入广东。另一条线路上的移民自唐朝东西两都出发，从长安出发的，在武关翻越秦岭，沿栈道进入汉中，然后沿汉江而下，到达襄阳，在此与从洛阳南下的移民汇合，然后沿汉水再南下，到达洞庭湖区。然后，其中一部分继续向南，沿赣江到达广东，或向西南沿湘江到达长沙，再继续南下到达越南。① 这与罗香林的"秦雍流人""司豫流人"及"青徐流人"分类及迁徙路线差不多。②

罗香林认为，客家名称来源于东晋的"给客制度"，沿袭晋元帝诏书所定。唐朝时，政府簿籍有了"客户"专称。而"客家"一词，则为民间统称。虽然"客"的称谓由来已久，但民系形成则在宋初。"客家先民其南徙

---

① ［美］陆威仪. 分裂的帝国：南北朝［M］. 李磊，译. 北京：中信出版社，2016：14.
② 罗香林. 客家研究导论（外一种：客家源流考）［M］. 广州：广东人民出版社，2018：240.

虽肇自东晋，然而形成特殊之系统则在赵宋以后……'客家'一名亦必起于是时。"①

（一）晋室南渡，第一次大迁徙

西晋末年，五胡乱华，晋室南渡，士族和流民大量南迁。为了避免混乱，东晋政府在移民居住地设置与其中原故乡同名的州、郡、县，并以黄籍和白籍区别当地人与移民。东晋末年的范宁说："昔中原丧乱，流寓江左，庶有旋反之期，故许其挟注本郡。自尔渐久，人安其业，丘垄坟柏，皆以成行。"陆威仪认为：北方移民来的大家族，占据河谷湖泊附近最好的土地，在会稽丘陵和长江中游类似的地方建立起地产。佛教和道教遂在这些地方兴起，中国文明开始向丘陵和山区转移。② 美国历史学家丹尼斯·格罗夫林认为：南朝政府是一个"流亡贵族的福利体制"③。

福建在汉初有闽越国，其民众是春秋末年越国的一支后裔。汉武帝征服闽越国，将闽越人迁往瓯越，即今天浙江一带。福建地方一度空虚。东晋建立后，由于福建地处东南海滨，局面较为稳定，因此，南迁的中原民众便开始一批一批涌来，沿武夷山南下或由赣南到汀州、宁化的石壁寨（现名石壁村）一带，然后继续移迁汀州各地；一部分人则由赣北散居各邑。入汀的中原民众与当地闽越族、畲族逐渐融合，成为汀州早期客家人。民国时期中山大学教授魏应麟说："汀州的客家人是来自中原的氏族与闽越族的结合。"可以说，这些南渡的缙绅，在政治层面，支撑了东晋以来南方的权力格局；在经济层面，开发了山区的种植业和冶金业，提高了当地人的生活水平；在社会层面，开启了中原汉族与南方部族如百越族、一部分苗裔（畲族等）的融合。

族群融合，从文化上讲，一般先是器物、应用技术，然后是组织形式、观念及信仰。《汉书·地理志》讲："楚人信巫鬼，重淫祀。"而中原儒家正统是禁言巫鬼的，强调"国之大事，在祀与戎"，反对"淫祀"。这就是说，当时南迁的士大夫与当地百越在信仰方面矛盾是明显的。首先促进他们融合的是道教，确切地说，原居民最先接受的中原文化是道教。"有记录表明，整个南北朝时期，很多非正统的本地信仰的信徒都转向了信仰道教，

---

① 罗香林. 客家研究导论（外一种：客家源流考）[M]. 广州：广东人民出版社，2018：29-30.

② ［美］陆威仪. 分裂的帝国：南北朝 [M]. 李磊，译. 北京：中信出版社，2016：118.

③ GRAFFLIN D. The great family in medieval Southern China [J]. Harvard Journal of Asiatic Studies，1981. 41（1）：65-74.

因为道教提供了升华的、更有组织的宗教实践，这是信徒们更为熟悉的……道教将南方边缘地区带入中华经典的广阔世界中。"城隍是中原文化南迁的产物。陆威仪说，中国宗教对荒野之地征服的最后一个要素是城隍信仰的出现。城隍是人格神，因安民或善于教化而得到供奉。鬼魅、土地神、动物精怪最终都要被善良的城隍收服。城隍是帝国官僚的同盟，代表了地方宗教的归顺与道德化。这场正统宗教的胜利部分体现了精英规范、帝国文化延展进入边缘地区与山区，意味着帝国精英能够控制新兴的城市阶层所支持的观念。① 士族南下，推动朝廷对福建、岭南地区的行政区划进一步细致化。日本学者川本芳昭认为，这一时期开启了南亚和东亚的"中国化"进程。"人口向江南等地区的移住……给以中国为中心的东亚地区带来了其他种种重大的变化，其中的一个变化，即是中国周边地区在广义上的'中国化'进程。"②

（二）唐末战乱，第二次大迁徙——由江淮到福建

公元 5 年，东南地区的户数仅占全国总户数的 10%，但到了 740 年，已经有 40% 的人口居住在淮河以南。根据保留下来的当时人口记录，742—1068 年，北方人口增长了 26%，而同时期南方人口却增长了 328%。长江下游逐步取代黄河流域成为中国人口与经济中心，那里降水充足、植被茂密、水上交通便利，经过四个世纪，在唐朝时成为中国新的心脏地带。晚唐诗人杜牧感慨："今天下以江淮为国命。"明末清初学者王夫之说："而唐终不倾者，东南为之根本。"陆威仪认为，因为福建南部有天然良港，所以东南沿海地区比中国其他地区更依赖于渔业和国际贸易。最终这里建立了和日本以及东南亚的紧密联系，在中国与外部世界的贸易中扮演了重要角色。在唐将亡之际，这种贸易变得尤为重要，在其后的几个世纪里一直如此。③ 江淮地区在唐末已经人口众多，人地矛盾突出，加之战乱，民众大规模向福建迁徙成为潮流。迁徙多是以家族为形式的。据地方志记载：后梁时，王审知被朱温封为闽王。王审知顺时应人，"折节下士，开门兴学，以育才为急。凡唐末士大夫避地南来者，皆厚礼延纳，筑'招贤院'以馆之"。于是中原士大夫纷纷携带家眷，不避艰

---

① ［美］陆威仪. 分裂的帝国：南北朝［M］. 李磊，译. 北京：中信出版社，2016：211，212－213.

② ［日］川本芳昭. 中华的崩溃与扩大：魏晋南北朝［M］. 余晓潮，译. 桂林：广西师范大学出版社，2014：14.

③ ［美］陆威仪. 世界性的帝国：唐朝［M］. 张晓东，冯世明，译. 北京：中信出版社，2016：6－16.

辛，攀山越岭，分路入闽为王审知效力。从东晋至五代，汉人又由长江流域南迁，这是第二次大迁徙。当时中原氏族入汀者数以千计。故汀城建有白马庙，奉祀王审知。宋初，社会稳定，大批移民由福建进入粤东，976—1078 年的百多年间，梅州人口从 1577 户增加到 12390 户，增长689%，梅州成为客家人聚居的中心区域之一。

钱穆将"安史之乱"到宋朝统一这段时期称为传统中国的"黑暗社会"，南迁的士族延续了中华文明命脉。"其时，政治乱于上，学术衰于下，士之一领导中心已失其存在，而传统社会则犹未彻底崩溃。尤其在南方十国中，社会基础尚未大变，文化命脉尚未全绝，惟在极端摇动中。"①

（三）南宋第三次大迁徙，由闽赣分迁至粤东、粤北

这次大迁徙主要是人口压力所致。1102 年时，中国 1.01 亿人口中的75%已经生活在淮河、汉水以南了。如果以长江而不是淮河作为分界线，那么当时有 70%的中国人生活在南方。"长江三角洲以南的两浙地区的成年男子人口，从1102 年到1162 年间几乎增加了30%，总数达到了432 万。福建记录的人口增长幅度也同样达到了30%以上，总数达 315 万……如此的增长水平无法用人类自然繁衍来解释。"② 此时，山区经济开始振兴，茶、油料、麻棉布料、药材、林业及林产品、采矿业、造纸业、陶瓷业、编织类手工业等蓬勃发展，催生商品经济。东南的山地经济已经可以与北方平原的农业经济以及江淮的鱼米经济并驾齐驱。经济发展带动山区人口迅速增长。福建、江西、广东山区又是接纳北方移民的重要区域，移民的迁入更使闽粤赣地区人口膨胀。当时人口的增减与县级行政区划的置废有着密切的互动关系。从唐开元至五代南唐大约 200 年时间里，北方以及浙、赣两省移入福建的人口大量增加，加上原居民人口的自然增长，山地基本上得到垦辟，形成居民点，朝廷先是设场收税，进而置县治理。由唐入宋，福建地区统辖的县由唐宪宗元和年间（806—820 年）的 23 个，增加到北宋太宗太平兴国年间（976—984 年）的 41 个，再到北宋神宗元丰年间（1078—1085 年）达到45 个；现广东辖境由原唐初岭南东道的43 县到宋初已增加到包括广南东路14 州和广南西路7 州的61 县；江西从宋太宗年间到宋高宗绍兴十九年（1149 年），增设了 15 个县。这些新增的县大多数位于山区，比如汀州，中原氏族流入者日众，地广田多，人口日殷，竟超过 10 万之众。闽西、粤东、赣南山水相连，土地肥沃，气候温和，有江河之利，而人口

① 钱穆. 国史新论［M］. 北京：生活·读书·新知三联书店，2004：49.
② ［德］库恩. 儒家统治的时代：宋的转型［M］. 李文锋，译. 北京：中信出版社，2016：71.

相对稀少，迁来的中原民众见到这里有田可耕，环境较为安定，便将这里当作为安身之地。汀州宁化石壁寨是当时江西入闽和闽北南往的重要通道，成为中原人入闽的中转站和客家许多姓氏先祖的居留地。黄遵楷所撰之《先史公度事实述略》一文中说，就在此时，"散居于汀州、邵武各属的客家人，再迁梅州"。《嘉应州志》卷三十二《丛谈》也说："闽之邻粤者相率迁移来梅，大约以宁化为最多……"章太炎在为罗翔云的《客方言》所作之序中说："广东称客籍者以嘉应诸县为宗，当宋之南逾岭而来。时则广东已人满平原，无所寄其足，故树艺于山谷间。"汀州宁化石壁是客家的形成地。周振鹤说，汀地乃客家之源，后者则为流。①

到粤东山区以后，客家族群的特征渐趋明显，并力图与当地原居民区别开来。首先是语言，客家话成为族群的显著标志。章太炎说：客家话"大氏（抵）本之河南，其声音亦与岭北相似。性好读书，虽婢人子亦必就傅二三年，不如是将终身无所得妃耦（客人有不读书毛老婆之儿歌），盖中州之遗俗也，以言语异"。他在《新方言》"岭外三州语"卷序言中也说："广东惠、嘉应二州，东及潮之大埔、丰顺，其民自晋末逾岭，宅于海滨，言语敦古，与土著不相能。广州人谓之客家，隘者且议其非汉种。余尝问其邦人雅训旧音，往往而在，即著之《新方言》。"其次，居住建筑以堂号、堂联的方式表明其中原故地与宗族流衍。最后，以祭祀和节庆礼仪明确其文化的传承。这一时期，族谱成为家族认知与文化沟通及联姻的重要依据，家族秘史也逐渐显化。比如，梅县（今梅州市梅县区）丙村的温氏家族公开宣称自己原姓桓，是东晋权臣桓温的后裔，桓温之子桓玄造反被灭后，桓姓族人逃亡过程中以温姓为掩饰。梅县雁洋叶姓会说明自家原本姓蔡，乃蔡京后代，为避免遭受文化鄙视和道德谴责，改姓字形比较相近的叶（繁体为"葉"）姓。陆威仪认为，宋代是家族制度经典化的时代，建宗祠和修族谱成为宗族体系的核心。② 客家人尤其重视族谱，它是客家人以儒家文化正统和中原缙绅后裔自居的重要证据。"他们以谱系来证明其家族成员的身份，保证他们属于一个杰出的家族分支。国家依据族谱来决定谁的家族背景能够保证他获得一定的权势。因此，族谱成为社会与政治秩序的基本决定因素，也是亲属结构的决定因素。"③

自此，客家族群认知的五大要素——客家话、族谱、祠堂、堂号（郡望）、堂联形成。其中，客家话是核心要素。目前，史学界普遍认为客家概

---

① 周振鹤. 客家源流异说［J］. 学术月刊，1996（3）：16 – 24.

② ［美］陆威仪. 分裂的帝国：南北朝［M］. 李磊，译. 北京：中信出版社，2016：171.

③ ［美］陆威仪. 分裂的帝国：南北朝［M］. 李磊，译. 北京：中信出版社，2016：175 – 176.

念在南宋形成，客家人处于拓展汉族势力范围的最前沿，是汉化南方少数民族的重要力量。著名民俗学者叶春生认为，第三次迁徙后，"开始他们基本上不与土著居民交往，长期过着以家族为核心的集体生活，多次迁徙和重建家园的劳动，培养了他们刻苦耐劳的性格和一定的'山地意识'，后与当地土著部分融合，构成了客家民系"。①

（四）明末清初，第四次大迁徙

南宋以后，文化中心南移，经元到明，江南及闽粤已成为中国文化鼎盛之区。明朝科举考试，从洪武三年到崇祯十六年（1370—1643 年），历届殿试第一名（即科举状元），有 80% 多来自南直隶、浙江、江西、福建和广东。清兵南下到闽粤赣地界后，不少客家人高举儒汉正统的旗帜奋起抵抗，战败被杀或自刎、自缢、跳水、自焚者无数。此外，大批客家人为逃避战乱，分迁至粤中及滨海地区，乃至川、桂、湘及台湾，还有一小部分迁至贵州南部及四川会理。洪秀全的太祖洪三公就是在这一时期由广东梅县迁往花县（今广州市花都区）的。

日本大阪大学教授片山刚通过对清初广东省内童试"转籍"的研究，总结出清初客家人在广东省内的迁徙有两种：一是在顺治年间由粤东迁往东莞，再在康熙年间迁往广州府，原因是军垦；二是从雍正年间到乾隆早期，大量的客家人迁往广州府和肇庆府，这是粤东地区人口增长、人地矛盾激化引发的，也是 19 世纪中叶广府人和客家人发生长达 13 年，死亡数十万人的土客械斗的前因。这些客家人中相当一部分是经商的，他们通过结交当地乡绅、开办书院或者资助其他公益事业，取得当地"民籍"，让子弟参加科举。清政府还专门在当地的图甲以外设立客家人的"畸岭图"。"这里所说的畸岭图与既设的土著民的图不同，它是为了便于向客民征收税粮而新设的图……直到 19 世纪中叶械斗期为止，客家人移民之所以没有同化、融合于原住民广府人的民系，而是一直保持着自己的特征这一事实，与这样的制度结构有很大关系。"② 孙中山、潘达微等的先祖应该也是这样落籍广府的。

明末清初，频繁的战事导致四川、江西等地人口锐减、田园荒芜。平定三藩之乱后，清政府下令地方官召集流徙之民迁移至四川以充实当地，

---

① 叶春生. 广东民俗的嬗变与认同 [J]. 岭南文史，1999：37 – 42.
② ［日］片山刚. 清代民间社会和中央及地方政府：以广东省为主 [M] //叶显恩、卞恩才. 中国传统社会经济与现代化：从不同的角度探索中国传统社会的底蕴及其与现代化的关系. 广州：广东人民出版社，2001：486 – 495.

这就是历史上的"湖广填四川"。朱德、郭沫若的祖上就是这一时期由广东、福建迁去四川的。江西人口从万历六年（1578 年）的 585 万余人减少到康熙初年的不足 200 万人。1684 年，时任两江总督的王新命在《请除荒疏》中奏陈：江西"自遭诸逆变叛，人民死徙，田土荒芜，伤残蹂躏之状，荡析衍离之惨，什倍他省……容臣等严督各属广行招徕，随垦随征"。（康熙《西江志》卷一七四）"大致上说，遭兵燹最惨重的地方，招垦便有成效，因而迁入的客籍人最多……迁入江西境内的闽广客籍人、棚民数量很大，其过程延续很长，明后期之后是低落阶段，清朝顺、康、雍、乾时代，又起高潮。"① 江西人口从顺治十八年（1661 年）的 194 万增加到咸丰元年（1851 年）的 2451 万，增加了 11.6 倍。兴国县，"国初兵燹，土旷人稀，流遗争集，闽广之侨户，自为党类，势逐张"（乾隆《赣州府志》卷二《风土》）。顺治十一年（1654 年），兴国县人口仅 7575 人，康熙十五年（1676年），兴国知县黄惟桂言："兴邑地处山陬，民多固陋，兼有闽广流氓侨居境内，客家异籍，礼仪罔闻。"（康熙《潋水志林·国朝申文》）这是赣南地方文献中最早出现"客家"称呼。到同治八年（1869 年），兴国县人口增加到 156369 人，增长了 20.5 倍。到 1820 年，赣州山区客聚地人口密度达到每平方公里 110.22 人，接近赣中平原地区人口密度。陈寅恪先生的先祖陈文光就是康熙五十五年（1761 年）由福建上杭迁往江西宁州（今修水县）的。

　　桂东、湘西也是清初广东客家人迁徙的重要地区。清朝前期，广西人口迅速增加，人均耕地面积由康熙二十四年（1685 年）的 40.88 亩下降到嘉庆十七年（1812 年）的 1.62 亩，客家人迁入是主要原因。"广西的几条河谷地带是广东东部客家在 18 世纪移居的地方，这里土地的竞争也很激烈。在多山的湖南西部，外来移民在 1795 年与当地的苗族爆发了严重的冲突。"② 太平天国的早期客家籍将领就是这些移民的后裔。罗尔纲在《亨丁顿论客家人与太平天国事考释》一文中指出：天王洪秀全以下六人的起义诸王领导集团中有五人是客家人。杨秀清祖籍广东嘉应州（今梅州市），是"移居广西后的第四代"；冯云山祖籍广东龙川县石灰窑村；石达开祖籍广东和平县，"于乾隆五十年（1783 年）左右移居广西贵县北山里那帮村落居

　　① 许怀林. 江西史稿［M］. 南昌：江西高校出版社，1993：562 - 565.
　　② ［美］琼斯，库恩. 清王朝的衰落与叛乱的根源［M］//［美］费正清，刘广京. 剑桥中国晚清史（1800—1911 年）：上卷. 中国社会科学院历史研究所编译室，译. 北京：中国社会科学出版社，1985：102.

创业";陈玉成祖籍广东翁源县,康熙年间迁往广西。① 历史学家萧一山指出:"粤东来佃种之客家人,大概多在桂平紫荆山一带,亦有在该县平隘山作烧炭工人者……贫农、炭工、矿工三种,为当时来人之职业,冯云山初至传教,即以此三种人为对象,而后成为太平天国之基本部队。"②

从康熙二十年(1681 年)到咸丰初年,170 多年间,中国的总人口增加了 3.1 亿,其中仅东南八省就增加了 1.8 亿,比全国的一半还要多。以四川一省为例,从 1685 年到 1851 年的 160 年间,移民及其后裔为这一地区增加了 2220 万的人口。"明代以降,广东人口日渐稠密,其生态压力也随之不断增加。"③ 嘉庆二十五年(1820 年),广东全省耕地面积为 34300709 亩,人均耕地不到 1.6 亩。包括梅县、蕉岭、大埔、平远、兴宁等客聚地在内的潮州府每平方公里 151.45 人,远高于全国的人口密度。④ 要知道,当时湖南省的人口密度才每平方公里 89.31 人。

客聚地大都在山区,生态脆弱,人口繁衍迅速,因此客家人只有通过迁徙减轻生存压力。迁徙有两种途径,一是投亲靠友,继续迁往四川、广西等内地山区;二是渡海到台湾、香港或继续南下到东南亚,这是一条商业与垦殖的道路。罗芳伯、梁采臣等就是这一时期由广东梅县迁往印度尼西亚的。"清政府为了防止台湾再次成为反抗的据点,一度严禁大陆移民迁入,但福建、广东沿海人民出于生存压力,仍然不顾艰险偷渡台湾海峡,迫使清朝几次解禁,并在乾隆二十五年(1760 年)最终开放移民。到嘉庆十六年(1811 年),岛上的大陆移民及其后裔已近 200 万。"⑤ 著名女作家林海音说自己是迁台第七代,其祖上是乾隆末年从广东蕉岭迁往台湾苗栗的;另一位著名作家钟理和的祖上也是这一时期从广东梅县迁往台湾屏东的,他是迁台第六代。

(五)十九世纪中后期,第五次大迁徙

受广东西路事件及太平天国运动的影响,客家人分迁到广东南部、海南岛以及台湾、香港、澳门或是出国下南洋,甚至远赴欧美国家。"19 世纪后半期,成群的客家人从广州三角洲迁到人烟稀少的广东西部,尤其是

① 罗尔纲. 亨丁顿论客家人与太平天国事考释 [M]//罗尔纲. 太平天国史丛考甲集. 北京:生活·读书·新知三联书店,1981:173 – 178.

② 萧一山. 清代通史:第三册 [M]. 北京:中华书局,1986:4,45.

③ [加]卜正民. 挣扎的帝国:元与明 [M]. 潘玮琳,译. 北京:中信出版社,2016:126.

④ 梁方仲. 中国历代户口、田地、田赋统计 [M]. 上海:上海人民出版社,1980:408,278.

⑤ 葛剑雄. 看得见的沧桑 [M]. 上海:上海教育出版社,1998:224.

雷州半岛和海南岛……多数海外移民还是广东人和福建人；在 1840 年以后，他们遍布东南亚、太平洋沿岸地区、古巴和印度洋诸岛，并且远及南非。很难得出海外移民的准确数字，因为其中许多移民只是临时性的。估计侨居国外的中国人在 1876 年约有二三百万，在 1908 年约有八九百万，大部分在东南亚。"① 胡文虎之父胡子钦就是这一时期由福建永定迁往缅甸仰光的。

葛剑雄说："19 世纪 70 年代，面对日本帝国主义的侵略野心和步步紧逼，清朝进一步鼓励大陆人民迁台。光绪十年（1884 年）刘铭传出任台湾巡抚后，又大力组织移民赴台垦殖。到光绪十三年（1887 年）台湾建省时，大陆移民及后裔已达 320 万。他们主要来自福建和广东，绝大多数是闽南人和客家人。"②

客家族群认同的首要标志是客家话。罗香林说："宋明人著述，颇言汀、虔、南、韶居民语言近于汉音而与南方其他汉人及土著不相符合……可知是时华南诸省汉人各自演化，而客家方言相形下乃成独立系统……客家一系以僻处丘陵地带，外缘较少，其语言变化尚不若潮语、广州语等之剧烈。鄙意欲定客家界说，自时间言之，当以赵宋一代为起点。"③ 也就是说，他认为客家话形成于第二次迁徙。而周振鹤虽然认为客家话是客家人认同的核心，但对罗香林的"五次迁徙"形成客家话的观点存有异议。他说："如果我们替罗先生设想，他是以客方言的共同性为出发点的，那么这在事实上是不可能的。因为，东晋南朝时期迁移到江西地区的北方侨民很少，他们当时带来的北方方言必然要被当地数量上占优势的原住民所同化、所消融，而不可能保持永远不变，等到四五百年后再迭加上去第二期，即黄巢起义所引起的北方移民方言的影响。""客家方言的源头必须由一次决定性的移民运动所产生，绝不可能是历次移民运动简单地迭加而成。"④ 对于周振鹤所质疑的几点，其实罗香林在《客家研究导论》的"客家的语言"篇已阐述过。徐旭曾在《丰湖杂记》中说："客人语言，虽与内地各行省小有不同，而其读书之音则甚正。故初离乡井，行经内地，随处都可相通。惟与土人风俗语言，至今仍未能强而同之。西起大庚，东至闽汀，纵横蜿蜒，山之南、山之北皆属之。即今之福建汀州各属，江西之南安、赣州、

① ［法］巴斯蒂－布律吉埃. 社会变化的潮流［M］//［美］费正清，刘广京. 剑桥中国晚清史（1800—1911 年）：下卷. 中国社会科学院历史研究所编译室，译. 北京：中国社会科学出版社，1985：571.

② 葛剑雄. 看得见的沧桑［M］. 上海：上海教育出版社，1998：224－225.

③ 罗香林. 客家研究导论（外一种：客家源流考）［M］. 广州：广东人民出版社，2018：274.

④ 周振鹤. 客家源流异说［J］. 学术月刊，1996（3）：16－24.

宁都各属，广东之南雄、韶州、连州、惠州、嘉应各属，及潮州之大埔、丰顺，广州之龙门各属是也。嘉应宋芷湾检讨，曲江周慎轩学博，尝为余书：嘉应、汀州、韶州之客人，尚有自东晋后迁来者，但为数不多也。"日本著名语言学家桥本万太郎 1972 年出版《客家方言基础语汇集》一书，书中言："客家方言的使用分布广泛，尽管存在地域性的差别，但客家方言的特征都表现出很强的均质性。因此客家方言不是地域性的方言群，而是作为'ethnic dialect'构成的。"① 从桥本书中说明可以看出，他认同罗香林的迁徙理论。日本著名汉学家中川学质疑罗香林的客家北方起源说，反对"客家至上主义"。他通过对华南鼻咽癌发病机理的研究，推论出客家人基因偏向于南方族系。② 也有专家从遗传学方面研究，结果是客家人只有20%的中原汉族血统。但笔者需要说明一下，中国传统一向是父系传承，母系血统相对复杂，客家人在迁徙过程中与当地土著通婚是很正常的，客家概念的核心是文化传承。正如罗香林所言："所谓华人，根本上就没有'纯粹'的血统可言。……至于客家，虽与外族比较少点混化，然此亦只是少点而已，到底与'纯粹'有别。"③

陈达认可客家人五次迁徙的观点，他说"客（家）人的迁移自永嘉五年（311）至同治（1862—1874）凡五次。以现势论，客人的地理分布，以嘉应五属（梅县、兴宁、五华、蕉岭、大埔）为最多，但散布于赣南（寻邬、信丰、大庾）、闽南（宁化、长汀、上杭）、湘南（汝城、郴县）、粤南（赤溪、开平、中山）、桂东（郁林、博白、北流）及蜀东（涪陵、巴东）各处。"④ 目前中国南部各省区及东南亚主要国家都有客家人，尤以粤东（梅州、河源、惠州）、闽南闽西（龙岩、漳州、三明等）、赣南（赣州）最为集中。广西东部、江西吉安、四川东部有相对集中的分布。客家人在迁徙中将中原文化和先进的经济社会组织方式带到南中国边远山区及东南亚各国，为当地的发展做出重要贡献。客家人是广东三大民系之一。梅州号称"世界客都"，是客家人的核心聚居地，下辖梅江、梅县、兴宁、平远、蕉岭、五华、丰顺、大埔 8 个县（区、市）。本书的例证以梅州地区为主。

罗威廉这样评述客家人："客家也许是最后一波南迁移民的后代，经过

① ［日］桥本万太郎. 客家语基础语汇集［M］. 东京：东京外国语大学アジア・アフリカ言语文化研究所，1973：410.

② ［日］中川学. 华南の上咽头癌と客家母系の关系［N］. 朝日新闻（夕刊），1974-06-15（a）.

③ 罗香林. 客家研究导论（外一种：客家源流考）［M］. 广州：广东人民出版社，2018：70-72.

④ 陈达. 南洋华侨与闽粤社会［M］. 北京：商务印书馆，2011：21.

数世纪的通婚及孤立于外的生活，逐渐发展出基于方言、饮食、如女性不缠足的社会风俗等可分辨的外在特征与文化认同"；"客家移民从刚开始以广东梅县为中心，扩散到东南包括台湾在内的高地，而最新致富的客家人开始取得科举功名，进入帝国的文化精英阶层。虽然这群人数世纪以来就在那里了，但似乎只有到了 18 世纪'客家'这个标签才开始广泛推行，而 19 世纪早期在新的客家士人领导之下，从散布各方的客家人中形成一种超越的、自豪的文化认同。客家族群在政治上开始主动积极，最后在太平天国起义与 1911 年的辛亥革命中扮演了核心角色。"①

二、客家人悠久的商业传统

罗香林认为，客家人家庭是"复式组合"，即一个大家族内往往兼营农、工、商、学、仕、兵种种不同的业务。"耕植的工作大体由妇女或一二居家力练的男子任之。农隙无事，则在家从事普通工业，如织布、制扇或其他手艺，农和工简直分不开。二三比较精利的男子，则往于所居县邑或国内各地或南洋群岛经营工商各业。就是资本短绌，没一定商店，也必辗转负贩，奔走谋生。"他认为客家人向外移民或经商往往依两条途径，一是沿河流向外扩展，二是泛海出洋。"客家商人以番客为要角，而番客大营则多在南洋群岛。"②

（一）粤闽赣客聚地区

客家人虽然以儒家正统自居，崇文重教，但不蔑商。这是生存环境决定的。因为在迁徙的过程中，适宜于耕作的平原地带已由原居民开发拥有，客家人只能选择偏僻的山区。山区土地资源有限而且贫瘠，随着族群的繁衍，人口越来越多，脆弱的农业经济不能支撑他们的生存与发展，经商成为客家人谋生发展的重要途径。张宏杰认为，闽西一带客家人修建的巨大土楼，由上百间房组成，可以容纳数百人，向心而居，中间立有祠堂。住在一座楼中的人都有着同一位祖先，五世、六世同楼，数百人有地同耕、有饭同吃，一个土楼家族往往拥有上千亩土地，可如果把土楼里的人的生

---

① ［美］罗威廉. 最后的中华帝国：大清 ［M］. 李仁渊，卓越，译. 北京：中信出版社，2016：92－93.

② 罗香林. 客家研究导论（外一种：客家源流考）［M］. 广州：广东人民出版社，2018：190－221.

活水平大体平均,他们就又都成了贫农。① 乾隆《广州府志》载:"粤东多商,粤西多农,帛布菽粟两相便也。"粤赣山区流行的客家山歌《揩担歌》抒发了商路的艰难:"揩担郎子好可怜,一步有得一步前;揩得重来人又苦,揩得轻来又冇钱。揩担铁沙一百三,磨烂肩头磨烂衫;磨烂衫衣有钱买,磨烂肩头妹心酸。揩担郎子好苦情,燥一身来湿一身;上上下下汗酸气,自家闻到都头晕。揩担郎子好吃亏,扁担上肩落了威;头拿勾勾颈茎痛,清早出门夜晡归。揩担寻食嘿蛮苦,养了赖子冇书读;子子孙孙都揩担,让般我格命甘苦。揩担郎子要争气,寻到银子做生意;勤俭刻苦立家业,一世揩担有出息。"古典小说《金瓶梅》中说:大热天,有三种人怕热,有三种人不怕热。怕热的三种人是农夫、小商人和边关兵卒,不怕热的三种人是王公贵族、有钱人、和尚道士。

另外,从区位传统来讲,粤闽赣地区的商业一直比较发达。广东由于拥有中外贸易大港广州港,一直是海贸的前沿地带,商业是岭南的传统主业之一;福建的泉州港在宋元时号称"天下货舱",海贸繁盛一时;江西的赣州,更是宋元明南北贸易的中转站。《宋史·食货志·漕运》载:"广南金银、香药、犀象、百货,陆运至虔州,而后水运。"赣州,宋时名虔州,当时两广、云贵的商品都经由赣州北上。受此影响,粤闽赣客家聚落圈有着悠久的商业传统。据《明史》记载,赣州在正德二年(1507年)改行广东盐,粤赣间的盐道有超过500年的历史,可以称之为客家人的"茶马古道"。中山大学历史学系教授黄国信在《区与界:清代湘粤赣界邻地区食盐专卖研究》中考证:"筠门岭通嘉应和潮州,从赣州溯贡水而上至湘水,到达筠门镇后,或换小船至罗塘再挑越筠门岭,或直接挑越筠门岭,抵达镇平县新铺,然后船运通过石窟河经梅溪至嘉应州。"挑盐担,是客家人(包括妇女)悠久的商业传统。

1. 赣南

集市的数量是一个地方商业发达的主要标志。加拿大著名汉学家布鲁克认为,明代商业经济成长的可靠标志是集市的成长,但在明初,每个县只有二三个市场,有些位于内地的县治地直到15世纪才有定期市场。② 而据明代江西府县志记载,正德到隆庆年间,江西7府共有乡镇墟市402个,其中客聚地赣州府最多,有192个,下辖的赣县、兴国、信丰、宁都等县,

---

① 张宏杰. 中国国民性演变史 [M]. 长沙:岳麓书社,2020:197-180.

② [加]布鲁克. 交通信用和商业 [M] // [美]牟复礼,[英]崔瑞德. 剑桥中国明代史(1368—1644年):下卷. 杨品泉,等,译. 北京:中国社会科学出版社:651.

嘉靖年间（1522—1566 年）一度均有超过 40 个墟市。① 同期，长江下游集市贸易相当发达的几个县域，如浙江嘉定集市数从 1520 年的 6 个增至 1600 年前后的 17 个，嘉兴则从 1530 年的 7 个增至 1600 前后的 28 个。② 根据施坚雅的估计，在 20 世纪初，中国的集市总数约有 63000 个，平均每个县不到 30 个，而在 500 年前，赣南客家地区县域集市数量远超过这个水平。赣南各县的造纸业、纺织业在明末清初十分兴旺，造纸业"市之者众，有转贩至他省郡"，仅崇义县在乾隆至道光年间就有纸棚 700 多个；纺织品以夏布最为出名，形成以夏布贸易的专业市场——夏布墟。美国历史学家费维恺说，19 世纪中国全部贸易的大部分，可能 3/4 是由小规模的地方贸易组成的。在上海开埠以前，赣南地区南连广州，西接湘江流域，东通宁波、福州、厦门，是国内茶叶、丝绸贸易的主干道，是当时三大贸易主线路之一。③ 当时，粤闽赣交界的贡江、汀江、琴江、东江、韩江、梅江等形成的山间小道，就是客家人的商路，他们翻山越岭，挑盐担、贩米粮、运布帛、卖工艺，赶集走墟，川流不息，构成一个田园牧歌式的乡村商圈，支撑了千万人的生计与发展。据 1998 年的人口统计和实地调查，会昌县筠门岭镇中 80% 的人口是清末广东梅州商人的后裔。

赣南冶金业也很发达，产品远销海内外。毛泽东在《寻乌调查》中说：于都县"共有铁工一万三千左右，他们打铁在江西，而且打到福建、广东，打到南洋去的也有"④。

第五批全国重点文物保护单位——江西省龙南市燕翼围是清初"客商"赖上拔家族建的。赖上拔早年同其父从广东贩盐、绸缎到内地经销，逐渐发达起来。燕翼围自顺治七年（1650 年）开始修建，费时 27 年完工。占地面积 1367.58 平方米，共有 136 间房，外墙下部为花岗条石、上部为青砖，布局上结构严谨，具有很强的防御能力。道光年间，赣州知府周玉涵为燕翼围题写了围名。如此宏大的居住建筑和防护设施，足见当时"客商"家族的经济实力和社会影响。

2012 年被列入世界文化遗产申报后备名单的赣南围屋以龙南市关西新围（见图 2-1）为代表，关西新围是乾隆年间"客商"徐名均所建。自嘉

① 许怀林. 江西史稿 [M]. 南昌：江西高校出版社，1992：550.

② ［美］海德拉. 明代中国农村的社会经济发展 [M] // ［英］崔瑞德，［美］牟复礼. 剑桥中国明代史（1368—1644 年）：下卷. 杨品泉，等，译. 北京：中国社会科学出版社，1992：487.

③ ［美］费维恺. 1870—1911 年晚清帝国的经济趋向 [M] // ［美］费正清，刘广京. 剑桥中国晚清史（1800—1911 年）：下卷. 中国社会科学院历史研究所编译室，译. 北京：中国社会科学出版社，1985：41-43.

④ 毛泽东. 毛泽东农村调查文集 [M]. 北京：人民出版社，1982：91.

庆三年（1798 年）开建，历时 30 年建成。占地总面积 7426 平方米，长宽均为 88 米，围墙高约 9 米，墙厚 2 米，围屋四角各建有一座 15 米高的炮楼。围内整体结构呈一个巨大的"回"字形，核心建筑是中间的"口"字形部位，套建一栋 5 列 14 天井共 124 间的主房。整栋围屋以廊、墙、甬道联通或屏隔，朴素实用，集住宅、祠堂、城堡、书院于一体。徐家先祖从万安迁到泰和，再辗转迁入龙南。徐名均的姐姐嫁给了燕翼围的赖世樟，因此徐名均受赖家资助，开"西昌"商号做木头行商生意，穿行于赣江和长江下游之间，渐富，后又开药铺、当铺，经过 20 年的努力，富甲一方。这栋屋子不仅说明了当时"客商"具有的经济实力和文化实力，而且证明了他们之间因亲缘而形成的商业网络。

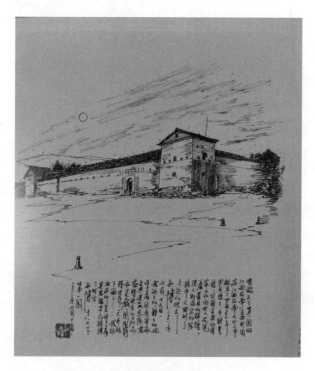

图 2-1　关西新围远观（曹知博素描）

中学语文课本中有一篇鲁迅的《纪念刘和珍君》，刘和珍的丈夫方其道的祖屋在江西定南县。方家先祖元末自福建上杭迁至江西信丰后再迁至定南，其家几代经商，到清朝乾隆年间（1736—1796 年），已是远近闻名的富商。方日辉于乾隆五十一年（1786 年）建屋，因屋形肖似出山猛虎，被称为"虎形屋"（见图 2-2）。

图2－2　定南县虎形屋外观及正门（作者摄）

2. 粤东、粤西、粤北

南北朝后期到唐末，粤东水车窑闻名遐迩，其青瓷是当时海上丝绸之路的重要商品。《全唐文》记载，唐德宗时期，有波斯、古暹本国的大型船舶从海上顺风到达潮州进行青瓷贸易。1980 年，泰国北部清迈地区发现荷叶式四瓣口青瓷大碗，海南省陵水县的海滩上也发现成捆的同类青瓷大碗。经考证，都是唐代粤东水车窑的产品。

南宋咸淳七年（1271 年），出身于阿拉伯巨商之家的蒲寿宬（蒲寿庚之兄）任梅州知州。此人"厌铜臭而慕瓢饮"，7 年间，为官清正，颇得民心。曾建亭保护水井，解决民众吃水问题，进士杨圭诗赞："曾氏井泉千古冽，蒲侯心地一般清。"明初，梅城富商叶文保捐巨资协助官府修复梅州城墙，因一半以上工程费用为其所出，所以叶文保又被人们称为"叶半城"。后人为纪念他，将北门一条街命名为"文保路"。《嘉应州志》载：洪武十四年（1381 年），县吏陈伏纠合海阳、三饶贼首饶海隆攻县并为内应，城陷，文保驰告府卫平之。二十年，安远贼周三协、程文名为党，寇邑城，军官征剿，县官遣文保领民兵前导，多掠获功。民有被贼掳或被军掠者，文保必为辨释禁止。由此可见当时客聚地中心梅州商业势力的强大，其背后是以繁荣的商业贸易作为支撑。

明清时期，梅州客家地区的矿冶业和棉纺织业等发展迅速。据史料记载，当时客家人集中居住的梅县（旧称程乡）、大埔、兴宁、五华（旧称长乐）、平远、蕉岭（旧称镇平）以及惠州的惠阳（旧称归善）等县已有 20 多个铁矿，仅大埔县就有 7 个。据光绪《嘉应州志》载，雍正十一年（1733 年），嘉应州有炼铁炉 5 座，乾隆年间，发展到 6 座。"本州岛额溢铁炉六座。商人卜绍基，在松口堡潭头角承开复兴炉一座；商人王长兴伙李世业，在松源堡分煽葵坑宝坑承开玉浆炉一座；商人李鸿逵，在磜下堡承开员潭炉一座；商人张际盛，在瑶上堡承开广兴炉一座；又溢炉商李鸿纶，在石坑堡螺子塘承开永源一座；商人黄鼎丰，在四都堡承开金坑炉一座，递年各认纳银五十两。"① 另外，丰顺、大埔、五华、梅县等地有铜矿开采，大埔、丰顺有锡矿，大埔、蕉岭县、梅县有铅矿，蕉岭、兴宁有煤矿。《清代钞档》载：大埔县商人李裕昌于乾隆二十七年（1762 年）承采禾坪铅山冶炼铅矿，一年间共获矿砂 7527 斤；丰顺县商人谭陈盛、蕉岭县商人张振盛，乾隆四十三年（1778 年）共煎炼出铅 12668.11 斤。矿冶业的兴盛培养了一大批技术人员，这些人成为以后南洋矿产开发的技术骨干。无烟煤开采是梅江两岸客家人的传统产业，这些煤用船运到松口，然后转潮汕地区售卖。②

梅县、兴宁、平远的丝棉麻纺织业久有盛名，其中兴宁是清末同广州、佛山并列的广东棉布纺织业三大中心之一。在最兴盛的年代，兴宁的纺织布女工人达 10 万之多，年产量约 5 万匹，所产的土布运销江西、福建直至东北三省等地。③ 还有，五华、兴宁、连平的造纸业，龙岩、嘉应州的制烟业以及大埔陶瓷业也十分有名。温廷敬等修的《大埔县志·人群志》称："土田少，人竞经商于吴、于越、于荆、于闽、于豫章，各称资本多寡以争锱铢利益，至长治甲民名为贩川生者，则足迹几遍天下矣。"民国《潮州志》载："（大埔）高陂瓷……仅追踪于江西省景德镇。"其产品远销东南亚，因此大埔号称"南国瓷乡"。汕头开埠以后，大埔瓷器更是一直居于大宗商品出口的前列。

广东兴宁以出版《广东省兴宁市罗家推算通书》（简称《罗家通书》）而闻名清代雕版印刷界。罗庆辉，广东兴宁人，读了几年私塾后到河南信阳做生意。遇到一位懂历法的人，罗被其收为弟子，学习历法。罗潜心学习，3 年后经人推荐入钦天监，通览各种天文历学。康熙三十八年（1699 年）告病还乡，教授儿子。康熙五十八年（1719 年）罗氏父子开始编纂《罗家通书》，经过 4 年潜心研究，《罗家通书》于雍正二年（1724 年）成书并雕版印刷销售；该书包括月辰、头由、山课、嫁娶等，有诀言、分述、实例等，内容丰富。对节气、时日的推精确对农产品生产有重要的指导意义，因此颇受欢迎。雍正五年（1727 年），兴宁知县将其呈钦天监审阅。钦天监认为此书以尧典历学节气为基础，融合了《协纪宪书法则》《协记辩方书》《创书诀言》等官方资料，并结合华南地区实际情况，推

---

① 彭泽益. 中国近代手工业史资料：第 1 卷 [G]. 北京：中华书局，1984：311 –312.
② 陈达. 南洋华侨与闽粤社会 [M]. 北京：商务印书馆，2011：19 –20.
③ 彭泽益. 中国近代手工业史资料：第 3 卷 [G]. 北京：中华书局，1984：462 –463.

算节气精确，解决了皇家历书每年迟运南方贻误农时的问题。因此上奏皇帝恩请刊行。雍正七年（1729 年）皇帝恩准《罗家通书》作为民书颁行社会。罗氏父子遂在兴宁城设行刊印发行此书。随后其儿孙设立分行，有"万兴堂""崇道堂""集福堂""广善堂""天宝堂"和"九星堂"6 个堂号，清末增加到 15 个堂号，300 多年间在中国历书界影响颇大。

明清时期，梅县松口是著名的商埠码头，舟楫往来、商贾云集，号称"自古松口不认州"。客家山歌从这里传到四方。民国时期，祖籍此处的海外华侨写信回家，收信地址写"中国松口"，信件就可达。清末民初，松口等地生产的冥纸是出口南洋的重要商品，年出口量约 30594 公担，值国币1354691 元。① 闽粤交界的梅县松源"松源圩"是远近闻名的农贸交易中心和物流中心。粤东的兴宁，在民国时期一直有"小南京"之称，以至于南方民间流行"无客不成圩"之说。

嘉庆十一年（1806 年），潮州府海阳（今潮州市潮安区）、澄海（今汕头市澄海区）两县的"潮商"在兴宁建"两海会馆"，俗称为潮州会馆，占地 1700 多平方米，是一座潮派风格的建筑。道光十年（1830 年）重修。据 1920 年大修时罗蔼其撰写的《重修两海会馆记》："兴宁于岭东为邑，蕞然僻且小，无长江大河为之交通也。然西北行百余里达于江右，东南流二百余里而注于韩江，西北陆产委输东南，东南水产转运西北，而皆以兴宁为中枢。当海未南通，潮人之之广州者，其道尝出此，故商务倍形发达…… 遐想其时，躬阛宅阓者，潮称极盛，金钱之流滞，市价之涨落，咸凛凛潮商之命是听，以故潮人执商界牛耳者，凡数十年。今虽情随事迁，而吾宁以布为大宗，业此者无不仰给于潮商，则其力之大，犹足挟之而趋也。"这就是说，在汕头开埠以前，潮汕与广府的贸易经过兴宁中转，兴宁是"潮帮"在本省贸易的"桥头堡"，而且当时潮帮和"客商"并没有明确的经营分界。

粤西郁南县连滩镇有一座被称为"清朝古堡"的方形客家围屋"光二大屋"（见图 2 - 3），集宫院格调、岭南风情和客家建筑布局于一体，以其独特的防火、防洪和防盗功能为建筑界所推崇。"光二大屋"占地约 10 亩，房 136 间，屋顶最高处约 20 米。外围是 1 米厚的围墙，最高处 13 米。始建于嘉庆十五年（1810 年），历时 10 年建成。是"客商"邱员清及其儿子所建。原名"光仪大屋"，因邱员清在兄弟中排行第二，秃顶，故人们称该屋为"光二大屋"。邱员清早年以卖豆腐为生，后经商致富。

---

① 陈达. 南洋华侨与南粤社会［M］. 北京：商务印书馆，2011：33.

图 2 - 3　郁南县"光二大屋"（作者摄）

3. 闽西、闽南

南宋绍定五年（1232 年），福建汀州到广东潮州的汀江航运开通，闽粤赣边境贸易蓬勃发展。宋郑强《移创州学记》说："汀在（闽）西南境，介于虔（赣）梅之间，铜盐之间道所在。"

但闽西南客家聚居区的商贸繁荣实际上始于明末清初。明代何乔远编撰的《闽书》称："汀州府士知读书进取，民安稼墙，少营商贾。"同时代的王世懋在《闽部疏》中说："闽西诸郡人，皆食山为足。为举子业，不求甚工。"但到明末，由于人口大幅度增长，山区产粮已经不能自给。如长汀县"惟米食仰给予江右之赣宁，而（上）杭、永（定）及潮往资贩籴于郡"；连城县"岁收不敷民食"。经商成为改变穷窘生存处境的必然选择。清初，汀州城成为东南粮食贸易的中转中心，呈现万商云集、"十万人家溪两岸"的繁荣景象。乾隆《连城县志》载："行货商，居货贾，熙来攘往，天下胥然，连之民岂能株守一隅哉？从乡生计，虽逊从前，然纸贩木商，浮梁买茶者犹是，游武夷，入百粤，而赣旅尤多。"外出经商赚钱是购买粮食的资本。《龙岩县志》云："本邑行商几遍全国，清乾嘉以来，凡商于大河南北者，均有会馆之建筑与设备。"《长汀县志》云：清末民初，"周围数百里范围内的商品粮，每日肩挑车载，源源不断输入汀城，粮食日贸易量约 10 万公斤"，"五分之四以木篷船运往上杭、峰市，再转运至广东的潮州、汕头销售。日均运粮 50 只船左右，全年出口大米 140 万公斤，大豆约150 万公斤，小麦、杂粮约 60 万公斤"。

闽西"客商"以山区土特产品及林木资源为贸易重点，并经营与之相关的手工业品，如纸、书籍、茶叶等，还有烟草、蓝靛，尤以纸业最为有名，嘉庆年间杨澜《临汀汇考》云："汀地货物惟纸行四方。"闽西各县均产纸，"长邑有官边，花笺，麦子，黄独等名。连邑纸有连史，官边，贡川，花胚最为精细，文纬用之"；"将乐义丰杨家山所造之京纸，薄而韧，经久不蛀，湖广江右行之"。康熙五十七年（1718年），上杭经营纸业的"客商"在苏州建汀州会馆。上杭商人也一度控制全国的靛业贸易，乾隆《上杭县志》云："本邑之种蓝者其利犹少，杭人往南浙作靛，获利难以枚数。此乾隆初年事也。故江西、浙江、广东及上海、佛山、汉口等处，于省郡总会馆外皆有上杭分馆，当时商业发达可知。"汀州"客商"雍正四年（1726年）在嘉兴乍浦建鄞江会馆，俗称靛青会馆。同治年间，汀州"客商"联合各地同业建立靛业公所。① 闽西烟草在清中期名闻天下，"福烟独著天下，而汀烟以上杭，永定为盛"。道光《永定县志》载："乾隆四十年以后生齿日繁，产烟亦渐多，少壮贸易他省，或间一岁，或三五岁一回里，或寄旅成室成家，永民之财多积于贸易。"龙岩烟商也在北京创建龙岩会馆。《永定县志》载："商之远贩吴楚滇粤，不管寄旅，金丰，丰田，太平之民渡海入诸番，如游门庭。"上杭"客商"更是纵横天下，民国《上杭县志》言："江西、浙江、广东及上海、佛山、汉口等处于省郡会馆外，皆有上杭会馆。"明代地域商人在江南建立的会馆仅有5所，全部是福建或广东商人建立的。② 这些福建商人就是闽西"客商"。

　　闽西"客商"为了保守市场秘密，维护本地利益，创造了在生意场上本地人相互使用的暗语，称为"市语"。这些暗语包括商品的品种和数量两类，商品品种以米、谷、油、肉、盐、鸡鸭等为主，数量的暗语则以从1到9为主。在闽西客家市场，由于各县方言的差异，汀、杭、武、永、连各地暗语不尽相同。即使在同一县域内，城里集市与乡村集市的暗语也有区别。

　　福建连城四堡的雕版印刷业在清朝名闻天下，与北京、武汉、江西许湾并称为中国四大雕版印刷基地。鼎盛时期"刷就发贩几半天下"，"垄断江南，营销全国"。《临汀汇考》记："四堡乡皆以书籍为业，家有藏板，岁一刷印，贩行远近，虽未及建安之盛行，而经生应用典典籍以及课艺应试之文，一一皆备。"据《范阳邹氏族谱》载：明末邹保初"贸易于广东兴宁县，颇获利，遂娶妻育子。因居其地，刊刻经书出售。至康熙二年辛酉，方搬回本里，置宅买田，并抚养诸侄，仍卖治生。闽汀四堡书坊，实公所创也"③。清代中期是该乡刻书最盛的时期，四堡乡的族谱记载："吾乡乾嘉

　　① 范金民. 明清时期江南与福建广东的经济联系［J］. 福建师范大学学报（哲学社会科学版），2004（1）：12－21.
　　② 范金民. 明清时期江南与福建广东的经济联系［J］. 福建师范大学学报（哲学社会科学版），2004（1）：12－21.
　　③ 陈日弟. 浅谈闽西四堡坊刻［J］. 福建图书馆理论与实践，2003（2）：65.

时，书业甚盛，致富累相望"；"广镌古今遗编，布诸海内，锱铢所积，饶若素封"。

客家人长期在山陵间拓荒垦殖，很早就懂得了探矿采矿。宋代汀州的矿业极为发达，据日本学者蔡驎的研究，当时矿场以大规模的官营或半官营为主，具有高度组织性，活动范围遍布整个汀州区域，促进了当地人口增加以及客家人同当地山民的深度融合，促成了客家话的产生与形成。① 以后福建帮、客家帮的南洋矿业开发，其实就是闽粤客属地区矿业的拓展。

闽西南大规模土楼群的出现，基本上是客家人外出经商资本积累的结果。

（二）国内其他地区

早期客籍商人的活动范围以五岭地区及四川、湖北、湖南、江西、广西、江淮最为集中，经营规模不大，以行商为主，经商所到之处，可能就是迁徙选择之地。他们秉承"筚路蓝缕，以启山林"的传统，经商有些积蓄后，便垦荒定居，耕读传家。由于专门史料欠缺，我们只能从客籍名人族谱或自述中了解客籍商人在国内其他地区的经商情况。

朱德的祖先原居广东韶关附近的客家村落。在清初"湖广填四川"的移民高潮中，其先祖于康熙三十九年（1700 年）左右，由韶关迁徙到川北的广安、营山一带，靠走街串乡、经营小杂货生意维持生活。直到雍正年间（1723—1735 年），朱氏入川的第三代朱文先才携妻带子，迁居四川仪陇县的马鞍场，从此族人定居该地，以农为生。朱德父亲朱世林的墓志碑上刻有："朱氏籍起粤东，分支蜀北。自先世文先公移居兹土，世代业农，数传而至于公。"②

郭沫若祖籍福建宁化县石壁乡龙上里，其先人于乾隆年间（1736—1796 年）迁居四川乐山。郭沫若在《先考膏如府君行述》中写道："吾家原籍福建，百五十八年前由闽迁蜀，世居乐山县铜河沙湾镇。"此文作于 1939 年郭父去世之时。由此推算，郭沫若先祖入川的时间应为 1781 年。郭沫若的族弟郭开宇说："我的曾祖父郭贤惠讲，先辈由福建来四川，开始是做苎麻生意，从福建宁化采集野生芒麻，跟着入川的马帮，到了现在的牛华镇。牛华是盐井林立、盛产食盐的地方，苎麻用于盐业生产

---

① ［日］蔡驎. 汀江流域の地域文化と客家：汉族の多样性と一体性に关する一考察［M］. 东京：风响社，2005.

② ［日］蔡驎. 汀江流域の地域文化と客家：汉族の多样性と一体性に关する一考察［M］. 东京：风响社，2005.

中缠扎卤水筒用。后来，也运麻布来卖。"① 郭沫若曾说："我们的家产是在曾祖父的一代积累起来的。"②

著名英籍华裔作家韩素音（原名周月宾）谈到自己的祖辈时说："我的祖先姓周，来自广东梅县，约在 1682 至 1710 年间迁移到四川省。我们的家谱记载着先祖移来四川时，是个沿途叫卖的小贩，后来到四川亦以经商为业来维持生活。"③

罗香林对四川客家的来源做了这样的考述："今日四川东自涪陵、重庆，经荣昌、隆昌、泸县、内江、资中，西至成都、新都、广汉，其间居民，大率皆康熙末年自广东惠州嘉应州及江西赣南等县搬去的客家。"④ 可以肯定，当时这些内迁的客家人大都是依靠经商起家的。

位于成都市龙泉驿区洛带镇的四川省文物保护单位"巫氏大夫第"，是"客商"巫作江在乾隆年间建的。巫作江出身于广东长乐县（今五华县）"客商"世家，祖父巫象巘"弃儒而从商"，做生意"遍历大邑通都"，后"欲究扶桑日出之乡"，约数商人一起装运数船货物，前往日本，却不幸遇到了飓风，"惊悸失性"。清前期"湖广填四川"时，6 岁的巫作江随父亲巫锡伟入川，先到重庆府荣昌县（今重庆市荣昌区），再迁到永川县（今重庆市永川区）。15 岁时，巫作江弃学做生意，后投奔在成都洛带镇经营酒业的二叔巫锡俊。10 多年后，巫作江"活计日广、财源日丰"，被成都水井坊酒厂老板高薪聘请，负责办理川东南一带玉米等主要烤酒原料的收购、运输。巫作江以水井坊酒厂为根基，在洛带办起分厂，兼营丝绸、木漆家具、医药等，富甲一方。当时洛带有民谣："巫半截，郑半边，中间夹个刘惠安。"乾隆皇帝授他奉直大夫（五品文散官），并御笔题"巫氏大夫第"金字匾。巫氏家族后人商学并重，产生了数名大夫（清时五品以上文散官）、两名儒林郎，闻名一方，一直延续到清末。

广东五华"客商"温荣盛乾隆年间迁居四川泸州，在其兄弟广东布政司温荣槐的帮助下，买下几十口"陈年酒窖"，召集散居四川各地开烧酒坊的族亲和同乡来泸州入伙。温荣盛改进酿酒工艺，首创浓香型烧酒，命名"温氏老窖"。这是泸州老窖的前身。

在四川宜宾，18 世纪中期，"客商"的广东"南华宫"和福建"天上宫"会馆就已经矗立在宜宾城的走马街上，尤其是福建会馆"天上宫"

---

① 孙晓芬. 四川的客家人与客家文化 [M]. 成都：四川大学出版社，2000：275，287，292.

② 郭沫若. 少年时代 [M]. 北京：人民文学出版社，1979：15.

③ [英] 韩素音. 残树 [M]. 北京：中国华侨出版公司，1991：25.

④ 罗香林. 客家研究导论 [M]. 上海：上海文艺出版社（影印本），1992：59.

的牌坊，一直是人们关注的焦点。清初的宜宾城经过战火洗礼后残破不堪。"湖广填四川"期间，成千上万的闽粤客家人翻山越岭来到四川。光绪《叙州府志》云："叙州虽古僰侯之国，以今考之，其占籍皆可沿溯，大抵来自元明者多吴楚，来自国朝者多闽粤，虽云五方杂处，罔不一道同风。""客商"们瞄准了宜宾城重建和四川发展所蕴藏的巨大商机，弃农从商，投身川滇贸易。乾隆初年，来自福建汀州府的赖武昌从四川深入云南昭通开设染布厂，在走马街购置街房，转运蓝靛和山货，获利甚巨。后来他将贸易拓展到泸州，再延伸到重庆府，他的长子赖炳堂13岁就督运蓝靛下渝。方志称其："惟其勤劳若此，是以厚实攸宜。贾称三倍，家叶两娑。"次子赖承修日后更是以商"名噪嘉泸间"。赖家宅邸上悬挂的"御赐五世同堂"匾彰显了家族的商业辉煌。另外，闻名宜宾的福建"客商"还有青草坝的王氏马店、上渡口的童氏运船、走马街的周氏山货等。

广东"客商"乾隆年间在宜宾闻名遐迩。来自兴宁县的刘为聪于乾隆十七年（1752年）开设了山货店，获利颇丰。来自嘉应州的黄天贵在宜宾城北门一带开设了"古戎花行"，一度"称富于世"。来自长乐县的薛达亮从成都新繁迁至宜宾城西门外开设机房，贩布为业，富甲一方。另一个广东长乐人唐应高创立的"丽华号"制糖商铺，生意繁盛，一直延续到民国。而北门曾氏和南门周氏更是广东"客商"的佼佼者。著名杂文家、人民出版社原社长严秀（原名曾彦修）的先祖曾秀宾康熙年间自广东河源入川，先到富顺，后迁入宜宾经商。曾秀宾的两个儿子曾曰南、曾曰禄极富商业头脑，先后在宜宾城北开设"铨兴号"和"长泰号"两家商铺，经营百货，很快发展成为宜宾巨商。曾氏家族富裕后，力行善事，曾曰禄捐资修建养济院，清政府在北街十字口专门为其建"乐善好施"牌坊作为嘉奖。嘉道以后，曾家后人进入仕途，清末民初出现了一批知名人士，如宜宾一中的前身尚志学堂的第一任监督、光绪朝进士曾树椿，颇多惠政的遂宁县长曾国宾等。"南陔草堂"的周氏家族是康熙年间开始由长乐县陆续入川，其中周汝逢是乾隆初年入川的，他在宜宾城内开设油坊和糖坊，逐渐积累财富。后其子周廷琮看准了川盐济滇的商机，进军盐业，《周氏族谱》载其"于嘉庆年间接办宜宾县计商盐岸，用数万余两为子孙长久之计"。其同族的周达元，尚未成年便随亲属进入四川，在宜宾为石材商人打工。每次石材水运出川，只有周监管的船能保质保量完成任务。周达元由此得到东家的信任和栽培，走上了从商之路。他所建立的山货行和绸缎行在走马街和大南门一带闻名川滇，他本人成为宜宾城内山货帮和绸缎帮的领袖。

梅县商人周作宾，在家经营小商贩为生，康熙二十一年至四十九年（1682—1710年）在移民四川时沿途经商，到四川后成富室。同治《广汉益兰祠续修张氏族谱》载：平远县商人张贯宗，乾隆五十七年（1792年）入川，发展支系30余支，"贸易获金""贸易发家""贸易立宅起家"者达15支之多。

被誉为"川西第一客家庄园"的曾家寨子是"客商"曾秀清及子孙修建的。曾秀清，广东长乐人，乾隆年间随父入四川金堂县经商。县内有姚渡、赵渡，水陆交通畅通。曾秀清经营粮食贸易，来往姚、赵两渡之间，与亲戚合伙，籴粜粮食。嘉庆初年，白莲教在川楚起事，川中教首王三槐等扬言要攻打成都，一时间城内城外风声鹤唳，许多富家售地卖粮，外出避祸。曾秀清趁机买地屯粮，后形势稳定，粮价上升，曾因此成为巨富。曾家扩大规模，走出四川，贩粮到湖北、湖南及东南沿海，资产日益雄厚，富甲一方。直到民国，曾家一直是名扬川中的政商世家。

兴宁县（今广东兴宁市）罗金莲家族，专门制作工艺精湛的扇子到湖南、湖北、四川等地销售，然后再从当地采购商品回粤东销售，渐成富室。《兴宁东门罗氏族谱》记载："制扇，族内如寨福岭扇、罗屋勋公岭坪上花螺墩蝙蝠形，郭袁岭大圳上高坡子等处多以此为业，扇子种类不一，就吾族各处所有出品，如十四根茶甲扇、宝员扇、七根如意扇、九根大甲扇、十一根栵甲扇、十四根分栵甲扇、十六根排伽扇、十八罗汉扇、二四赤纸扇、三六棕甲乌纸扇、三六全棕乌纸扇等类。其施工程序亦繁，大概吾族工作，如削扇骨子、排骨子、锁扇、露扇骨、削甲子、出胎子、创梗子、削尾子、扎扇枝、糊扇纸，各种为多。从前扇行生意旺时，各屋扇工非常忙碌，全家大小均劳动无暇……族人多在县城开办扇号，收买各商制成之扇，每岁运销长沙、湘潭、常德、汉口等处，颇为大宗，扇已售完，往川采办各种时令货物回粤批销。长沙、湘潭、常德、汉口各口岸均设有扇庄。"由此可以看出，这是一个十分专业的扇艺世家，也说明当时粤东客聚地的手工业已领先于湖广地区。后该族约有150人"落籍西蜀"，定居于涪州、泸州、内江等地。比如族谱卷四记载，罗庆宗在四川的成都、泸州、资中等处设立鸿兴商店，收购囤积货物，其次子奕桢往来四川和湖北专做商货运输，不数年，积累资本数万。兴宁县人黄彩若，入四川在荣昌县（今重庆荣昌区）开铺经商，亦经常去重庆卖扇。民国《荣昌陈氏族谱》载，嘉应人陈国乔，乾隆元年（1736年）率子女入四川荣昌贸易，嘉道年间，其家族转到重庆经商，生意极盛，往来于四川、湖北、湖南间，发家致富。直到近代，仍然是当地闻名的商业世家。民国《绵西张氏族谱》载：

兴宁商人张正超，于乾隆年间入四川绵西县经商，发迹后回到兴宁老家开办织绫机房，请工匠教导其子侄纺织棉布，然后贩运入四川绵阳等地销售。

迁居四川等地的客家人，有些甚至弃儒从商。《兴宁东门罗氏族谱》卷四载，兴宁人罗庆芗，移民四川内江，少年十分聪颖，读书过目成诵，但稍长之后，其父即要其"弃学就商"，奔走市场。民国《续修资中廖氏族谱》载，客家人廖振雄，年幼时聪明过人，好交书友，但刚满 10 岁即奉父命弃儒料理商务，继承父业，奔驰于资中县上下左右经商贸易。宣统《内江陈氏族谱》载，客家人陈洲，迁居四川内江县，少年读书颇有学历，但稍长成人，即"弃儒而贾"，经营盐业，凡十余载，发财致富，囊金数万，远近亲戚、朋友称著一时，皆说其不为功名，而为财理。《民国林氏家谱》载，客家人监生林元玉，本来"幼好儒书"，但其六个儿子中，就有中兴、中煜、中产、中上四人皆弃学善贾，货殖万金，成为仁邑富家世族。

乾隆《嘉应州志》卷十一载：明末清初，平远县出产的葛麻布和生铁质量较优，当地"客商"将葛布运往苏州、杭州等地贩卖，将生铁运至安徽省的芜湖等地出售。他们还深入四川的偏僻少数民族地区去经商，曾经一度到雷坡厅（今四川雷坡县）少数民族地区销售盐布，并收购皮革山货贩卖。与此同时，梅县、兴宁的客家商人也到广西的边远山区城镇经商贸易。咸丰、同治年间（1862—1874 年），梅县黄姓商人在宜山县（今河池市宜州区）怀远镇经商并定居，后来又到柳城、忻城（今广西来宾市忻城县）等县做生意。

《太平寰宇记》载，广西"廉州俗有四民，一曰客户，解汉音，居城郭、业商贾"。广西灵川县大圩镇有一个客家村名"毛村"，140 户，皆黄姓。先祖唐末从福建迁广东，后子孙繁衍，辗转迁徙，其中一支在宋末迁至毛村建屋居住至今。先民筚路蓝缕、不断开拓，毛村成为"水上部落"的根据地。鸦片战争后，梧州被迫开放通商，桂江水运业兴起。黄氏发挥水上优势，从事水面行。其代表人物黄秋波先是从毛村迁至大圩卖包子，后来主要靠"水面行"发家，生意远至梧州、香港；黄洪吉坐镇桂林，做竹、木生意，并利用黄氏"印章簿"（从桂林至梧州的每个码头的黄氏族人，每户用 1 张绵纸登记造册，有如户籍簿，共有 1 寸多厚）建立"代办"，生意畅达，时为"漓江首富"。

《剑桥中国晚清史》说："广西的几条河谷地带是广东东部客家在 18 世纪移居的地方，这里土地的竞争也很激烈。"[①] 在当时，解决人地矛盾的最

---

① ［美］琼斯，库恩. 清王朝的衰落与叛乱的根源［M］// ［美］费正清，刘广京. 剑桥中国晚清史：上卷. 北京：中国社会科学出版社，1985：102.

简单方法就是外出经商。从地方志记载及出土墓碑文字来看，广西贺州的客家人，其先祖多来自嘉应州。最早到来的客家人是莲塘邓姓，北宋时迁入；其次是公会杨姓，元末明初迁入，先祖文昌为广东梅县人。桂岭张姓是雍乾年间由广东五华迁入，芳林黄氏是乾隆二十四年（1795 年）由广东兴宁迁入，莲塘苏氏嘉庆年间由广东揭西迁入，公会谢氏道光三年（1823 年）由揭西迁入，贺县薛氏、古氏，川岩的曾、王、冯、刘等姓的客家人都是乾嘉年间由梅州迁来。这些西迁的客家人，吃苦耐劳、拼搏进取，以坚韧不拔的毅力勤劳致富。由广东揭西迁来贺州八步沙田的客家人张氏三兄弟连同三妯娌烧石灰而发家致富的故事在桂东农村家喻户晓。大多数客家人以经商致富，在八步，道咸年间，就东有曾家、西有杨家、西南有黄家和胡家等白手起家的"客商"。直至今天，贺州经商交易的人大多数都操客语办事。这些客家人十分重视子女教育，即便是家境贫苦人家，也要千方百计送子入学。咸丰年间，八步沙田客家人张衡卿因家庭贫穷，无钱雇肩夫，便自己挑行李陪同儿子从八步赴平乐府参加乡试。因父代子劳有违孝道，其子被取消铨叙资格。

有江南"紫禁城"之称的贺州八步区莲塘江氏客家围屋，是"客商"江浚子孙兴建的（见图 2-4）。江浚在乾隆年间带着妻儿从广东长乐来到贺县（今贺州市）经商，后家境渐殷实，4 个儿子分别在当地置地建房。仁冲村江廷泰的儿子江海清在镇南关大捷中立功受赏扩建老屋，并在东南面另建新屋，形成了现在的建筑格局。

图 2-4 俯瞰江氏客家围屋（作者摄）

万历《儋州志》记载，客家人自高州、化州载牛渡海经商。这些早期来海南岛的客家先民，以那大地区（今儋州市）为居住点。

陕西省洛南县有一个客家村，名叫广东坪，为颜姓村落。其祖先原住广东平远，于康熙二十八年（1689 年）分族徙居湖南长沙府浏阳县。住了81 年后，其中一支的兄弟 3 人，从乾隆三十五年至乾隆四十三年（1770—1778 年）到陕西洛南县经商，后定居下来，故村名叫广东坪。

现在香港有几个"客家村"，其中一个原地名叫"红枣田"。清康熙初年，宝安简姓客家人在此垦殖，宝安客家人陈姓家族和李斌华家族随后迁来。但由于此地水源不足，非耕种良田，人口增多以后，人们便多到海外经商。康熙后期，大量的粤东山区客家人进入沙田垦殖。这些人成为香港开埠后商贸的活跃力量。鸦片战争后，五华石匠到香港者有数万人之多。荷里活道西、西营至石塘咀、薄扶林道、跑马地、铜锣湾、大坑北角、筲箕湾等皆为五华石匠打石的地盘。1850 年建成的荷里活道武庙，庙前的一对石柱便是当时五华石匠的杰作。位于新界沙田东部狮子山隧道公路旁的曾大屋（见图 2－5），因在"二战"期间收容逃难人士而著名。它始建于1847 年，历时 20 年落成。建造者为曾贯万，广东梅县人，1836 年左右同五华石匠邓元昌等人一起前往开拓香港。1866 年与 1872 年，港英政府两次扩建市政供水池塘，邓元昌承包石堤工程，建议用 S 型石块对接克服石基渗水问题。港英政府以地偿还他的工程费，邓遂成为香港最大的地产商之一。曾贯万先在石场做工，后承包工程，创办石圹，设"三利"商号，与邓元昌均成为著名地产商，房产最多时囊括筲箕湾到阿公岩庙整条街道。后邓曾两家联姻，成为香港早期著名开埠商。①

图 2－5　香港一级历史文物——新界沙田曾大屋（作者摄）

---

① 邓广殷. 邓阿六［G］//黄伟经. 客家名人录：梅州地区卷第二大卷. 广州：花城出版社，1996：1－5.

　　19 世纪末，在香港承办石场及兼营建筑业而出名的五华"客商"有数百人。曾任广东省石业会馆和香港石业会馆会长的李浩如，被誉为"石行伟人"。① 李浩如的三儿子就是赫赫有名的"亚洲球王"李惠堂。蕉岭县三圳人吴德馨，嘉庆年间到印度尼西亚巴达维亚（今雅加达）经营小摊位谋生，因为经营得法，生意日隆，其稍有积蓄，便接其弟吴友祖去巴达维亚，共同经营"元合公司"，生意更加兴隆。光绪二十七年（1901 年），吴友祖回乡接其子吴清亭及孙吴郁青、吴香初到爪哇经商，扩设"顺合公司"和"太成公司"两个子公司，经营豆酱、豉油、米粉、咖啡、洋杂货等生意。之后商务日益发展，又兴建一间肥皂厂并经营房地产生意。20 世纪 20 年代，吴郁青回香港九龙深水埗投资经营房地产业，拥有楼宇六七十幢，成为深水埗三大地产商之一。吴郁青还在新界八乡创建"吴家村"，拥有大量土地，在九龙及新界兴建织布厂生产布匹，又开设中药、百货等商店多间。

　　《台湾通史·开辟记》记载："历更五代，终及两宋，中原板荡，战争未息，漳、泉边民，渐来台湾。"也就是说，在宋朝甚至更早，就有福建沿海的客家人到台湾开发垦殖。台湾《清河傅氏历代宗谱》记载：傅氏祖先原籍广东省嘉应州镇平县文福乡黄坭塘大圳背，自乾隆四十一年（1776 年）丙申岁，傅荣章、麒章、麟章、发章四兄弟迁到台湾，在台湾府新竹县北二堡红毛港暂住 3 年，后徙于新竹县竹北二堡杨梅坜庄（后改为杨梅镇），至乾隆五十三年（1788 年）戊申岁间，始于全庄太平山下（现为太平里）开垦建屋。另据台湾《六堆客家乡土志》记载，六堆地区的客家人大多数是明朝时从广东蕉岭、梅县等客居地迁过去的。康熙二十三年（1684 年），清政府取消海禁后，客家人大量渡海移台。这一趋势，有清一代从未中止。入台客家人按其原籍划分，以嘉应州属最多，因此今日台湾客家人仍沿用旧时统称"四县人"["四县"系指嘉应州治（梅县）及其所属的镇平、长乐、平远、兴宁]。丘逢甲的曾祖父丘士俊是乾隆中叶由广东镇平文福淡定村迁居台湾的，在台中的东势从事开垦。乾隆年间，协助清政府镇压林爽文起义军的客家人主要由嘉应州入台客民组成，故史称"客人者，嘉、平、镇三邑侨寓之人也"。陈运栋的《台湾的客家人》一书记载：迁台客家人，以嘉应州属为多数，约占全部台湾客家人口的近 1/2；其次为惠州府属，约占 1/4；再次为潮州府属（包括大埔、丰顺、饶平、惠来、潮阳、揭阳、海阳、普宁等县）的客家人，约占 1/5；福建汀州府属（包括永定、上杭、长

① 子月. 岭南经济史话：下 [M]. 广州：广东人民出版社，2000：131.

汀、武平、宁化等县）的客家人，约占 1/15。19 世纪末，在台湾军民反割
台斗争中，其领导核心就是以丘逢甲为首的祖籍嘉应州的客家人。现在祖
籍蕉岭的台湾客家人已有 40 余万，超过今天蕉岭全县人口的一倍。[①]"在 18
世纪的台湾，清朝对移民的限制无法阻挡人们对于土地的渴望，加上种植
稻米供应一海之隔且长期缺乏粮食的大陆地区所带来之商业利益机会，更
加剧此发展趋势。实际上到了清代中叶，台湾在社会上与经济上皆已和福
建省整合在一起。"[②] 蒋梦麟说："现在台湾人讲的台湾话，就是福建的闽南
话，部分讲客家话的就是广东嘉应五属早年来台的客家人，风俗习惯也和
闽粤并无二致。"[③] 这些客家人在台湾多以垦殖和经商为业，稍有积蓄，便
资子女读书。20 世纪 20 年代，台湾尚处于日本殖民时期，据陈达在《台湾
之中国移民》一书中统计，当时在台客家人有 50 万左右。而罗香林测算在
台客家人当时应该在 150 万以上。[④]

可以说，在明末清初战乱后的四川、江西等地的经济恢复和社会建设
以及西南边远山区和台湾的早期开发方面，"客商"做出了重大的贡献。其
行为不仅是简单的追逐商机，而是展现了客家人"筚路蓝缕，以启山林"
的开拓精神。这种精神不是一般的商人所具有的。而正是这种精神，支撑
"客商"在艰难的经营垦殖中不断深化中国国家意识和中华文化理念。

（三）海外

海外"客商"的衍生地主要是"海上丝绸之路"的起点或重要支点。
国内除沿海港口外，为"海上丝绸之路"供应外销产品的内陆城镇主要有
湖南长沙、江西景德镇、粤东梅州、闽西连城等。[⑤] 梅州、连城是客聚地，
长沙、景德镇也是明清时期"客商"的重要活动区域。

1. 东南亚

嘉靖三十七年（1558 年），程乡县的商人林朝曦，大埔县的肖雪峰、罗
袍等人，与饶平县的张琏（自号"飞龙主人"）结拜联盟，先在福建和广东
交界地区活动。万历初年，林朝曦和张琏一起到三佛齐贸易，列肆为番舶
长。梁启超称张琏为"中国殖民八大伟人之一"。他在《三佛齐国王张琏》

①　吴永章. 客家文化中心的历史变迁与启示 [J]. 嘉应学院学报, 2006 (4): 5 - 9.
②　[美] 罗威廉. 最后的中华帝国: 大清 [M]. 李仁渊, 卓越, 译. 北京: 中信出版社,
2016: 83.
③　蒋梦麟. 历史的使命 [M] // 高敬. 历史的盛宴. 北京: 新世界出版社, 2016: 192.
④　罗香林. 客家研究导论（外一种: 客家源流考）[M]. 广州: 广东人民出版社, 2018: 283.
⑤　杨国桢, 陈辰立. 历史与现实: 海洋空间视域下的"海上丝绸之路" [J]. 广东社会科学,
2018 (2): 110 - 116.

中说："万历五年，有商人寓旧港者，问其王，则琏之。盖败后潜逸，倡以力据此国云。"旧港（今印度尼西亚苏门答腊岛巨港）是三佛齐的首都。《明史·三佛齐传》载：有数千家闽粤人久居三佛齐，可能是张琏部属的后代。据日本藤田丰八博士考查，三佛齐岛、旧港等地出现很多古碑，上镌记"飞龙"年号，经鉴定是张琏当时的国号。今苏门答腊讲饶平客家话的客家人，其先祖应是明代随同张琏去的。根据现有的历史资料算，客家人旅居印度尼西亚已有 700 多年历史。

17 世纪欧洲航海家手中的《劳德航海通书》，其源头应该是出身福建漳州"客商"之家的学者吴朴 1537 年编撰的《渡海方程》一书。明代董谷在《碧里杂存》中评论这本书："其书上卷述海中诸国道里之数，南自太仓刘家河开洋，至某山若干里，皆以山为标准。海中山甚多，皆有名，并图其形，山下可舶舟，或不可舶，皆详备。每至一国，则云此国与中国某地方相对……直至云南之外，忽鲁谟斯而止，凡四万余里。且云至某国，回视牵牛星，离地则二寸半矣。北亦从刘家河开洋……直至朵颜三卫鸭绿江尽处而止，亦约四万余里云。"

反抗明朝的海上武装集团首脑林道乾（澄海客家人），又名林悟梁，青年时曾为潮州小史，善机变，有智谋。因从事走私贸易，为朝廷所不容，遂聚众抗衡官军，并于嘉靖四十五年（1566 年）三月，率战船 50 余艘自南澳岛攻诏安，为都督俞大猷所败。明《武功录·林道乾诸良宝林凤列传》载："乾为人有风望，智力无二，好割据一方自雄……常擅山海之禁以为利。"万历元年（1573 年），他率部下数千人逃到柬埔寨，被柬埔寨王任命为把水使。后到暹罗南部北大年定居，与暹王歃血为盟，任掌管该港客长。海上武装集团首领林凤（饶平客家人），万历二年（1574 年）冬率领战船62 艘，步卒、水军各 2000 人，妇女、工匠近 2000 人，从澎湖列岛前往菲律宾，遭西班牙殖民者阻击，林凤余部坚持斗争至万历五年（1577 年）溃散，不少部属流散到东南亚各国定居。民国新修《大埔县志》记载：崇祯十三年（1640 年），郑成功举义旗抗清，镇将江龙、偏将罗宏（均系大埔客家人）等率领义军几千人，随郑成功到台湾，之后不少人辗转到南洋各地。张琏、林道乾、林凤流散到东南亚的部属，基本上是广东客家人，他们"借交趾、占城、婆、暹罗以为逋薮"，从事海上贸易。

罗威廉说，中国在东南亚的移民至少可以追溯到唐朝。到了晚明，规模甚大的华人聚居地已经在一整块区域萌芽，并持续扩张。欧洲近代早期对东南亚的殖民亦是中国人移民至此的动力。以共同方言及其同乡人际网络结合的闽南人与广东人成功地在殖民地经济中找到最佳的发展空间，即作为海洋运输业者，或作为当地居民与其欧洲领主或当地王室（如在暹罗）的中间人。① 客家人大量移居海外是在康熙年间解除海禁后，康熙六十一年（1722年）中暹开始进行大米贸易，一批客籍商人乘此到南洋开拓发展。第一次鸦片战争战败后，清政府被迫开放上海、宁波、福州、厦门、广州五口通商，取消海禁，同时，清政府逐渐承认"契约劳工"合法，准许洋人在通商口岸设"洋行"。殖民主义者在中国沿海大量掠夺华工，运往东南亚及南北美洲等地，进行"契约华工"交易（俗称"卖猪仔"）。1860年汕头开埠后，出洋的客家人与日俱增。

泰国古称暹罗，1939年更名为泰国。目前总人口约6900万，在泰华人约有900万，占泰国全国人口的14%，是除泰人之外最大的族群，其中客家人有100多万。《明史·暹罗传》载：成化十三年（1477年），福建汀州的客家商人谢文彬，因贩盐下海，遇大风漂至暹罗，于是就在暹罗定居，改名美亚，出任该国岳坤（相当于中国古代的"学士"）。这是可以考证的最早到达泰国的客家人。1860年汕头开埠后，大量客家人移民泰国，经营纺织、制衣、皮革、金银、五金制品、橡胶及烟草、银行等行业，杰出者有陈宏谋（在泰国万磅开设寿元堂药行）和伍淼源等。伍淼源于19世纪70年代从广东梅县来到暹罗，开设广源隆商行，成为业务遍及泰国内外的知名木材贸易商。其第三子伍佐南将家族企业发扬光大，成为泰国商界巨子；其长子伍东白创办"伍东白洋行"，也是泰国巨商之一。伍佐南长子伍伯林创建泰华农民银行。伍伯林之子伍班荣后任泰华农民银行主席，将银行业扩展到金融保险等领域。伍淼源家族第五代伍万通是开泰银行董事长兼首席执行官。伍氏家族在泰国五世其昌，是当今泰国声名显赫的商业世家。著名的民主人士黄炎培曾在伍淼源遗像前题诗："历尽险巇得康庄，天怀孝友谦有光；湄南一水流汤汤，德泽远通春申江。"

谢清高（1765—1821年），广东嘉应州程乡丙村人。18岁出洋谋生，途中遇险，被外国商船救起，1782—1795年，他随外商海船游历南洋群岛及世界各地。31岁回国，双目失明，流居澳门，从事口译糊口。他口述的海外各地见闻，由杨炳南记录成《海录》一书。

《海录》分为《西南海》《南海》《西北海》三卷，《西南海》介绍安南（越南）、本底国（今柬埔寨境内）、暹罗、明呀喇（孟加拉国）、孟买及马来半岛等35个国家和地区的风土人情；《南海》记述了柔佛、旧港和小吕宋等33个国家和地区，并介绍了当地华侨的活动和社会情况；《西北海》记述大西

---

① ［美］罗威廉. 最后的中华帝国：大清［M］. 李仁渊，卓越，译. 北京：中信出版社，2016：123.

洋国（葡萄牙）、佛郎机（法兰西）、荷兰、大吕宋（西班牙）、英吉利、巴西等欧美非 27 个国家或地区。书中第一次对美国的自然物产、社会风俗与科技水平等做了具体的介绍。谢清高被誉为"中国的马可·波罗"。

1839 年，林则徐到广州查禁鸦片，曾将《海录》呈给道光皇帝。林则徐说："《海录》一书，系嘉庆二十五年在粤刊刻，所载外国事颇为精审。"吕调阳《重刻〈海录〉序》说："中国人著书谈海事，远及大西洋外大西洋，自谢清高始。"谢云龙在《重刻〈海录〉序》又言："厥后徐松龛（徐继畬）中丞作《瀛寰志略》，魏默深（魏源）刺史作《海国图志》，多采其说。"这说明《海录》对鸦片战争前后开眼看世界的中国知识分子产生很大的影响。

近代以前，越南北部一直被中国中央政权管辖或作为中国中央政权的藩属国。在越南北部经济开发过程中，"华人移民充当了农夫、拓荒者和商人"①。南部在唐宋时被称为占城（自号占婆），据《宋史》记载，庆历元年（1041 年），广东商人邵保在占城经商；据《宋会要辑稿》记载，有福建商人陈应等率领船队到占城贸易。但这些人是不是客家人难以考证。南明灭亡时，大量的客家人逃亡到越南，仅 1679 年，两广就有 3000 多人乘船逃到越南。"这些华人对于巩固越南的南部边疆，建立地区贸易中心，具有重要作用，其意义非同小可。"② 此后不断有不满清政府统治的汉人逃到越南，越南人称其为"明乡人"，即"思念明朝的人"，有点像台湾土著称客家人为"原乡人"。著名"客商"侨领张价城的大哥张胜麟是在 19 世纪末到越南经商的，不久其家族生意扩展到柬埔寨，其二哥张伟南曾任金边和上丁市客家商会会长。陈达调查后认为，在法属印度支那，中国人以经商为主，但亦有业农者经营稻米、渔业、菜园、椒园等。可能后者客家人相对比较多，因为他认为"客（家）人嗜农业"。在越南的中国商人分为五帮——海南帮、广府帮、潮汕帮、客家帮和闽南帮，各有帮长。帮长每两年一举，由法国地方长官秉承总督之命委任。帮长不付附税（Impot Gradué）。此制由来已久，据说华人来后不久就有了这种制度。③

越南有一个少数民族叫艾族（Người Ngái），据 1999 年越南人口普查统计，全越艾族有 4841 人。其实艾族就是客家人，"偓"是客家话第一人称

---

① ［美］孔飞力. 他者中的华人：中国近现代移民史［M］. 李明欢，译. 南京：江苏人民出版社，2016：77.

② ［美］孔飞力. 他者中的华人：中国近现代移民史［M］. 李明欢，译. 南京：江苏人民出版社，2016：78.

③ 陈达. 南洋华侨与闽粤社会［M］. 北京：商务印书馆，2011：66 – 67，151.

"我"的意思，由于他们讲话时"俇"字不离口，由此附近的人便称他们为"艾人"。他们内部一直讲客家话。据他们修于民国初年的《黄氏族谱》记载："世居宁化石壁，于元末明初迁移广西万承州（今大新县）。清乾隆年间，念四公为避祸，携子六郎公、十二郎公兄弟二人，由万承州迁安南国高禄县山间居住，落籍创乡。"从图 2 - 6 的越南邮票可以看出，艾族女性服饰具有明显的客家元素。

图 2 - 6   越南发行的艾族女性肖像邮票

泰国勿洞地方议会原主席曾剑乐的祖父一直在柬埔寨金边经商，1899年去世，曾剑乐之父自梅县前往金边继承产业。[①] 2008 年 3 月 1 日，宋安在亚细亚（东盟）客属第七届恳亲大会上发表讲话称："柬埔寨籍客家人在柬创办企业，经营生意，开办崇正学校等等，为柬国发展做出了贡献。"据有关专家统计，目前在柬埔寨经商的客家人大约有 1 万人。

客家人很早就到缅甸经商，仰光有一条广东街，这条街在明末就已经商贾林立。在早期到达缅甸的客家人中，"广东客"多经营当铺、酒店以及成衣制造等，"福建客"多经营金铺、中医药等。1873 年，嘉应五属"客商"在仰光建"应和会馆"，后永定"客商"建"永定会馆"。清人黄悬材在其《西稽日记》中记录了自己 1879 年在仰光的见闻："舟抵漾贡仰光……闽、粤两省商于此者不下万人，滇人仅有十余家，然未见中土女人，皆纳缅妇为室也。"[②] 原缅甸国务委员会主席（总统）奈温就是就是梅县籍"客商"后裔，原缅甸革命委员会委员丁佩的夫人就是福建永

---

① 方声. 曾剑乐 [G] //黄伟经. 客家名人录：梅州地区卷·第一大卷. 广州：花城出版社，1992：536 - 540.

② 黄悬材. 西稽日记 [G] //余定邦，黄重言. 中国古籍中有关缅甸资料汇编：下. 北京：中华书局，2002：123.

定"客商"后裔。

根据客家詹姓族谱记载：一些詹姓族人很早就移居东南亚，甚至移居欧美各国。移居海外的以敦仁公派下、学传公派下、钧公派下和天赐公派下裔孙为主，还有江浙詹姓较多。如明代中叶，东莞圣佳公侨居马来半岛，积余公往外埠安南经商拓展。清代，闽清子实公支派迁南洋、砂拉越等地。现代詹姓族人迁往世界各地的就更广、更多了。

根据陈达的统计，1938年前，英属海峡殖民地有粤东客家人52369人，其中新加坡14735人，他们主要从事矿业经营。[①]

2. 东亚及太平洋地区

明初，朱元璋册封琉球岛统治者为琉球王。自洪武十六年（1383年）起，历代琉球王都向中国皇帝请求册封，明确与中国的藩属关系。因水路交通之便，琉球与中国福建、广东等沿海地区贸易频繁，一度被称为"太平洋的基石"。明朝中期，琉球国内有"久米三十六姓"（又称"闽人三十六姓"），日本学者绪方修从语言、民俗文化等方面考证，认为这些人很可能是客家人，他们从福建、广东等地迁入，从事琉球与中国贸易的中介活动。[②] 日本历史学者都筑晶子在冲绳博物馆发现一件罗盘上刻有"兴宁县君泰维记"等字。[③] 人类学家渡边欣雄在琉球人的墓造图中发现有"此图福建汀州府永定县太平里黄龙寨前张两琳"字样[④]。因此，可以确定，"客商"在明朝中期就已经在琉球立足发展。琉球国第二尚氏王朝三司官（即首相）蔡温是"客商"后裔，其祖蔡崇是福建南安人，明朝初年因经商迁往琉球。1708—1710年，蔡温以存留通事的身份在福州学习。1712年，蔡温出任琉球国师，后任三司官。蔡温1732年公布《御教条》，涉及民众所要遵从的家庭伦理、社会道德、君臣关系、地主与农民间的关系，以及孝道、妇道、幼教、婆媳相处、敬老心得、勤俭、生命观、金钱价值观、破除迷信、国法、育民等内容。《御教条》作为琉球的教科书，一直沿用到1879年。蔡温鼓励农民和下级武士从事手工业、发展商业，并对他们施行免税政策。为了筹集资金，蔡温从中国引进了标会制度，解决了贫困商业阶层的融资困难问题，使琉球的商业经济逐渐兴盛起来。因此，蔡温被冲绳学之父伊波普猷誉为"琉球五大伟人之一"。

① 陈达. 南洋华侨与闽粤社会［M］. 北京：商务印书馆，2011：66.
② ［日］绪方修. 客家见闻録［M］. 东京：现代书馆，1998.
③ ［日］都筑晶子. 近世冲绳における风水の受容とその展开［M］//［日］渡边欣雄. 三浦国雄. 风水论集. 东京：凯风社，2003.
④ ［日］渡边欣雄. 冲绳から寻ねる中华文明：觉书［M］//［日］末成倒男. 中原与周边：从人类学田野的视野. 东京：风响社，1999.

客家人最早到日本的时间难以考证。但可以肯定，至迟在明朝中期就有福建客家商人从琉球到日本，因为当时华商是日本与中国及欧洲贸易的中间商。据孔飞力考证，1603 年，长崎港就有专门的中国商人居住区，日本当局专门任命一名华商担任通事，负责沟通华商与日本政府的联系。1688 年后，德川幕府规定华商只能居住在被围墙隔绝的唐人坊，接受政府的全面监视。这些华商多从事丝绸贸易。但"因为当时日本人被严禁出国，幕府当局只能通过中国人来了解东亚和东南亚地区的相关信息，因而只有通过华商提供一个了解亚洲的窗口"①。1853 年，日本开放通商口岸后，南洋的"客商"进入日本，从事丝织品贸易和航运业务。1877 年，梅州籍客家人何如璋出使日本，后梅州籍"客商"子弟黄遵宪出使日本，这应该对"客商"开展与日本的贸易有影响。甲午战争后，一批台湾"客商"进入日本。1911 年，来自惠阳、宝安两县的"客商"在神奈川县横滨市组建了"惠安公所"，这是已知的日本最早的"客商"会馆。20 世纪 30 年代，梅县籍"客商"潘植我在日本神户创办"得人和"商号，后开设"东明公司"，从事日本与香港、上海及南洋各地的贸易。这说明当时已有先行"客商"在日本发挥"桥头堡"作用。

1975 年，美籍华人谢廷玉（Tin Yuke Char）在其《檀香山先辈华人史》（*The Sandalwood Mountain：Readings and Stories of Early Chinese in Hawaii*）中说：早期来到夏威夷的中国人大多是香港附近地区的客家人，他们是九龙新区和广九铁路沿线小城镇里的农民，多以耕种贫瘠的小片田地为生。这些人是康熙年间因迁海令而被迫迁徙过去的。第二批移民产生于 1802—1852 年，他们是主动迁徙、开发夏威夷的，大部分仍然是客家人。著名外交家刁作谦的父亲就是这一时期由香港到檀香山经商的。外交家、"客商"古今辉是 1866 年经澳门、安南再往檀香山经商的。1875 年，汤姆斯·赛拉姆在其所著的《夏威夷年鉴》中有一部分论及夏威夷甘蔗榨糖业的历史。他说，1852 年 1 月，托伯特在夏威夷皇家农业协会宣读过一份文件："我国制糖业创始于 1802 年，创始者是一个中国人，地点是兰奈岛。那个中国人是乘坐一艘做檀香生产的商船到夏威夷来的，他用自己带来的石臼和煮锅把少量甘蔗制成了食糖。但第二年他就回国了……"1828 年又有两个叫阿恒和阿泰的中国人合伙成立了一个恒泰商行，他们在莫艾岛上建造了一座

---

① ［美］孔飞力. 他者中的华人：中国近现代移民史［M］. 李明欢，译，南京：江苏人民出版社，2016：79.

榨糖作坊。① 用石臼与煮锅制作榨糖是客家人传统的制糖土法，因此可以说，夏威夷最早的制糖业是客家人经营的。19 世纪中叶后，大批华人以契约劳工或自由移民的身份进入檀香山，其中至少有 1/3 是客家人，知名"客商"刘佛良、钟木贤、孙眉等就是这一时期在夏威夷通过开垦荒地经营种植业起家的。钟木贤是五华县岐岭人，同治二年（1863 年），作为契约华工赴南洋打工，后到美国夏威夷毛伊岛从事种植业。光绪四年（1878 年），他与土王血裔玛莉（Mali）结婚，成为庄园主。后被选举为檀香山商会会长和国安会主席。孔飞力说："南太平洋群岛的中国移民虽然人数不多，但分布广泛，他们受到统治当地的欧洲人的影响。欧洲人招募契约劳工进入当地，同时也建立了当地与世界各地市场的联系，为那些充满活力、聪明能干的商人提供了经营空间。"②

3. 印度、巴基斯坦

第一位有资料可查的到英属印度首府加尔各答定居的中国人是广东香山的客家人杨大钊。根据英国皇家档案馆的资料，1778 年，杨大钊向英国印度总督沃伦·黑斯廷斯申请租地开设糖厂，并从国内招募劳工到印度种植甘蔗。加尔各答警察局的人口调查资料显示，到 1837 年，当地已有华人362 人。

太平天国运动失败后，约有 300 多个客家籍参与者渡海逃往印度。他们在恒河边一片名叫塔霸的沼泽地建立家园，那里以后成为印度有名的"中国城"。到 20 世纪 50 年代，在印度加尔各答定居的客家人，仅广东梅县籍的就有 12000 多人，这些人大多是经香港中转迁往印度经商定居的。印度加尔各答华人联合会前会长、全印华侨华人协会顾问刘国赵，20 世纪 40 年代从家乡梅县前往印度，先在塔坝的华文学校任教，后经营中餐业，其开设在塔坝的"北京饭店"和在加尔各答的"东方酒楼"成为当地的地标。

印巴分治以前，今巴基斯坦境内也是"客商"的活动区域。比如美国巴尔的摩市华人协会现任主席刘孟经，其家族一直在印度和巴基斯坦经商，他在加尔各答出生，16 岁到巴基斯坦拉合尔读书，而他的伯父便是在当地经商。巴基斯坦全巴华社联合会现任会长池新华，祖籍广东梅县，1956 年出生于东巴基斯坦，1971 年，东巴基斯坦脱离巴基斯坦成立孟加拉国后，

① CHAR T Y. The Sandalwood Mountains：readings and stories of early chinese in Hawaii［M］. Horolulu：University of Hawaii Press，1975：240－255.

② ［美］孔飞力. 他者中的华人：中国近现代移民史［M］. 李明欢，译. 南京：江苏人民出版社，2016：146.

池新华全家迁居巴基斯坦本土。

4. 非洲

前面提到的郑成功部下、大埔人江龙、罗宏等率领几千名客家人辗转到南洋各地，其中一些人到了毛里求斯、南非等地。第二次鸦片战争以后，大量的客家人经南洋前往非洲，大多数是劳工（其后人绝大多数成为非洲华裔"客商"），一部分则是商人。

毛里求斯被马克·吐温喻为"比天堂还要天堂的国家"，有"非洲夏威夷"之称。但在 16 世纪以前，岛上荒无人烟。当葡萄牙人马斯克林登上该岛时，只见一群蝙蝠惊起，于是他把小岛叫作"蝙蝠岛"。1598 年，荷兰人以莫里斯亲王的名字将岛命名为"毛里求斯"。1715 年，法国人占领了毛里求斯岛，改称它为"法兰西岛"。100 多年后，英国打败法国，将岛名改回"毛里求斯"。在毛里求斯早期发展进程中，客家商人起了重要作用。1842 年，毛里求斯的客家帮、广府帮和福建帮共同在海边建起第一座供奉关公的中国庙宇。1850 年前后，毛里求斯的华侨约有 1000 人，其中客家人最多。第一个有姓名可考的到毛里求斯的"客商"，是 1862 年福建永定的陆新创。随后，梅县籍"客商"大量进入毛里求斯，他们办企业（主要是制衣厂、食品厂），建学校，开酒楼、书店、文具店、娱乐城等。黎达夫（黎子达之父）、古文彬等知名"客商"就是这一时期从梅县前往毛里求斯的，毛里求斯文化与艺术部前部长曾繁兴的父亲也是这一时期到毛里求斯经商的。后来岛上的广府商人、福建商人外迁，留下来的基本上是客家人。现在毛里求斯年龄较大的华侨基本上都讲客家话。

1874 年，"客商"在路易港西区另建关帝庙神场，后改名为仁和旅馆、仁和公司，1904 年 10 月以仁和会馆名义正式向政府注册，此名沿用至今，它是毛国历史悠久的华人社团之一。会馆内挂有反映客家文化的对联，如"仁厚本梅风，中外同凤占凤起；和风敷异域，奂轮继美庆新居"；"仁义达乎华夷，以和为贵；嘉谋扬于中外，相应同声"。目前在毛里求斯的 4 万多华人（占该国总人口的 2.3%）中，祖籍梅县的客家人占 80%。毛里求斯首都路易港有一条街，街上全是华人开的商店与餐馆，这就是著名的唐人街，被称为"非洲最大的华埠"。

1623 年，荷兰东印度公司的船长庞德古在《难忘的东印度旅行记》中写道：他们当时将中国劳工在澎湖集中，然后每两个人绑在一起，在劳工的胸脯上烙上英文字母作为记号——"C"是代表运往"古巴"的；"P"是代表运往秘鲁的；"S"是代表运往檀香山的；"A"是代表运往南非等。这些劳工先被运到巴达维亚，再被卖往各地。据史料记载，1658

年，荷兰人将数千名囚犯从东南亚各地运抵南非，其中就有华人（包括客家人），这些华人大多数是因无钱偿还债务而沦为"流放罪犯"落户南非。1740 年，又有一批华人"罪犯"被荷兰人从巴达维亚运往南非开普敦。随后，又有广东梅县、南海、顺德的一批乡民，远涉重洋到非洲谋生。客家人主要聚居在伊丽莎白港（今曼德拉市）周围。1899—1902 年的布尔战争结束后，英属南非殖民地的矿场急需劳动力。据孔飞力估算，从 1905—1907 年，约有 6.3 万中国人作为契约劳工被送往南非，其中高峰时约有 5.3 万人在南非的各个矿场工作。[①] 朱梅麟的父亲朱维勋就是这一时期准备从广东梅县前往南非的，不过中途船在毛里求斯补给，他就留在了毛里求斯。

20 世纪初，华商、华工开始联合起来反抗殖民奴役和种族隔离，并成立了华人协会，广东"客商"梁金出任主席。1909 年 2 月，梁金同甘地被捕，他们在狱中同殖民当局进行了英勇的斗争。甘地后来说："我们的友谊是在生死患难和相互合作中成长起来的。我为在斗争中结识这样一个人感到自豪。"[②] 美国华人首富陈颂雄（即黄馨祥，Patrick Soon-Shiong，阿博瑞斯生物科技公司创始人）的父亲黄兆君原是广东梅县的一名中医，20 世纪 30 年代因生计所迫，抛家弃子，到南非经商。

南非"客商"中，老一辈主要经营杂货店、洗衣店、蔬菜店、茶馆和餐馆，后移民的多从事电子、电脑、电器、金融、饮食、商贸、旅游、建筑、渔业、纺织等行业，比较有名的"客商"有李铿发、陈云生、李杰发等。早期的客属社团组织是为维护本族群权益而成立的，如居住于约翰内斯堡的梅州人创办的梅侨商会，以及南非东伦敦中华会馆、梅县同乡会、维益社、南非中华公会、南非联卫会所等。

华工进入留尼汪的历史也比较早。1840 年前后就有华商在留尼汪从事筑路、养蚕和种植园业。1885 年，一批来自广东梅县的客家人进入留尼汪，1901 年左右，华商网络开始形成，仅首府圣旦尼开设的华商店铺就有 75 家；第一次世界大战期间，由于蔗糖业的飞速发展，华商店铺达到 250 多家。现任法国中留商会会长、1986—1991 年担任留尼汪工商联合会会长的"客商"侯沐凯，其父亲侯聪创就是 20 世纪初由广东梅州迁往留尼汪经商的。留尼汪中华文化促进会前会长朱复翔，祖籍广东梅县，1925 年在留尼汪出生，其父亲是 19 世纪末到留尼汪经商的。法国首位华裔国会议员曾宪建的父亲也是这一

---

① ［美］孔飞力. 他者中的华人：中国近现代移民史［M］. 李明欢，译. 南京：江苏人民出版社，2016：115.

② 余思伟. 中外海上交通与华侨［M］. 广州：暨南大学出版社，1991：225.

时期由广东梅县迁往留尼汪经商的，曾父所在的梅县城东曾龙䓬村当时有一半男性在这一时期到留尼汪经商。1989 年当选圣但尼市副市长的李传豪，祖辈也是这一时期由广东梅县城东书坑迁往留尼汪经商的，同期先后有 200 多人从书坑前往非洲经商。目前留尼汪有 3 万多客家人。

1862 年以前就有华人在马达加斯加开设店铺。后客家人从毛里求斯大量涌入马达加斯加经商。由于在商业竞争中"客商"势力较强，岛上原有的广府帮商人则向留尼汪等地迁移，因此在马达加斯加的华商主要是"客商"。据 1951 年该国的人口普查，从事商业的华侨有 2181 人，占参与经济活动的华侨人口的 93.6%。1968 年，该国报道："毫无疑问，华人在马国商业中居举足轻重的地位，特别是在零售贸易方面。"但华商未形成大型商业网络，"华人总是孤立地经商。你所看到的仅仅是各家单独经营，很少看到合伙经营"。①

5. 美洲

19 世纪初，就有大量的广东人从东南亚前往美洲务工或经商，主要是珠三角的广府人。但到 1848 年加利福尼亚金矿开发前，已经有许多"客商"和客家务工人员由东南亚前往美国。孔飞力说，此时通过商人的"桥头堡"，在北美已经形成两个新的华人移民群体，一是客家人，二是香山人。② 其实，香山人中有相当一部分是客家人。1849 年后，以商人为主体的数百华人到北美参与西部大开发，其中有一部分是"客商"。廖仲恺的父亲廖竹宾就是这一时期由香港前往美国的。1882 年，美国国会通过了臭名昭著的"排华法案"，但不禁止中国商人、外交官和学生移民美国。而且，"虽然由于遭遇严酷的排华法案，华人移民较之此前虽显示出有所减少，却仍然源源不绝⋯⋯自 19 世纪 80 年代以后，（美国）华人社会的职业构成就明显转向了服务业和小店铺"。这就是说，这一时期相当一部分客籍华工变成了商人。

客家人移民拉丁美洲比较早，主要是以输出劳工的方式从东南亚前往拉美的，以圭亚那、苏里南最为集中。1814 年英属圭亚那（今圭亚那合作共和国）正式由英国殖民统治，1852—1879 年约有 1.35 万华人劳工被运送到英属圭亚那的甘蔗种植园从事劳作，其中主要是从南洋各地来往的客家人。曾经担任英属圭亚那政府秘书的塞西尔·克莱门蒂 1915 年总结殖民地开发史时说："（殖民地）极其需要那些生产力旺盛，勇猛无畏，并且极具

---

① 余思伟. 中外海上交通与华侨 [M]. 广州：暨南大学出版社，1991：222.

② ［美］孔飞力. 他者中的华人：中国近现代移民史 [M]. 李明欢，译. 南京：江苏人民出版社，2016：205.

有冒险精神的中国人。"① 1853 年 1 月，圭亚那首任总统钟亚瑟的父亲从广东大埔渡海到马来亚，再转往圭亚那。钟父经商成功后在圭亚那西岸德海拉拉的温莎森林建了一个传统的客家围龙屋，钟亚瑟就是在那里出生和长大的。苏里南 56 万人口中有 5 万多华人，华人约占全国人口的 10%，其中大多是祖籍广东的客家人。这些客家人最早是明末从菲律宾渡海过来的商人。1853 年，第一批华工从香港抵达苏里南；到 1882 年，约有 2625 名契约华工由荷属东印度乘船经好望角被运往苏里南，他们在当地的农庄、种植园（甘蔗、果树）做工。1867 年苏里南境内发现金矿，便有很多其他地区的华工涌入苏里南淘金。华人成为苏里南最早的外来族群，其中大多数是广东客家人。由于客家人善于经商，眼光独到，很快成为小有成就的商人阶层。苏里南前总统兼总理德里克·陈亚先的曾祖父是原籍广东惠阳的客家人，是第一批到达苏里南的华工，后家族经商致富。

6. 澳大利亚

早在 1848 年就有契约华工被送往澳大利亚，其中就有客家人。1851 年，澳大利亚东南发现金矿，数以千计的广东客家人从梅县松口乘船到汕头，然后出海冒险前往澳大利亚，寻找财富机遇。到 1857 年，维多利亚殖民地的华人总数已经超过 2 万人，其中客家人几乎占一半。这些人的后裔开始经商，现在主要聚居在达尔文市和墨尔本。

新南威尔士州上议院议员黄肇强的父亲是 20 世纪 40 年代从马来亚迁往澳大利亚的"客商"。首位澳大利亚联邦亚裔部长、现任澳大利亚外交部长黄英贤，其父是马来亚"客商"，从事建筑开发，20 世纪 50 年代迁往澳大利亚。

罗香林根据张相时《华侨中心之南洋》中的调查数据估计，20 世纪 20 年代，海外客家侨民至少有 100 万，而据广东省侨办的准确数据，乾隆末期海外的客家侨民已经超过百万。其中，1921 年，英属马来亚有客家人 217850 多人，东南亚荷属各殖民地总计 60 万人。自同治三年至民国十五年（1864—1926 年），每年海关统计的对外贸易出超额平均达 7000 万两白银，弥补这个缺口的是侨汇，而客商侨汇占 30% 以上。② 而 20 世纪 90 年代广东省侨办统计，分布在五大洲的客家人约有 500 万，仅东南亚各地的就有 300 万之多，大都是当年"过番"的"客商"及其后裔。

---

① ［美］孔飞力. 他者中的华人：中国近现代移民史 ［M］. 李明欢，译. 南京：江苏人民出版社，2016：117.

② 罗香林. 客家研究导论（外一种：客家源流考）［M］. 广州：广东人民出版社，2018：211－212.

其中，印度尼西亚的客家人最多，有 100 万～ 129 万人，其次是马来西亚，约有 100 万人，泰国约有 45 万人，越南约有 30 万人，新加坡约有 15 万人，缅甸约有 12 万人。

第二节　客家商帮的形成演变

客家商帮形成于清中期，国内商迹遍布江南，远迈京华，但以外拓为主，纵横南洋。其演变分为三个阶段：第一阶段大多从属于地域性组织；第二阶段是客家民系意识觉醒后，冠以"客家""客属"之名；第三阶段是全球"客商"网络的形成。

一、早期地域表识明显

商帮的三大特征：会馆、章程和活动区域。客家人崇文，客家商帮所到之处都建有会馆。"凡都会之区，嘉属人士，足迹所到者，莫不有会馆。"（《光绪二年建筑省城嘉属会馆碑记》）早期客家商帮在国内建立的会馆多以广东、江西或其他州县冠馆名，是一个地域商人组织。据刘正刚研究，在清代前期，客家帮商人在重庆、泸州及各县城建立的会馆有 17 个。[①] 四川成都的洛带古镇是清初客家商帮在华西的重要商务会聚中心，那儿的"客商"会馆都是以地域命名，如广东会馆（南华宫）、江西会馆（万寿宫）、湖广会馆等。

据《江苏省明清以来碑刻资料选辑》统计，嘉庆年间，苏州就有关于嘉应会馆修建的碑记达 17 块之多，反映了清代初中期客家帮商人在江苏经商十分活跃和会馆活动兴旺。[②] 嘉庆十八年（1813 年）《嘉应会馆碑记》载："我嘉一郡五属，来此千里而遥，坐贾行商，日新月盛。性向未立会馆，咸以为缺事，泰（董事）等托足此地二十余年，承各位乡台及先达来往者。盛不以为不才而嘱倡其事。"[③] 道光年间，广东的广府商人、潮州商人和客家商人在苏州城外莲花兜共建"海珠山馆"。[④]

清代，潮州城已经成为潮汀赣梅一带的经济贸易中心，商人云集。客

---

① 刘正刚. 广东会馆论稿 [M]. 上海：上海古籍出版社，2006：358 - 361.
② 黄启臣. 黄启臣文集：二 [M]. 北京：中国评论学术出版社，2007：251 - 253.
③ 苏州历史博物馆，等. 明清苏州工商业碑刻集 [M]. 南京：江苏人民出版社，1981：350.
④ 范金民. 明清江南商业的发展 [M]. 南京：南京大学出版社，1998：208.

家商人建有"汀龙（福建汀州、龙岩）会馆""镇平（蕉岭）会馆"等。意溪镇是客家商人集中的地方，建有众多的客家会馆，其中和平馆为建筑规模最大的一个客家会馆，由福建连城人创办，广东、福建二省共管，专做杉木贸易；金丰馆由福建永定客家人创建，除扮演贸易中介的角色之外，有时还直接收购、转卖货主的杉木板；银溪馆由大埔银江人创建，专做银溪河的大杉生意；丰埔总馆由丰顺、大埔两县商人联合创办，免费为丰顺、大埔两县的货主和放排工人提供食宿，同时按2%的比例向贸易双方收取中介费，用于支付馆内的日常开支。在意溪，还有橡埔、鄞江等会馆。这些会馆都是地域性组织，大多是潮籍商人、客籍商人和福建籍商人共同组建的。

在康雍乾时期，客家人在东南亚国家经商贸易定居者有百余万。① 到了清代后期，客家帮商人到外国经商而建立会馆为数不少，仅新加坡、马来西亚就计有21个，美国旧金山2个，加拿大维多利亚省1个。② 越南胡志明市堤岸区的"义安会馆"（义安郡设立于东晋，辖今天粤东潮梅地区、闽南的漳浦、云霄、诏安等县），是客家商帮和潮州商帮共同建立的，始建于明末，同治五年（1866年）重修、光绪二十八年（1902年）大规模改建，留下几块碑记。其中《重修义安会馆碑记》开头第一句称："我堤岸义安会馆，依隋代古郡以立名，合潮循道（今潮梅地区）属而共建。"在《重建义安会馆序》中又对"义安"二字做了特别的解释："为乡情而适义，会梓谊以问安。"在碑记中写道："会馆之建设久矣。其初为潮客两帮诸商董协力同心，创成基址。凡吾两帮人等来南者，皆得赖以联络乡情，会议商务。即今左右门楣，悬挂公所，潮客两帮，相对辉映，所以壮会馆之观瞻也。"③ 越南安江省龙川有座七府庙，其《七府庙史略》载："七府庙，乃闽粤各省华人共建庙宇。七府即指泉州府、漳州府（福建）、广州府、潮州府、惠州府、琼州府（海南）、徽州府（安徽）。七府来源于清初。"

可以看出，早期客籍商人基本上是沿袭中国传统的地域帮属，并未强调族群观念。

二、客家族群的自觉与客家商帮的形成

客家人在迁徙过程中经常受到其他族群的歧视。早期有关"粤人"

---

① 广东省地方史志编纂委员会. 广东省志·华侨志 [M]. 广州：广东人民出版社，1996：178.
② 黄启臣. 黄启臣文集：二 [M]. 香港：中国评论学术出版社，2007：251－253.
③ 黄挺. 潮商文化 [M]. 北京：华文出版社，2008：20－21.

的记述中对于客家人的记载大部分是负面的，如崇祯《东莞县志》称客家人为"獠"，在许多地方志中客家人还经常被称为"匪"。而无法避免的"土客之争"更使客家人生存面临巨大的威胁。因此，族群必须强调团结。仅清一代，两广地区"土客"的武装械斗就有几百次，死亡 100 多万人，曾一度使广东人口剧减。19 世纪五六十年代在广东的开平、恩平、高明等地发生大规模"土客大械斗"事件，惊动一时，造成的破坏极大，双方死伤者达五六十万人，田屋财产毁坏更是无计。① 地方政府为了平定械斗，曾一度"逐客"。同治六年（1867 年），广东巡抚蒋益澧令土客和议，并划分彼此田亩界线，安置留余未散的客家人，这场冲突才结束。刘坤一任两广总督时，设"土客永安局"以防"土客械斗"。在南洋各地，客家人与当地土著及其他族群和商派的冲突也愈演愈烈。当时吉隆坡的开拓者客家人叶德来"遣子弟回嘉应，幕义勇，叶氏举族万余人，皆度海助战，而邻近村落应之者亦夥，他邑之流寓其地者皆从"②。20 年代末，罗香林撰写了《客家研究导论》，科学地证明了"客家为汉族里头的一个支系"，有力地批驳了将客家诬为"语言啁啾不甚开化""野蛮的部落，退化的人民"等种种论调。其后他推出了《客家源流考》，系统阐述了客家的源流和系统、客家的分布及其自然环境、客家语言特征等，全面有力地证实客家人是华夏正脉。"独忆 30 年前，我客属人士，侨居香港，以无统属团体，常遭意外歧视。"③ 由此，客家认同由族群团结上升到文化凝聚。客家话是客家人认同的纽带。"在民系认同标准中，文化方言是第一位的，其次是血缘关系（裔承与体格），地缘关系是第三位的。"④ 孔飞力认为，历史上，无论是在中国本土还是海外华人社会，方言宗亲都是移民群体最强有力的组织形式。⑤ 周振鹤认为："客家人的最显著特征就是客家话。""客家方言不但是客家人凝聚力所在，也是区分客家人与非客家人的根本标志。这无论是对国内的客家人或是海外的客家人都是如此。""地域认同是划分汉人的主要标尺，也是中国人处理人际关系的基本认识之一…… 唯独对于客家人来说，地域认同显然是次要的，无论是江西的、福建的、广东的，乃至广西、湖南、四川、台湾，只要讲客家方言，就被视为客家人。对于客家人

---

① 罗香林. 客家研究导论（外一种：客家源流考）［M］. 广州：广东人民出版社，2018：14.

② 李长傅. 南洋华侨史［M］. 上海：上海书店，1991：132.

③ 陈承宽. 香港崇正总会 30 周年纪念特刊序［M］//崇正总会. 崇正总会 30 周年纪念特刊. 香港：崇正总会，1950：5.

④ ［英］马林诺夫斯基. 文化论［M］. 费孝通，译. 北京：中国民间文艺出版社，1987：45.

⑤ ［美］孔飞力. 他者中的华人：中国近现代移民史［M］. 李明欢，译. 南京：江苏人民出版社，2016：172.

来说，地缘关系当然也存在，但那是在县一级较低的层次上。方言认同是凌驾于地缘认同之上的。所以说到底客家人的最根本的标志是客家方言。"①

不过，西方也有许多学者认为语言不能作为文化认知的核心。如霍布斯鲍姆认为："集体认同本身没有特别的文化因素，虽然它可以利用或树立一些文化形象作为与别的集体相区分的标志。不过，语言绝对不能用作标志，尽管由于知识分子的大力营造，语言经常被提到民族基本价值观的高度。确实，如果一国的官方语言不普及，老百姓除非上学或者在国家军队中服役，否则不懂的话，那么，这种语言不可能在人民的社会中扎根的。"②

客家商帮的独立组织最先是在南洋形成。1795 年，广东客家商人和福建客籍商人共同在槟榔屿组织广汀会馆。这是第一个打破地域观念的纯客属商帮组织，但当时并没有冠名"客"字。其后在 1840 年前后，槟榔屿的永定籍客家人和大埔籍客家人结盟，成立永大会馆。随着海外客家人联系日益广泛，在 19 世纪中期，客家人的这种联合会馆在东南亚分布极广，遍布新马各地，但大多没有以"客籍"或"客家"冠名。这些客属会馆的会员除广东、福建的客家人外，还有广西、湖南、湖北天门籍客家人。

最早以"客"冠名的客籍会馆是 1865 年在印度尼西亚成立的客属总义祠。"客家人在东印度之团体组织，其历史较长者，当以巴达维亚之客属总义祠为最著。"③ 以后暹罗的客家商人成立"合艾客属会馆"等，旅居马来西亚的梅州籍客家商人也组织了各地的客籍会馆。20 世纪初，梅县籍旅暹"客商"侨领伍佐南以团结客属同胞为己任，于 1910 年将暹罗两个客籍会馆合并，正式组成"暹罗客属会所"，并向暹罗政府立案，成为合法社团。此后，美国的旧金山，非洲的南非、毛里求斯以及南美洲等地先后出现各种客家会馆或客属联谊会。

三、客属公会成立——全球"客商"网络的形成

文化认知的推动作用，使世界各地的"客商"领袖认识到必须有一个全球统一的组织，沟通团结，才能更有利于事业发展，更有利于与祖国的联系。"本洲属侨虽众，然向乏联络，无共同组织也。"④ 进入 20 世纪 20 年

① 周振鹤. 客家源流异说［J］. 学术月刊，1996（3）：16 - 24.

② ［美］霍布斯鲍姆. 断裂的年代［M］. 林华，译. 北京：中信出版社，2014：140.

③ 元一. 客属海外各团体制组织与发展［M］//崇正总会. 崇正总会 30 周年纪念特刊，香港：崇正总会，1950：16.

④ 元一. 客属海外各团体之组织与发展［M］//崇正总会. 崇正总会 30 周年纪念特刊. 香港：崇正总会，1950：14.

代，"客人南来日众，人事交接日繁，分布区域日广，社会关系日密，非作有组织之大团结，不足以联络感情，互通音问，及收团结互助之效"①。广泛地团结客属华侨力量，维护华商的合法权益，以影响殖民当局的各项政策，被"客商"领袖视为一项紧迫任务。"自合群组织发达以来，团体构成，指不胜屈，或以地方为区别，则感于疆域之不广，或以姓氏为依归，则感于群道之不足，若崇正总会，则以语言为系统，为客族之集团，横贯数行省之地区，综合百家姓氏之群众，同声相应，同气相求，兼收并蓄，团结精诚，其集思广益之功，较之同乡同姓之团体，实更巨大。"

1921 年，当"客商"领袖胡文虎在香港设立第一家永安堂分行时，就参与香港崇正总会的建立活动。崇正总会于 1921 年 9 月 29 日成立，创建时名"旅港崇正工商总会"，创建人有张发奎、胡文虎、林翼中等。1926 年，徐仁寿建议，总会冠以"工商"二字范围太狭窄，不利于团结广大客家乡亲，遂决议称为"香港崇正总会"。之所以用"崇正"而不用"客家"，一方面"崇正"象征客家人刻苦耐劳、敢作敢为、团结互助、富于创造、崇尚正义、威武不屈的精神，同时也避免与亿万华夏同胞有"割裂"之嫌。胡文虎 1928 年当选为会长，继而成为该会永远名誉会长。

1923 年，胡文虎等"客商"领袖筹建南洋客属总会。1929 年 8 月 23 日，南洋客属总会成立并正式在新加坡举行开幕典礼，胡文虎被推选为会长，并蝉联数届，成为新马华侨社会的著名领袖。南洋客属总会不仅是团结新马客属人士的核心组织，而且也是联系东南亚各地客家同乡的唯一纽带。南洋客属总会经常与世界一百多个国家和地区之客属侨团保持联系，发挥沟通声气和团结互助之桥梁作用，对加强各地客属侨胞之间的联络、协作，起了不可替代的作用。中国抗日战争全面爆发后，胡文虎以南洋客属总会会长名义，推进客家社团组织的发展，特派代表到南洋各地宣传，呼吁"各地同侨，应起而组织客属公会，以符合先有小组织，而后有大组织，先有小团结，而后始能大团结之主旨"②。遇到筹备费用不足时，胡文虎资助重金，因而南洋各地的客属公会纷纷成立。在短短的一年中，共有 53 个客属公会成立，分布在马来亚、砂拉越、印度尼西亚、缅甸等地。这些客属公会在组织关系上都隶属于客属总会，并直接由总会领导，形成了

---

① 许云樵. 胡氏事业史略［M］//关楚璞. 星洲十年. 新加坡：星洲日报社，1939：16.

② 元一. 客属海外各团体之组织与发展［M］//崇正总会. 崇正总会 30 周年纪念特刊. 香港：崇正总会，1950：8.

系统的客家社团联络体系。① 1946 年，"暹罗客属会所"更名为"泰国华侨客属总会"，制定了为侨胞服务的"生有所养，长有所教，病有所治，死有所归"的福利措施，提出了扩充华侨校舍、筹办公立医院、增设新的"义山"（指无依无靠的华侨去世后安宿之地）等计划。

1971 年 9 月，世界各国和地区近 50 个客属团体的代表数百人，在香港发起成立世界客属总会。创会宗旨为：宣扬客家精神，加强属人团结，凝聚属人力量。目的是推动并传达全球客属人士的工商业和文化活动，使各地客属人士能进一步了解和团结，使客家人的优良传统，果敢、刚毅、刻苦耐劳的精神得以发扬，从而在全世界形成一股受人尊重的组织力量。

至此，以"客商"为核心的全球客属网络正式建立，"客商"也由早期的行商、传统商帮演变成为具有全球网络的客籍现代实业家组织。1998 年 9 月，在龙川籍客商黄石华（申原棉纺厂的创办者、华英出版社有限公司董事长）的倡导推动下，"全球客家、崇正会联合总会"在香港崇正总会的基础上成立，以"客商"为核心的全球客属组织得到了进一步巩固和加强。

---

① 张侃. 从社会资本到族群意识：以胡文虎与客家运动为例［J］. 福建论坛（人文社会科学版），2004（1）：73－77.

第三章　"客商"与中国的现代理念及现代化要素

中国，这个一千多年来一直抗拒任何发展和历史运动的国家现在怎样被英国人、被机器翻转过来，卷入文明之中。

——恩格斯《1847年11月30日在伦敦德意志工人教育协会的演说》

第一节　近现代中国及其现代化

费正清认为，精耕细作的农业、严密组织的家庭生活和官僚化的行政机构是传统中国的主要特征。"在这个旧秩序里面，经典的教义只能容忍限于传统内部的变化，扩大的家庭制度支配着个人，恪守职责的信条高于享受权利的信条，文官控制着军事，并且使商人为其所用，道德行为的准则凌驾于人的情欲、物质利益和法律条文之上。"他将1800年以后，农业经济–官僚政治的中华帝国与欧洲工业革命后的商业–军事社会进行对比，认为包括运用暴力在内的个人才能和进取心，在中国社会中没有被培养出来，但在欧洲，航海技术、好战精神、探险和海外移民活动，却已蔚然成风了。① 某种意义上可以讲，近代中国工商业的发展史，就是其挣脱制度桎梏，摆脱文化歧视和社会边缘化，争取自由发展和融入世界潮流的历史。

列文森认为，鸦片战争后，欧洲的工业主义和商业事业开始成为传统中国社会的催化剂。买办开始成为新的中国商人社会的核心。②

马克思在欧洲一直关注鸦片战争后中国的社会状况。他在为1853年6月14日的《纽约每日论坛报》写的社论中说："与外界隔绝曾是保存旧中国的首要条件，而当这种隔绝状态通过英国而为暴力所打破的时候，接踵

---

① [美] 费正清. 导言：旧秩序 [M] // [美] 费正清, 刘广京. 剑桥中国晚清史：上卷（1800—1911 年）. 中国社会科学院历史研究所编译室, 译. 北京：中国社会科学出版社, 1985：9—10.

② [美] 列文森. 儒教中国及其现代命运 [M]. 郑大华, 任菁, 译. 桂林：广西师范大学出版社, 2009：41.

而来的必然是解体的过程，正如小心保存在密封棺材里的木乃伊一接触新鲜空气便必然要解体一样。"① 在 1858 年 9 月 20 日的社论中，马克思嘲讽性地使用英国殖民主义政客称中国人为"野蛮人""半野蛮人"的语调，称："半野蛮人坚持道德原则，而文明人却以自私自利的原则与之对抗。一个人口几乎占人类三分之一的大帝国，不顾时势，安于现状，人为地隔绝于世并因此竭力以天朝尽善尽美的幻想自欺。这样一个帝国注定最后要在一场殊死的决斗中被打垮；在这场决斗中，陈腐世界的代表是激于道义，而最现代的社会的代表却是为了获得贱买贵卖的特权——这真是任何诗人想也不敢想的一种奇异的对联式悲歌。"② 马克思站在时代的高度，深刻阐明了农业经济的道德原则在商业智力冲击下的无能为力。"这个国家的缓慢地但不断地增加的过剩人口，早已使它的社会状况变得为这个民族的大多数人所难以承受。后来英国人来了，夺得在五个口岸自由通商的权利。成千上万的英美船只开往中国；中国国家很快就为英国和美国用机器生产的廉价工业品所充斥。以手工劳动为基础的中国工业经不起机器的竞争。牢固的中华帝国遭受了社会危机……这个国家现在已经接近灭亡，已经面临着一场大规模革命的威胁。但更糟糕的是，在造反的平民中有人指出了一部分人贫穷和另一部分富有的现象，要求重新分配财产，甚至要求完全消灭私有制，而且至今（1850 年 1 月）还在要求。"③ 马克思深刻地洞察到，当时中国腐朽的政治和衰弱的国力背后是国家体制和国民思想的极其顽固与落后，现代意识尚未萌芽。

20 世纪中叶，西方汉学家这样评价孙中山领导的革命："这一运动会使中国身受现代西方政治文明之益，也就铺平走向西方商业发展的道路。"④ 而著名历史学家罗伯特·艾伦认为缺乏商人阶级是工业革命没有最先在中国发生的主要原因。⑤ 近现代中国的实际情况是，由于工商业势力薄弱，造成现代革命的原生动力不足，现代化的路径不得不在国际两个标准之间游荡，进而形成一种高成本的现代化模式。

① ［德］马克思. 中国革命与欧洲革命［M］//中共中央马克思恩格斯列宁斯大林著作编译局. 马克思恩格斯选集：第一卷. 3 版. 北京：人民出版社，2012：782 – 783.

② ［德］马克思. 鸦片贸易史［M］//中共中央马克思恩格斯列宁斯大林著作编译局. 马克思恩格斯选集：第一卷. 3 版. 北京：人民出版社，2012：801 – 802.

③ ［德］马克思，恩格斯. 时评：1850 年 1—2 月［M］//中共中央马克思恩格斯列宁斯大林著作编译局. 马克思恩格斯全集：第十卷. 3 版. 北京：人民出版社，2006：276 – 278.

④ ［美］加斯特. 共和革命运动［M］//［美］费正清，刘广京. 剑桥中国晚清史（1800—1911 年）：下卷. 中国社会科学院历史研究所编译室，译. 北京：中国社会科学出版社，1985：459.

⑤ ［英］艾伦. 近代英国工业革命揭秘：放眼全球的深度透视［M］. 毛立坤，译. 杭州：浙江大学出版社，2012.

"现代化"概念是 17 世纪欧洲重商主义的产物。德国著名哲学家汉斯·布鲁门伯格说:"现代性是第一个和唯一一个把自己理解为一个时代的时期,它在这样做的同时创造了其他时代。"①18 世纪以后,工业化成为现代化的代名词,一直到 20 世纪前半期,人们对现代化的认识仍然主要集中在物质方面,强调经济增长和物质享受。这就是近现代中国所处的时代背景。现代化,简单地说,就是从一个以农业为基础的生产力水平很低的社会,走向着重利用科学和技术的城市化和工业化的社会。这一转变的背后是社会开放性和流动性的大幅度提升,是国民政治参与、社会参与的广泛深入,是法制和民主的逐步确立,是人力资源素质和公共福利的显著提高,是社会监督的日益明确。吴承明根据希克斯在《经济史理论》中对16 世纪西欧"专业商人"的出现对整个社会秩序和政治经济制度的冲击,以及诺斯在《经济史上的结构和变迁》中对 1450—1650 年贸易发展成为社会变革的"一种根本动力"的论证,认为西欧现代化始于 16 世纪商业与市场的发展。"研究西欧的现代化虽常是从文艺复兴讲起,但经济上的变动,或现代化因素的出现,实始于 16、17 世纪的重商主义时代,这几乎成为史学界共识。"②北京大学教授罗荣渠说,远洋贸易,世界市场和新兴工业,打破了区域世界的自然平衡,整个世界,从西方到东方,卷入一场大贸易、大生产、大转变的运动之中,这就是现代化。③

现代化也是一个全球整合、融合的进程,以商业的不断扩张为载体。商业扩张以工业化、民主化、城市化、世俗化、理性化等为特征。工业化是基础,时至今日,理论界仍然是以工业化程度界定一个国家或地区的现代化水平。

现代化的核心是"化",即内在机制的建立和价值系统的确立。因此,实现现代化需要经历一个相对长的时期,在这一时期内,现代性逐渐萌芽、发育、成熟。革命是催生现代化的一种有效方式,但不一定是必要方式。现代化的先行者,其转变过程多是自下而上逐步推进的,但这一转变过程也经历数百年历程,首先打破封建主义的桎梏、实现资本推动的经济起飞,然后是社会改革,在其新旧体制的过渡中虽然也有一些动荡,但没有出现社会撕裂;对现代化的后来者而言,现代化是一个赶超的过程,起步越迟,

---

① [英]奥斯本. 时间的政治:现代性与先锋 [M]. 王志宏,译. 北京:商务印书馆,2004:27.

② 吴承明. 现代化与中国 16、17 世纪的现代化因素 [M] //叶显恩,卞恩才. 中国传统社会经济与现代化:从不同的角度探索中国传统社会的底蕴及其与现代化的关系. 广州:广东人民出版社,2001:4-5.

③ 罗荣渠. 现代化新论 [M]. 北京:商务印书馆,2004:249.

面临国际和国内的形势就越严峻，要求强制和集中的程度就越高，同时，偏离利伯维尔场模式就越远。

从发展历程看，世界各国的现代化进程可以分为两大类：一类是内源型现代化，即由社会自身力量产生的内部创新，经历漫长的社会变革道路，外来的影响居于次要地位；另一类是外源或外诱型现代化，是受外部冲击引起内部思想和政治变革，推动经济社会变革的道路。[①] 中国的现代化属于后者。

美国著名社会学家阿历克赛·英格尔斯认为：从历史发展上看，现代化倾向是人类传统文明的健康继续和延伸，它一方面全力吸收了以往人类历史所创造的一切物质和精神财富，一方面又以传统所从未曾有过的创造力和改造能力，把人类文明推向一个新的高峰。[②] 可以说，现代化本身就是一个不断探索、不断自我完善的过程，有可以借鉴的成功范式，但没有统一的模式。把欧美国家的现代化道路普遍化，这本身就不符合发生学的逻辑。

中国的现代化之路并不是自觉开启的，而是被动开启的，是和救国自强联系在一起的，这也是中国现代化的特殊性。这一特殊性决定了中国的现代化进程的革命性：必须对内实行强制性动员，以便对外进行防御和抵抗。由此形成中国现代化的三大特征：被动性、追赶式、外源型。其中，海外华商发挥了重要作用。孔飞力说：海外华商的重要价值，不仅在于他们是经济上的投资者，更重要的是信息的传递。他们是沟通中国与世界上其他国家和地区的文化使者——这是他们已经非正式地扮演了千百年的角色。"这是中国不可阻挡地与外部世界相接轨的时代，在这一历史进程中，海外移民发挥了重要的作用，有时甚至是坚定性的作用。"[③] 南洋"客商"是海外华商的一支重要力量。

现代化并不意味着理想状态的出现，甚至相反，伴随着现代化进程的是更多的问题和更大的挑战。原有的社会治理模式渐渐失效，传统价值体系瓦解，而新的国家治理总是面临层出不穷的问题。原有的贫富差距不可能消失，而新的环境污染、道德沦陷、价值混乱等问题迎面而来，试错、修正是必然的，也意味着损失、失落。现代化意味着对社会进行全方位的调整，意味着组织机制与思想观念的深刻变革。著名汉学家杜维明这样描

---

① 罗荣渠. 现代化新论［M］. 北京：商务印书馆，2004：131.

② ［美］英格尔斯. 人的现代化［M］. 殷陆君，译. 成都：四川大学出版社，1985：58.

③ ［美］孔飞力. 他者中的华人：中国近现代移民史［M］. 李明欢，译. 南京：江苏人民出版社，2016：394，3.

述近现代进程中的中国:"他们在情感上执着于自家的历史,在理智上却又献身于外来的价值。换言之,他们在情感上认同儒家的人文主义,是对过去一种徒劳的、乡愁的祈向而已;他们在理智上认同西方的科学价值,只是了解到其为当今的必然之势。他们对过去的认同,缺乏知性的理据,而他们对当今的认同,则缺乏情感的强度。"①

第二节 "客商"与中国的现代性

关于现代性,曾任美国政治学会主席的哈佛大学教授塞缪尔·毕尔认为,社会的自由,是现代性与现代化进程的显著特征。自由是现代性的核心。毕尔同时强调:现代性许下的承诺与取得的成就尽管宏伟非凡,但危险和灾祸迫在眉睫。一方面,自由意志所向披靡的表现为各国财富增长、公民自由扩展以及传染性疾病有效得到防控;另一方面,人类见证了工业社会不公的危害、法西斯主义的崛起、全面战争的爆发以及大规模杀伤性武器的发明。当前人类生活所遭受的核威胁,正是现代性的产物。自由主义现代化进程孕育了种种有意为之或难以预料的后果,它们都富于好恶相克和轻重难调的悲剧意味。②

现代性要素包含多个方面,也有多种表述,但毋庸置疑,自由、民主、平等、公正、科学以及社会福利、文官治理、公共安全等是现代性的核心要素,也是现代化持续深化的方向。其实,这些要素大多数在传统中国早已出现,并且远远领先于西方现代国家。比如中央集权的国家治理、官僚科层制、文官选拔考试制度、赈灾救济制度等等。黄仁宇称之为早熟的国家形态。现代要素的存在不一定是现代体,因为思想形态以及运行机制才是现代化的关键。现代性也是一个需要不断完善的概念,它是适应、发展、竞争等的综合表现。一个文明体的现代性,是从国家(政治制度、政府形态)、社会、国民三个维度反映出来。

---

① SCHWARTZ B I. History and culture in the thought of Joseph Levenson [M] //MEISNER M, MURPHEY R. The Mozartian historian, essays on the works of Joseph R. Levenson. Berkeley: university of California Press, 1976: 103.

② [美] 毕尔. 观念、行为与制度:政治科学的现代性根基 [J]. 马雪松,译. 社会科学文摘, 2018 (5): 35 – 37.

一、国家的现代性

（一）现代国家理念及机制

美国著名历史学家、美国历史学会前主席约瑟夫·R. 斯特雷耶在其《现代国家的起源》一书中认为：现代国家起源于中世纪后的欧洲，现代国家的形成是一个复杂的演进过程，是对传统统治体系不断革命的结果。在古代世界，国家有两个主要的类型：庞大的、整合有缺陷的帝国及小型的但高度统一的政治单元，如希腊城邦。每种类型都不完善。帝国在军事上是强大的，但在政治过程或在任何超越了地方利益的活动中，只有一小部分居民能够参与进去。这就意味着大量的人力资源浪费和人民对于国家的忠诚并不十分热忱，很难相信帝国臣民会以维护国家最高利益为己任。城邦比帝国更有效地利用了居民的才能，所有市民参与政治过程以及小区活动。对国家的忠诚是强烈的，它常常拥有现代民族主义的张力。但没有一个城邦解决了吸收新领土和新居民或将大量人群纳入其政治生活等问题。城邦要么成为一个帝国的附属（就像罗马帝国那样）并遭受帝国灾难性的压迫，要么它保持着小规模，军事上弱小，迟早成为征服者的牺牲品。他认为一个现代国家的建立必须有四个要素：一是空间上和时间上的延续；二是具有相对长久的、非人格化的政治制度；三是普遍认可需要一个权威，具有作出最终裁决的权力；四是效忠于该权威的观念被普遍接受。①

史景迁认为，一个现代国家应是整合而且宽容的，既保有自己的特点，又能平等地参与探寻新市场、新技术和新理念。"现代"的含义也是随着人类生活的演进而不断变化的，不能简单地将"现代"的意义等同于当代世界。他认为在 1600 年或更早就有了现代国家。现代化是知识体系、价值观、行为规范和生活方式的统一体，核心是工业化。目前，中国仍处于工业化后期阶段。也就是说，虽然经历了 180 多年的现代化探索，目前，中国仍在现代化进程中，实现中国式现代化是中国共产党提出的宏伟目标和重要任务。

国家的现代性指国家治理体系的现代化程度，包括现代国家理念、政体及政府形态现代化水平，这是现代化的重心。萧公权在 80 多年前将现代国家的"品性"概括为四点：其一，民族自主的政权；其二，承认列国并

———————

① ［美］斯特雷耶. 现代国家的起源 ［M］. 华佳，等，译. 上海：格致出版社，2011：2–30.

存，彼此交互；其三，尊法律、重制度，不偏赖人伦道德；其四，扩充人民参政权力。"欧洲近代国家之发生与长成，先于中国者数百年。以开国之迟早论，则我老大而彼少壮，以政治演化之程度论，则彼先进而我晚成。"①

（二）现代国家理念在中国的形成

中国是最早建立国家体系并最早推行文官治理的。中国的中央集权和地方分层治理是工业革命以后欧洲现代国家的学习范本。但传统中国的国家体制建立在宗法社会基础上，是以亲缘为核心的治理模式，不是法制政体。福山认为，中国很早就开发了强大国家，法治存在于印度、中东、欧洲，负责任政府则首次出现在英国。"中国人发明了好政府。他们设计的行政机构是理性的，按照功能而组织起来，以非人格化标准进行招聘和晋升，这绝对是世界第一……在其他方面，中国政治制度又是落后的。它从没创立法治和政治负责制的机制。"②

发达的商业经济是现代国家的重要构成和形成发展的基础，也是现代国家机制的核心所在。孟德斯鸠评价最先进入现代的英国："别的国家为了政治的利益牺牲商务的利益；英国却总是为了商务的利益而牺牲政治的利益。"进入现代社会，技术的进步和市场的拓展使商业贸易所具有的巨大能量释放出来，成为国家获取外来财富的主要方式和发展动力。"贸易使每个地方都能够了解各国风俗从而进行比较，并由这种比较而得到巨大的好处。……两个国家之间有了贸易，就彼此相互依存。""在人们的思想中产生了一种精确的公道的观念。"③ 大卫·休谟认为："商业远不是自由和共和精神的死对头，因为它带来了个人从封建依附关系中的解放和个人在经济上的独立与自由。"④ 商业贸易"以两种方式与人类的文明进程相关联。第一种方式是通过财富和艺术；第二种方式是通过哲学"⑤。商业的发展瓦解了封建经济的经济形态，在此基础上建立起统一行政的民族国家，贸易竞争逐渐取代战争征服；专制统治的基础瓦解，民主政治争取了愈来愈多的公共领域；公共税收和公共福利成为政治热点，政治立场和职业缘谊逐步淡化血缘结构，法律成为维护国家和民生关系的主体。这就是现代国家。

① 萧公权. 中国政治思想史：上册 [M]. 北京：商务印书馆，2011：20.

② [美] 福山. 政治秩序的起源：从前人类时代到法国大革命 [M]. 桂林：广西师范大学出版社，2014：283-284.

③ [法] 孟德斯鸠. 论法的精神：下 [M]. 张雁深，译. 北京：商务印书馆，1995：16.

④ [英] 休谟. 休谟经济论文选 [M]. 陈玮，译. 北京：商务印书馆，1984：25-26.

⑤ [德] 施特劳斯，等. 政治哲学史：下 [M]. 李天然，等，译. 石家庄：河北人民出版社，1993：610.

商业抑制是中国现代化进程的一个明显特征。西方列强的军事、政治、经济压力是早期中国近现代化变迁的主要因素，也是现代国家体制形成的推动因素。从根本上讲，中国现代化的动力是反抗外来侵略与自强，具有明显的"被动适应"特征。"跟生物进化一样，竞争对政治发展至关重要。如没有战争，就不会有对制度的选择压力，也不会有对制度革新、借鉴、改革的激励。导致制度革新的最重要竞争之一是暴力和战争。"①

现代国家理念上是民族国家，民族是文化－语言－历史的综合体，民族的共同意识即民族主义是现代国家形成的基础。罗威廉认为，20世纪初中国史最重要的主题之一，是试图形成一个民族国家。"一个民族或民族国家中的成员，把个人对于民族群体的忠诚，放在对于自己、家庭、地方、阶级或其他任何可能成为这种竞逐忠诚的实体之上时，民族主义就此产生，许多晚清属民越来越受到这种力量的影响。"② 从古已有之到近代尤烈的夷夏之防，到太平天国的暴力排满，再到孙中山革命的"五族共和"，最后到20世纪初中华民族概念的出现，现代意义上民族国家的文化认同逐渐形成。

中国的现代国家意识是20世纪初出现的。辛亥革命后，古老的中国抛弃了帝制观念和天朝思想，根据民族国家理念构建新型现代国家，并在发展中不断自我完善。1912年9月，中华书局出版《中华中学历史教科书·本国之部》，正式使用"中华民族"一词作为中国民族的统称，汉族是中华民族的主体，其他民族与汉族共同构成中华民族。

新文化运动和五四运动是中国现代国家发展的重要推动力，促进了中华民族主义的形成，这是现代国家的核心要素之一。史景迁说，统治者与被统治者说同样的语言，他们在经济生活中相互交织；来自乡村的农民必须用那种语言读写，并且只有受到足够的教育，才能在现代工厂以至办公室工作。在迫切需要不断流动的压力下，阶级、血缘、部族和教派这些旧有的划分变得衰微。共同的语言和基于语言的共同的文化，成为社会关系的主要形式。因此，民族主义完全是工业化以及伴随而来的民主、平等意识形态的产物。③

中国历来是一个多民族国家，文化认同与兼容是中国国家性的重要特征，而且这一特征依然存在于其现代性之中。目前，世界上绝大多数现代

---

① ［美］福山. 政治秩序的起源：从前人类时代到法国大革命［M］. 毛俊杰，译. 桂林：广西师范大学出版社，2014：404.

② ［美］罗威廉. 最后的中华帝国：大清［M］. 李仁渊，张远，译. 北京：中信出版社，2016：228.

③ ［美］史景迁. 追寻现代中国：1600—1912年的中国历史［M］. 黄纯艳，译. 上海：远东出版社，2005：152－153.

国家都是多民族国家，民族国家的核心是文化认同和主权认可，而不是族群、地缘或其他。族群的主要标志是语言，目前地球上有 8000 多种自然语言，其中 700 多种是主要的，但世界上民族国家还不到 200 个。大多数现代民族国家涵括了多种语言群体。"世界上除了有如日本一样的单一民族国家以外，几乎不存在国家和民族的重叠现象，因而民族国家在欧洲也不过是一种虚构而已。"①

客观地说，帝制中国的国家形态应当是：在政治上，君主高度集权，"朕即天下"，虽然有人类历史上最早的文官体制，但这种文官体制从属于皇权，属于典型的"管控型"政府；皇帝自以为是天下的核心，得天命而治，以自我为中心；在经济上，重农抑商，经济结构比较单一；在国家治理体系上，"皇权不下县"，财富高度集中于政治中心，重京师而轻天下；在文化上，儒家意识形态和神秘主义互补。罗兹曼认为，中国人有时能在重大问题上成功地动员起来，但传统中国却从未认真地建立起组织架构，以便持久地集聚资源。中国传统社会并非一个动员起来的社会，无法对迅猛的现代变革做出进一步的有力反应。② 1858 年，恩格斯评价当时的中国："这里又有一个这样的帝国，它很虚弱，很衰败，甚至没有力量经受人民革命的危机，在这里，就连一场激烈爆发的起义也都变成了看来无法医治的慢性病；它很腐败，无论是控制自己的人民，还是抵抗外国的侵略，一概无能为力。"③

亚当·斯密认为，中国一向是世界上最富有的国家，土地最肥沃，耕作最精细，人民最多且最勤勉。但许久以来，似乎就处于停滞状态。当时西方旅行家关于中国耕作、勤劳以及人口稠密状况的报告，与 500 多年前马可·波罗的记述比较，几乎没有什么区别。也许在马可·波罗时代以前，中国的财富就已经完全达到了该国法律制度所允许的发展程度。"在很长时期忽视或者鄙视国外贸易，只允许外国船舶驶入到中国的一两个港口进行极为有限的贸易，断难达到与其不同法律和制度国家所能拥有的商业数量。""在这样的国家，工人的工资在过去足以维持生计，养家糊口，但因为工人相互竞争与雇主的利益，工资很快就会下滑至一般人道要求的最低限度。"其结果是"中国最下层人民的贫困，远远超过欧洲的贫困程度"。

---

① ［日］绫部恒雄. 民族、国家和民族性之概念［J］. 郑信哲，译. 民族译丛，1987（5）：17－19.

② ［美］罗兹曼. 中国的现代化［M］. 国家社会科学基金"比较现代化"课题组，译. 南京：江苏人民出版社，2010：156.

③ ［德］恩格斯. 俄国在远东的成功［M］//中共中央马克思恩格斯列宁斯大林著作编译局. 马克思恩格斯选集：第一卷. 3 版. 北京：人民出版社，2012：822.

他认为，如果提高中国的法治水平，那么中国的土壤、气候和位置所允许的限度，可能比上述限度大出很多。①

罗兹曼认为现代国家必备的几个条件包括：概念明确的国家、无懈可击的主权、根深蒂固的政治制度和有效而集权的文官政府。② 考察一个国家的现代性，罗兹曼强调了四个指标：国际环境（主权认识与世界观和世界秩序）、政治结构（主权与政治意识、国家权力的行使、地方政权、法律结构、利益集团）、经济结构与经济增长（经济基础、资源分配、国家的作用等）、社会整合（人力资源、定居格局、组织状况、重新分布的过程、人际关系等）、知识与教育（民众教育、精英的教育和知识、科学与技术、教育和价值观等）。③ 现代化意识中的理想国家形态，用新制度经济学的理念是这样描述的："国家是一种在某个特定地区内对合法使用强制性手段具有垄断权的制度安排，它的主要功能是提供法律和秩序。"④ 现代国家的政府，可以用林肯在葛底斯堡演说中一段名言来表达："Government of the people, by the people, for the people"，即民有、民治、民享。美国著名学者尼尔·弗格森在其《文明》一书中，认为竞争、科学、财产权、医药、消费社会、工作伦理是源自欧洲的现代文明的核心要素，是一个现代国家竞争的六个"杀手锏"。⑤

（三）"客商"与中国现代国家建构

福山将现代国家建构概括为三个要素，即国家能力、法治和问责。近现代中国是在内忧外患中求生图强，其现代性很大程度上是革命的结果。国家现代性的核心是国家能力的建设。本书论述了"客商"与国家现代性的关联。可以这样理解：对中国而言，概念明确的国家和无懈可击的主权，就是近现代的反殖民、反侵略的民族革命；政治制度和文官政府，就是现代近现代反帝制、反军阀、反独裁的民主革命；国际环境就是国家安全体系建设；经济结构与经济增长及社会整合就是国家发展能力建设；知识与

---

① ［英］斯密. 国民财富的性质和原因的研究［M］. 郭大力，王亚南，译. 商务印书馆，1974：65-88.

② ［美］罗兹曼. 中国的现代化［M］. 国家社会科学基金"比较现代化"课题组，译. 南京：江苏人民出版社，2010：47.

③ ［美］罗兹曼. 中国的现代化［M］. 国家社会科学基金"比较现代化"课题组，译. 南京：江苏人民出版社，2010：3.

④ ［美］诺斯. 经济史中的结构与变迁［M］. 陈郁，罗华平，译. 上海：上海人民出版社，1994：21.

⑤ ［英］弗格森. 文明［M］. 曾贤明，唐颖华，译. 北京：中信出版社，2012.

教育就是国家发展储备与创新，是国民科学与文化素质的提升。在这些国家现代性建设方面，"客商"都做出了重大的或积极的贡献，其中工商业是现代国家能力的核心内容，也是国家现代性的基础。他们联通中西，在中国现代化的传统与西化之间架起沟通"桥梁"。"19 世纪末 20 世纪初，许多新加坡华人在忠诚于谁的问题上有些迷惑，因为当时的晚清帝国政局动荡，改良、革命迭出。……但那些接受了最良好的西方教育的群体，却恰恰是最想保留自己的中华文化根源，也最希望看到中国实现现代化的群体。"①

"客商"是中国革命的全程参与者与支持者，孙中山、叶剑英等杰出革命领袖就出身于客商之家，"客商"及其子弟是民主革命的中坚力量之一，胡文虎是抗战期间捐款最多的华商。洋务运动后，海外"客商"回国兴修铁路，创办现代制造业并组织劝业会，这些是中国现代经济的基础，是国家能力的根本体现。"客商"南洋开埠，组建海外华商网络和推动海外华文传播及华文教育发展，这些属于现代国家安全体系的重要构成部分，促进了对外贸易的发展。"客商"参政议政，创办并资助现代教育，有效地促进了国家法制建设的发展和政府施政能力的提高，这是国家现代性的重要构成。一部分海外"客商"及其子弟是所在国现代国家建设的重要参与者或领导者，在他们中产生了数位国家元首和数十位政府首脑、近百位内阁部长。这些人心系祖国（籍），在推动中国的国际交往方面做出了杰出的贡献，也有力地推动了国家现代性构建。"客商"子弟李光耀领导的新加坡现代化建设，是值得当代发展中国家现代化学习的经典案例之一，改革开放后中国也借鉴学习了一些新加坡经验。这是中国国家现代性构建的一个组成部分。而早期"客商"谢清高的《海录》及古今辉的《檀岛纪事》对现代国家意识的萌芽有一定的先期影响。黄遵宪的外交活动及护侨努力也是现代国家意识的重要构成。

二、社会的现代性

（一）现代社会及其特质

社会的现代性是整个现代化的基础，核心是社会组织形态和社会意识的现代化。钱穆说："政治建基在社会上，社会建基在文化上。"② 亚当·斯密认为，现代社会的典型特征是商业社会出现并取代了传统社会，商业贸

---

① ［英］藤布尔. 崛起之路：新加坡史［M］. 欧阳敏，译. 上海：东方出版中心，2020：152.
② 钱穆. 国史新论［M］. 北京：生活·读书·新知三联书店，2004：36.

易以及与之相关的经济力量成为现代社会的权力来源。① 孟德斯鸠认为，贸易的精神自然地带着俭朴、节约、节制、勤奋、谨慎、安分、秩序和纪律的精神。② 商业精神就是契约精神和创新意识，它同法律约束一起，构成现代社会的基础。但孟德斯鸠却说：尽管商业能自然而然地启动诚信，然而，中国人的诚信却从未被商业启动。③ 这是因为中国的社会机制从来不是建立在商业思维的基础上，如费正清所言："商务在中国人维持生活中的友谊、亲属关系应负的义务和种种私人关系方面，只是整个关系网的一部分。在旧中国，法律、契约的约束力和私人的自由企业从未成为神圣的三位一体。"④

简单地说，现代社会就是开放、平等、竞争、鼓励参与和监督、业缘取代亲缘成为社会关系的基础；法律、契约和道德是支撑现代社会的三大支柱，它们同自由精神共同作用，推动社会发展；公共领域逐步扩大，私人领域得到规范；企业成为社会的核心元素，它以物质生产、技术创新和组织力量凝聚社会活力，带动文明进步。

根据社会质量理论，评价一个社会的现代性包括四个维度：社会经济保障、社会凝聚、社会包容和社会赋权。社会经济保障指国民能够掌握的必要的物质财富；社会凝聚指基于认知基础上的社会关系的共享程度；社会包容指国民获得来自制度和社会关系的可能程度；社会赋权指在国民的日常生活中，社会结构提供给个人的行动能力的程度，核心是个人的参与和发展能力。

(二) 近现代的中国社会转型

中国传统社会是等级分明的宗法社会，以基层的家族管理和社会的官绅共治为特征，是一个相对封闭的自我体系，具有明显的防护和排外特征。马克斯·韦伯认为，氏族在西方的中世纪已经销声匿迹，但在中国则完整地被保存于地方行政的最小单位，以及经济团体的运作中。中国氏族发展的程度是世界上其他各地包括印度所不能及的。⑤ 宗法社会是以血缘和地缘关系为基础，家国同构、礼法并举的社会形制。所谓家国同构，指家和国具有同样的权力规制，以宗与长为核心；所谓礼法并举，即礼是基层宗族

① [英] 斯密. 国民财富的性质和原因的研究 [M]. 郭大力，王亚南，译. 北京：商务印书馆，1972.

② [法] 孟德斯鸠. 论法的精神：上 [M]. 张雁深，译. 北京：商务印书馆，1995：46.

③ [法] 孟德斯鸠. 论法的精神：下 [M]. 张雁深，译. 北京：商务印书馆，1995：20.

④ [美] 费正清. 美国与中国 [M]. 张理京，译. 北京：世界知识出版社，2003：113.

⑤ [德] 韦伯. 中国的宗教 [M]. 康乐，简惠美，译. 桂林：广西师范大学出版社，2004：140.

社会中信任与服膺的规范，法是对国家层面非礼状态的一种制度响应，是对礼的完善和补充。宗法社会以男尊女卑、君权族权和父权夫权管理、崇尚教条、依赖习俗、压制个性、反对自由为特征。强调纲常伦理，"纲"就是要绝对服从的。所谓的"三纲五常"成为社会的意识形态：三纲者，君为臣纲，父为子纲，夫为妻纲；五常者，仁、义、礼、智、信。巴金的小说《家》对这种社会的弊端有深刻的揭露，鲁迅的《呐喊》更是对这种社会的控诉。

中国传统的宗法社会是在几千年的民族和种族的同化与异化过程中形成的稳定格局。因为中国过早结束封建制而形成大一统的集权，王朝的行政建制以便于御外、治乱、税赋贡纳和中央控制为核心，难以统筹经济发展与民生问题；基层社会以族群自我管理为主，这是一种低成本的不得已的治理体系。但"缘于地理上之要求，政治体系初期早熟，使各地方上之利益及地方上的组织无从充分发展，先期构成多元社会，只好采用间架性的设计，构成中央集权的官僚体系。再到栽培扶植小自耕农……施政缺乏对一时一地一人一事之详细掌握……民法无从展开，私人财产权的各种奥妙也不能在法律面前发挥"①。罗兹曼认为，中国在兼容并蓄其他文化，甚至是征服者的文化方面曾表现出极大的灵活性。"尽管中国人通过商路与其他早期的文明中心一直保持着联系，却不像日本和俄国那样，持之以恒地带着明确的目的去借鉴其他民族的文化。"②巴林顿·摩尔说，中国农民社会的凝聚力显然要比其他农民社会弱得多，而且他们严重地依赖土地财产。对商业活动的教条制约是中国传统社会的一大显著特征。费正清认为，自中唐到宋末，中国是世界上最先进的社会，当时兴起的国内外私人贸易，可以称为一场"商业革命"，但主宰大规模经济活动的牢固的官僚政府，未曾确立私人企业的合法性。③

有的西方学者形容中国传统社会：光谱的一端是血亲关系，另一端是中央政府，二者之间似乎没有什么具有重要的输入功能的中介组织。即中国传统社会的架构中除了宗族组织就是皇权，缺乏中间联结与疏通机构。相对分散的社会治理结构长期以来依靠儒家道德发挥作用。蒋梦麟认为维系中国传统社会的基础是家庭、行业和传统。外国商品进入中国，行业的维系绳索开始松散；现代思想经由书籍、报纸和学校制度等输入中国，传

---

① ［美］黄仁宇. 中国大历史［M］. 北京：生活·读书·新知三联书店，1997：304.

② ［美］罗兹曼. 中国的现代化［M］. 国家社会科学基金"比较现代化"课题组，译. 南京：江苏人民出版社，2010：15，19.

③ ［美］费正清. 美国与中国［M］. 张理京，译. 北京：世界知识出版社，1999：28－30.

统这一绳索也就松散了；最后的一条绳索——家庭的联系，也不得不随其他两条绳索一起松散。①

社会转型实质上意味着新结构、新精神、新规则的诞生，更多地表现为社会重构。近代以来，以农业社会为基础的中国为适应工业化要求，逐步建立起新的基层组织网络和社会管理体系，行使征收赋税、治安、教育、社会救济、发展经济等职能。可以说，20世纪上半期，国家政权不断下沉，向乡村渗透，逐步将分散的乡村社会整合到国家体系之中。北京大学教授姚洋认为："历史地看，社会主义革命首先不是一场政治革命和经济革命，而是一场推翻中国王朝统治下延续了两千多年的社会结构的革命。从世界范围来看，曾经和现在的列强们无不经历过深刻的社会革命"，"社会革命打破僵硬的社会壁垒，给所有人攀登社会阶梯的机会"。②

（三）"客商"与中国现代社会的建构

简单地说，近现代中国社会的现代性就是公民社会逐渐取代宗法社会，科学、自由与艺术取代宗法与习俗成为时代精神的核心。具体表现是：商业精神成为一种社会意识形态，普及法制与民主，建立与深化平等和关爱的理念，业缘型社会组织发育成熟，学习型社会形成与确立开放竞争的观念等。这些局面的建设是以现代教育的普及和公共事业的发展为基础的，其中，铁路是一项关键内容，因为铁路的开通将从根本上促进社会由以血缘、地缘为核心走向以业缘为中心。

在现代教育、铁路建设及组建中华商会等新型社会组织方面，"客商"厥功甚伟。中国第一条自主投资、自主设计和自主运营的民营铁路——潮汕铁路是客商张榕轩兄弟投资兴建的；田家炳被誉为中国教育事业的"百校之父"；张弼士是海外中华商会的组织发起人和第一个海外中华商会——新加坡中华商会的首任会长，也是清末全国商会联合会的首任会长（1910年就任），还是清政府的督办铁路大臣和粤汉铁路总办。

---

① 蒋梦麟. 中国生活面面观［M］//高敬. 历史的盛宴. 北京：新世纪出版社，2016：201－204.

② 姚洋. 当代中国问题的复杂性［M］//杨河. 北大学者思想实录. 北京：北京大学出版社，2008：246－247，273.

三、国民的现代性

（一）何谓国民现代素质

一个国家或地区，政治文明和社会进步的根本要素是国民素质的提升。国民素质的现代性既是国家现代化的成就，也是现代化的根本动力。因为人是发展的源动力。

公元前4世纪，柏拉图在其《理想国》中就将政体分为贵族政体、荣誉政体、寡头政体和民主政体，他认为政体的结构和绩效特征来源于人的价值、态度和社会化经验。托克维尔在《论美国的民主》一书中强调国民思想和习俗是美国民主成功的最大原因。他认为，风俗（customs）是人们内心深处的习性和存在于人们之间的各种观念和见解以及构成人们心智特征的各种思想的集合。① 阿历克赛·英格尔斯从三个方面阐述了人的现代性理论：①人的现代性是现代化赖以进行并取得成功的先决条件。一个现代社会要有效地发挥作用，它的人民必须具备某种品质、态度、价值观念、习惯和意向；此外，个人现代性还构成了现代化的目标，现代化追求经济发展，其根本目的还是在于人的发展和人的解放，个人现代性是社会现代化最有价值的目标。②个人现代性的特征。英格尔斯通过跨国的、跨文化的研究概括出个人现代性的12个特征：乐于接受新事物；准备接受社会的改革与变化；头脑开放，尊重不同的看法；注重未来与现在，守时惜时；注重效率、效能，对人和社会的能力充满信心；注重计划；尊重知识，追求知识；相信理性及理性支配下的社会；重视专门技术；敢于正视传统，不唯传统是从；相互了解、尊重和自重；了解生产及过程。③对个人现代性起较大影响和作用的因素是教育、工厂工作经验、大众传播媒介、大规模的科层组织、农村合作社、父母的教育和家庭环境。"人是一个基本的因素。一个国家，只有当它的人民是现代人，它的国民从心理到行为都能转变为现代化的人格，它的现代政治、经济和文化管理机构中的工作人员都获得了某种与现代化发展相适应的现代性，这样的国家才可真正称之为现代化的国家。""如果人民没有实现从心理、思想、态度和行为方式上向现代性的转变，再完善的技术、管理方式和制度，也会在传统人手里变成一堆废物。"② 保罗·肯尼迪说："只有当一国积极肯干的人民感到身上充满春

---

① DE TOCQUEVILLE A. Democracy in America［M］. New York：Alfred A. Knopf，1945：299.

② ［美］英格尔斯. 人的现代化［M］. 殷陆君，译. 成都：四川大学出版社，1985：5 – 8.

天的血液时，才能出现现代化的强大力量"。①

（二）中国国民现代性认识

由于中国经历了人类历史上最长时间的君主集权统治，使得臣民意识有着深厚的存在基础。近现代中国国民的现代性构建，就是由传统的臣民意识向现代的公民意识转变。

思想启蒙运动是国民现代性构建的关键。文艺复兴奠定了西方现代性的基础，也直接推动了民族国家国民现代性的构建。新文化运动是现代中国的启蒙运动，它以反传统礼教为突破口，以民主、科学为旗帜，呼唤个性解放，倡导男女平等、自由博爱。经过五四运动，这些启蒙所倡导的现代性开始在国民意识中扎根发芽。从此以后，思想解放一直是现代化进程的首要推动力。

国民现代性的一个重要标志是现代政治文化意识的形成。商业经济的发达是现代民主政治意识形成的重要基础。政治文化是一个民族在特定时期流行的一套政治态度、信仰和感情，形成于本民族的历史以及现在社会、经济、政治活动的进程之中。政治文化可以分为整合的政治文化、不完整的政治文化、地域型政治文化、臣属型政治文化和参与型政治文化。整合型政治文化一般存在于前现代的威权国家；不完整的政治文化是变革中国家的特征，阶层之间政治认识不协调、难统一；地域型政治文化是部落社会的特征；臣属型政治文化指民众对于政治系统及其输出有强烈的认知，但只是微弱地感知到此系统的重要性，个人的政治效能感低，"他们的公民角色只限于政治的输出过程中"；参与型政治文化是现代公民政治文化。"一个国家本质上是存在于它国民的内心和思想中的；如果国民在内心不承认国家的存在，那么任何逻辑上的推导都不可能使国家存在。"②

（三）"客商"与中国国民现代性建设

新文化运动后，中国社会各界一直注重国民现代性教育，但多采用政治运动或社会运动的方式，系统性的公民教育没有单独进行，一直是由学校教育承担这一职能。因此，现代教育在国民现代性培育中具有核心地位，是现代化价值准则的基本投资。梁启超说："苟有新民，何患无新制度，无新政府，无新国家？"新民之路，在于教育。1916 年胡适说："造因之道，

---

① ［美］肯尼迪．大国的兴衰［M］．梁于华，等，译．北京：世界知识出版社，1990：245.

② ［美］阿尔蒙德，鲍威尔．比较政治学：体系、过程和政策［M］．曹沛霖，译．上海：上海译文出版社，1987：35－44.

首在树人；树人之道，端赖教育。"（《再论造因·札记·给老友许怡荪的信》）对现代教育的积极支持和高度投入，以及创办报刊，宣传新思想、新文化，还有在海外传播中华文化促进东西方文化交流，是"客商"的重大贡献历史之一。另外，19 世纪中期以后，大量的海外"客商"回国投资近现代产业，将西方现代文明带入当时封闭落后的中国，对国民现代性构建产生了重大的推动作用。还有，郭沫若、韩素音、蒲风等现代著名作家和一大批现代艺术家均出身于"客商"之家，他们的作品对国民现代性培养有积极的影响。

第四章 "客商"与南洋开发

> 苛政和迫害诱发节俭型商业的情况比比皆是,当人们被迫逃亡沼泽、孤岛、海边低地乃至礁石时便是如此。推罗、威尼斯以及荷兰的许多城市,都是这样建立起来的。
>
> ——孟德斯鸠《论法的精神》第二十章第五节

"华侨"一词产生于 1885 年前后。① 在此之前,中国人移民海外者多被称为"唐人"或"中华贾人"。宋代朱彧《萍洲可谈》载:"北人过海外,是岁不还者,谓之住番。"唐宋时期,因贸易等候季风返航住海外者,谓之"行商",数年不还的谓之"住商"。1909 年 3 月,清政府颁布了以血统主义为原则的《大清国籍条例》,把定居海外的中国血统居民统称为"华侨",仍具有中国国籍。1929 年,国民政府宣布仍沿袭这一政策。1955 年,中华人民共和国政府宣布不主张双重国籍,1980 年 9 月 10 日施行的《中华人民共和国国籍法》明确规定:"中华人民共和国不承认中国公民具有双重国籍。"已经取得居住国国籍的中国血统者,称为外籍华人,或简称为华人,其在中国境内的亲属和产业有专门的侨务政策处理。可以说,早期移民海外的中国人大多数是经商的,少数是流亡者。近代以后,增加了契约劳工移民和投亲靠友的自由移民,这些人绝大多数从事垦殖或经商。20 世纪以前,华侨主要集中在东南亚各地。海外华商是华侨的先驱和主要构成,也是华侨的中坚力量。

第一节 历史上的中国与南洋

南洋,现在已经成为历史名词。当时的南洋是与西洋、东洋、北洋相对应的,是"天朝大国"以中国为中心而产生的概念。"西洋"指马六甲海

---

① [澳大利亚]王赓武. 王赓武自选集 [M]. 上海:上海教育出版社,2002:234.

峡以西的印度洋地区，还包括欧洲或更远的地方，在清代一度特指欧美国家；"东洋"特指日本；"南洋"是对东南亚一带的称呼，包括马来群岛（又称南洋群岛）、中南半岛沿海地带、马来半岛等地。清代中后期也曾将江苏以南的沿海诸地称为"南洋"（江苏以北沿海称"北洋"），清末设"南洋大臣"管理中国南部地区的对外交涉事务。

西域和南洋，一直是传统中国关于外部世界认知的两个维度，也是了解世界的两个触角。南洋是与贸易、朝贡相联系，而西域则是战争多于贸易。古代中国的外交史，基本上是以这两个区域为主体的。历史学家将当时中国的对外贸易路线称为"丝绸之路"和"海上丝绸之路"。其实，后者的历史影响远大于前者。首先，陆上丝绸之路虽然联通了欧亚贸易，但即使到了唐宋，也没有形成"大马路"式的直接商业往来，而是像接力赛一样需要繁杂的交易链和中间媒介去维系；其次，交易商品仅限于丝绸、陶瓷等体积小、价格高的奢侈品，生活日用品难以进入；最后，贸易总量小，且以本地贸易为主，对沿线民众的生活影响有限，更不用说对人们思想观念的影响。"海上丝绸之路"则不同，它以大宗商品贸易为主，交易量大，抗风险和组织体系要求高，对港口及其周边地区影响巨大。比如，现在绝大多数中国人赖以为生的外来作物，如棉花、红薯、花生、土豆、辣椒、西红柿、玉米等最早就是经"海上丝绸之路"传入中国的，这些外来作物不仅改变了中国人的饮食结构，而且重组了中国农业种植结构，使中国人口激增，处于大型自然灾害时期的底层社会有了基本的衣食支撑。牛痘疫苗也是华商从南洋带回来的，它使天花这种死亡率高达 40% 的传染病在国内得到控制。更重要的是，海上丝绸之路开启了中国走向近现代世界的窗口，影响了中国经济社会的发展方向。

正如蒋廷黻所说，"中国的发展方向正与欧洲相反：中国的发展是由北向南的。中国的史家虽大书特书汉唐在西域的伟业，其实这不是中华民族的正统。中国的政治势力、文化及人民渡长江而逐渐占领江南以及闽粤，这一路的发展才算得我民族事业的正统。等到闽粤成熟了，然后我们更进而向南洋发展。明永乐及宣德年间的海外盟事不是偶然的、无历史背景的。那时南洋，甚至印度洋，似乎是我们的势力范围"[1]。因此可以说，华商的南洋拓展，对于中国而言，其历史贡献不亚于汉唐时期在西北的开疆拓土。罗荣渠说："在东亚的滨海与海岛区域，是儒教文明征服野蛮，而在西北内陆区域，则经常是野蛮打败儒教文明"[2]。

---

① 蒋廷黻. 中国近代史［M］. 南京：江苏人民出版社，2014：122.

② 罗荣渠，现代化新论：中国的现代化之路［M］. 上海：华东师范大学出版社，2013：364.

一、政治与贸易交往

在很早以前，中国与东南亚国家就互动频繁。经考证，出土于三星堆遗址的象牙和贝壳来自印度洋沿岸，说明在 4000 多年前中国就与南洋区域有着商贸往来。

《汉书·地理志》载："自日南、障塞、徐闻、合浦，船行可五月，有都元国；又船行可四月，有邑卢没国；又船行可二十余日，有谌离国；步行可十余日，有夫甘都卢国。自夫甘都卢国船行可二月余，有黄支国，民俗略与珠崖相类。其州广大，户口多，多异物，自武帝以来皆献见。有译长，属黄门，与应募者俱入海市明珠、璧流离、奇石异物，赍黄金杂缯而往。所至国皆禀食为耦，蛮夷贾船转送致之。亦利交易，剽杀人。又苦逢风波溺死。不者数年来还。大珠至围二寸以下。平帝元始中，王莽辅政，欲耀威德，厚遗黄支王，令遣使献生犀牛。自黄支船行可八月，到皮宗；船行可二月，到日南、象林界云。黄支之南，有已程不国，汉之译使自此还矣。"这是中国与南洋贸易交往最早的文献记载。冯承钧考证，都元国在马来半岛，邑卢没国位于缅甸沿岸，夫甘都卢国即缅甸蒲甘城。[①] 汉和帝时，天竺多次遣使来中国，汉桓帝延熹二年（159 年）及四年（161 年），仍从日南徼外来献。《后汉书》记载：131 年，爪哇叶调国（Jawa Dwipa）国王德哇尔曼（Dewarman）曾遣使到中国，汉顺帝册封并授其金印和绶带。《三国志》记载，孙吴黄武五年（226 年），大秦（罗马帝国）一个名叫秦论的商人经过南海来到吴国控制的交趾（今越南河内），当地官员送秦论到建邺觐见孙权，孙权将其俘获的山越"短人"男女各十人赏给秦论。

有史可考的东南亚第一个强国是扶南国（约 1 世纪到 7 世纪存在），其统治范围包括今天柬埔寨、老挝南部、越南南部和泰国东南部一带。《吴历》载："黄武四年（225 年），扶南诸外国来献琉璃。"孙权约在 243 至 251 年间，派遣中郎康泰等出使扶南。后扶南一直与中国保持贸易关系。

411 年，东晋高僧法显自印度取经渡海回国，途中遇风浪，船漂到耶婆提国（在今印度尼西亚的苏门答腊岛，一说在爪哇岛），法显在那里住了 5个月，其经历在《佛国记》中有记述。在汉代，已有中国商人到马来半岛进行贸易。华人和马来人、印度人是差不多同时到马来亚的。中国南北朝时期，马来半岛内的赤土、丹丹、狼牙修等国都曾遣使向中国朝廷贡献方

---

① 冯承钧. 中国南洋交通史［M］. 北京：商务印书馆，2017：4 - 5.

物。梁元帝时的《职贡图》描绘，当时来中国通商的国家有 31 个，其中一半是经过南海登陆广州的。《宋书》记载，天竺和狮子国（今斯里兰卡）使臣和商人过印度洋到达建康，需"泛海三年，陆行千日"。南朝宋元嘉五年（428 年），狮子国遣使到建康，奉送象牙、佛像；南朝梁天监二年（503 年），天竺遣使到建康奉送琉璃唾壶、刻香、吉贝布等。

隋朝统一全国不久，隋文帝即发《安边诏》给广州："外国使人欲来京邑，所有船舶（行）江河，任其载运，有司不得搜检。"并下令扩建南朝梁时民间修建的南海神庙，以示对南洋海贸的重视。607 年，隋炀帝派遣屯田主事常骏、虞部主事王君政率船队自广州出使赤土（在今马来半岛南部）等国。赤土国王派儿子那邪迦随中国使团到长安朝见中国皇帝。610 年，隋炀帝赐官予那邪迦及其随从。随后，"南荒诸国朝贡者十余国"，南洋各国商船云集广州贸易。据恩格斯的考证，后来让阿拉伯人吃尽苦头的拜占庭的"希腊火"，其制作技术大概是 8 世纪以前由阿拉伯商人从中国经南洋带入地中海地区，当时的阿拉伯人称之为"中国的红火和白火"。印度及南洋地区很早就使用火器。"在欧洲的著作家中，罗吉尔·培根大约在 1216 年在他的《论魔法的荒诞》一书中最先提出了相当精确的火药配方，但是在这以后整整一百年中，西方各国并不知道如何使用火药。不过，阿拉伯人看来很快就丰富了从中国人那里学来的知识。"① 火药是改变欧洲军事格局的一个重要因素，同时，它也深远地影响了人类的发展历程。

1998 年，在印度尼西亚的勿里洞岛海域，考古人员发现了一艘 1200 年前的阿拉伯商人沉船。在这艘名为"黑石号"的沉船中清理出 6 万多件外销的唐朝瓷器，其中 5 万多件来自长沙的民窑。唐代海贸昌盛，形成四大贸易港口：扬州港、宁波港、泉州港和广州港。当时，中国对外贸易分为朝贡贸易和市舶贸易，朝贡贸易由朝廷直接管理，市舶贸易归地方管理，但只在广州设置主持对外贸易的市舶司。张九龄称广州市舶收入"上足以备府库之用，下足以赡江淮之求"。

室利佛逝是继扶南国后东南亚的又一个强国，也是 7—14 世纪的南洋海上霸主，鼎盛时期领土包括马来半岛、爪哇岛和苏门答腊岛，北控马六甲海峡，南扼巽他海峡，控制东西方海上丝绸之路必经之道。《新唐书》记载，室利佛逝在 670—741 年，曾几度派遣使者来唐朝贡，唐朝曾封室利佛逝国王为左威卫大将军，并赐紫袍金带。唐玄宗时，室利佛逝国王派儿子入唐觐见。宰相张九龄在家乡曲江设宴款待室利佛逝王子，并奉旨册封其

---

① ［德］恩格斯. 炮兵［M］//中共中央马克思恩格斯列宁斯大林著作编译局. 马克思恩格斯全集：第十六卷. 2 版. 北京：人民出版社，2006；439 – 440.

为宾义王，授右金吾大将军。《唐大和上东征传》记载，市舶贸易繁荣时，广州"江中有婆罗门、波斯、昆仑等舶，不计其数；并载有香药、珍宝、积聚如山……狮子国、大食国、骨唐国、白蛮、赤蛮等往来居住，种类极多"。770 年，进入广州港的外国商船有 4000 余艘，这在当时是无与伦比的盛况。唐代，中国人到马来半岛经商者也日渐增多。考古人员在马来西亚砂拉越、沙巴和文莱等地（唐代时此地属于浡泥国），发现有唐代人炼铁的遗址，说明当时这些地方有中国移民的定居点。

来自南洋的昆仑奴是隋唐时期豪强贵族竞相蓄养炫耀的"奇珍异宝"。昆仑，当时指南洋地区，与中国古籍文献中的昆仑山不是一回事。《唐书·林邑传》云："自林邑以南，皆卷发黑身，通号为昆仑。"隋唐时的林邑郡在中南半岛东部，约为今越南中部顺化一带。诗人张籍曾有诗《昆仑儿》云："昆仑家住海中洲，蛮客将来汉地游。言语解教秦吉了，波涛初过郁林洲。金环欲落曾穿耳，螺髻长卷不裹头。自爱肌肤黑如漆，行时半脱木绵裘。"法国著名汉学家保罗·伯希和认为，中国著作中卷发黑身之昆仑奴，系猛吉蔑种族。[①] 猛吉蔑（又分为猛族和吉蔑族）主要居住在泰、缅东南部，马来半岛和林邑以南的印度支那地区。

唐僖宗乾符六年（879 年），黄巢起义军攻克广州，广州一带居民为避战乱，不少人随阿拉伯商人逃亡至今印度尼西亚苏门答腊巨港一带。据阿拉伯旅行家马素提的游记记载，943 年，在苏门答腊见到华人耕种。[②] 这算是见于记载的最早的"华侨"了。《江苏省志·侨务志》载：崖山兵败后，陆秀夫幼子陆自立（号复宋）和其他南宋遗民乘番舶外逃至南洋爪哇岛。陆自立被推举为首领，以图再举。未几，适爪哇内乱，陆率众在爪哇北部的顺塔（巽他）地区，自立为顺塔国王。永乐九年（1411 年），顺塔国曾遣使贡方物于明王朝。《明史》载："其国一名莆家龙，又曰下港，曰顺塔。万历时，红毛番筑土库于大涧东，佛郎机筑于大涧西，岁岁互市。中国商旅亦往来不绝。其国有新村，最号饶富。中华及诸番商舶，辐辏其地，宝货填溢。其村主即广东人，永乐九年自遣使表贡方物。"

宋元时期，市舶制度被规范化，使得海贸更加繁盛。宋朝与南洋 50 多个国家或地区有贸易关系；元朝时，位于南洋或经过南洋与中国贸易的国家有 140 多个。1178 年，室利佛逝国王遣使到杭州，接受南宋王朝册封。崖山之战后，大量的宋移民渡海逃亡南洋各地。1394 年，明太祖下令禁止与海外诸国的贸易往来，但琉球、真腊（今柬埔寨）、暹罗三国不在禁止之

---

① ［法］伯希和. 交广印度两道考［M］. 冯承钧，译. 北京：中华书局，1955：74.
② 朱杰勤. 东南亚华侨史［M］. 北京：高等教育出版社，1990：10.

列，(《明实录·太祖洪武实录》) 说明当时中国与南洋贸易的可靠性。

　　被西方学者誉为"东方马可·波罗"的元朝航海旅行家汪大渊曾两次从泉州搭乘商船远航，途经占城、马六甲、爪哇、苏门答腊、缅甸、印度、波斯、阿拉伯、埃及，莫桑比克海峡及澳大利亚各地，历时 10 年。他回国后写成《岛夷志略》一书。书中有多处记载海外华人的情况，如古里地闷（今帝汶岛）有泉州吴姓商人居住；元朝出征爪哇的部队有一部分官兵留在勾栏山（今格兰岛）；在沙里八丹（今印度东岸的讷加帕塔姆），有中国人在 1267 年建的中国式砖塔，上刻汉字"咸淳三年八月毕工"；真腊国有唐人；渤泥"尤敬爱唐人"；而淡马锡（今新加坡）"男女兼中国人居之"，并谈到这个地方不能耕种，但对商人有吸引力；马鲁涧（今伊朗西北部的马腊格）的酋长是中国临漳人，姓陈。

　　15 世纪中后期，马六甲是东南亚最强大的国家。势力范围包括马来半岛、廖内群岛、龙牙群岛和苏门答腊地区。商贸十分繁荣，来自欧洲、非洲、印度和中国的商船汇集马六甲港。1511 年率葡萄牙军队征服马六甲的亚奎那回忆说：如果还有另一个世界，或者在所知道的以外还有另一条航线的话，那么他们必然会到马六甲，因为在这里，可以找到凡是世界所能说得出的任何一种药材和香料。[①] 明代慎懋赏所辑《海国广记》说马六甲："其国为诸夷辐辏之地，亦海上一小都会也。"华商是推动马六甲商贸繁荣的主要力量。约瑟夫·肯尼迪说：当时中国在马六甲的贸易，像磁铁般吸引了远近各地的商人，对于马六甲国际市场的形成起了很大的促进作用。[②]当时，有一些华商甚至在马六甲政府中任职。《明武宗实录》记载，正德五年（1510 年），马六甲国王派遣来华的使者就是江西万安人。万安县是客家人聚居地之一，这个人很可能是早期到马六甲的"客商"。随郑和四下西洋，在使团中担任通事教谕的费信，在其《星槎胜览》一书中描述马六甲居民："男女椎髻，身肤黑漆，间有白者，唐人种也。"

二、中国早期的南洋移民与明朝的民间海贸

　　根据王赓武的研究，在 15 世纪以前，中国正史中没有提起过海外殖民或移民。在 15 世纪初，记载了两个海外移民点，一个是在爪哇岛的东北海岸，居住着一些明初逃离泉州的已经汉化的阿拉伯裔商人；另一个在苏门答腊，居住者主要是来自广东和福建的商人，这些人可能是朱元璋颁布禁

---

①　［英］温斯泰德. 马来亚史［M］. 姚梓良，译. 北京：商务印书馆，1958：68.

②　KENNEDY J, A hisory of Malaya, A. D. 1400 - 1959［M］. New York：St. Martin's press, 1962：3.

海令后不能回乡的商人。这两个地方的华人并不多，至多几百人。① 明朝中叶，东南亚才出现一些千户规模的华人聚居地。

据《明史》记载：摩鹿加群岛"地有香山，雨后香坠，沿流满地，居民拾取不竭……故华人多市易"；吕宋"先是闽以其地近且饶富，商贩者至数万人，往往久而不返，至长子孙"。1511 年，葡萄牙人到达马六甲时，已经有一群扎根在那里的中国商人，生意做得风生水起。1570 年，西班牙人自美洲西岸到达马尼拉时，那里已经有一个有中国商人和穆斯林酋长建立的小朝廷。② 西班牙殖民者在菲律宾曾大肆驱逐屠杀华人，但"华商嗜利，趋死不顾，久而复成聚"。《明史》记载，1639 年 11 月到 1640 年 6 月，西班牙殖民者在菲律宾屠杀了 25000 多个华人。当时福建巡抚在致西班牙殖民总督的信中说遇害者人数是 3 万多人，西班牙人写的《中国人的反叛》说是 2 万多人。万历三十二年（1604 年），明政府曾移檄吕宋："数以擅杀罪，令送死者妻子归。"烟草是明朝早期由漳州商人从吕宋带入国内的。随着漳州人的不断外迁或外出经商，烟草由闽南迅速传播遍全省，并向江西、湖南、浙江等地传播，最远甚至传播到了新疆、蒙古、辽东等地。到了万历三十九年（1611 年），福建所产烟叶"反多于吕宋"，被"载入其国售之"。明代姚旅的《露书》说："吕宋国出一草，曰淡巴菰，一名醺。以火烧一头，以一头向口，烟气从管中入喉，能令人醉，且可避瘴气。有人携漳州种之，今反多于吕宋，载入其国售之。"

明末清初，大量中国移民涌入东南亚谋生、定居，历史学家称之为"南洋开发"。崇祯十年（1637 年），由中国东南沿海前往马尼拉的海船有50 多艘，清初海禁时期每年也有十五六艘。"中国商人网络在整个南海地区势力的增强，意味着到 18 世纪中期为止，中国商人对该地区贸易的控制强于荷兰人和西班牙人。"③ 明代马欢《瀛涯胜览》"爪哇国"条载："盖因中国人之来此创居，遂名新村。至今村主广东人也，约有千余家。"明代黄衷《海语》载：暹罗"有奶街，为华人流寓者之居"。1811—1816 年任爪哇英国殖民地总督的斯坦福·莱佛士说：当地十万华人手中的财富十倍于东印度所有欧洲人手中的财富总量。④ 可以肯定，这十万华人中有相当一部分是客家商人。在加里曼丹岛东北部马来西亚沙巴州，当地华人至今仍保留一

① WANG G W. The rise of merchant empires：Long distance trade in the early modern world，1350 – 1750［M］. Cambridge：Cambridge University Press，1990：405 – 407.

② ［加］卜正民. 挣扎的帝国：元与明［M］. 潘玮琳，译. 北京：中信出版社，2016：217 – 219.

③ ［加］卜正民. 挣扎的帝国：元与明［M］. 潘玮琳，译. 北京：中信出版社，2016：220.

④ FURNIVALL J S. Netherlands India：A study of plural economy［M］. Cambridge：Cambridge University Press，1944：78.

些传统习俗,如过阴历年、上坟扫墓、祭祀等,所穿衣衫佩饰及生活用具也与中国传统服饰及生活用具相似。

"现代广州的前身在当时是充满活力的贸易中心城市,它通过海上贸易使部分中国人与东南亚发生联系……东南沿海的发展使之与日本和东南亚紧密相连,从而在中国与外部世界的贸易中扮演关键性的角色","海上贸易第一次成为中国经济中的主要因素"。①

16 世纪 60 年代,西班牙殖民者进入菲律宾,马尼拉随之成为新大陆与中国贸易的重要中转站。1570 年,在马尼拉的中国商人大概有 40 个,1588年已经增加到 1 万人,1603 年则达到 3 万人之多。② 万历年间,周启元在为张燮的《东西洋考》所撰序言中说:"我穆庙(指明穆宗时期)时,除贩夷之律,于是五方之贾熙熙水国,刳舻艎,分市东西路……所贸金钱,岁无虑数十万,公私并赖,其殆天子之南库也。"中国的瓷器、丝绸和手工艺品让欧洲贵族们为之倾倒。

明朝中后期,东南沿海商人在东南亚的海上贸易对国内经济和财政政策产生了重大影响。当时有三条新辟贸易线路:一是从现在的墨西哥西海岸到马尼拉,这条贸易线路上航行的西班牙商船每年向中国输入白银57500~86250 公斤;第二条线路被称为"财宝舰队",是西属北美殖民地通过葡萄牙商人在澳门与中国商人贸易,16 世纪末,每年约有 6000~30000公斤白银的贸易额;第三条贸易线路是西属美洲通过英国和荷兰的东印度公司与中国商人贸易,仅荷兰东印度公司每年与中国商人的生丝贸易就有3.5 万公斤白银的贸易额。③ 贸易额这样巨大,以至于一些西方学者认为当时贸易线路的阻断和改变是明王朝走向衰败的主要原因。黄仁宇的《万历十五年》就包含这种思想。《剑桥中国明代史》说:"16 世纪 60 年代后期和 70 年代初期西班牙之征服菲律宾。西班牙商人以马尼拉为贸易基地,通过泛太平洋的海上航线,开始用船从阿卡普尔科运进南美的银,以支付中国商人从福建和广东带到菲律宾的货物。他们以空前规模进行这种贸易,致使商业流通中的白银数量大增,并且对中国经济的各部类产生积累性冲击。由于白银变得更易获得,并且更加便宜(相对于铜钱和其他交换媒介而言),国家更容易通过一条鞭法的改革进一步实行税赋的货币化。贵金属

---

① [美] 陆威仪. 分裂的帝国:南北朝 [M]. 李磊,译. 北京:中信出版社,2016:4-11,152.

② 林仁川. 明末清初私人海上贸易 [M]. 上海:华东师范大学出版社,1987:188-192.

③ [美] 阿特威尔. 明代中国与新兴的世界经济,约 1470—1650 年 [M] // [美] 牟复礼,[英] 崔瑞德. 剑桥中国明代史(1368—1644 年):下卷. 杨品泉,等,译. 北京:中国社会科学出版社,1992:369-378.

库存的增加，再加上税制的货币化，使经济得到愈来愈强的推动，并且在很大程度上给 16 世纪晚期和 17 世纪初期的商业繁荣以财政支持。"①1568—1644 年，金银比价由 1∶6 扩大到 1∶13；银铜比价由 1∶229 降到 1∶112。17 世纪 20 年代以后，由于新大陆白银产量突降，西班牙王室对南海贸易进行管制，加之荷兰和英国殖民者对西班牙商船的骚扰劫掠，流向中国的贸易白银急剧减少，导致中国的金融和货币形势恶化，明政府财政几近崩溃。这可以说是正在形成的近现代国际贸易体系对中国经济的第一次冲击，明政府由于对整个国际形势的茫然无知，便不知不觉地成为受害者。

明清时期，南洋一带有些国家和地区是中国的藩属，中国人也曾在南洋建立过一系列的政权。这些地方是当时中国朝贡贸易体系的主要部分。梁启超将中国人在东南亚建立政权者概括为"八大殖民伟人"。其中，洪武年间，朱元璋派黄森屏（福建泉州客家人，因在中国南海森屏滩剿寇抗倭的功勋，获赐名黄森屏，一些资料写为王三品或黄升平，也有写为宋太平的）率团出使婆罗洲（加里曼丹岛）。他们在东婆罗洲的一条大河口登陆，因为发生船难，一些人被折断了手臂。后来迁至这里的当地人称此河为"京那巴唐岸河"（Kinabatangan），即"中国人断手"之意。黄森屏在这里建起了中国式城镇，即今天马来西亚东部的亚庇和京那律等城。当地人依照他们的习惯称黄森屏为"拉阇"，也就是王的意思，而华人则按中国的叫法称之为"总兵"。这是目前可考的第一个海外独立的华人政权。

当时占据"断手河"偏北地区是国力衰微的渤泥国，新即位的渤泥国苏丹马合谟沙向黄森屏率领的华人力量求援。马合谟沙把女儿嫁给了黄森屏，赠与黄森屏"Maharaja Lela"（相当于中国古代小说中常见的"一字并肩王"）的称号，马合谟沙还让自己的弟弟娶了黄森屏的妹妹，赠给她"Puteri Kinabatangan"（来自中国断手河的公主）的称号，两个政权因统治者之间的婚姻关系结成了紧密的同盟。在黄森屏和华人军队的奋战之下，渤泥国避免了灭亡的命运。明中期以后，明王朝势力从南洋退出，渤泥不再进贡。欧洲殖民者东来以后，渤泥与中国的联系完全被阻断，沦为英国的殖民地，国号改为文莱。文莱黄氏一族也逐渐伊斯兰化、马来化。文莱王室将黄森屏列入《文莱王室世系书》中，称："第一世伊斯兰君主穆罕默德之独生女，嫁与中国钦差王三品，且传禅为第二世君主苏丹阿玛德。"《苏禄王室世系书》则载："黄升平有女嫁文莱苏丹阿克曼德。"② 文莱首都

---

① ［加］布鲁克.交通通信和商业［M］//［英］［美］牟复礼，［英］崔瑞德.剑桥中国明代史（1368—1644 年）：下卷.杨品泉，等，译.北京：中国社会科学出版社，1985：660.

② 黄尧.星马华人志［M］.香港：明鉴出版社，1967：259–261.

斯里巴加湾市有黄森屏路，王室博物馆中有黄森屏的遗物。20 世纪初，文莱仿效西方创制国旗，特意在国旗中加上两道斜杠以纪念开国的两位亲王，其中一条就是代表黄森屏。

明代中国与渤泥的海上贸易，除原来经马来半岛到广东的朝贡贸易航线之外，又开辟了经菲律宾群岛到福建的航线。中国文献将文莱视为东西洋的分界。"文莱即婆罗国，东洋尽处，西洋所自起也。"① 1520 年，葡萄牙人初到文莱时，发现沿岸"华人居住者极多"。"可以肯定，16 和 17 世纪婆罗洲的繁荣，主要归功于中国居民的活力以及与中国的贸易。"②

明朝初期，在郑和下西洋以前，广东人梁道明率领一批同乡在旧港建立新三佛齐王国，后广东海盗陈祖义率领百艘船舰及上万人加入。《明史·三佛齐传》载："华人流寓者往往起而据之。有梁明道者，广东南海县人，久居其国，闽粤军民泛海从之者数千家。"1405 年，梁道明接受郑和招安。"在欧洲人未到南洋之前，华侨是那些地方的社会及经济的最高层，甚至有执当地政府柄者。"③

14 世纪末，原三佛齐王子拜里米苏拉被满者伯夷国追杀，先逃到淡马锡，创建淡马锡王国并自立为王。后继续往东，到达马六甲，建立满剌加王国，又叫马六甲王国。由于受到暹罗王国和满者伯夷国的威胁，永乐元年（1403 年），拜里米苏拉派使者前往南京，向明王朝纳贡称臣，成为附属国，并取得明王朝册封满剌加王的诏书和诰印。1412 年，拜里米苏拉前往大明朝拜，朱棣特派郑和的船队将其送回马六甲。为了保护满剌加王国不受侵略，郑和留下约 500 士兵守卫当地。这些人成了中国历史上第一批进入东南亚的官方移民。《瀛涯胜揽》载：他们"或竟有买田娶妇，留而不归者"。他们在马六甲建城墙、排栅、鼓楼、角楼和仓库，使那里成了郑和远洋的给养基地。郑和七下西洋，其中五次以马六甲为落脚点。当地人感念郑和的功绩，修有三宝庙、三宝井等，还专门建有郑和纪念馆。

福建龙岩客家人王景弘，洪武年间（1368—1398 年）入宫为宦官。永乐三年（1405 年）开始，先后五次担任副使，随郑和出使西洋。郑和去世后，宣德九年（1434 年）六月，王景弘率船队出使南洋诸国，先后途经 30 余国、60 多个地区，他同郑和一样是中国历史上伟大的航海家、外交家。文莱首都斯里巴加湾市中心大街有以王景弘命名的"王总兵路"，南沙群岛

---

① ［明］张燮. 东西洋考［M］. 谢方，点校. 北京：中华书局，1981.

② The Encyclopaedia Britannica, VOL. Ⅲ［M］. Ⅱ th Edition. Edinburgh：Encyclopaedia Britannica Inc，1920：260.

③ 蒋廷黻. 中国近代史［M］. 南京：江苏人民出版社，2014：126.

有景宏岛以示纪念。明宣宗曾赋诗表彰他下西洋的功绩："……日月所照悉服从，贡琛纳赞来无穷，命尔奉命继前功，尔往抚谕敷朕衷。"王景弘晚年潜心整理航海资料，撰有《赴西洋水程》，这本书成为明清时期中国水手和商人南洋航行的指导材料。据王景弘纪念馆陈列的明代兵部卫所《武职造簿》记载，"龙岩县集贤里赤水乡香寮村军职人员"王真等人随王景弘船队下西洋，在苏门答腊多次与海盗搏斗，立下战功。

中国商人在1690年后掌控巴达维亚的糖厂，1710年当地的84家糖厂中，有79家是华商的。① 据18世纪中叶荷兰的一份档案记载，在一艘前往巴达维亚的船上，共搭载了130多名中国商人和数百名中国移民。② 这些早期进入马来群岛的中国移民同当地人通婚，其后代形成了著名的"峇峇娘惹"族群——男性称为"峇峇"（Baba），女性称为"娘惹"（Nyonya）。"峇峇娘惹"使用的语言既不是汉语也不是马来语，而是由闽南语和马来语以及少量泰语词汇所混合而成的"峇峇娘惹语"。中国的春节被他们叫作"年兜"，这个词很有客家话意味，因为客家话说"山里"是"山兜"，"家里"是"屋兜"。这说明当时移民中有不少客家人。早期移民在马来亚以经商为主，拥有着比当地土著更为雄厚的经济实力和更崇高的社会地位，由此"峇峇娘惹"一直处于马来西亚上层社会。而早期到菲律宾的华人同当地土著通婚，其后代被称为"美斯蒂索"，是地位仅次于殖民统治者的当地贵族。他们主要以经商为业，菲律宾"国父"何塞·黎刹是这个群体的代表，其高祖父柯南戈（Domingo Lamco）于康熙年间（1662—1722年）从福建晋江上郭村渡海到菲律宾经商。

薛福成于1893年上奏说，根据中国驻新加坡总领事黄遵宪的详察统计，南洋各岛华民，不下百余万人。"约计沿海贸易、落地产业、所有利权，欧洲、阿剌伯、巫来由人，各居十之一，而华人乃占十之七。华人中如广、琼、惠、嘉各籍，约占七之二，粤之潮州、闽之漳泉乃占七之五。"③ 这其中，嘉应籍均属客家人，惠州籍的绝大部分是客家人，广府、海南、潮州及福建漳泉籍也有部分是客家人。

李鸿章孙女婿杨圻曾出任南洋领事数年，作《哀南溟》诗，从诗序所记可知，自明以来，有中国移民15人曾先后在南洋群岛称王，其中以嘉应

① ［美］彭慕兰. 大分流：中国、欧洲与现代世界经济的形成［M］. 黄中宪，译. 北京：北京日报出版社，2021：227.

② BLUSSÉ L. Strange company：Chinese settlers, Mestizo women, and the Dutch in VOC Batavia［M］. Dordrecht：Foris Publications，1986：196.

③ 薛福成. 出使奏疏：下［M］. 北京：朝华出版社，2018：6.

州客家人为最多。

法国著名历史学家费尔南·布罗代尔将 15—17 世纪经济全球化的初始阶段称为"南海世界经济体"①，而这个经济体的核心是中国。"由于来自北方的中国商人和来自南方的穆斯林商人的有组织渗入，在 15 世纪后半期形成一个具有一定程度自发性的而又内部相互协调的贸易区域……这个世界经济体并不是国家支持的航海所能创造的。只有贸易超越了朝贡才使得这一切发生……中国是拉动增长的引擎。"②

在欧洲人到达南洋以前，中国商人已经拥有系统的南海航海线路图。可以说，欧洲殖民者是在华人开发东南亚的基础上开始殖民统治的，这也是当时欧洲殖民者选择华商担任殖民地管理者的主要原因。朝鲜保存的《混一疆理图》是在明初南京僧人清浚绘制的《广轮疆理图》的版本上加上朝鲜区域而绘成的。《广轮疆理图》所绘范围西到缅甸，而文字记载有从泉州到霍尔木兹海峡的详细线路。卜正民说，1639 年，一位耶稣会士拜访劳德，他拿出一本手抄的航海通书，里面用文字而非地图标示连接中国与世界的海上通道。这本书的封面上写的是"顺风相送"，这就是今天的《劳德航海通书》。这本书标示了从福建南部海岸出发，到琉球、日本、马尼拉、文莱，以及绕经整个东南亚，到达印度洋各港口，再从那里出发直至波斯湾口的霍尔木兹海峡的航海路线。"事实上，这本航海通书讲述的故事要精彩得多。它不仅把明代的中国人放到了海洋的图景中，而且告诉我们，正是他们的积极活动，织就了一张商业网络，把明代中国与世界其他地方连接起来，并因此为欧洲资本主义的崛起创造了条件。"③

三、清中后期的南洋大开发与海外华商网络

温雄飞将华商的南洋开发划分为三个阶段：一是土人制度时代，即欧洲殖民者进入东南亚以前；二是混合制度时代，即欧洲殖民者进入，但经济政治势力范围尚未确定；三是确定经济制度时代，即各地的殖民体系建立后。④ 第一阶段大概是中国清朝中期即乾隆朝以前。可以说，南洋的现代社会、经济及文化体系是本地人民和华商、华侨及殖民者共同开创的。西

---

① BRAUDEL F. Civilization and capitalism 15th—18th century, Vol Ⅲ［M］. London：Collins，1984：21-22.

② ［加］卜正民. 挣扎的帝国：元与明［M］. 潘玮琳，译. 北京：中信出版社，2016：218.

③ ［加］卜正民. 挣扎的帝国：元与明［M］. 潘玮琳，译. 北京：中信出版社，2016：207-208.

④ 温雄飞. 南洋华侨通史［M］. 郑州：河南人民出版社，2016：189.

方学者说，或许正是因为东南亚社会在古代缺乏商业所需要的文化资源，华人从元代开始逐步移民到泰国、马来亚、印尼、菲律宾之后，很快就控制了他们的商业。① 陈志武认为，宋元时期，阿拉伯商人是海上丝绸之路贸易的主导者，他们有牢靠的穆斯林商团网。明代以前，虽然有华商进入南洋，但没有形成海外华人商帮网。②

孔飞力认为，清代中期中国人口的增长，在很大程度上是由中国以外的发展造成的。美洲的各种农作物经由东南亚的西方国家殖民港口输入中国，从而为中国养活更多人口、人口的增长提供了条件。到 18 世纪中叶，中国商人的足迹遍布于东南亚的各个港口，而他们的贸易网络使得中原各省份的物资供应变得更为充裕。对外贸易增加了中国的白银供应，并进而使得中国国内贸易更为生机勃勃，同时，也大大增加了官员腐败产生的机会。③

以新加坡为例，1819 年开埠时，英国殖民者莱佛士等人在埋葬新加坡历代国王的禁山旁发现一些陶器和中国钱币。当时岛上约有 1000 个居民，华人不到 100 人，这些华人主要经营甘蔗种植园。据 1821 年的统计，新加坡港口城镇人口为 5000 多，华人有 1000 多。这些华人主要来自廖内和马六甲，其中有两个著名华商领袖，一是广东人陈送，他在新加坡建立了第一间货仓；另一个是闽南人蔡沧浪。1824 年，新加坡统计总人口 1.1 万人，华人已是第二大群体。1830 年，华人成为新加坡最大的群体。到 1867 年，华人已占总人口的 67%。仅 1853—1854 年，就有至少 1.3 万华人从中国东南沿海移民过来。当地华人根据方言形成四个帮，福建帮人口最多，其次为潮帮，最后是为客家帮和广府帮。客家帮主要从事锡矿开采等体力劳动。华商控制着新加坡与马来半岛东部沿海各个港口的贸易。1846 年，新加坡共有 43 座商人仓库，其中 5 座是华商的。华商成为欧洲殖民者的主要代理商，并垄断了西米产业。1849 年，新加坡有 15 家华商西米工厂，欧洲人仅有 2 家，而且欧洲商人发现自己无法同华商竞争，华商们的吃苦耐劳让欧洲人震惊。"新加坡的商业体系主要依赖欧洲资本与华人企业的结合。大多数欧洲商人进口的是本国商人委托他们出售的商品，运来后，则依靠华人中间商去与华人及其他亚裔商贩商谈售卖。这里的大多数欧洲人都生活得很

① LANDA J T. Trust, ethnicity, and identity: beyond the new institutional economics of ethnic trading networks contract law and gift-exchange [M]. Ann Arbor, MC: University of Michigan Press, 1994.
② [美] 陈志武. 文明的逻辑：人类与风险的博弈 [M]. 北京：中信出版社，2002：63.
③ [美] 孔飞力. 中国现代国家的起源（中文版序言）[M]. 陈兼，陈之宏，译. 北京：生活·读书·新知三联书店，2013：3.

舒适，穷人很少，但却没有哪个西方人在当时赚得有最成功的华商那么多。"同时，华商体系存在的问题也突显出来，一是男女比例失调，19 世纪 60 年代为15：1；二是帮派冲突加剧，国内的族群矛盾也被移民带了过来；三是与殖民者矛盾出现，屡屡发生华工暴动。①

中国人大量出海到南洋开发是在 19 世纪中后期。原因有两个方面，一是国内战乱和人口危机（人地矛盾）导致东南沿海大量的中国人选择到异国他乡去谋生，由于先期华商的"桥头堡"作用，南洋成为中国海外移民的首选地或中转地；二是南洋开发的需要。正如孔飞力所说：欧洲殖民者和南洋当地的君主依靠华人打理财务，依靠华人去建造城市，依靠华商去经营创造财富的商贸业。华人获得的"小生境"复杂多变，从体力劳动到街头小贩、小店主，再到大商家，甚至成为工商巨头。这些"小生境"加在一起，形成了远比中国本土更适合商业发展的特殊环境。② 这属于温雄飞所说的第二阶段时期。1867 年，新加坡所在的海峡殖民地成为英国皇家辖殖民地（即由东印度公司管理改为英国殖民地部直接管理）后，迅速成为华人移民南洋各地的中转站。1880 年，有 5 万华工到达新加坡；1886—1889 年，仅与新加坡华民护卫司署签订合同前往爪哇的劳工就有 2.1 万，1990 年到达新加坡的华人增加到 20 万；1912 年更是增加到 25 万。③

以新加坡为例，19 世纪 80 年代中期，每年的 11 月至次年 2 月间，来新加坡的华人平均有 3 万多。到1888 年，新加坡华人总人口达到了 10.3 万人。1876 年，殖民地的一份报告写道："政府对华人知之甚少，但他们却是殖民地工业的支柱；与此同时，绝大多数华人更是几乎对政府一无所知。"1877 年，新加坡成立华民护卫司署，重点处理华商帮派冲突、苦力贩卖、鸦片买卖和娼妓问题。1860 年，华商退出由欧洲商人把持的新加坡商会，在新加坡出生的被称为"峇峇"的土生华商已经成为华人的中坚力量，原有的帮派纠纷开始淡化。1877 年，清政府在新加坡设立领事馆。1880 年，广府帮的左秉隆被任命为领事，他推动创办东南亚第一份华文报纸《叻报》，发起成立东南亚第一个华人文学俱乐部——汇贤社。他在新加坡举办集会庆祝光绪皇帝亲政和大婚，并欢迎北洋水师访问新加坡。他成功地与殖民者保持友好关系，协调治理华人帮会纠纷。1891 年，新加坡领事升级

---

① ［英］藤布尔. 崛起之路：新加坡史［M］. 欧阳敏，译. 上海：东方出版中心，2020：61 - 114.

② ［美］孔飞力. 中国现代国家的起源［M］. 陈兼，陈之宏，译. 北京：生活·读书·新知三联书店，2013：289.

③ ［英］藤布尔. 崛起之路：新加坡史［M］. 欧阳敏，译. 上海：东方出版中心，2020：143 - 145.

为总领事，"客商"子弟黄遵宪出任首任总领事，他明确海外华人"同根同源"的原则，"使清政府在新加坡的威望达到顶峰"。1894 年，"客商"领袖张弼士继任总领事，他积极推动华商统一组织的建立。1906 年，新加坡中华商会成立，统一的新加坡华商网络正式建立。①

1893 年，清政府正式废除禁止华侨、华商回国的法令，由沿海各省督抚晓谕辖区县乡及村："良善商民，无论在洋久暂，婚娶省息，概准由使臣领事馆给予护照。任其回国治生置业，并听随时经商出洋，毋得仍前籍端讹索。违者按律惩处。"据 1907 年《东方杂志》公布的一组数字，当时全世界的华侨总数是 6317329 人，其中南洋地区就有 4192300 人，约占当时全世界华侨总数的 66.36%，而暹罗、马来亚和印度尼西亚三地的华侨总数占世界华侨人口的一半以上。1908 年，钱恂出使荷属东印度，其视察报告中说："查华人侨徒，以南洋为最早，南洋属地，以荷兰为最多，属岛百数，无岛不有华民……故谈侨状者，亦以工为首，商次之，若学务则近甫萌芽者也。"②据统计，1846—1940 年，超过 1900 万中国人离开家乡前往东南亚及南太平洋和印度洋地区。③广西客家人下南洋经商是在 20 世纪初期，西江沿岸的贵县、郁林（今玉林市）、容县和北流等县的客家人前往荷属网甲岛（今邦加岛）、勿里洞等地，开采锡矿。"此等人大抵抢广东人的饭碗，如梅县人及潮汕人等。"④

这些南洋华侨也是 19 世纪中期反抗西方殖民者的重要力量。恩格斯曾予以高度评价："甚至国外的华侨——他们向来是最听命和最驯顺的臣民——也在进行密谋，突然在夜间起事，如在沙捞越就发生过这种情形；又如在新加坡，当局只是靠武力和戒备才压制住他们。"⑤

清政府为了争取华侨效忠和吸收华商的资金，自 19 世纪 60 年代起就向新加坡和马来亚华商出卖官爵。后来，为推动洋务运动，清政府又规定，华商在中国投资兴办实业者，也可以获授爵衔。清政府曾在《叻报》上公开刊登华侨可以捐得的各类官衔。到 1889 年，此类官衔已多达 47 种，并有了详明的价目表。1877—1911 年，在新加坡和马来亚至少有 290 名华商从清政府捐买各种官爵。

① ［英］藤布尔.崛起之路：新加坡史［M］.欧阳敏，译.上海：东方出版中心，2020：114 – 159.

② 陈翰笙.华工出国史料汇编：第一辑［G］.北京：中华书局，1985：286 – 287.

③ MCCLAIN C J. Global migration，1846 – 1940［J］. Journal of World History：155 – 189.

④ 陈达.浪迹十年之行旅记闻［M］.北京：商务印书馆，2013：22.

⑤ ［德］恩格斯.波斯和中国［M］//中共中央马克思恩格斯列宁斯大林著作编译局.马克思恩格斯选集：第一卷.3 版.北京：人民出版社，2012：788 – 789.

南洋开发对中国而言，不仅仅是声教南暨，更重要的是推动古老的帝国融入近现代世界。正如美国著名政论家戴维·奥斯本所言："发现航程的真正之道不在于寻找新的土地，而在于用新的眼光看待事物。"① 南洋开发，更新了传统中国对世界的认识，改变了知识分子阶层的国家理念。黑格尔曾经说："亚洲国家宏大的政治结构缺乏挣脱陆地束缚、走向海洋的能力，尽管它们自己濒临大海，比如中国。在它们眼里，海洋意味着极限，意味着陆地的终结。它们从未用积极的眼光审视过海洋。"② 黑格尔同时强调："世界其他面向的关系，就只能仰赖另外的民族将它们找出，并研究他们的特质，始可得知。"③ 海外移民垦殖，更是一个民族自省自强的必须过程。亨廷顿说，移民是一个自我强化的过程。④

南洋，不仅为中国的近现代化提供了巨大的物质和市场支持，而且也是孙中山民主革命的大后方。抗日战争的胜利，更是有南洋华商华侨的巨大贡献。

第二节　开埠先锋

孔飞力认为：19世纪中叶以前，中国人出洋几乎都是去往东南亚地区。主要集聚在两类地区，一类是欧洲殖民者占领的港口，如马六甲、马尼拉、巴达维亚等；另一类是土著王国，如越南、柬埔寨、暹罗和印度尼西亚岛屿等。"华人作为东南亚当地统治者的客户，作为他们商业事务的经管人，实际上已经长期卷入东南亚的商业体系之中。"⑤

"客商"作为南洋开发的先导者之一，其南洋开发历程可以分为三个阶段：第一阶段，欧洲殖民者进入以前，"客商"将中国的采矿、种植技术带入南洋，同当地人民一起开矿垦殖，使当地的工商业繁荣起来，他们被称为开埠者；第二阶段，欧洲殖民者进入以后，一些"客商"担任殖民地的

---

① ［美］奥斯本，盖布勒. 改革政府：企业精神如何改革公营部门［M］. 上海市政协编译组，东方译所，编译. 上海：上海译文出版社，1996：8.

② HEGEL G W F. The philosophy of history ［M］. trans. by SIBREE J. New York：Dover pubilcations，1956：90 – 91.

③ HEGEL G W F. The philosophy of history ［M］. trans. by SIBREE J. New York：Dover pubilcations，1956：101.

④ ［美］亨廷顿. 文明的冲突与世界秩序的重建［M］. 周琪，等，译. 北京：新华出版社，2010：176.

⑤ ［美］孔飞力. 他者中的华人：中国近现代移民史［M］. 李明欢，译. 南京：江苏人民出版社，2016：51.

甲必丹（Captain 的音译，是殖民地政府任命的侨领）或包税者，大部分"客商"在这一时期成为当地现代化推动者；第三阶段，殖民地独立以后，大部分"客商"或从政，或继续经商，或政商结合，成为当地的领导者或建设者。

客家人在长期迁徙中，培养了顽强的开拓精神。"筚路蓝缕，以启山林"，在开发南洋的历史过程中，"客商"再次弘扬这种开拓精神，为南洋地区经济社会的发展做出重大贡献，也为"客商"赢得世界性的声誉。

客家人是比较早到南洋的，他们在长期迁徙中形成的与当地人和平相处、共同发展的传统，使他们能够较早被当地人接受。他们不仅把先进的垦殖技术、组织文化带到南洋，帮助当地人民发展经济、组织社会，而且同当地人民一道同西方殖民者做斗争，争取发展权益。这些"客商"利用他们担任要职的优势，沟通殖民者和当地土著统领的关系，共同垦殖开发，将西方先进的工业技术应用到南洋各地的社会生产中，极大地促进了南洋各地经济社会的发展。"客商"们还通过客家社团办学校、建医院，修桥铺路，发展地方公共事业。"客商"的开发思路同西方殖民者的经济掠夺不同，他们很快受到土著信任并成为地方领袖，在南洋各地的早期发展中贡献卓越，被南洋各地民众誉为"开埠先锋"。他们的名字被当地人民写入史册，有的死后被建庙立祠，受到后人永远的纪念。

一、"客商"的南洋开发

罗香林认为，客家人迁移南洋各地，始于宋高宗南渡之时。临安被元兵攻陷后，君臣南下，奔走岭海，客家人士多起师勤王。文天祥辗转抵抗元军之地域，更为客家居住之所在。宋军崖山兵败后，遗民相继逃亡海外交趾、占城、爪哇等地，其中有不少客家人士。[①] 到了明末清初，大批客家人赴海外，开辟埠头。

第一个可考证到南洋拓荒开埠的客家人是南宋末年到印度尼西亚的广东梅县松口人卓谋。当时卓谋追随文天祥抗元，失败后，与幸存的同族人结队乘坐木船，漂泊南洋，至婆罗洲定居，开垦荒地，创立家园。不到20年，他们把荒芜的岛屿开垦成富庶的宝岛。现在婆罗洲北岸有中国式城堡废址，据说是卓谋等人当年留下的遗迹。

郑和下西洋时，曾有一支粤籍客家人的商队随行，有一次在马来西亚

---

① 罗香林. 客家研究导论（外一种：客家源流考）[M]. 广州：广东人民出版社，2018：267-268.

上岸后迷路，便在吉兰丹牙拉顶的深山里定居下来。

根据陈达的研究，中国东南沿海移民东印度的商民，最早是福建人，其次是客家人。在1740—1745年，客家人开始大量移民到西婆罗洲，起初经营胶园、椒园和烟草，19世纪后半期开始经营矿业。①

华人到南洋，早期是以建神庙作为联络感情的方式。这些神庙代表中国民间崇拜和族群认知，是早期华商的聚合议事场所。在会馆和学校出现以前，神庙在南洋华商群体中起着重要的作用。这些神庙中供奉有中国传统的神灵，比如菩萨、妈祖、关公等等，也有人格神。这些人格神，很多是当年垦殖开发南洋的"客商"领袖的化身。马林诺夫斯基认为，宗教信仰在乎将精神上冲突中的积极方面变为传统的标准化，来满足一种固定的个人需要。这种需要是社会组织所连带的心理上相配部分造成的。另一方面，宗教仪式使人生的重要举动和社会契约公开化，使传统标准化，并且加以超自然裁认，于是增强了人类团结中的维系力。②

马六甲甲板街的青云亭是新马地区历史最悠久的古庙，也是目前已知的最早的海外华人的自组织机构。1673年由马六甲第一任华人甲必丹、福建客家人郑芳扬（庙内匾誉"开基呷国"）与第二任华人甲必丹李为经（或为李济博）所倡建。庙内供奉的主神为观音大士。青云亭原名叫观音亭，后改名"青云"，取"平步青云"之意。说明当时的甲必丹将自己等比于中国的官员。据碑记"飞龙乙丑年"（可能是乾隆十年，即1745年）的碑文载："明季国祚沧桑，航海南行，悬车此国。"由碑文中李为经的籍贯可知，最早到达这里的中国人是闽粤人。1801年的《重兴青云亭碑记》中有言："青云亭何为而作也？盖自吾侪行货为商，不惮逾河蹈海来游此邦……且夫亭之兴，以表佛之灵；而亭之名，以励人之志。吾想夫通货积财，应自始有，而臻富有莫大之崇高，有凌霄直上之势，如青云之得路焉，获利固无慊于得名也。故而斯亭曰青云亭。"③青云亭也是历任华人甲必丹与亭主的共同治所。至1911年为止，青云亭可说是马六甲华人社会的最高领导机构，具有多重功能，包括华社仪式、承包税务、政治领导及华人社会的教育与慈善等。孔飞力认为，青云亭"实际上正是殖民地早期移民精英人物特性的写照"④。

---

① 陈达. 南洋华侨与闽粤社会 [M]. 北京：商务印书馆，2011：62－63.

② [英] 马林诺夫斯基. 文化论 [M]. 费孝通，译. 北京：中国民间文艺出版社，1987：78－79.

③ [马来西亚] 傅吾康，陈铁凡. 马来西亚华文铭刻萃编 [M]. 吉隆坡：马来亚大学出版部，1982：238.

④ [美] 孔飞力. 他者中的华人：中国近现代移民史 [M]. 李明欢，译. 南京：江苏人民出版社，2016：64.

马来西亚霹雳州怡保市的大伯公庙里供奉的主神大伯公也是地方上最早的华人拓荒者。据古庙秘书处的记录,大伯公原为广东大埔客家人张理,乾隆十年(1745年)与乡人冒险出洋,中途被飓风冲到海珠屿(即今马来西亚槟岛,旧称槟榔屿),成为该岛的第一代华人。张理指导当地土人伐木做屋、开垦土地,造福当地。后在一次采药时不知所踪。后人为纪念他,尊他为神,并在各地建"大伯公庙"祭祀他。

据陈达调查,槟榔屿的华侨讲,嘉应五属客家人特别信仰大伯公。"伯公"或系伯益的转音。伯益是夏禹时期开辟土地、烈山泽的功臣,被人们作为神灵奉祀。"因土地是到处都有,所以大伯公亦是到处都有的。"又据说,咸丰年间,有次瘟疫流行,华侨死者相踵,但嘉应客家人丘某(铁匠)、马某(烧炭工人)、张某(塾师)幸免于难,因此他们被尊为"开山大伯公",立庙奉祀。海珠屿大伯公庙是嘉应州客家人建的,客家人和福建人共奉祀,每年阴历二月十五,客家人祀大伯公出游;闽南人则在阴历正月十五祀奉。庙内正匾"福德正神",民国十年(1912年)大修时的碑文言:"南洋言神,辄称三宝大神,或云三宝即明太监郑和也。南洋言佛,群颂大伯公,墓碑一张一丘一马,姓而不名,统尊之曰大伯公而已。"①

仙四师爷庙是为纪念客家人甲必丹盛明利和叶四而建立的。第一间仙四师爷庙由吉隆坡甲必丹叶亚来于1864年创建。传说盛明利战死时,颈项中喷出来的是白色的血液。盛明利先后在双溪乌戎显灵两次,且托梦叶亚来谓不久将有土酋作乱,并许以诺言,庇护他平乱。据说叶亚来就借着盛明利之神力扶助,捧其灵位出战,成功地打败敌人。叶四是提携叶亚来的前辈,也是第一批开拓与发展吉隆坡的华族先驱者,他们最初在吉隆坡建起"三家村",从事商业活动,同时也开采锡矿,使吉隆坡发展为繁荣的锡业贸易站。叶四还把锡矿业发展到雪兰莪的问征,并成为问征的地方领袖。在叶四的谦让和推荐下,叶亚来才能担任第三任吉隆坡华人甲必丹。1870年叶四被杀害。为感念盛明利与叶四的恩义,叶亚来立庙祭祀,盛、叶二人因而受埠众供奉成为地方保护神。目前,马来西亚共有12间仙四师爷庙,分布于吉隆坡、雪兰莪州等地。

吉隆坡钟万仙师庙创立于1879年,至今已有140多年历史。钟万仙师庙的主神是广东紫金客家人钟万。钟万少时学道,数十年潜心研究,精通吕法。后因国内动乱,逃难到吉隆坡。初执业矿场,工余兼做医生,凡是病者求医,一律免费医治,故颇得当地人的爱戴。他活到近百岁才逝世,

---

① 陈达. 南洋华侨与闽粤社会 [M]. 北京:商务印书馆,2011:272-273.

受当地人建庙供奉，成为当地人信奉的地方守护神。

1823 年，新加坡就有了客家会馆。大约 1830 年，潮帮创立了义安公司（义安郡设立于东晋，统辖今潮州、梅州等区域，包含广东客聚地）。创建于 1824 年的新加坡海唇福德祠，俗称海唇大伯公庙，位于当年的直落亚逸街，为新加坡最古老的大伯公庙，系早年广、客两帮方言群体的共同组织活动中心。1839 年，福建帮才有福建会馆。①

郑观应在《南游日记》提到一位被称为"华人天"的客家人刘乾兴："刘乾兴来回拜，余以华事两端相询，所答皆非所问，意趣既不相投，衣冠悉更暹制。乾兴广东嘉应州人，其父贸易暹罗至厚资，遂入暹籍，现官丕也（即披耶），总理华务。其子亦居三四品官，其女选为王妃，亦客民之桀黠者。语以华事，漠不关心，亦大可怪也。"刘乾兴生于 1826 年，后成为泰王拉玛五世的岳父。其父什么时候来泰国已不可考，只知在大城（阿瑜陀耶）萱蒲经商。刘乾兴成年后迁居到曼谷，在新开港开商号，从事帆船贸易，把暹米、胡椒、木材、燕窝和锡器销往中国，然后从中国运回瓷器、茶叶、丝绸等。1859 年，刘乾兴任华民政务司的税务官，后被赐封"銮帕西威色"和"披耶那拉纳博里叻沙达功"爵号，曾任拉玛五世政务改革的顾问。1879 年，刘乾兴被赐封"披耶朱笃拉差色提"，任左港务厅、华民政务司司长。泰国第十八任总理阿南·班雅拉春是他的曾外孙。

粤东客家人大多数是从汕头出海的。《泰国潮州会馆成立 45 周年纪念特刊》载："有史可资查考的，为 1782 年至 1868 年，潮州一带乘红头船移入泰国者人数甚众。此一阶段约 100 年，华侨人数达 150 万人。"马来西亚学者谢诗坚认为："虽然，客家人不是华人中最大的民系，它的人口的数目字也有一定的争议。但不争的是，客家人的身先士卒而引发移民南向的第一个浪潮，这个地方就是槟城。自此之后，络绎不绝的华人大量从不同的管道相继涌入，形成马来西亚的华人社会。"

英国历史学家卜克望在其《槟榔屿开辟史》一书中载："一七八六年英人莱特上校商得吉打酋长同意初到槟榔屿时，全岛仅有中国及马来渔人五十八名。"1794 年，莱特在报告中说华人已增至 3000 名。② 莱特任英国槟榔屿的殖民领导者时，为华人打开一扇大门，客家人也随之而至，成为第一批拓荒者。从当地史料中可以查出，早期到槟榔屿的华人基本上是客家人。谢清高在《海录》中，对清乾隆末年槟榔屿的自然环境及闽粤华侨从事种植业有记述："一山独，周围约百余里，土番甚稀，本无马来由类，英吉利

---

① ［英］藤布尔. 崛起之路：新加坡史［M］. 欧阳敏，译. 上海：东方出版中心，2020：83.

② ［英］卜克望. 槟榔屿开辟史［M］. 顾因明，王旦华，译. 上海：商务印书馆，1936：138.

招集商贾，逐渐富庶。""闽、粤人到此种胡椒者万余人。"可见在这一时期华人来槟榔屿之盛。"捕鱼闲暇，黄石矶边理桂棹；逐鹿归来，桃源湾里话桑麻"，这是当年槟榔屿的"客商"领袖张耀轩为当地大伯公庙石柱题写的一副对联，被后人认为比较真实地反映了当年"客商"的垦荒生涯。从对联中可以看出，当时槟榔屿人民的生活已经相当富足。按照学者许云樵的研究，槟城华人人口不断地增加：1818 年为 7000 余人，到 1860 年为 2.8 万人，1911 年为 11 万人，1931 年为 17 万人，1947 年为 24 万人，到 1957 年马来西亚独立时已达 32 万人，占槟城总人口的 57%。谢诗坚认为，槟城为华人南来开了第一道门。它的历史地位也使南来的客家人有了一个大展长才的舞台，演绎出一件又一件传奇故事，彰显客家人早年在马来西亚的槟城扮演举足轻重的角色，而且是开创性的表率，因此槟城是客家人在马来西亚的第一块基石。孔飞力说，在马来亚和邦加，如同婆罗洲一样，自 19 世纪中叶起，客家人和广东人就成为当地采矿业杰出的移民群。①

据陈达 20 世纪 30 年代的调查数据，印度尼西亚的客家人（不含西婆罗洲）约有 20 万人。西婆罗洲共有华人 43000 多人，大部分是客家人。另外，网甲与勿里洞有客家人 45000 多人，苏门答腊东部约有客家人 14000 人，爪哇西部有客家人 65000 多人。另外印度尼西亚有闽南人 55 万人，这些人中有一部分是客家人。② 松柏港有 1000 多华侨，他们基本上讲梅县客家话；东万律（今印度尼西亚坤甸）有华侨 2000 人，这些人也基本上是讲梅县客家话。这两地客家人从事经商、垦殖和中药业。③ 1921 年，马来亚的华侨中，福建人、广府人、客家人、潮州人和海南人共占 96.2%，其中福建人380656 人，广府人 332307 人，客家人 318139 人。由于陈达统计的华人是以地域来区分的，即只有嘉应五属及饶平的客家人是单独作为一个群体来统计，没有统计闽南客家人和广府的客家人，因此如果按照族群来统计，客家人可能是最多的。而且客家移民中女性的比例（男女比例为 1000∶526）远高于潮州人的 1000∶472 和海南人的 1000∶151。1930 年，荷属东印度成年华侨中，商人比例是 36.6%，爪哇的华侨 9/10 是经商的；菲律宾群岛中，经商者占当地全部华侨总数的 33.0%。"凡在南洋成家立业的中国人，通常经过三个到四个阶段，即工人、行贩（或雇员）、小摊主和大商家。"④

① ［美］孔飞力. 他者中的华人：中国近现代移民史［M］. 李明欢，译. 南京：江苏人民出版社，2016：83.

② 陈达. 南洋华侨与闽粤社会［M］. 北京：商务印书馆，2011：63.

③ 陈达. 浪迹十年之行旅记闻［M］. 北京：商务印书馆，2013：82.

④ 陈达. 南洋华侨与闽粤社会［M］. 北京：商务印书馆，2011：66 - 74.

当时的西方观察者感慨："中国人是太平洋区的犹太人，因这两民族的经济活动与社会地位是相似的。他们所以致富，不仅因为能够赚钱，并有望能够节省费用。"①

莱佛士 1816 年回国后出版了《爪哇史》，其中说：每年约有一千多华人从中国来到巴达维亚。这些新来的最初往往充当苦力或劳工，但是，他们凭借勤劳节约的习俗和百折不挠艰苦奋斗的精神，很快就会有点小积蓄，接着就做起了小生意，并且靠精明能干实现财富日增。② 在菲律宾，"到处都能见到华人小贩的身影，他们会走到天涯海角去出售他的那些小商品"。③

二、南洋开发是一部早期华商的血泪史

20 世纪 30 年代，陈达在闽粤地区调查时，问非侨乡村的居民："你们生活水平这样低，为什么不去南洋创业？"一位老人回答："只要肯吃苦，就有碗饭吃，何必到南洋去！"④ 他们清楚，下南洋是一场生死之搏。"许多年轻人都是被在中国招募劳工的贩子下药、绑架或骗来的，对他们大多数人来说，前往新加坡之旅就是一场噩梦。他们被关在闷热的船舱里，旅途中总有上百人会死去，而尸体则往往就从甲板上抛入新加坡湾。1863 年，一艘从澳门驶来的帆船上，300 名运来的劳工里，只有 120 人活了下来。"⑤

南洋开发，是与无数华商华工的尸骨相联系的。据温雄飞的统计，去南洋的华工，"往往十人之中，常死三四"。而前往中南美洲的，死亡率更高。"高者百人中死四十五，低者百人中死十四，二者平均计算，亦百中死三十。"船主对上了船的华工的虐待更是惨无人道，连港英政府都难以容忍，颁布法令禁止船主超载和虐待华工。船主便改道从澳门出海。华工为了挣脱死亡和虐待，被迫造反，"戕杀船主，驶船近岸，各自逃生"。1850—1857 年，就发生了五起华工愤杀船主逃生事件。"一入其中，非遭横暴惨死，即困顿老死其中，其能生出地狱者，十不一二。然南洋群岛之富庶，林矿之蔚茂，猪仔之血汗也！厚施而不报，谓之何哉！"⑥ 这种毫无人

①　DENNERY E. Asia's teeming millions：and its problems for the west［M］. London：J. Cope，1931：135－138.

②　RAFFLES T S. The history of Java［M］. Oxford：Oxford University press，1965：74－75.

③　WICKBERG E. The Chinese Mestizo in Philippine history［J］. Journal of Southeast Asian History，1964，5（1）：62－100.

④　陈达. 南洋华侨与闽粤社会［M］. 北京：商务印书馆，2011：79－80.

⑤　［英］藤布尔. 崛起之路：新加坡史［M］. 欧阳敏，译. 上海：东方出版中心，2020：85.

⑥　温雄飞. 南洋华侨通史［M］. 郑州：河南人民出版社，2016：176－185.

道的苦力贩卖连欧洲殖民者都难以容忍，莱佛士 1823 年在新加坡颁布了一项法规，禁止奴隶贸易，包括华工以劳力抵偿船费这种类似于奴隶制的行为，规定船主索要的船费最高不得超过 20 银元，最长只能要求劳工付出 2 年的劳力偿还，而且签这种抵偿合同时必须有一位治安官在场。1873 年，在总督沃德的倡议下，新加坡颁布了《华人苦力移民法案》，要求移民向殖民当局注册，雇主不得强迫移民签署合同或建立非法接待站。另外，海盗劫掳更是防不胜防，据统计，1854 年，前往新加坡的华工船只有一半能够顺利到达。

　　1852 年，从厦门出发到好望角的"额尔金勋爵号"，上船时有 154 名华工，行程中死亡 69 人，死亡率达到 45%。1859 年，一艘英国船只载 850 名华工前往哈瓦那，途中遭遇强台风，华工全部葬身海底。1872 年，一艘从澳门开往秘鲁的"玛也西号"在日本横滨海域搁浅，被一艘英国船救起，船上共有 200 多华工，其中广东人 196 名，福建人 27 名，另有湖南人、江西人、浙江人各 1 名，1 名广东人已经在船上死亡。这些贩卖华工的船只被称为"浮动地狱"。而劳工上岸后的生活同样苦不堪言，华工在合同期的死亡率高达 70% 以上。据笔者所在课题组在梅州侨乡的走访调查，许多老人回忆说，他们的先辈有许多出洋后杳无音信，发财回来的也就十之二三。孔飞力说："只要看看海外各地的华人墓园，就足以明白侨居者有多少人最终只能梦断他乡。"[1] 另外，这些人出国是需要一笔巨大费用的，有些是用家中多年的积蓄，绝大多数是靠借贷，还有一部分人家贫如洗，只能以出卖自己人身自由的方式来解决路费问题。

　　欧洲殖民统治者的压榨和掠夺也让华商苦不堪言。1580 年，西班牙殖民者将华商赶出马尼拉，让他们住在郊外的"巴利昂"并予以严密监视。1603 年、1639 年和 1662 年对华人进行 3 次大屠杀，死亡者达到 5 万多人，"巴利昂"多次被夷为废墟。《清史稿·邦交志》载，印度尼西亚华工，"立据三年为期，入园不准出入，虽父兄子弟不能晤面"。1741 年，荷兰殖民者屠杀华工、华商，导致清政府一度想以海禁来报复。辛亥革命，华商庆祝，"荷兰爪哇官吏尤为悖谬，我侨胞因庆祝而被杀伤多人，并封闭华报，禁止电信，所升国旗亦被撕毁，且日事搜捕侨胞，达于千数"[2]。当时荷属东印度殖民地刑律规定，中国侨民的住宅，警察可以随意搜查，无须事先向法院领取搜查证。爪哇的荷兰著名法学家说："关于无证搜查中国人住宅一

---

　　① ［美］孔飞力. 他者中的华人：中国近现代移民史［M］. 李明欢，译. 南京：江苏人民出版社，2016：49.

　　② 胡祖舜. 武昌开国实录：卷下［M］. 武昌：久华印书馆，1948：89.

事，实是中国人与欧洲人在刑律上的待遇最大区别之一。"① 陈嘉庚说，南洋华商"受尽帝国主义和侨居国反动势力的歧视、迫害和压榨，真是有苦难诉，有国难回，陷入寄人篱下，无依无靠的悲惨境地"。②

第三节　著名的　"客商"　开埠者

罗芳伯（1738—1795 年），广东梅县石扇人，1776 年在婆罗洲东万律创建"兰芳大总制共和国"，政体类似于民主选举或禅让形式。从时间上讲，兰芳大总制共和国是亚洲最早的共和政权。这个政权的统治者以"客商"为核心，孔飞力称之为"具有中国特色的民主或共和体制"，罗芳伯则被孔飞力称为"学者型的先驱者"。③

1793 年 6 月 8 日英国伦敦的《泰晤士报》第一版报道"兰芳公司"："兰芳大总制共和国元首即大唐总长罗芳伯的神奇贡献，贵在与当地婆罗洲苏丹有机联络在一起，协调各族民众，推行原始的雅典式的共和体制，经济亦有规模发展。国力虽后于西方诸国。其意义却不逊于 1787 年华盛顿当选为第一任总统、实现联邦的美利坚合众国的民主共和走向。"罗香林在其《西婆罗洲罗芳伯等所建共和国考》一书中，称赞这个海外华人自治体是"完全主权之共和国"："兰芳大总制与美洲合众国，虽有疆域大小之不同，人口多寡之各异，然其为民主国体，则无二也"；"晚近国人之言民主共和者，皆言此制远肇于美，近行于法，而不知先民亦有是举"。④ 印度尼西亚前总统瓦希德在《罗芳伯传》中评价："我们客属地区领袖罗芳伯于 1776 年就在世界第三大岛婆罗洲东万律创立'兰芳大总制'共和体制，比美国早 10 年。以此历史贡献而论，罗芳伯亦不亚于华盛顿。罗芳伯堪称与华盛顿并列的世界伟人之一。"坤甸人民为了纪念开埠元勋罗芳伯，特地在婆罗洲的卡浦亚斯河畔建了一所具有中国传统风格的庙宇，内有罗芳伯的塑像供悼念瞻仰。

---

① Chinese Marriage Committee：Report on Matters Concerning Chinese Marriages ［R］．Singapore，1926：9.

② 陈嘉庚．1959 年 12 月 16 日在全国侨联第一届第四次全体委员（扩大）会议上的开幕词［M］//陈嘉庚先生纪念册编辑委员会．陈嘉庚先生纪念册．北京：中华全国归国华侨联合会，1961：135.

③ ［美］孔飞力．他者中的华人：中国近现代移民史［M］．李明欢，译．南京：江苏人民出版社，2016：81.

④ 罗香林．西婆罗洲罗芳伯等所建共和国考［M］．台北：南天书局，1992：121.

吴元盛，广东梅县人，乾隆年间渡海逃亡到婆罗洲的坤甸地区，在当地创建很有影响力的聚胜公司。1783 年，在婆罗洲北部建立戴燕王国。梁启超评价："元盛为民复仇，手诛暴主，受国民推戴，而正君位，视彼籍强力而夺人国者，顺逆殊轨。以中国士民为海外汤武，而又起自匹夫，谓非旷世人杰也哉。"温雄飞感慨："元盛佐罗芳伯经略东万律诸地，战功甚伟，而从容怀刃，歼酋于庭殿之间。据其土，服其众，智勇不让专诸！惜世徒知芳伯雄踞东万律，而不知元盛之王大院（戴燕），会发扬民族精神于海外也。"①

叶德来（1837—1885 年），又名叶亚来，广东惠阳客家人。1854 年出洋到马六甲，1868 年就任巴生、吉隆坡两地甲必丹。"苏丹召集各处土酋，亲自起立，授一杖与叶来，敦嘱其襄助国事，虽土酋有梗法者，亦惩治之。故每有大事，叶来恒与苏丹并肩而坐，平章国政。叶来外出，扈从仪卫，略等于苏丹，虽土酋在途遇之，亦敬礼如仪。"②"因为他已经向众人证明自己具有突出的争战和领导才能，而这两点正是深受客家文化推崇的特质。"③1872 年，战火蔓延到吉隆坡，他组织矿工奋起自卫。战后，他依靠华人资本恢复矿区，吸收爪哇、苏门答腊岛的中国移民垦荒，发展矿区周围的农业，把贫穷落后、不足千人的吉隆坡建设成为马来亚早期繁荣发达的商埠。叶德来一度被称为"吉隆坡王"。"叶氏盛时，全吉隆坡市面尽其私产。"④历史学家认为，如果没有叶德来，吉隆坡很可能成为一个被人遗忘的废弃矿区。英国人古利克在《早期吉隆坡史话》一书的序言中写道："1857—1895 年这一段时期，吉隆坡的历史大都同其最伟大的中国甲必丹叶德来的历史不可分割。"⑤当地人为他塑像立祠，并以他的名字命名一条主大街。1999 年，马来西亚总理马哈蒂尔说，如果没有把华人的事迹写入历史，没有把华人甲必丹的贡献纪录在案，吉隆坡的历史将不会完整。甲必丹叶德来等吉隆坡 3 位华侨领袖，为吉隆坡的现代化发展奠定了基础。

谢枢泗（1886—1972 年），广东梅县人，1904 年到泰国，后投资开采锡矿，创立宜发父子有限公司。20 世纪初，合艾还是一个荒凉偏僻、人烟稀少的小镇。谢枢泗买下了该市地皮，建筑商店、街道、市场和火车站，

① 温雄飞. 南洋华侨通史 [M]. 郑州：河南人民出版社，2016：245.

② 温雄飞. 南洋华侨通史 [M]. 郑州：河南人民出版社，2016：252.

③ ［美］孔飞力. 他者中的华人：中国近现代移民史 [M]. 李明欢，译. 南京：江苏人民出版社，2016：83.

④ 温雄飞. 南洋华侨通史 [M]. 郑州：河南人民出版社，2016：252.

⑤ ［英］郭威百. 马来亚华人在发展当地经济中的作用 [M] //中山大学东南亚历史研究所. 东南亚历史论丛：第二集. 广州：中山大学东南亚研究所，1979：170.

奠定合艾成为仅次于曼谷、清迈的泰国第三大城市的基础。为表彰谢氏开拓合艾的丰功伟绩，1929 年泰王赐予他"坤宜发贞那宽"爵位（相当于男爵），1932 年授予三等白象勋章，其平生共获御赐银质和别针式勋章 30 多种。1972 年，泰王御赐圣土卜葬于合艾市谢枢泗公园。后合艾市政府定 9 月 1 日为合艾市开埠纪念日。

因开埠有功或在当地经济发展中做出杰出贡献被政府表彰或被当地人民以各种方式纪念的"客商"还有：开发大霹雳埠（今马来西亚霹雳州）的郑景贵（1821—1898 年，广东增城客家人），其住所已被当地政府列为重点保护文物；开发苏门答腊岛棉兰地区的张榕轩（1851—1911 年，广东梅县人）；开发和重建马来西亚怡保的姚德胜（1859—1915 年，广东平远人），当地有"姚德胜街"，人们还在其重建的市场中心为他铸像立碑纪念；槟城"锡矿大王"胡子春（1860—1921 年，福建永定人）；马来亚太平的开埠者"拿督苏松"苏亚昌（广东惠州客家人），当地人建"苏蓝卓庙"祀奉他，太平市政府把市区第七横街命名为"亚松英雄路"（Jalan Panglima Ah Chong）。另外，还有一大批"客商"因为开埠有功被授予各种勋章或以其名冠街市。

第四节　南洋开发的重要意义

一、缓解中国东南沿海人口增长压力，拉开近现代化序幕

（一）清中期开始的中国人口压力及其导致的社会心理

据统计，万历六年（1578 年），全国人口约 6069 万，耕田总面积 701 万顷①，人均耕地 11.5 亩。1620 年，明朝总人口是 5165 万人，且不包括东北地区、蒙古高原的移民及内地大量的流民。史学家估计，明末中国人口在 8000 万左右。《清世祖实录》载：1652 年，全国人丁数为 1448.3858 万，但这个数字不包括南明统治区域的人口数。乾隆六年（1741 年）以前，清政府人口统计是以"丁"为单位的，即只统计 16～60 岁男人数。按照一丁对应 3～4 个人口，即清初大约 6000 万人。这是明末清初战乱和自然灾害导

---

① 1 顷≈100 亩（明代）。

致的一次中国人口锐减。自顺治十八年至康熙五十年（1661—1711 年），50 年间，全国人丁数增加到 2462 万（仍以"丁"为统计单位），增加不到一倍。但自康熙五十年到乾隆十四年（1711—1749 年），人口总数达到 17749 万，已接近 2 亿，30 多年间，人口翻了一番多。到嘉庆十七年（1812 年），人口总数达到 36169 万，这个人口规模，相当于同时期欧洲加上俄罗斯人口之和的两倍多。50 多年间，人口又翻了一番多。也就是说，90 多年间，人口翻了两番，但耕地面积仅增加了 12%。嘉庆年间，著名学者洪亮吉说：今日人口比 30 年前增加了 5 倍，比 60 年前增加了 10 倍，比 100 年前增加了 20 倍。今日十口之家，须由 40 亩养之。凡士、农、工、商一岁收入，不下 4 万钱。50 年前，米六七钱一升，布三四十钱一丈。以一人需 5 丈布、4 石米计，一人劳力足可养活 10 人。今日则不然，农 10 倍于前而田不加增，商贾 10 倍于前而货不加增，士 10 倍于前而佣书授徒之馆不加增。且升米钱须三四十，丈布钱须一二百。所入愈微，所出益广。于是士农工商，各减其值以求售布帛粟米，各昂其价以出市。加上户口已 10 倍，遇上水旱疾疫，非束手待毙不可。[①] 这就是说，清政府开始面临社会复杂化的问题，主要是资源与人口比例失调。在 19 世纪中叶太平天国起义前夕，全国人口已达 4.3 亿，而土地的产出效益却在减少，因为可利用的水利资源已经达到极限。

再看看清中期的土地所有制结构，在江苏吴县（今苏州市吴中区和相城区），耕地少于 2.5 亩的农户占农户总数的 60%，有 20～50 亩的农户占农户总数的 9.5%，但这两者所占有的耕地仅占耕地总面积的 30%～40%。康熙五年（1666 年）江苏长洲县（今苏州市吴中区内）的鱼鳞册显示，当时失地农户有 177 户，占总户数的 47.2%；不超过 5 亩的农户有 117 户，占总户数的 31.2%。而其拥有的耕地总面积仅占全县耕地的 7%。也就是说，当时很多地方自耕农人均耕地已经不到 1 亩，而且失地农民已经不少。"粮价上涨，仓储枯竭，政府倡导勤俭节约，以及其他许多表示物资紧张的征候，在清朝的中叶是史不绝书的……简言之，人口和贸易在近代早期的增长，在中国像在同时期欧洲的某些地区一样，促进了商业化，并且提高了商人的作用。"[②] 生存环境决定社会心理。汉唐雄风，是开放的社会、开阔的生存空间、积极的政治改革以及先进生产力发展的结果；魏晋风骨，是

---

① ［清］洪亮吉. 洪北江先生遗集［M］//李敖. 中国名著精华全集：第 24 册. 台北：远流出版公司，1983：267.

② ［美］费正清. 导言：旧秩序［M］//［美］费正清，刘广京. 剑桥中国晚清史（1800—1911 年）：上卷. 中国社会科学院历史研究所编译室，译. 北京：中国社会科学出版社，1985：16.

士族阶层优裕的生活环境、便捷的政治参与以及文化阐释权力掌握的表现。约翰·奥莫亨德罗认为，美国人的自由与力量以及对自由与力量的崇尚与依恋是北美荒野环境及人与荒野的互动形成的。"美国人心目中那种自由及力量如同野性自然的观念就是一种建构，这种文化至今仍是美国文化的核心。"① 同样道理，清朝中期以后日益紧张的人地矛盾、封闭的社会环境，以及凝固化的贫富悬殊，造成绝大多数人的生存窘迫。"人口的压力也已危及整个经济现代化的工作。在别处，工业化通常引起人口的急剧增加。但中国的人口在工业化以前就大大膨胀了。"② 这样的生存环境，形成人们压抑、算计、投机、自私、颓废、猥琐的社会心理，这就是五四运动后知识分子批判的"国民劣根性"。在这种生存背景下，沿海居民冒死出洋，已是无可奈何的选择，也是对新生活的迫切向往和追求。"移民心理无不取易舍难，他们皆希望一天能够回国，享受较高的社会地位，免再被人歧视或受不平等的待遇。"③ 中国人当时的温饱水平，需人均拥有 4 亩耕地才能维持。而嘉庆十七年（1812 年），全国人均耕地仅 2.3 亩，东南沿海地区则更少，广东人均耕地仅 1.16 亩，福建才 0.538 亩。16 世纪中期，海禁宽弛后，"闽广之地，富商远贾，帆樯如栉，物货浩繁，应无虚日"（《明经世文编·张邦奇西亭饯别诗序》）。

彭慕兰将近代早期欧洲乡村手工业的大幅度成长称为"原始工业化"，他总结西方学者这方面的研究成果，认为原始工业化最终导致"一个内卷生活水平停滞和可取得的资源所受到的整体压力愈来愈高等诸现象构成的模式"。原始工业化不是工业化的先兆，而是死胡同。而英国能够冲出这个死胡同，凭借的是殖民地带来的外源性支持。④

南洋开发，对于当时人地矛盾突出、疲敝于农业困境的中国东南沿海地区来讲，是给当地人带来新的发展生机和财富的梦幻之路，一定程度上可缓解生存的发展压力。

（二）南洋华商的粮食输入，缓解了粮食危机

明末清初红薯、土豆、花生等作物由海商引入中国种植，缓解了中国粮

---

① ［美］奥莫亨德罗. 像人类学家一样思考［M］. 张经纬，译. 北京：北京大学出版社，2017：34 - 35.

② ［美］费正清. 美国与中国［M］. 张理京，译. 北京：世界知识出版社，1999：161.

③ WANG G W. China and the Chinese Overseas［M］. Singapore：Times Academic Press，1991：175 - 176.

④ ［美］彭慕兰. 大分流：中国、欧洲与现代世界经济的形成［M］. 黄中宪，译. 北京：北京日报出版社，2021：104 - 105.

食紧张的问题。康熙朝"摊丁入亩"以后,东南沿海"产米不敷民食"的情况越来越严重。清初,蓝鼎元在《论南洋事宜书》中说:"闽广产米无多,福建不敷尤甚。每岁民食,半借台湾,或佐之以江浙。南洋未禁之先,吕宋米时常至厦,番地出米最饶,原不待仰食中国,洋商皆有身家,谁自甘法网尝试。而洋船所载货物,一担之位,收船租银四五两,一担位之米,所值几何?舍其利而犯法,虽至愚者不为也。"① 海商不仅冒着航运风险,而且承担法律风险和重税进口南洋粮食,说明当时东南沿海地区严重缺粮。

1722 年 6 月,康熙皇帝下旨:"朕闻暹罗国米甚丰足,价亦甚贱,若于福建、广东、宁波三处,各运米十万石来此贸易,于地方有益。此三十万石米,系为公前来,不必收税。"(《清圣祖实录》卷二九八)雍正六年(1728 年),清政府对运米到中国的暹罗华商,全免米豆税。② 乾隆六年(1741 年),广东民食不敷,米价昂贵,广东巡抚王安国令粤海关监督劝谕内港出洋船商买米运回出售。"商民尤为踊跃,每一洋船回棹,各带米二三千石不等。"仅当年六月至八月间,合计进口米 23000 余石。乾隆十二年(1747 年),清政府发给内地商民往暹罗买米造船印照。乾隆十六年(1751 年),清政府下令对自备资本赴暹罗的内地商民,分别给予奖励和赏给职衔顶带。乾隆十九至二十二年(1754—1757 年),每年进口南洋大米"自九万余石至十二万余石不等,于闽省民食大为得济"③。乾隆三十九年(1774 年),闽浙总督等奏请朝廷放宽对贩运米粮商民的奖励政策,对运至 1500 石以上者,赏给职衔顶带。两广总督上奏:"粤省每年洋船进口,米价顿平,于民食不无小补。"④ 阮元《西洋米船初到》诗云"西洋米颇贱,曷不运连舳"之句,并注:"凡米贵,洋米即大集,故水旱皆不饥。"⑤ 嘉庆年间,广东诗人张维屏言:"粤东得此(洋米)接济,虽荒歉或可无恐。"⑥ 到道光年间,据《粤海关志》统计,仅 1830—1832 年,就运入大米 1372.5 万公斤。林则徐在《华事夷言》中说:"中国产米,不敷日食,故准洋米进口,并免米船之税。近年米利坚、英吉利由小吕宋、葛留巴、新奇坡运至米不下二万二千八百十六逻,每逻一千六百八十斤。"⑦ 到了光绪年间,《清德宗实录》言:"广东一省,地狭民稠,环临大

① 蓝鼎元. 鹿洲初集 [M]. 厦门:厦门大学出版社,1995:1.
② 梁廷枏. 海国四说 [M]. 北京:中华书局,1993:183.
③ 中央研究院历史语言研究所. 明清史料 [M]. 北京:国家图书馆出版社,2008:1122.
④ 中国第一历史档案馆,等. 明清时期澳门问题档案文献汇编:第 1 卷 [G]. 北京:人民出版社,1999:190.
⑤ 阮元. 揅经室续集 [M]. 上海:商务印书馆,1935:198.
⑥ 吴道镕. 广东文征:第 5 册 [M]. 香港:香港中文大学,1978:418.
⑦ 文庆,等. 筹办夷务始末·道光朝 [G]. 台北:文海出版社,1970.

海，小民生计艰难，全赖海洋贸易养赡资生。"根据陈达的调查，到 20 世纪 30 年代，闽南、粤东所产粮食仅够 4 个月消费，其余 8 个月靠南洋大米和少量其他地区的大米输入。由于人地矛盾紧张，这些地区约有 3/10 的人口被迫出外经商，其中出南洋的约为 2/3。①

（三）开启了新的经济形态，拉开中国近现代化历程的序幕

南洋开发，大量华人移民海外，不仅有效缓解了中国东南沿海地区的人口压力，同时也开启了新的经济形态，拉开了中国现代化历程的序幕。当时，马来半岛的吉兰丹、北大年、丁机宜、柔佛、马六甲、彭亨，苏门答腊的旧港、亚齐以及菲律宾的马尼拉等港口都是华商云集之地。特别是菲律宾，是输出白银和财富到中国沿海的重要区域。吕宋岛南面布里亚斯岛旁有一个猫里务小岛国，《明史·合猫里传》载："近吕宋，商舶往来，渐成富壤。华人入其国，不敢欺凌，市法最平，故华人为之语曰：'若要富，须往猫里务。'"1586 年，皮托·德·罗杰斯在给西班牙国王的信中说："每年从这里输往中国的银有 30 万比索（一比索银币重七钱二分），这一年已超过了 50 万。"到 1598 年，弗兰西斯科·特洛给国王信中说："中国人来到这里贸易，每年运走 80 万比索，有时甚至超过 100 万……他们发现了大量的银币，于是都把这些白银交换运回他们的祖国。"到 17 世纪初，每年从菲律宾输往中国的墨西哥银元达到 200 万比索。到 18 世纪，激增到三四百万。粗略估算，1751—1644 年，流入中国的墨西哥银元约有 1.02 亿比索。② 这些资金极大地促进了明朝经济的货币化进程，是张居正推广"一条鞭法"的社会基础；同时，推动了东南沿海地区造船业、冶金业、丝织业、茶业、陶瓷业和手工业等的大发展，为农业经济的近现代转型奠定了基础。

早期海外华商带回来的不仅是财富，还有文明之光。在 19 世纪的南洋地区，华商、西方殖民者和当地人民一起，将工业文明、农耕文明和当地传统杂糅，使当地成为东西方文化文明的交融地带。这对当时的中国来讲，打开了通向近现代文明的交流场。洋务运动后，清政府放开对侨民归国的限制，一大批南洋华商回国投资，有力地推动了中国的现代化进程。他们不仅提供了现代化初期的资本、技术设备、市场和思想，而且还有现代经济的组织方式，比如股份有限责任公司。美国著名经济学家尼古拉斯·巴特勒说："股份有限责任公司是近代人类历史中单项最重要的发明。如果没

---

① 陈达. 南洋华侨与闽粤社会 [M]. 北京：商务印书馆，2011：84 - 85.

② 余思伟. 中外海上交通与华侨 [M]. 广州：暨南大学出版社，1991：109 - 149.

有它，连蒸汽机、电力技术发明的重要性也得大打折扣。"① 南洋开发，也为中国民主民族革命提供了大后方。著名华商如张弼士、胡文虎、陈嘉庚等早年出洋时两手空空，回国时已是视野开阔的现代企业家。"在清王朝的最后 30 年，华侨在经济、社会和政治上的作用，远远超过了他们在人口方面的影响，仅仅在中国东南部的少数地区，华侨的人口影响才是重要的。"②

恩格斯晚年十分关注中国的移民问题，他认为，铁路的修建和闭关自守时代的结束，以及中日甲午战争的影响，使大批中国劳动力移民海外，充斥欧洲和美洲。

二、推动中国进入海洋时代

地球表面 70% 多是海洋，陆地面积仅占 29%。而长期以来，人类仅是在陆地的一个个小部分活动。工业革命后，随着科技的进步，海洋也不再是地域之间的阻隔，而是财富与梦想的舞台。海洋是深邃的，它引导人们无穷探索与收获；海洋是丰富的，它将给予探索者无边的希望；海洋更是博大的，人们现在仅是认识了它的一小部分。更为重要的是，海洋能够启发人们不断改变博弈规则。

海洋探索开启了地理大发现，也开启了人类文明新时代。海洋愈来愈成为国家利益的重心。现代国家海洋利益包括海域主权、贸易主动权、航行的主导权、海外投资的保障权以及海外势力等，而海外殖民扩张则是早期国家海洋利益的突出表现。"地理大发现引起的商业革命和殖民征服运动，使新生产方式在母体内获得了大量的营养液。随之而来的是 18 世纪后期的工业革命，以及与之同步发生的政治革命，这些奇特的巧合性使经济革命、政治革命、社会革命紧紧扭在一起"。③

汤因比在《历史研究》中以希腊文明为例，阐释了海外殖民对文明发展的重大作用。他认为，跨海迁徙的一个显著特点，是不同种族体系的大混合必然抛弃第一个社会组织即原始社会的血族关系。"跨海迁移的苦难所产生的另一个成果……是在政治方面。这种新的政治不是以血族为基础，而是以契约为基础的……同伙的感情会超过血族的感情，而选择一个可靠

---

① ［英］米克勒斯维特，伍尔德里奇. 公司的历史［M］. 夏荷立，译. 合肥：安徽人民出版社，2012.

② ［法］巴斯蒂－布律吉埃. 社会变化的潮流［M］//［美］费正清，刘广京. 剑桥中国晚清史（1800—1911 年）：下卷. 中国社会科学院历史研究所编译室，译. 北京：中国社会科学出版社，1985：573.

③ 罗荣渠，现代化新论：中国的现代化之路［M］. 上海：华东师范大学出版社，2013：55.

的领袖的办法也会代替习惯传统。"这就是说，跨海迁徙会促使政治社会取代血缘社会。美国就是跨海迁徙形成的文明体。而陆地迁徙，虽然也有苦难，但多数是举族迁徙，血亲关系仍然是社会的基础。比如历史上的北欧人南下、草原游牧部落的逐草而居，以及中国客家人的国内迁徙等等，"整个的血族男女老幼家居杂物全装在牛车上一块儿出发，在大地上以蜗牛的速度缓缓前进"①，因此没有跨海迁徙的融合聚变效果。

彭慕兰在研究工业革命前的欧洲与中国的经济社会状况后认为，尽管当时欧洲有较为优越的商业组织，但在海外竞争业仍表现平平。只有在以武力作为支持的殖民地，欧洲人的冒险作风才能得到丰硕回报。当时中国人涉入海外贸易的程度很深，利润率也特别高，但中国政府并没有使用武力推动中国人的海外贸易。"在没有政府支持下在东南亚牢牢立足的中国商人，……东南亚之于中国沿海地区，从未像新世界之于西欧那般重要。"是海外贸易催生了股份公司。他将西欧工业革命成功的原因归结为技术变革、制度上的迎头赶上和殖民地资源三者的共同加持。②

中国是一个早熟的文明体。它早于欧洲1000多年就建立起国家行政体系和文官制度。这得益于中国当时相对优越的地理环境：肥沃的黄河中下游冲积平原，两面重山、一面高原、一面面海。中华文明属于典型的流域文明。这也导致中国文明形成了相对的封闭性，丧失了探索农业文明以外其他文明形式的兴趣和动力，也丧失了自我变革的压力和参照物，探索精神也在不知不觉中萎缩。看一下中国的传统日历，十二年一小轮回，六十年一大轮回，天干地支循环往复。重点是过去的记忆，淡化的是对未来的展望。黑格尔说："大江流域上的种族，因为它的天边永远显出一个不变的形态，因此习于单调，激不起什么变化"；"平凡的土地，平凡的平原流域把人们束缚在土壤上，把他卷入无边的依赖性里面"。③

陈志武说，《盐铁论》涉及几乎所有的国家治理话题，可就是没有论及海洋战略、海贸利益和南越政策。④ 海上丝绸之路是以中国为中心，但不是中国主动开辟的，而且政府禁止国内商人参与，更没有进行海外殖民。宋元时期一度重视海商，但根本原因不是为了开拓海外市场，而是需要扩大税收源解决国家财政困难。明朝建立，就开始海禁。郑和下西洋，是政治

①　[英] 汤因比. 历史研究 [M]. 郭小凌，等，译. 上海：上海人民出版社，2010：122 - 130.

②　[美] 彭慕兰. 大分流：中国、欧洲与现代世界经济的形成，[M]. 黄中宪，译. 北京：北京日报出版社，2021：20、193 - 271.

③　HEGEL G W F. The philosophy of history [M]. trans. by SIBREE J. New York：Dover pubilcations，1956：154 - 155.

④　[美] 陈志武. 文明的逻辑：人类与风险的博弈 [M]. 北京：中信出版社，2002：52.

意义大于经济意义的。明宪宗时兵部郎中刘大夏说："三宝下西洋，费钱数十万，军民死且万计，纵得奇宝而回，于国家何益？"① 因此阿拉伯商人后来居上，成为海上丝绸之路贸易的主导者。陈志武认为，这是因为伊斯兰"一神教"信仰形成的贸易金融与跨期承诺体系优势战胜了华商的祖先信崇与儒家"安土重迁"意识。后来，葡萄牙凭借政府支持及科技优势战胜了穆斯林商团，一度成为海上丝绸之路的霸主。再后来，荷兰和英国以其私营股份有限公司的"众筹"股权金融模式优势赶走了葡萄牙和西班牙，以海上丝绸之路体系为先导建立了新的世界经济体系。② 这就是说，海洋是文明创新的重要源动力，中国在国际竞争的落后始于海洋意识的滞后。

中国海洋意识的滞后一定程度上是农耕文明对大自然敬畏的潜意识反映，也是因长期边祸（尤其是西北游牧民族的侵略）而对未知疆域的本能反应。这是工业文明时代到来后中国所面临的重大时代困境。因为工业文明开创的是海洋时代，它本身就是在征服海洋中发展起来的，大航海是资本主义发展的巨大动力所在，也是它们的优势所在。"大海邀请人类从事征服，从事掠夺，但是同时也鼓励人类追求利润，从事商业。"而重农抑商的农耕王朝的官僚集团是没有兴趣发展海洋势力的。1727 年，欧洲海外殖民扩张如火如荼，而中国的雍正皇帝却在谕旨中说："此等贸易外洋者，多不安分之人……轻去其乡而飘流外国者愈众矣。嗣后应定限期，若逾期不归，是其人甘心流移他方，无可悯惜。朕意不许令其复回内地"；"其从前逗留外洋之人不准回籍"。乾隆皇帝亦称："天朝弃民，不惜背祖宗庐墓，出洋谋利，朝廷概不闻问。"黑格尔认为，中国的命运部分取决于地理因素，"亚细亚东部的广大土地偏离了历史的普遍进程"。土地所代表的只是"永无止境的依赖性"，而海洋却引领着人们"超越这些思想与行动的有限范畴……海洋的无限伸展超脱了大地的制约，然而这正是亚细亚国家的宏伟政治组织所欠缺的，纵使他们本身同样以海为邻，中国即是一例。对亚细亚国家而言，海只不过是大地的尽头、中断，他们与海并没有积极的关系"。③

孔飞力认为，"是商人、士大夫和官员之间私下联手，在面对传统势力对于海贸实施严禁时刻，他们捍卫海洋利益的反抗不是发起政治运动，而是有其特殊的方式，概而言之，他们能够在国内贸易发展人口压力巨大的

① 严从简. 殊域周咨录 [M]. 余思黎，点校. 北京：中华书局，1993：307.
② [美] 陈志武. 文明的逻辑：人类与风险的博弈 [M]. 北京：中信出版社，2002：45 - 106.
③ HEGEL G W F. The philosophy of history [M] trans. by SIBREE J. New York：Dover pubilcations，1956：154 - 155.

时候，一次又一次借机拓展海外贸易"①，海禁一开始便"遭到东南沿海官员和士大夫的抵制，'海洋利益'再次成为集结当地民间力量的共同纽带"。平台功臣蓝鼎元在 1724 年上书雍正皇帝："南洋诸番不能为害，宜大开禁网，听民贸易。以海外之有余，补内地之不足，此岂容缓须臾哉……南洋未禁之先，闽、广家给人足。游手无赖，亦为欲富所驱，尽入番岛，鲜有在家饥寒窃劫为非之患。即禁之后，百货不通，民生自蹙。居者苦艺能之无用，行者叹致远之无方，故有以四五千金所造之洋艘，系维朽蠹于断港荒岸之间……沿海居民，萧索岑寂，穷困不聊之状，皆因洋禁……开南洋有利而无害。"② 1754 年，福建巡抚陈宏谋上奏请求朝廷允许南洋华商回国，后两广总督杨应琚和广东巡抚鹤年共同上奏"现在开洋贸易之民源源不绝"，请求朝廷取消"三年不归者不许再回原籍"的规定，允许侨民自由往来。同年十月，朝廷同意闽粤两省地方官的奏请。这无疑是对广东福建人渡海到南洋开发的巨大鼓舞。

"客商"谢清高的《海录》第一次以亲历者的视角讲述海外世界，这本书是林则徐的案头书。如果说林则徐是中国"开眼看世界的第一人"，那么这本书是他的引导者。20 年后，魏源的《海国图志》"重新唤起了中国官员及文人们对于海洋战略的长期关注"。孔飞力认为，魏源关于中国战略地位的看法是以南洋为基础的，他认为西方殖民者在历史悠久的南洋体系中是新来者，可以借助南洋来应对中国新出现的威胁。③ 魏源没有明确提出海外殖民，明确提出鼓励支持海外"殖民"以扩充国家实力应对西方威胁的是梁启超，他专门撰写《中国殖民八大伟人传》一文，称："偶读《明史·外国传》，见三佛齐、婆罗、爪哇之四王，吾惊喜欷歔，不知所云。始叹吾国有此伟大之人物……吾于时代精神一感情之外，更有三种感情萦于吾脑：一曰海事思想与国民元气之关系也……二曰殖民事业与政府奖励之关系也。列强殖民，莫不以政府之力直接间接奖励之……三曰政治能力与国际竞争之关系也。我先民前此不藉政府之力，尚能手辟诸国，或传诸子孙……呜呼！海以南百数十国，其民口之大部分皆黄帝子孙，以地势论，以历史论，实天然我族之殖民地也。"④ 在梁启超之前，张之洞已经意识到海外移民的重要性，他任两广总督时建议朝廷在南洋重要港口设立领事馆，保护海外

---

① ［美］孔飞力. 他者中的华人：中国近现代移民史［M］. 李明欢，译. 南京：江苏人民出版社，2016：390，85.

② 蓝鼎元. 鹿洲初集：第三卷［M］. 台北：文海出版社，1974：1-5.

③ ［美］孔飞力. 他者中的华人：中国近现代移民史［M］. 李明欢，译. 南京：江苏人民出版社，2016：2-3.

④ 梁启超. 中国殖民八大伟人传［N］. 新民，1905-02-18.

华商和侨民利益，并争取海外华商的经济支持。他还派遣官员到南洋考察。

士大夫、官员们的海洋意识是在商人的推动下产生的。费正清说，19、20 世纪之交的东南亚地区的华商，开启了中国现代化的海洋时代，"预示着（中国）沿海地区将联合起来加入到国际贸易社会中来"，"这是一次比大陆中国的一切经济活动更具有说服力的经济革命"。① "今日上海和其他的条约口岸，使人想起以前中国商人立足于槟榔屿、新加坡、巴达维亚、马尼拉，以及其他欧洲贸易中心而大获其利，并形成培育现代型中国贸易和企业的摇篮。"② 他说，在广州附近创办中国第一家以蒸汽为动力的民族缫丝厂的陈启沅，中国第一个法学博士伍廷芳（其母亲余娜是"客商"之女）和 1901 年奉旨负责制定经济发展政策的百万富翁张弼士等，都是南洋华侨。福建、广东的南洋归国华商将先进的组织方式、思想观念和新风尚等带进国内，将一个悠久的农耕文明古国推进到工业经济，推进到探索和贸易的海洋时代。"在广东，现代的上流社会中的商人比文人占优势：这个上层社会受到的限制较多，但同时也更倾向于激进，而且海外华侨在它里面发挥了重要的作用。"③

孔飞力认为，华人的南洋开发是近现代中国、欧洲和东南亚经济关联的中心议题，分为两个阶段：一是 16 世纪到 19 世纪早期，属于中国与外部世界联系的"渐进性阶段"；二是 18 世纪 80 年代，随着贸易与政治、军事事件的交叉，进入"革命性阶段"。"无论风雨如何变幻，自从中国朝向海外的人口流动进入近现代历史阶段以后，中国就一直牢牢地维系着与世界市场的联系。"④

如果说客家人在国内迁徙是从平原走进山区，创新了垦殖与采矿技术，那毕竟还是相同的社会机理，那么向南进入海洋，则是另一个世界，有着不同的人种和语言、不同的文明体。以前，他们是举族迁徙，高举儒家文化的旗帜，有政府有形或无形的支持，以"声教南暨"的士族姿态进入南方山区。而这一次，他们是一个人或几个人行动，与不同族群的人一起下海，冒着死亡风险，争取发展空间。他们不得不放下文化的骄傲，满怀学

---

① ［美］费正清. 美国与中国［M］. 张理京，译. 北京：世界知识出版社，1999：66.

② ［美］费正清. 中国历史上的沿海与内陆［M］//［美］费正清. 剑桥中华民国史（1912—1949 年）：上卷. 杨品泉，等，译. 北京：中国社会科学出版社，1994：22.

③ ［法］巴斯蒂 - 布律吉埃. 社会变化的潮流［M］//［美］费正清，刘广京. 剑桥中国晚清史（1800—1911 年）：下卷. 中国社会科学历史研究所编译室，译. 北京：中国社会科学出版社，1985：572，555.

④ ［美］孔飞力. 他者中的华人：中国近现代移民史［M］. 李明欢，译. 南京：江苏人民出版社，2016：5 - 6.

习的热情。这一热情让他们在文明的融合中突兀而起，成为中华民族最先具有现代性的一群人，然后将落后封闭的五岭山区带入现代工业文明体系，为挣扎中的古老帝国打开了一扇朝向现代世界的"南风窗"。陈嘉庚在厦门大学办学方向上特别强调三点：第一，对于自然科学的设备务求充实；第二，对于海产的研究务必努力；第三，对于海防的管理务求格外注意。①

费正清说："海洋代替了草原的地位。中国的前线不再是长城或甘肃的玉门关了，而是在广州和上海了。年深日久的思想观念也必须照此更改过来。"②

三、消解"文明断层线"

"客商"是先于欧洲殖民者几百年到达南洋垦殖开发的，他们使中国文化成为南洋各国的元文化之一，奠定了"中华文化圈"在东南亚形成的基础。虽然后来的殖民者文化对当地有一定的影响，这些国家在政治体制上也确实引入了欧美议会制，但这些国家大多数仍然属于受中国文化辐射和影响的东方文化国家，总体上属于"大中华文化圈"的一部分。孔飞力说：作为商人，华商在东南亚殖民体制建立过程中的作用非同小可，不仅殖民者对他们褒奖有加，即便是那些本土王国，也都认为华商在他们各自国家建设的诸多领域，从经商、航海到包税，甚至包括地方行政、精明代理和军队兵士，均属不可缺少的资源。"然而，华人作用之所以如此重要，正是基于他们维系着与中国之间的通道。"③

亨廷顿认为，"大中华"不是一个抽象的概念，而是一个迅速发展的文化和经济现实，并开始变为一个政治的现实。著名思想家、捷克前总统瓦茨拉夫·哈维尔说："文化的冲突正在增长，而且如今比以往历史上任何时候都危险。"④ 前欧共体委员会主席雅克·德洛尔也认为，未来的冲突将由文化因素而不是经济或意识形态所引起。⑤ 亨廷顿更是强调，最危险的文化冲突是沿着

---

① 陈达. 浪迹十年之行旅记闻 [M]. 北京：商务印书馆，2013：92.
② ［美］费正清. 美国与中国 [M]. 张理京，译. 北京：世界知识出版社，1999：151.
③ ［美］孔飞力. 他者中的华人：中国近现代移民史 [M]. 李明欢，译. 南京：江苏人民出版社，2016：101 – 102.
④ HAVEL V. The new measure of man [N]. New York Times，1994 – 07 – 08（A27）.
⑤ DELORS J. Questions concerning european security [R]. Brussels：Internationnal Institute for Strategic Studies，1993：2.

文明的断层线发生的那些冲突。① 回顾 16—18 世纪欧洲的宗教战争,正如保罗·肯尼迪所言:战争是 16 世纪欧洲国家所面临的最严峻考验。每个交战者都需要学会如何建立一个令人满意的行政结构,来迎接"军事革命"。② 再看看今天的中东地区,就会明白存在"文明断层线"是多么可怕。而要在现在消解它又是多么艰难。因此可以说,"客商"及其他华商当年的南洋开发是一次伟大的文明之旅。

四、有力促进了当地经济社会的发展

早期"客商"作为南洋各地的"开埠先锋",将中国传统的垦殖技术和先进文化带到南洋,有力地促进了南洋各地传统农业经济的发展,为南洋各地以后的工业化奠定了实业基础。西方殖民者到来后,"客商"作为主要的地方管理者和开发者,沟通当地土著和殖民者的关系,既推动工业化在南洋各地萌芽发展,同时促进社会进步,对东南亚各国的近现代化做出了杰出的贡献。19 世纪 80 年代,婆罗洲砂拉越土邦的统治者查理·布鲁克谈到华侨在当地经济开发的作用时说:"若无中国移民,我们将一事无成。"③西方学者约翰·弗尔曼曾高度评价华侨在东南亚开发的重大作用:中国人的确是首先把贸易、工业和有成果的劳动等观念传给当地土著人的。他们教导土著很多其他方面有用的事物,如从甘蔗榨取糖汁和锻炼熟铁的劳动。他们首先把用直立的石榨取糖汁和用大铁锅熬糖的制糖法介绍到这个殖民地。④ 马来亚前殖民政府官员泼赛尔说:"假如没有中国人,就没有现代的马来西亚,而且如果没有现代的马来西亚橡胶,欧洲和美国的汽车也就永远不会如此巨大的发展。"⑤

华商的经济开发直接推动了南洋地区的早期城市化进程,18 世纪,西欧有 10%～15% 的人口住在城市,而马来群岛尽管人口分布稀疏,但城市人口的比例已经达到 15%。⑥ 更重要的是,"客商"早期将中国文化带入南洋各地,与当地文化融合而形成多元化的东方文化,促进了南洋各地本土

① [美] 亨廷顿. 文明的冲突与世界秩序的重建 [M]. 周祺,等,译. 北京:新华出版社,2010:6.

② [美] 肯尼迪. 大国的兴衰 [M]. 梁于华,等,译. 北京:世界知识出版社,1990:74.

③ 李长傅. 南洋华侨史 [M]. 上海:上海书店,1991:65.

④ 陈翰笙. 华工出国史料汇编:第 4 辑 [G]. 北京:中华书局,1981:50.

⑤ 彭家礼. 十九世纪开发西方殖民地的华工 [J]. 历史研究,1980 (1):3-14.

⑥ [美] 彭慕兰. 大分流:中国,欧洲与现代世界经济的形成 [M]. 黄中宪,译. 北京:北京日报出版社,2021:39.

文化的形成与发展，强化了各自的民族性，从而对抵御西方殖民文化侵略起到了重要的作用。这不仅为南洋各国以后的民族和国家独立奠定了文化基础，而且使之避免了像美洲地区许多部落文明那样在西方殖民者的掳劫下消亡的命运。20世纪六七十年代，东南亚各国经济的突飞猛进，更证明了早期开埠"客商"对当地文化建设的重要性。以中国传统文化为基础的东方文化与西方工业文明的交融，是东南亚新兴工业化国家经济快速发展的根本动力。阿马蒂亚·森认为，罗纳德·多雷1984年提出的"工业化成功的儒家思想的秘诀"是发展经济学理论中的一个重要例子。①

20世纪90年代，中国香港、台湾地区以及新加坡的华人为中国大陆的经济增长提供了大量资金。东南亚其他地方的海外华人主导了所在国的经济。90年代初，占菲律宾人口1%的华人企业却占了该国公司销售总额的35%。80年代中期，华人占印度尼西亚人口的2%～3%，但大约拥有该国私人资本的70%。在印度尼西亚最大的25家企业中，华人控制了17家，据报道，一家华人联合大企业的产值占印度尼西亚国民生产总值的5%。90年代初，华人占泰国总人口的10%，但拥有该国最大的20家商业集团中的9家，并且创造了该国一半的国内生产总值。华人大约占马来西亚人口的1/3，但几乎完全主导了该国的经济。

五、为中国和东南亚各国的经济贸易及友好往来奠定了基础

文化的共源性和同核性使中国和东南亚各国的交流与合作具有坚实的认知基础。而东南亚各国本土文化的形成与建设是与"客商"的卓越奋斗分不开的。同时，"客商"在南洋开发中的杰出历史贡献，使中国同东南亚各国的交流与合作有了历史的亲缘基础。目前，大量的"客商"后裔在东南亚各国或担任要职，或是实业巨子，这更加巩固了中国同东南亚各国合作的亲缘基础。1997年亚洲金融风暴后，东南亚国家对西方主导的国际金融体系极为不满，形成了一种"愤怒政治学"（politics of resentment）。② 印度尼西亚政府公开呼吁希望世界各地"客商"帮助印度尼西亚渡过难关，印度尼西亚前副总统哈姆扎·哈兹说："印度尼西亚拥有丰富的资源、非常美丽的风景和非常友善的人民，我希望世界各地的客家人增进与印度尼西

---

① ［美］森. 伦理学与经济学［M］. 王宇，王文玉，译. 北京：商务印书馆，2001：24.

② HIGGOTT. The Asian economic crisis: a study in the politics of resentment［J］. New Political Economy, 1998, 3 (3): 333 – 356.

亚民众的友好交往，帮助印度尼西亚渡过难关。"①

据统计，目前客家人分布于五大洲 81 个国家和地区，以东南亚最为集中。"历史上，这种认同与华人国家同中国国家的中央权威的关系之变化是一致的。这种文化认同感既有助于几个华人国家之间的经济关系的扩展，又为这种关系的扩展所加强；这些华人国家反过来又成为促进中国大陆和其他地方的经济迅速增长的一个主要因素；其结果又为中国文化认同的增强提供了物质和心理上的动力。"② 正如李光耀所言："我们都是华人，我们共有某些由共同的祖先和文化而产生的特性……人们自然地移情于那些与自己有共同生理特征的人。当人们又拥有相同的文化和语言基础时，这种亲密感得到了加强。这使得他们很容易建立起亲密的关系和信任，而这是一切商业关系的基础。"③

"冷战"结束后，中国与东南亚国家的全面对话及合作关系建立。1994年，中国应邀参加"东盟地区论坛"，成为论坛创始国之一。2003年，中国成为第一个签署《东盟友好合作条约》的非东盟国家。2010年1月，中国—东盟自由贸易区成立，东盟同中国的贸易额占全球贸易总额的13%。这个自贸区涵盖11个国家，人口有19亿，国内生产总值超过6万亿美元，是目前全球人口总量最多的自贸区，也是发展中国家间最大的自贸区。目前，中国是东盟第一大贸易伙伴，东盟是中国的第三大贸易伙伴。在近年中美贸易摩擦加剧的形势下，未来中国与东盟的友好合作显得尤为重要。

---

① 印度尼西亚副总统：望世界各地客家人助印度尼西亚渡过难关 [EB/OL]. (2002 – 11 – 05) [2022 – 10 – 13]. http://news.sohu.com/24/61/news204126124.shtml.

② 蒋廷黻. 中国近代史 [M]. 南京：江苏人民出版社，2014：147 – 148.

③ [美] 亨廷顿. 文明的冲突与世界秩序的重建 [M]. 周祺，等，译. 北京：新华出版社，2010：148。

第五章　"客商"与海外华商网络

在著名的威尼斯 Ca'Noghera 赌场的赌桌边，一个中国人问采访他的意大利记者斯塔里亚诺和奥里亚尼："一根手指头能做什么？"很快，他就自问自答："一根手指头甚至拿不起一个筹码。但是五根手指就可以做到你想做的任何事。如果你没有亲戚和朋友，你就孤立无援。不融入集体，你就什么也做不成。"

——洛丽塔·纳波利奥尼《中国道路——一位西方学者眼中的中国模式》

第一节　家国情怀与海外华商结盟

一、"客商"的家国情怀与社团意识

客家人葬俗是二次葬，后一次是"捡骨"，也许是为了表明自己虽然回不了故土，但希望子孙将他的遗骨带回安葬。客家祖屋的堂号、堂联无不表明主人与故土的亲缘。堂号是客家人的"郡望"，表明他们源自何方以及祖先的功业；堂联表明他们对祖德功业的敬仰。客家的"客"字，根本性地表明他们在所到之处是"客"，不喧宾夺主。他们心灵的家园在中原、在河洛。经过一千多年的不断迁徙，这种意识得到深化演变，形成客家人独特的家国情怀。秦晖说："'传统'在国内更多地保留于客家地区……它的实质就是移民群体对于文化认同的一种特殊需要。"① 这种家国情怀在早期海外"客商"身上表现得尤为强烈。孔飞力认为，由于客家人生活在中央

---

① 秦晖. 文化决定论的贫困：超越文化形态史观［M］//赵汀阳，等. 学问中国. 南昌：江西教育出版社，1998：299.

统治权鞭长莫及的边缘地区，因此习惯于实施地方性的自我管理。①

19 世纪前期，南洋的华商以地域、方言以及信仰等形成许多团体，大的有福建帮、潮帮、广府帮、海南帮等，小的有义兴帮、海山帮等，这些自组织为当时初来乍到的新移民提供了值得信赖的支持和帮助。但不可避免的是，各帮为了地盘或其他利益进行争斗，甚至发展到武装械斗。马来亚锡矿区发生过客家人同广府人的血腥争斗，如第一、第二次拉律战争，双方不仅都回乡拉人，而且还同殖民者、地方土著勾结，打击对方，双方均死伤无数。而且，各方在国内的族群冲突也蔓延到了海外。这种华商内部争斗，在西方殖民者到来之后，成为一个非常严峻的社会问题。比如在新加坡，"华人群体则倾向于自我管理，独立管理自己内部事务。这让新加坡的统治者们既感欣慰又觉担忧。官员们很尊重这些华人，认为他们是勤奋自强的居民，但又为他们带来的宗族仇怨和帮会组织头痛不已"②。

孔飞力说，乡缘、亲缘、神缘和兄弟会是当时海外"华人文化模板的四大基本色"③。约翰·奥莫亨德罗说，尽管海外华商在面对外来压迫或文化同化时能做到团结一致，但其内部分裂也是无处不在，遍布政治派别、商业对手、敌对家庭、教堂和华语学校之间。④ 梁启超总结了当时海外华商的特点：一，爱乡心甚盛；二，不肯同化于外人；三，义侠颇重；四，冒险耐苦；五，勤、俭、信。所短者如下：一，无政治能力（有族民资格而无市民资格）；二，保守心太重；三，无高尚之目的。⑤ 他进而指出："故今日为海外商民计，莫若设一大商会，合各埠之人，通为一气，共扶商务，共固国体，每一埠有一分会，合诸埠有总会，公订其当办之事，互谋其相保之法，内之可以张大国权，外之可以扩张商利，此最大之业也。"⑥ 他还以东印度公司为例，强调组建统一的海外华商组织的必要性："昔英人之得志于印度也，以七万镑金之商会，十数年间，规扶全印……尽瘁于海外，以张国权，此国民之职也，我数百万之同胞，何多让焉？"⑦

① ［美］孔飞力. 他者中的华人：中国近现代移民史［M］. 李明欢，译. 南京：江苏人民出版社，2016：81.

② ［英］藤布尔. 崛起之路：新加坡史［M］. 欧阳敏，译. 上海：东方出版中心，2020：82.

③ ［美］孔飞力. 他者中的华人：中国近现代移民史［M］. 李明欢，译. 南京：江苏人民出版社，2016：197.

④ ［美］奥莫亨德罗. 像人类学家一样思考［M］. 张经纬，译. 北京：北京大学出版社，2017：57.

⑤ 梁启超. 新大陆游记［M］//梁启超. 梁启超全集：第 2 册. 北京：北京出版社，1999：1179.

⑥ 梁启超. 爱国论［M］//梁启超. 梁启超全集：第 1 册. 北京：北京出版社，1999：271.

⑦ 梁启超. 商会议［M］//梁启超. 梁启超全集：第 1 册. 北京：北京出版社，1999：280.

南洋开发，也是华商在新的空间重新整合中国传统文化。"在中国具有极广泛背景的宗教观和民间信仰元素，在南洋华侨社会被重新选择，以便于在当地进行新的制度化建构。"① "客商"开始被称为"广东客家帮"，但很快就演化为以文化为纽带的组织。因为客家人居住地比较分散，除在粤闽赣山区较为集中外，其他客聚地都分散在其他民系居住地。客家话是直接的沟通方式，也是基本的族群认知。客属公会的成立，标志着客属组织已没有地域限制，而是以文化作为认同纽带。"客商"办的学校也照样接受其他华商子弟就读，比如郑景贵办的慎之私塾，华商子弟都可以就读。由于客家人不断迁徙，要在别人的地盘上求生存谋发展，因此，客家人的地域意识相对淡薄，较容易同当地人融合。罗香林认为，客家人生存本来受两种人为环境的逼迫和自然环境的限制。两种人为环境，一是被逐于北方异族，二是受限于文化传统；自然环境则是"山岭盘结，交通不便，外缘已少，进步不易"。"在这不良环境支配之下，本极容易使他日就消灭，然而客家人众却有一种特别优越的唯生机能，会因环境势力，认识自己需要，更会利用自己唯生工具，筹谋获取自己急切需要的事物。以是而上述不良环境诸势力，便为此唯生机能所发生潜力所折冲、所调节，结果遂生出许多为民族民系而奋斗的思想和行为。……又可形成各种社会的制度或组织。"② 早期马六甲的青云亭、新加坡的海唇福德祠就是"客商"同其他商帮共同建造的。

"客商"在南洋秉承客家人优良传统，不人为制造地域偏见。有资料可查，近代"客商"领袖张弼士强调"地不分南北"；胡文虎虽然致力于客属公会的建设，但一直强调"畛域不分，一视同仁"的原则，对各帮华商请求，均采取"凡有请求，辄不悭拒"的态度；客家崇正总会成立时，"客商"李瑞琴提议："吾系侨港人士，以工商二界为多。窃谓吾人拟组织之团体，当以旅港崇正工商总会为名，不必冠以客家二字。因吾人坚忍耐劳，赋有独立之性质，所习又不与人同化，故土客之间，情感不无隔阂。吾人雅不以四万万五千万之中华民族，各分畛域，故取崇正黜邪之宏义。"③ 基于这种认识，"客商"较早在东南亚华人中表现出超越地域局限的国家观念与民族意识。

西方殖民者进入南洋以后，对当地华商的经济活动进行各种打压。1880

①　ELLIOTT A J A. Chinese spirit-medium cults in Singapore ［M］. London：Department of Anthropology，London School of Economics and Political Science，1955：166.

②　罗香林. 客家研究导论（外一种：客家源流考）［M］. 广州：广东人民出版社，2018：217－218.

③　乙堂. 香港崇正总会发展史［M］//崇正总会. 崇正总会 30 周年纪念特刊. 香港：崇正总会，1950：20.

年后，英国殖民者对马来亚华商特别征以重税。1904 年，英殖民者通过一项《种植人贷款法令》，以法律形式公开支持欧洲企业家发展农业以及与华商竞争。在印度尼西亚，荷兰殖民者不准华商购买田地，经营种植业；在司法方面，华商案件由土著法庭处理。1901 年，殖民当局又推行所谓的"道义政策"，打击华商经济。"华人的一切行动受到限制，即使剪辫子这样一件事，也得向政府当局提出申请。"① 在菲律宾，西班牙殖民统治时期财政年收入20%～30% 来自华商，但华侨占菲律宾总人口比例远低于这个数字。在泰国，政府给予欧洲商人砍伐森林的特权，虽然华商 1883 年就开始使用机械锯木，但到了 1894 年，曼谷的机械锯木厂，欧洲人有 3 家，华商只有 1 家。

面对殖民政府的打压和强大的竞争对手，华商们必须联合起来，这样才能在竞争中求得发展。西方企业不仅拥有先进的生产体系、强大的资本优势，还有政府的大力支持。而当时在南洋的华商，不可能得到腐败软弱的清政府支持，要同列强竞争，他们只有自己联合起来。"无论这种'种族'团结的内涵多么空洞乏力，但是，对于身居海外的这个缺乏安全感的少数族群而言，毕竟有可能因此筑起一道有效的防线。"② 这种联合，与其说是要团结，倒不如说是不团结就可能有灭种之祸。正如当时华商领袖黄乃裳呼吁："今南洋群岛自西贡至印度、澳大利亚，计散处华民五六百万……彼异族之人，必以我自相离异，自相践踏，而生其轻侮凌虐之心……况英法葡西诸邦之于商务也，精益求精，凡天涯海角，稍有利端之开，彼则如泻地水银，无孔不入，未至南洋群岛之商权全归其掌握不止……愿商会之立，宜先致意于商学、商律、商团，俾知所以经营之道，而不至为各国所欺凌……南洋有志华商同出回天之力，以整理我华夏既残之局。"③

这种形势，当时各帮领袖都已意识到，但要消除以前的隔阂和矛盾是非常困难的，需要有一个促进力量和解决途径。当时清政府中的改良派也意识到要保护海外华侨、华商利益，必须有一个联合的组织。"客商"子弟、外交家黄遵宪任中国驻新加坡总领事后，立即着手推动华商的联合。客观上，"客商"和客家社团在这方面起到了关键的促进和联络作用。正如

---

① ［印度尼西亚］林天佑. 三宝垄历史：自三保时代至华人公馆的撤销（1416—1931）［M］. 李学民，陈巽华，译. 广州：暨南大学华侨研究所，1984：211.

② ［美］孔飞力. 他者中的华人：中国近现代移民史［M］. 李明欢，译. 南京：江苏人民出版社，2016：254.

③ 黄乃裳号召海外华人加强团结［N］. 日新报（新加坡），1899－11－07.

孔飞力所言:"他们凭借的是能够有效实现自我管理的高度自信,而这正是客家方言群的历史特质。"①

由于"客商"组织没有地域限制,他们很容易同其他商帮建立联系。比如,"客商"领袖郑景贵是增城人,在地域上属广府帮;"客商"领袖胡子春是福建人,同福建帮密不可分;"客商"领袖张弼士是大埔人,当时大埔县属潮州府辖区,潮州帮认为张弼士属于本帮人。这些"客商"领袖的特殊身份对于华商网络的建立起到了关键的作用。

1871年,嘉应州客家人在香港成立义安公社,即后来香港嘉应商会的前身。"客家人无论走到哪里,都有会馆一类团体组织,来保护客家人的安全和群体利益。……通过各种社团组织的联系,达到维系客家文化的传统、使之持续不断的目的。"② 客家族群的这种自组织意识,为海外"客商"弘扬民族精神、国家理念创造了条件,而且更容易超越地域观念而形成民族主义意识。而且,"客商"领袖即便在宣扬族群团结时,也会更多地强调中华民族的共同点,而非差异性。能够较早跨越华南侨乡的心态,建构以中国为对象的跨地缘认同,这也成为客家人参与当地及中国政治特别积极的一项原因。③

二、"客商"发起成立海外华商组织

早在1795年时,槟城就有以客家人为主的广东公冢之设,5年之后,又有福建公冢之设。到了1800年后,两大帮派合组广福宫(观音庙),接着在1886年设立"平章会馆",即今日华人大会堂的前身。由此可见客家人在组织上也比其他族群更早发扬守望相助的精神。马来亚第一间注册社团是槟城"客商"建立的嘉应会馆及增龙会馆,这两所会馆均在1801年成立。1820年,印度尼西亚泗水"客商"创建惠潮嘉会馆。1842年,广东"客商"在毛里求斯的会馆旁修建了一座关帝庙,以此庙作为"商人行善之所"。差不多同时,美国旧金山"客商"建立人和会馆等。霹雳州"客商"古尚毕在1872年倡建安顺应和会馆。这些早期的"客商"会馆为以后海外华商网络的建立提供了组织条件。

---

① [美]孔飞力. 他者中的华人:中国近现代移民史 [M]. 李明欢,译. 南京:江苏人民出版社,2016:81–82.

② 欧人,葛山. 商人地图:中国商人的地域性格与文化精神 [M]. 郑州:郑州大学出版社,2005:59–60.

③ 刘宏. 中国–东南亚学:理论建构·互动模式·个案分析 [M]. 北京:中国社会科学出版社,2000:15.

1880 年，檀香山华侨、华商成立"华人联合会"，1884 年，夏威夷"客商"古今辉在清政府官员帮助下筹资 2800 银元在檀香山购地建馆注册成立中华会馆。[①] 这是海外第一个不分地域、族群，以"中华"冠名的华侨、华商组织。1900 年 3 月，雅加达的"客商"和其他华人共同成立了"雅加达中华会馆"。"客商"丘燮亭是会馆组织的主要发起人。该组织已经是超越帮派的华商社团，由此拉开了南洋海外华商网络建立的序幕。

第二节 "客商" 与海外中华商会的建立

华商网络的核心组织是海外中华商会。历代"客商"在海外的中华商会的筹建和发展中均发挥了积极的促进作用。许多"客商"领袖担任过海外各地中华商会的领导人。

孔飞力认为：商会的理念源自中国，由清政府派出的领事直接推介。商会在很大程度上是华商受外国资本主义影响而做出的反应，并为经济民族主义所推动。[②] 可以说，海外中华商会是国内商战思潮的反映。同时还有一点，当时清政府的驻外领事，尤其是驻南洋的领事，大多是"客商"及其子弟。

一、张弼士发起成立第一个海外中华商会

新加坡中华总商会是第一个成立的海外中华商会。

1906 年，刚被清政府任命为太仆寺正卿的张弼士奉命随农工部官员到东南亚考察商务。抵达新加坡后，他在同济医院召集各帮商人，商议成立中华总商会并率先捐献 3000 元作为筹备经费，很快就有 600 多名华商加入。总商会成立时名为"新加坡中华商务总会"，启用光绪皇帝御赐印章"新加坡中华商务总会之关防"。总商会宗旨是加强华商（包括各帮商人）的沟通与团结，保护新加坡华侨、华商的利益。

海外中华商会成立的意义重大。首先，它声明了这些商人是中华儿女，是和祖国的命运紧密相关的；其次，它将海外华侨、华商联合起来，增强了民族的团结，以便同世界强手竞争。后来辛亥革命以及抗日战争中海外

① 檀香山中华总会馆 [EB/OL]. (2022 - 03 - 31) [2022 - 05 - 05]. http: //www. zstz. org. cn.
② [美] 孔飞力. 他者中的华人：中国近现代移民史 [M]. 李明欢，译. 南京：江苏人民出版社，2016：176.

侨商的巨大贡献，证明了海外中华商会的影响力。

当时新加坡有影响力的华人组织有两个，除了新加坡中华总商会，另一个是接受过英式教育的福建帮第二代华商陈若锦、林文庆等在 1900 年成立的海峡英籍华人公会。这两个组织并不互相排斥，"但来自中国的富商们则聚集在新加坡中华商会中，并在华人群体中拥有极高的威望和影响力。他们有些富可敌国，掌控着覆盖了整个南洋地区的商业帝国"。中华商会的领导层与海峡英籍华人公会的区别在于，前者不想出任殖民地的管理职位，也不受殖民当局垂青，"他们主要关注的是当地华语学校及慈善机构的建设，以及中国国内的政治态势"。"新加坡中华总商会在强化人们的中国民族主义情感方面作用巨大。在第二次世界大战之前，该商会的领导人几乎全出生于中国国内。虽然像陈嘉庚、胡文虎和李光前等受华语教育的百万富翁与殖民地当局的联系并不紧密，但他们在华人移民当中的影响力却不容小觑。"① 施坚雅 1950 年在东南亚考察之后写道："新加坡中华总商会是所有东南亚国家中最大和最重要的华人组织，是毋庸置疑的华人社会的领袖，它所解决的问题远远超过任何区域或贸易组织。"②

1868 年中美《蒲安臣条约》的签订，标志着清政府走上依法护侨的台阶，开始认识到海外华侨的重要作用和影响力，这既是责任，也是机遇。所谓责任，就是必须以国家名义保护华侨的权益；所谓机遇，就是争取华侨的经济支持和政治拥护。1870 年以后陆续派出外交使团和在各国建立领事馆的举措，表明清政府已经将海外华侨视为重要的资源。而海外中华商会与清政府的直接联系，则"标志着中国官方世界观的根本转变"③。东南亚华商作为"没有帝国的商人"④ 的时代正式结束。

二、"客商"与海外各地中华商会的建立

新加坡中华商会成立后不久，"客商"姚德胜在马来亚怡保组建马来亚中华总商会并出任会长；"客商"梁映堂在印度尼西亚巴达维亚组织中华商会并出任会长；"客商"领袖伍佐南在泰国组建中华商会并出任会长。以

① ［英］藤布尔. 崛起之路：新加坡史 ［M］. 欧阳敏，译. 上海：东方出版中心，2020：162 - 163，191.

② SKINNER W. Report on the Chinese in Southeast Asia ［R］. Ithaca：Cornell University Department of Far Eastern Studies，1951：32.

③ ［美］孔飞力. 他者中的华人：中国近现代移民史 ［M］. 李明欢，译. 南京：江苏人民出版社，2016：137.

④ WANG G W. China and the Chinese overseas ［M］. Singapore：Times Academic Press，1991.

后,不仅海外各地的"客商"领袖积极成为华商网络的组织者或领导者,而且各地"客商"会馆也成为华商网络的重要机构。

在世界各地发起成立海外中华商会或其他华商组织的"客商"领袖还有:

李全秀,广东梅县人,1929年组建毛里求斯华商总会,任首任会长。

潘植我,广东梅县人,20世纪20年代在日本神户组建中华商会,任首任会长。

黄子松,广东揭阳客家人,20世纪30年代联同潮帮、琼帮、广府帮等发起组建士乃中华商会,任首任会长。

宋中铨,广东梅县人,1950年在印度尼西亚创建华侨团结促进会,后任会长。

20世纪60年代,法国海外省留尼汪岛的"客商"子弟曾宪建,鉴于当时当地华人地位低下,为了保护华裔小商人利益,倡议成立"顶磅市小商人联合会",并被选为会长。后改名为"留尼汪小型工商及自由职业联合会",曾宪建继续被推选为会长。

担任海外和港澳地区华商组织主要领导人的"客商"还有:

钟木贤,广东五华人,19世纪90年代任檀香山商会会长。

朱梅麟,广东梅县人,1942年当选为毛里求斯华商总会主席。

刘宜应,广东梅县人,雅加达中华侨团总会副主席。

丘元荣,广东梅县人,巴城(巴达维亚)中华商会主席、华侨公会理事长。

刘家棋,广东梅县人,雅加达华侨团结促进会副主席。

刘耀曾,广东梅县人,雅加达华侨团结促进会主席。

宋中铨,广东梅县人,雅加达中华侨团总会主席。

梁锡佑,广东梅县人,雅加达中华商会理事长。

陈英豪,广东深圳人,牙买加中华会馆主席。

丁家骏,广东丰顺人,泰国中华总商会副主席。

郑明如,广东丰顺人,泰国中华总商会主席。

张国林,广东揭阳人,马来西亚华人工商联合会署理会长、吡叻(霹雳)中华大会堂主席。

刘南辉,广东揭阳人,新山中华公会柔佛区华商总会主席,马来西亚工商联合会署理会长。

陈修试,广东丰顺人,泰国中华总商会副主席。

杨溢璘,广东梅县人,新加坡应和会馆总理、新加坡中华总商会副会长。

曾宪梓，广东梅县人，香港中华总商会会长。

刘国赵，广东梅县人，印度加尔各答华人联合会会长。

熊德龙，美国中华工商团体联合会会长。

邓旭升，广东梅县人，毛里求斯华人社团联合会会长。

黄玮璋，广东增城客家人，新西兰中国和平统一促进会会长、新西兰中国团体联合会会长。

张庆寿，张弼士后人，印度尼西亚华裔总会主席、印中商务理事会主席。

黄德新，广东梅县人，印度尼西亚中华总商会主席、印度尼西亚华商总会主席。

杨克林，广东梅县人，印度尼西亚中华总商会执行主席。

林法荣，祖籍广东梅县，毛里求斯仁和会馆会长。

林奎敦，广东梅县人，留尼汪关帝文化协会主席。

池新华，出生于东巴基斯坦"客商"世家，创立拉合尔华侨华人协会并担任首任主席，后当选全巴华社联合会首任会长。

钟富喜，祖籍广东梅县，澳大利亚华人联合会第一副主席。

杨钊，广东惠阳人，香港中华商会会长。

刘孟经，出生于印度加尔各答"客商"之家，美国巴尔的摩华人协会主席。

吴德芳，祖籍广东梅县，马来西亚中华大会堂总会会长。

第六章 "客商"与中国革命

> 智慧的第一步就是认识到，人类文明的主要进步便是破坏其所处时代的社会结构的过程。
>
> ——阿尔弗雷德·诺斯·怀特海

第一节 革命是近现代中国的核心主题

一、中国革命是人类历史上一次伟大的文明转型

中国革命同欧美革命不一样，是后起的、外导的，以救亡为旗帜，是国际视野的催生物。早在 1763 年，清王朝处于康乾盛世之时，法国著名历史学家布兰杰在其《东方专制制度的起源》一书中写道："中国现所保留的所有古代制度的残余，必然会被未来的革命洪流所吞噬，一如部分古代制度在现今中国完全消失一般。"①

鸦片战争前夕，林则徐到广东禁烟，接触到工业文明，感到一个强大的势力向古老的王朝袭来。他意识到必须学习西方先进的技术，他的思想经魏源的发挥，形成"师夷长技以制夷"的初始的、直观的技术层面的革命观念。这种观念在洋务运动中被充分发挥，张之洞将之归结为"中学为体，西学为用"。然而，中法马尾之战，福建水师被歼；中日甲午战争，北洋水师全军覆没。惨痛的失败，加之日本明治维新的成功参照，使当时的先进知识分子认识到没有制度的支持和保障，生产和技术的革命不可能成功。1894 年，孙中山上书李鸿章说："徒惟坚船利炮之是务，是舍本而图末

---

① ［美］史景迁. 追寻现代中国：1600—1912 年的中国历史［M］. 黄纯艳，译. 上海：远东出版社，2005：153.

也。"① 列文森说：力图在现代西方技术的世界中强化中国人对其文化认同的体用模式，中学是体，但在现实社会中，它又是作为进入仕途的敲门砖，即"用"来使用的。而被当作"用"来引进综合的西学，并没有像这个整齐的模式所要求的那样充当中学的补充物，相反取代了它。②

制度革命的思想随洋务运动的失败而产生，维新派和革命派只是制度更新的方式不同，目的大体是一致的。戊戌变法的失败，表明维新的路径行不通。然而，维新派的一个代表人物、"乌托邦主义者"谭嗣同的思想却为革命后的中国现代化进程打开了思路："欲救吾国先智吾民。"虽然革命派成功地建立了共和制度，但中国被西方列强凌辱的现实并没有改变，中国国民生存的苦难也没有转变。皇帝没有了，然而比皇帝更残暴的各路军阀横行，国更不国，民不聊生。鲁迅诗云："城头变幻大王旗。"现实表明：没有思想观念的革命、人民的自强，武装革命的成果会废弃，辛亥革命会像洋务运动一样失效。新文化运动揭开了中国革命的新思路，先进的知识分子积极探索国民自新自强的路子，并向没落的旧传统、旧文化展开全面的批判，不再是什么"中体西用"，而是"打倒孔家店"。五四运动是新文化运动的高潮，大批先进知识分子走向民众，以民主、科学为旗帜，高喊"劳工神圣"的口号，颠覆几千年来的专制文化，以平等、博爱的新思想掀开了中国革命的新篇章。

"新文化运动"是孙中山创造的词。当时他身在南方，眼光却敏锐地投向北京，肯定了"一二觉悟者"所引起的"思想界空前之大变动"。他写信给海外同志，告诉他们"吾党欲收革命之成功，必有赖于思想之变化"。五四运动后，中国革命以苏俄为师，改变以前以资产阶级为主体的欧洲革命模式。因为中国的资产阶级脱胎于帝制官僚或买办阶层，没有向宗法社会和帝国主义革命的坚定性。苏俄革命是以工农为主体的无产者革命，是当时殖民地或半殖民地国家革命的普遍模式。五四运动表明中国革命进入全面发展的轨道。"革命"概念也不再是政治、思想领域的专用词语，而是已经开始扩充到社会界、自然界。革命，作为现代中国的主题已完全明确。革命者也由自发转为自觉。"中国的政治势力就像中国的河流一样。河堤所承受的压力是巨大的，但却看不见；只是在河堤崩溃时，才认识到张力的

---

① 胡汉民. 总理全集：第三集［M］.上海：民智书局，1931.

② ［美］列文森. 儒教中国及其现代命运［M］.郑大华，任菁，译.桂林：广西师范大学出版社，2009：49.

存在。"① 蒋廷黻在 20 世纪 40 年代说:"无疑地,经过三十余年的革命,我们的民族意识大有进步;无疑地,这民族意识是我们应付世界大变局的必需利器。"②

回顾一百多年的历史,革命将工业文明引入中国,普及到乡村,极大地解放了生产力,将落后的役耕农业体系改变为机械生产的产业体系,从根本上解决了几千年帝制解决不了的基层社会的温饱问题。革命将民主、平等、法制等现代人文观念体系化、制度化、普及化,把中国人从僵化的宗法观念中解放出来,使人的创造活力从根本上得到焕发。革命将几亿中国妇女从男权的压迫下解放出来,实现男女平等,使妇女成为社会发展的主要参加者和推动力。革命使中国人民真正站起来,不再是"东亚病夫"。革命使中国摆脱了被瓜分、被歧视的屈辱。革命使不同民族在现代文明的感召下接受国家认同,为中国现代化扫除了种族问题障碍。

中国是文明古国,近五千年的文化传承是人类文明的宝贵财富。对比印度、埃及、希腊、两河流域等古文明发源地,可以说,中国革命是世界文明古国革命的成功案例——将农业文明有效转型,既适应了世界发展的时代潮流,又避免了古文明的覆灭和国家的分裂。近现代中国革命是人类文明进程的重要组成部分,它将世界近 1/4 人口纳入现代化历程,这是中国革命对人类发展的重大贡献。在人类历史上,没有任何一个国家像中国那样,为跻身现代行列而经历规模庞大、时间漫长、道路坎坷的革命。史景迁评价:革命,体现了中国人在面对时代危机时多么灵活、多么勇敢、多么敏锐。他们明知政治行动充满危险却义无反顾,明知希望没有结果仍一如既往。生活在一个四分五裂、险象环生的世界上,他们表现出了非凡的生存能力和勇气。"这也许有助于清除我们西方主流意识中长期存在的关于中国人'冷漠''狭隘'的陈词滥调";"他们表现出惊人的智能,已经看出了这种特殊剧目的潜在方向,明白了这绝不是那种可以让置身于场外的人平安无事的戏"。③

二、海外华商是中国革命的重要力量

辛亥革命一度被中国史学家称为资产阶级革命,但当时中国资产阶级

① [美] 罗兹曼. 中国的现代化 [M]. 国家社会科学基金"比较现代化"课题组,译. 南京:江苏人民出版社,2010:275.

② 蒋廷黻. 中国近代史 [M]. 南京:江苏人民出版社,2014:174.

③ [美] 史景迁. 天安门:知识分子与中国革命 [M]. 尹庆军,等,译. 北京:中央编译出版社,1998:5.

是否形成是有争议的话题。一种观点认为，在清朝的最后五年，资产阶级开始出现，那是一批现代的或半现代的实业家、商人、金融家和大工业家，他们被物质利益、共同的政治要求、集体命运感、共同的思想和与众不同的日常习惯等联系在一起；① 另一种观点认为，除非放宽资产阶级的定义，除了工商界和城市知识分子，也包括高级官吏、地主、军官、秘密会社首领和各种武装帮伙，而这些社会成分的特点和本性，与马克思主义关于资产阶级的界定是不相容的。如果一定要说当时中国存在资产阶级，那只能说是"旧制度的资产阶级"。但应该承认："辛亥革命即使不是标志资产阶级的诞生，至少也是标志其开始成为中国经济与社会生活中的一个重要力量。"②

不管当时中国资产阶级是否已经形成，工商势力作为一种现代势力成为革命的重要力量是毋庸置疑的。孙中山在南洋演讲时曾说："商人做生意，是以物质易物质，我人行革命，是以物质易精神；我们要革除一切罪恶的东西，问心无愧地为真理而奋斗。"③ 可以这样说，商人成为革命力量需要一个认知过程，是大势所趋的结果。商人一开始是参加领导反洋人的示威和抵制洋货，支持过立宪运动，他们感兴趣的是中国的经济发展、有效的行政管理，不受外国控制，以及诸如兴建铁路之类的改革，因为这些是同他们的利益紧密相关的。他们也寄希望于新型商会，希望它能够保障他们的利益，带给他们未来的希望。但这些都失败的时候，他们必然参与革命。武昌起义爆发后，商人们迅速起来支持革命，革命领导人向商人做出保证："虐待商人者，斩；妨碍商务者，斩；企图关闭商店者，斩；促进贸易者，赏。"孙中山就任临时大总统时宣誓："吾人当更张法律，改订民、刑、商法及采矿规则；改良财政，蠲除工商各业种种之限制。"这些后来被西方汉学界称为"旧制度的资产阶级"的中国商人，一度担负起革命期间社会管理的责任。"清朝被推翻以后，在长达数月之久的时间里，中国大多数城市实际是由商会和同业公会联合管理……在中国各个省份里，商人的力量不足以取代中央和地方官僚的权力，其所能做到的，只是尽量限制无

① ［法］巴斯蒂－布律吉埃. 社会变化的潮流［M］//［美］费正清、刘广京. 剑桥中国晚清史（1800—1911 年）：下卷. 中国社会科学院历史研究所编译室，译. 北京：中国社会科学出版社，1985：547.

② ［法］贝热尔. 中国的资产阶级，1911—1937 年［M］//［美］费正清. 剑桥中华民国史（1912—1949 年）：上卷. 杨品泉，等，译. 北京：中国社会科学出版社，1994：712－720.

③ ［马来西亚］罗纯. 孙中山在星洲的寓所［N］.星槟日报，1981－08－17（16）.

政府状态所造成的破坏。"①

中国革命的一个特殊之处是海外华商是民主革命初期的积极发动者。孙中山说:"华侨为革命之母。"(见图6-1)这里的华侨包括了海外华商。胡汉民后来总结说:"我们从革命史来观察,南洋确是居于极重要的地位,南洋是本党革命的策源地,是本党革命的根据地";"同盟会历年运动,向以南洋为大本营"②。

海外华商较早产生革命觉悟,主要原因有四:一是家国情怀;二是希望母国强大,成为自己的事业发展的支撑;三是他们已经接受或者部分接受了现代工业文明;四是他们或者其家人在国内的经历使其痛感清政府的腐败无能。因此就像孙中山所说的:海外华侨"渴望母国能革除专制,而创行代议制政体也"③。1900—1911年,孙中山先后43次到南洋各地演讲,募集革命经费,率领华侨及其子弟回国发起武装暴动。"其慷慨助饷,多为华侨。"④法国历史学家贝热尔说:在革命前夕,中国改良主义

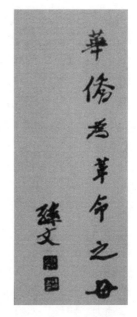

图6-1 孙中山先生题写的"华侨为革命之母",这句话首次出现在他在曼谷的演讲

似乎赢得中国本土的资产阶级的赞同,而移居海外的华侨则表现得很为激进。海外华侨渴望的,是建立现代化的政治经济组织形式,来恢复祖国在国际上的威望。⑤

辛亥革命前,中国现代工商业仅在沿海口岸城市和内地个别大城市存在,工商业阶层力量薄弱而且成分复杂。法国历史学家巴斯蒂认为,必须从最广泛的意义上来理解革命初期的中国商人,他们包括从事贸易、银行业、工业等各种行业的人,具有一些资本主义特征。这些人中有中过进士并在政府中任过官职的人,更多的则是像山西钱庄老板这样被称为"绅商"

① [法]贝热尔.中国的资产阶级,1911—1937年[M]//[美]费正清.剑桥中华民国史(1912—1949年):上卷.杨品泉,等,译.北京:中国社会科学出版社,1994:722.

② 冯自由.革命逸史:第五集[M].北京:中华书局,1981:207,43.

③ 孙中山选集:上卷[M].北京:人民出版社,1981:26.

④ 胡汉民.总理全集:第一集(下册)[M].上海:民智书局,1930:923.

⑤ [法]贝热尔.中国的资产阶级,1911—1937年[M]//[美]费正清.剑桥中华民国史(1912—1949年):上卷.杨品泉,等,译.北京:中国社会科学出版社,1994:726.

的商人，他们尽管大做买卖，却保持着旧传统。[①]

文艺复兴后，工商资产阶级的积极向上推动欧洲革命，革命的成果是制度建设和社会变革，创造了一个有利于工商业发展的社会环境，并引导土地贵族转变为工商资产阶级。而中国工商业阶层的不成熟和投机性使得中国革命曲折而艰难。革命初期，工商业势力是积极的支持者和参与者，但他们与土地贵族的复杂关系使得他们在革命中与土地贵族结盟，维护旧制度，仅将革命目标指向反对列强。新兴资产阶级并没有引导土地贵族走向投资现代工商业的道路，自己反而成为新的土地掠夺者。由于缺乏新的经济基础，革命者的目标与手段越来越激进，从兴中会时期开始的"平均地权"，发展到第一次国共合作时期的"打倒土豪劣绅"，再到工农革命时期的"打土豪分田地"。也就是说，这是一场没有商业化的革命。工商资产阶级支持民主革命，但并没有把发展工商业的诉求列入革命纲领，以至于孙中山在革命政策中一直强调"限制工商业"。由于工商资产阶级没有成为新经济方式的发动机，革命只能在原有利益格局之间徘徊。因此，新兴工商业的成长壮大才是中国现代化的根本动力。应该说，有海外经历的"客商"在这方面是较早的觉悟者，对引导革命者保护现代工商业发展起到了积极的作用。

三、力助革命是"客商"现代性的重要体现

俗话说，"在商言商"，商人同政治的关系应该是利益或利用的关系。革命是社会政治领域最激烈的变革，可能要付出生命，如果商人选择参与，那更多是根本性利益的驱使。资本势力是欧美近代革命的推动力量，因为欧美的资产阶级革命，目的是利用政权为自己的资本扩张服务。然而，"客商"力助革命却不完全是出于利益的考量，因为他们大多数在海外发展，他们支持革命是救国的理想驱使，是族群的尊严推动。这看似抽象的缘由，其实既与"客商"群体的性质以及形成背景有关，也与中国革命的特殊性有关。

"客商"大多长期在海外开拓，他们是最早了解世界状况和西方工业革命的一群中国人，也是在海外经商受西方殖民者歧视和打压的一群人。他们没有国家的保护，辛苦挣来的财富虽然解决了物质需要，自己却成为盘剥的对象。祖国的贫弱和政治腐败，使得生活在异国的他们陷入恐慌之中。

---

① [法] 巴斯蒂 - 布律吉埃. 社会变化的潮流 [M] // [美] 费正清，刘广京. 剑桥中国晚清史（1800—1911 年）：下卷. 中国社会科学院历史研究所编译室，译. 北京：中国社会科学出版社，1985：546.

这是其深沉的家国情怀形成的背景，也是他们力助革命的根本动力。只有母国强大了，他们才能挺起腰杆。因此，他们才不惜倾家荡产，甚至献出宝贵的生命支持革命。

在近代半殖民地形态的中国，政府的软弱和腐败，使国内民族资本家普遍感到同外国资本竞争面临的巨大压力。西方国家的政府保护本国商人，在中国境内，他们的商人同中国竞争者发生冲突，其领事馆马上出面保护，甚至不惜对中国政府施加政治或军事压力。而当时清政府官员不仅不保护本国商人，反而想方设法欺商并献媚洋人。这使民族资本家对清政府很失望、很愤慨。国内商帮虽然对腐败政府很痛恨，但他们未必敢革命。因为他们不了解世界潮流，不了解工业文明，没有革命的动力，也未必知道什么是革命。"客商"不一样，他们在海外开拓，亲身感受到世界潮流，知道工业文明推动的革命一定能推翻腐朽的君主专制，革命将使中国改天换地。世界的视野使"客商"充满革命的动力。在对世界潮流和社会发展的认识方面，当时的"客商"领袖是领先于国内知识分子的。

当时爱国精神最根本、最直接的表现就是救国。当时中国的处境是被列强瓜分、政府腐败软弱、民不聊生，"客商"了解西方文明，知道只有革命才能改变这一切，只有通过革命建立民主新政府，发展实业，国强民富，才能从根本上摆脱被列强欺凌的命运。另外，"客商"的深沉的家国意识使他们宁愿破家也不愿亡国，这是作为商人最难得的宝贵情怀。还有，崇文重教使"客商"具有不一般的文化素养，造就他们超越一般商人的思想境界，也就是"儒商情怀"。海外"客商"虽然生活在海外，但他们的根在家乡。客家人之所以称为客家，就是因为强烈的家乡情怀。"客商"在海外发财，大多要回家修建祖屋，虽然借"风水"之名，本质上仍然是家族与情感寄托。但是他们在国内的住宅往往得不到安全保障。梅县籍海外富商夏万秋花巨资在家乡建造中西合璧的豪宅"万秋楼"，但他只住过一个晚上，第二天就仓皇逃离。因为他一回国，土匪就开始准备绑票。梅县松源籍旅居夏威夷的"客商"刘佛良花巨资在家乡建坚固的豪宅"南熏楼"和"明远楼"，但其家人仍然多次遭土匪威胁。同样的，其他"客商"的父母也大多生活都在国内，"客商"们建造城堡式的住宅，就是因为担心人身和财富安全得不到保障。海外经历使他们认识到，只有通过革命建立文明有力的政府，才能从根本上保障家人和财富的安全。而张弼士以及张榕轩、张耀轩兄弟在国内修建铁路、兴办实业的艰难经历，更加使他们相信只有革命才能救国。

近代"客商"实际上是一个庞大的革命群体。孙中山的父兄都是"客商",他的革命事业也是在海外侨商尤其是"客商"们的支持下进行的。"客商"有一个独特的地方,就是他们中一部分把革命看得比自己的商业重要。有的弃商投身革命,成为革命家;有的已是富商,不是盘算怎么继续发财,而是倾力支持革命,不仅捐款捐物,还办报办刊宣传革命,而且让子女参加革命,典型代表是印度尼西亚的梁密庵家族、泰国的伍佐南家族等;有的甚至为革命献出自己的生命;有的虽然没有放弃经商,但一生支持革命,从辛亥革命到工农革命,矢志不渝,比如罗善庆、陈新政、刘佛良、林义顺、罗翼群、廖安祥、丁家骏等;有的倾家荡产也要支持革命,像谢良牧兄弟、冯灿利等;有的自己经商不怎么成功,不是希望子女经商发财,而是送子女投身可能会牺牲的革命,黄花岗起义烈士中的客家子弟大多是这样的。可以说,"客商"同近现代中国革命相始终,是真正的"革命商"。如果说,他们支持民主革命和抗日战争是与自身利益有关,那么工农革命的对象就包括他们,他们应该很清楚,但他们仍然一如既往地支持。这是值得深刻研究的。这也是"客商"不同于其他商帮的一个重大特征,是一个具有文化意义的特殊表现。

另外还有一个原因,即客家人在近代的革命性。也许因为广州悠久的通商历史,西方文明在广东传播比较早,客家人长期迁徙,比较容易接受新思想,尤其是商人。因此他们较早具有革命的意识。太平天国运动的参与者中大部分是客家人,甚至早期发动者中有些是富商。洪秀全祖籍是客聚地梅县,太平天国被有的学者说成是"起于嘉应,灭于嘉应"。罗香林说:"客家民系最富有革命性质及种族思想,自太平天国失败以后,残余的徒党多逃匿南洋群岛或隐身粤内各乡市,从事工商业的经营,而暗以排满思想灌注一般青年,革命巨子孙中山(文)其少时即颇受此种思想的陶冶。"① 对客家人的革命性的研究在中国台湾地区和海外比较多,日本学者在这方面见解比较独特。

第二节 "客商"与中国民主革命

海外华商是孙中山早期民主革命的主力之一。当时革命党人主要由海外华侨、华商、留学生、秘密会社成员构成。兴中会成员中,商人占42%,手工业者占18%,也就是说,工商业者占兴中会成员的60%。"他

---

① 罗香林. 客家研究导论(外一种:客家源流考)[M]. 广州:广东人民出版社,2018:21.

们是中国政治中的新元素。会员几乎都是穷苦而未受过教育的人。差不多半数是商人，约四分之一是劳工。"① 同盟会成立后，海外华商是革命活动经费的主要资助者，筹款能力是孙中山作为革命领袖威信的重要支撑。因此，工商业是民主革命的主要力量之一。"客商"则是这些海外华商的代表者，他们还利用担任东南亚地区殖民地官员及清政府驻外使节的条件，为孙中山及其追随者提供庇护。海外华商子弟更是孙中山革命的生力军，1911年黄花岗起义的800人先锋队中，有500多名是海外华侨、华商子弟，七十二烈士中（后核实是86名烈士）有31名海外华商子弟，其中祖籍广东的有29人。

《辛丑条约》的签订以及以中国领土为主战场的日俄战争，使知识界对清政府最后的幻想彻底破灭。陈天华的《猛回头》中，"我中华，原是个，有名大国……论才智，也不让，东西两洋。看起来，那一件，比人不上……为什么，到今日，奄奄将绝；割了地，赔了款，就要灭亡？"唱出当时中国知识分子最沉痛的心声。而清王朝的最高统治者的"量中华之物力，结与国之欢心"，使19、20世纪之交的中国有识之士坚定推翻清王朝是救国的必然选择。正如蒋廷黻所言："庚子拳匪之乱以后，全体人民感觉清政府是中华民族复兴的一种障碍。"②

广东是近代中国最主要的开放窗口，新思潮、新观念、新事物从这里上岸，然后向全国传播。广东也是中国民主革命的策源地。早期兴中会成员基本上是广东籍人。"在广东，现代的上流社会中的商人比文人占优势：这个上层社会受到的限制较多，但同时也更倾向于激进，而且海外华侨在它里面发挥了重要的作用。……它比较不大注意个人之间的关系，而宁愿为一个广大地区及其全体居民献出热情，这大概是民族主义兴起的先声。"③孙中山的父亲孙达成一直在澳门、香山等地经商，孙中山的革命生涯一直同海外客家社团尤其是"客商"群体结合在一起。

民主革命之初，南洋"客商"便积极捐款资助革命，保护革命党人，而且许多"客商"及其子弟加入同盟会，宣传革命，募集资金。从同盟会成立，到辛亥革命、护国运动、护法运动、北伐战争、广州起义，"客商"

---

① ［法］巴斯蒂－布律吉埃. 社会变化的潮流［M］// ［美］费正清，刘广京. 剑桥中国晚清史（1800—1911年）：下卷. 中国社会科学院历史研究所编译室，译. 北京：中国社会科学出版社，1985：456.

② 蒋廷黻. 中国近代史［M］. 南京：江苏人民出版社，2014：106.

③ ［法］巴斯蒂－布律吉埃. 社会变化的潮流［M］// ［美］费正清，刘广京. 剑桥中国晚清史（1800—1911年）：下卷. 中国社会科学院历史研究所编译室，译. 北京：中国社会科学出版社，1985：555—556.

都积极参与，有的倾其资产，有的甚至献出宝贵生命。黄花岗七十二烈士中"客商"及其子弟就有 16 名，红花岗四烈士中有 2 名。

一、"客商"群体中的革命家及早期革命者

出身广东归善（今广东惠州市）"客商"之家的郑士良，是孙中山在博济医学院的同学。后在淡水镇开设同生药房经商，是早期广州兴中会的发起人，曾组织归善县横冈三洲田起义。起义失败后逃往香港，不幸被清政府派人毒杀。

孙中山胞兄孙眉是檀香山富豪，被称为"茂宜岛（又称毛伊岛）王"，是孙中山在檀香山创办兴中会的主要资助者和早期会员。当时孙中山奔走革命的旅费，基本上由孙眉资助。因此，孙眉被誉为创建民国的幕后英雄和孙中山反清革命的"财政部长"。陈少白评价孙氏兄弟："弟是华盛顿，兄是拿破仑。"

廖仲恺，广东归善县客家人。其父亲廖竹宾是颇有地位的知名侨商。廖仲恺是孙中山组织中华革命党的主要助手、中国国民党早期的重要领导人，协助孙中山制定"联俄、联共、扶助农工"三大政策，是谓"新三民主义"。1925 年 8 月，廖仲恺惨遭党内极端分子杀害。"廖案"是中国现代革命史上的一次重要事件，标志着国共两党的对立开始公开化。廖仲恺是早期同情和支持中国工农革命的少数国民党高层领导，是后来国共两党共同纪念的革命先驱之一。

黄琪翔，其父为南洋商贩，后改营"水客"业，往来于梅县、香港、新加坡、印度尼西亚之间。黄琪翔在北伐战争中被誉为"常胜将军"，与叶挺并肩战斗，战绩显赫，二人被称为"北伐双杰"。后组织创建中国农工民主党。抗日战争全面爆发后，黄琪翔参与指挥上海"八一三"抗战，后任中国远征军副总司令，曾指挥"滇西缅北战役"等重要军事行动。

一大批"客商"子弟更是民主革命的生力军。著名的有：温生才，广东梅县人，早年到马来亚经商，1911 年 4 月 8 日，温生才谋刺清水师提督李准，却误认广州将军孚琦为李准，将其击毙。温生才被捕后受审，声明"民不聊生，皆由满人专制，害我同胞，故欲先杀满官，为四万万国民伸气"。就义前对群众奋呼："今日我代同胞复仇，各同胞务须发奋做人才好！"[1] 钟明光，1915 年 7 月在广州刺杀广东都督龙济光时牺牲。张民达，

---

① 冯自由. 革命逸史：第二集 [M]. 北京：中华书局，1981：269 – 271.

建国粤军第二师师长、东征军右翼军总指挥。邓泽如，孙中山重建大元帅府时任大本营建设部长兼财政部部长。罗福星，在台湾进行抗日复国的英雄。罗翼群，第二次东征任建国军潮梅军军长。

为中国民主革命而牺牲的"客商"及其子弟还有：李炳星、罗仲霍、郭典三、林修明、陈文褒、余东雄、李炳辉、杜玉兴、罗干、周华、罗联、罗遇坤、罗坤、郭继枚、邓仲元等。[①]

二、捐款力助、办报宣传革命

马来亚槟城和吉隆坡是孙中山宣传革命和募集资金的重要据点。1893—1911 年的 19 年里，清廷委任的六任驻槟城领事（张弼士、张煜南、谢春生、梁碧如、谢春生、戴欣然）都是"客商"。他们不仅冒险保护孙中山，而且积极捐款支持其革命事业，甚至让子女参加革命。张弼士通过胡汉民一次捐款 30 万两白银，还让儿子张秩捃加入同盟会。辛亥革命以后，张弼士多次捐款支持民国政府的国防建设。[②] 张榕轩、张耀轩兄弟一直积极支持孙中山先生的革命活动。武昌起义后，革命党人经济拮据，张耀轩以本人的名义捐了一大笔资金。

姚德胜在武昌起义后，汇银 7 万元充军饷。谢逸桥、谢良牧兄弟，以及印度尼西亚"客商"梁密庵家族等都曾捐巨款支持孙中山革命。"客商"梁鸣九 1909 年秋前往南洋为新军起义筹款，当时爪哇岛霍乱流行，他只身前往印度尼西亚八打威，在华侨书报社同志支持下，发动华侨捐资约 5 万元，带汇票乘船时在印度尼西亚廖内群岛海面因撞船不幸遇难，后由梁密庵设法将此款送回。"宋氏三姐妹"之父宋嘉树将大部分资金用于革命经费并暗中印行革命刊物。早期同盟会会员、孙中山避难于槟榔屿时的挚友陈新政，积极号召华侨捐资以支持革命事业，武昌起义成功后，他与槟城的革命同志努力筹款 10 万元汇至香港，支持闽粤两省光复，后又汇来数十万元。蔡炽三捐巨资支持民主革命，孙中山、唐继尧、李烈钧、柏文蔚等到南洋宣传革命，先后到蔡炽三的万利大宝号，留书赞扬蔡炽三的革命功绩，孙中山题赠"博爱"横幅，李烈钧题赠："壮志未偿心未死，江水如血天如墨。"潘植我于辛亥革命前夕，将自己 3 年来的全部积蓄捐献为革命经费，后又捐巨资为黄花岗七十二烈士营造墓地。邓树南在

---

① 闫恩虎．"客商"与近现代中国［M］．广州：广东人民出版社，2017：114－119．

② 田辛垦，张广哲．张弼士［G］//黄伟经．客家名人录：梅州地区卷，第一大卷．广州：花城出版社，1992：335．

南洋带头剪辫子，捐款支持孙中山，捐助经费共 20 余万银元。刘佛良，是孙中山在檀香山进行革命活动的积极支持者之一，也是"三二九"广州起义的主要捐资者之一。

报刊的出现是中国现代化的重要内容。报纸 17 世纪初期在德国出现，很快风行欧洲，但在中国出现时已经到了 19 世纪中期。中国境内的第一份中文期刊《遐迩贯珍》1853 年第一号《序言》道："中国，除邸抄载上谕、奏折仅得朝廷举动大略外，向无日报之类。惟泰西各国，如此帙者，恒为叠见，且价亦甚廉。虽寒素之家，亦可购阅。其内备各种信息，商船之出入，要人之往来，并各项著作篇章。设如此方，遇有要务所关，或奇信始现，顷刻而西方皆悉其详……俾得以洞明真理，而增智术之益。"① 传统中国书籍非常稀缺和珍贵，藏书是有品位的富贵人家的重要标志，一般的读书人也就只是读一些官编的儒家经典通俗本。而且这些书籍基本上是过去人的言论和思想，今人的思想或探索只能在书院等少数特定的范围内传播，而面向未来的社会探索在当时是没有公开的固定园地的。

报刊的出现打破了"以古规今"的思想禁锢，将人们的思维与现实变化紧密连接起来。"媒体的力量并不只是在于（甚至不主要在于）它宣告事实的力量，还在于它有力量提供宣告出现的形式……世界被组合成一种毋庸置疑且不受关注的叙述惯例，并被理想化，它不再是讨论的对象，而成了任何讨论的根本前提"。② 可以说，报刊等现代媒体的出现是中国知识界冲破传统思想禁锢走向世界思维的重要标志。报刊作为现代媒体最早出现在鸦片战争前的广州地区，是传教士们创办的，以后才在上海发展成为文化系统。但海外"客商"很早就在东南亚的英荷殖民地接触过这种现代媒体，他们是中国最早的一批知道这种媒体力量的中国人。

当时"客商"是南洋各埠办报办刊宣传革命的中坚力量。陈新政认为宣传革命，发扬中华文化，非以报纸为喉舌不可。因此，他于 1910 年在槟榔屿参与创办《光华日报》，1914 年于新加坡创办《国民日报》，1916 年于厦门创办《民钟报》，发表了一系列慷慨激昂的文章，宣传民主革命。蔡炽三在新加坡出资创办《南铎日报》鼓吹革命。印度尼西亚"客商"刘士木积极协助胡汉民在槟榔屿创办《光华日报》，该报随即成为同盟会槟榔屿支部的机关报。林义顺 1903 年在新加坡创办《图南日

---

① ［美］舒德森. 新闻的力量［M］. 刘艺娉，译. 北京：华夏出版社，2011：50.

② ［日］松浦章，［日］内田庆市，沈国威. 遐迩贯珍：附解题·索引［M］. 上海：上海辞书出版社，2005：4 - 5.

报》，宣传革命。这是南洋第一份革命报刊，月份牌下面的文字是"文字收功日，全球革命潮。图南新世界，书檄布东南"。1907 年，林义顺与陈楚楠、张永福创办《中兴日报》。《图南日报》与保皇党喉舌《天南日报》关于革命与改良的论战，对唤醒华侨民族主义起了重大作用，是革命党与保皇党著名的三大论战之一。上海"苏报案"发生后，林义顺与陈楚楠等人，"愤清廷肆虐，特用小桃园俱乐部名义致电驻沪英领事，请援保护国事犯条例，勿将章（炳麟）、邹（容）引渡清廷，以重人权"①。这是南洋华商、华侨第一次声援革命党人，标志着新马华侨在革命与改良的道路上开始分道扬镳。《中兴日报》与保皇党的《南洋总汇报》的大论战是1906—1908 年南洋革命浪潮的焦点。"在参战（革命党与保皇党论战）的海外各处侨报中，数新加坡《中兴日报》对《南洋总汇报》的论战最引人注目，声势最大，成效最佳。"② 陈景华，广东中山客家人，1908 年与萧佛成在曼谷先后创办《美南日报》（后易名为《湄南日报》）、《华暹日报》（后改为《华暹新报》），激烈鼓吹革命。

设立书报社是宣传革命、启发侨胞觉悟的重要途径。"客商"支持的星洲书报社于 1902 年创办，槟榔书报社 1908 年创办，皆以宣传革命为主旨。一时间，书报社遍及南洋各地，仅新马地区就有 65 个。书报社陈列革命书报，邀请同盟会会员演讲，孙中山也曾多次亲临演讲。温生才就是在霹雳书报社阅读《扬州十日》后，萌发反清革命思想的。③ 槟榔书报社的一位秘书后来成为黄花岗烈士之一。"客商"在婆罗洲创办的松柏港（距离坤甸 50公里）民群书报社和东万律扩志书报社，均获得孙中山颁发的旌义状。民群书报社旌义状云："民群书报社于中华民国开国之始，踊跃输将，军储赖以接济。特给予旌义状。弈代后民，永多厥义。此旌。临时大总统孙文。中华民国元年三月一日。"④

三、辍商投身革命

马来亚槟榔屿的"客商"领袖谢逸桥、谢良牧兄弟，认识兴中会会员程璧光后声言追随孙中山"澄清天下"。1900 年，二人返乡在梅县倡办团防，募勇购械，培植革命力量。1904 年，在东京结识黄兴，第二年加入同

① 冯自由. 华侨革命开国史［M］. 上海：商务印书馆，1947：75.
② 余思伟. 中外海上交通与华侨［M］. 广州：暨南大学出版社，1991：231.
③ 余思伟. 中外海上交通与华侨［M］. 广州：暨南大学出版社，1991：233.
④ 陈达. 浪迹十年之行旅记闻［M］. 北京：商务印书馆，2013：82 – 110.

盟会，谢良牧被选为会计部长。1906 年春，谢逸桥奉孙中山之命回国扩展同盟会势力，并组织配合潮汕会党策划潮州起义和黄冈起义。孙中山又命谢良牧等回国协助工作。谢良牧后在梅县松口堡创办初级师范讲习所，招收来自福建长汀、漳州和潮梅各县的青年学生，发展同盟会会员。1907 年，饶平凤凰山起义和黄冈起义失败，谢氏兄弟意识到没有经过军事训练的武装队伍，难以打败清朝政府军，遂由谢逸桥筹借经费，以培训新学所需体育教师为名，开设松口体育学堂，培训革命军事骨干人才。松口体育学堂办了一期，招收学生 120 人。黄花岗起义，体育学堂参加者有 30 多人，七十二烈士中的饶辅庭、林修明、周增等就是体育学堂的学生；武昌起义后在各地组织光复的领导者，如韩江支队司令姚雨平、参谋长张醁村，光复潮州的领导人郭典三，光复梅州的领导人温翀远、廖叔唐、熊越山等，都是松口体育学堂培育出的军事人才。

1908 年 4 月河口起义失败后，孙中山曾避居槟榔屿谢逸桥家中。1910 年 9 月，谢氏兄弟在南洋筹集经费 10 多万元，有力地促成了黄花岗起义。1911 年梁密庵武昌起义，谢良牧力排众议，争取广东水师提督李准反正，加速了广东的光复；谢逸桥和许雪秋等率领民军回应张醁村发动的潮汕起义。中华民国成立后，谢良牧作为华侨方面代表，被推举为第一届国会参议员，后追随孙中山进行反袁斗争。谢逸桥后任汕头同盟分会主任，并与叶楚伧等合办《中华新报》（后改名《大风日报》），鼓吹倒袁。1917 年，谢良牧参加护法运动，与海军总长程璧光率舰护送孙中山南下，设大元帅府于广州。

1922 年 6 月，陈炯明部在广州发动叛乱，谢良牧就任中路讨贼军总司令。青年叶剑英就是此期间在香港认识谢良牧，住在谢良牧家中，在谢良牧领导下参加讨伐陈炯明叛乱，从此走向民主革命道路的。

梁密庵，1905 年加入同盟会。1907 年组织发起革命组织"寄南社"，后改名"华侨书报社"，被举为社长。孙中山亲书"努力前进"立轴嘉奖（见图 6 - 2），黄兴书赠"是式南邦"横轴留念。1911 年梁密庵捐巨资支持广州起义。1918 年孙中山前往粤东视察时，特率胡汉民、姚雨平等赴松口探望梁密庵（见图 6 - 3）。

图 6 - 2　孙中山为"客商"梁密庵组织的"华侨书报社"题词

图6-3 1918年5月，孙中山与谢逸桥、谢良牧兄弟在梅县谢家爱春楼合影

张鉴初受孙中山革命思想的影响，入中国同盟会，后回国参加潮州黄冈、广西镇南关起义。1911年，他作为敢死队成员参加黄花岗起义，后任孙中山随从侍卫，因护卫有功，获孙中山书赠"大道之行　天下为公"嘉勉。讨袁失败，张氏重返暹罗彭世洛府开设金行及杂货店。冯灿利1908年加入中国同盟会暹罗分会，是该会最早的成员之一。在孙中山革命理论的感召下，冯灿利弃商参加民主革命。曾稚南1905年加入同盟会，将其父万贯家财捐献为革命经费，被孙中山委任为"华侨宣抚使""筹款专员""特派员"。辛亥革命后，曾稚南任广东省谘议局议员，1922年任东征军后勤军需处副处长。郭渊谷1906年在新加坡参加同盟会，变卖家产资助革命。后回家乡，进行反清活动。黄岗起义失败后郭渊谷潜回新加坡，继续联络侨胞，宣传革命。1911年参加孙中山发起的"同德书报所"，与革命志士成立"星洲书报社演说团""开明演说书报社"等。后回潮参加光复潮汕的军事行动。民国建立后，郭渊谷被委为陆军少将，护法运动时任大元帅府副官，后任黄埔军校教官。1923年到丰顺县任县长，在任期间招抚盗寇、禁种鸦片，政绩斐然。卢耕甫在印度辍商加入兴中会、同盟会，随孙中山先生到东南亚各埠宣传革命、募捐经费。1908年卢耕甫回国，在梅县三堡学堂任教，秘密从事革命活动，负责在潮梅地区发展革命组织，联络闽粤赣边区一带反清复明的秘密组织伺机起事。其时，叶剑英正在该校读书，受卢耕甫影响至深。辛亥革命前夕，卢耕甫被捕入狱，经革命党人积极营救出狱。武昌起义成功后，梅州革命党人组织议会，卢耕甫被推举为议长。不久，当选首任梅州州长（后梅州改为梅县，卢任县长）。徐统雄1906年结识孙中山，"统雄"是孙中山为其所取名。徐统雄随即加入同盟会，先后担任中华革命党、中国国民党新加坡支部长等职，在侨胞中筹款、联络，宣传革命，并典卖自己 7 间店铺赞助革命经费。孙中山至新加坡，均食宿其家。故民国建立后徐统雄自称"国叔"。1925 年，国民政府在广州成立，徐统雄应邀回国，任广东东路公路处兼韩江治河处处长、潮梅财政视察员。

第三节 "客商"与民族革命

中国近现代的民族革命是指反殖民反侵略的民族独立与自强运动，集中表现在抗日战争。

抗日战争是中国现代史上一次伟大的民族革命，其胜利的伟大意义，不仅在于它是鸦片战争以来一百多年间中国人民反抗外来侵略取得的第一次全面胜利，更重要的是，抗日战争是一次全民族的反侵略战争，中华民族在反侵略的大旗下团结起来，各民族、各政党、各阶层同仇敌忾，从九一八事变到"一·二八"淞沪抗战，从卢沟桥的枪声到平型关大捷、台儿庄大捷、武汉会战、百团大战，正规军和漫山遍野的抗日游击队在"中华民族到了最危险的时刻"的警声下，以落后的武器装备对穷凶极恶的侵略者迎头痛击。海外华侨不仅捐钱、捐物，有的甚至倾家荡产，还有的沿街乞讨募款抗日；华侨子弟踊跃回国参战，女华侨甚至扮成男装到最艰苦的山区参加战斗。

中国的抗日战争是全世界反法西斯战争的主战场之一，抗日健儿以伟大的姿势向全世界表明：中华民族是不可战胜的！如果说，鸦片战争惊醒了中国这只睡狮，那么，抗日战争是这只睡狮真正的咆哮！正如"客商"领袖胡文虎所言："抗战两年，我国土地虽遍遭蹂躏，人民生产虽备尝痛苦，而中华民族之精神，实已在此惨痛之经历中复苏。过去因循苟安之心理，今已不复存在，以往多年积存之污点，亦已涤除大半。此两年来之战争，使全国同胞认识中国必须在奋斗中求生存，而惟有涤除污点，力求更新，吾人之艰苦奋斗，始能渐趋顺境，抵达最后之胜利。就此种意义言之，中国自有史以来，实未尝经历如今日之有希望时代。惟事在人为，一切犹待吾人本身之努力，愿吾全国同胞，今后更实事求是，切勿空言，而重躬行，以求取我民族最光明之前途。"① 黄仁宇认为，中国的抗日战争，是人类历史上少有的大事，全民动员，战火延及南北沿海及内地各省，即使是日本，也从未面临过类似事迹。且因为中国的战事不能结束，日本军国主

① 李逢蕊. 胡文虎研究专辑［M］. 龙岩：龙岩师范专科学校，1992：101.

义铤而走险，扩大战争规模，掀起太平洋战事而波及全世界，其影响也至远至深。"中国并非先组成一个现代国家才对日作战，而是借着对外战争开始组织一个现代国家。"①

一、捐款捐物、宣传组织抵制日货

1928 年，日本以"护侨"为名派兵占领济南，杀害中国外交特派员及许多民众。消息传到海外，南洋各国的"客商"与其他华侨、华商一起声讨日本侵略者，发起捐款救济难民并抵制日货活动。新加坡的"客商"组织"山东惨祸筹赈会"为难民募捐，两三个月间募得国币 120 余万元，汇交国民政府财政部。九一八事变发生后，南洋"客商"踊跃参加"抗日救国后援会"和"援助东北抗敌委员会"等华侨组织，声援抗日救亡活动。"一·二八"上海抗战时，大批"客商"积极筹募款项，努力在经济上支持抗日。据有关资料统计，仅"一·二八"事变发生后的一个多月时间里，在十九路军所得的抗日款项 1068 万元中，就有 3/4 为华侨捐款，其中的一大部分来自"客商"。"客商"领袖胡文虎更是前后 3 次汇款给十九路军。

七七事变后，全面抗战爆发。海内外"客商"展开了更大规模的抗日救亡运动。在爱国侨领陈嘉庚先生的倡议和领导下，南洋各地纷纷成立抗日救亡组织。海外"客商"组织，尤其是新加坡南洋客属总会、马六甲客属公会、爪哇三宝垄客属公会、苏门答腊巨港客属公会、旅美纽约崇正会以及香港崇正总会等，在这一时期发挥了较大后援作用。南洋客属总会是在新加坡客属总会的基础上发展起来的，在会长胡文虎的领导下，明确抗日救亡的宗旨，即"以团结的精神，一致的动作，在有钱出钱、有力出力的原则下，表现吾属人士救亡进行的热烈"。该会短期内筹得国币 30 余万元，成为筹款最多的南洋华侨团体。其中仅胡文虎本人在七七事变至 1939 年 4 月间，所献义捐及认购国民政府发行的抗日公债即达 300 余万元；1941 年回国慰劳义军时又慨捐国币 200 万元。海外媒体称他为华侨中个人捐款最多的人，至于他在不同时期所捐献的物资、药品等更是不计其数。

1938 年，士乃中华商会董事长、客属公会名誉会长黄子松出资招募爱国青年参加"司机回国抗日服务队"的训练，参训人员的一切费用均由他负责。首批 40 名队员经过 3 个月的训练后，由陈嘉庚和"客商"子弟张武办率领回国参战。黄子松一共招募了 4 批共 560 名汽车司机回国参与支持抗

---

① ［美］黄仁宇. 现代中国的历程［M］.北京：中华书局，2011：170，207.

日运动。这些司机由新加坡乘轮船到越南河内登陆，再转乘火车至昆明，开赴前线。他们驾车行驶在险陡的滇缅公路上，运载军用物资和兵员，直到抗日战争胜利。其中有不少的司机壮烈牺牲。

印度尼西亚巴达维亚中华总商会主席丘元荣，七七事变后被推选任巴达维亚埠筹赈会主席。他努力发动广大华侨捐助支持抗战，组织侨胞购买救国公债，购买救护车并协助华侨司机回国。3年间共捐款10万元，后将其母寿辰所收贺仪18万余元全部汇回祖国作捐款。1940年，国内中南和西南一带恶性疟疾大流行，抗战前线战区急需奎宁丸和金鸡纳霜。丘元荣得知消息后在巴达维亚发动捐奎宁丸和金鸡纳霜的运动。在不到两年的时间里，仅巴达维亚一地的华侨就捐赠奎宁丸1亿多粒，足够500万人服用。

旅居南非的梅县籍"客商"刘浮初，当时已80多岁，用自己全部养老金800英镑买了国民政府的"爱国储蓄"。国民政府主席林森书"卜式输财"、国民政府侨务委员会委员长陈树人书"毁家纾难"条幅以资奖励。南非的梅县籍"客商"林岳云等人购2000多英镑的爱国储蓄，支持抗战。南非的梅县籍"客商"梁懋尹在七七事变后募得20余万元支持抗战。毛里求斯梅县籍"客商"领袖黎子达组织华侨成立抗敌后援会，积极募捐支持抗日，他自己捐献国币5万元，该会在1943年10月捐2200英镑支持抗战。

据不完全的统计，从抗战开始到1940年，仅梅县籍"客商"及华侨捐款总计国币734350元，大米2400多包，以及枪支弹药等物品一大批。

此外，"客商"还在侨居地广泛宣传并开展"不卖日货"运动。当时，日本帝国主义为了侵略战争的需要，加紧向东南亚各地进行经济侵略，把大量商品倾销到东南亚各地。面对这种形势，海外侨胞以民族利益为重，发扬爱国主义精神，不顾侨居国政府的禁令，不计较个人在经济上的损失，纷纷参加抵制日货运动。抵制日货运动遍及东南亚各城镇，特别是在印度尼西亚的巴达维亚、万隆、棉兰等地，更是开展得声势浩大。在七七事变前夕，丘元荣就派员回国考察，并与上海工商界联系，将国货送巴达维亚展销，号召广大华侨使用购买国货。梅县另一旅民印度尼西亚"客商"张鹏高还专门召开会议，做出抵制日货的决定。南洋"客商"还联合各埠华商制定《抵制仇货大纲》，开展"救国连锁运动"，相约禁买、禁卖日货，也不卖货给日本人，不为日本人工作。在南洋的日矿华工还开展罢工运动，不为日本矿主采矿。在美国，客属侨胞参与了抵制美国废钢铁和战需物资运往日本运动。抵制日货运动造成日本对外贸易大幅度下滑，"使日本对南洋的贸易输出 1938 年比 1937 年约减少 38%，输入减少 30%，贸易总额约减少 39%"①。

二、办报出刊、组织文艺演出，宣传抗日救国

抗日战争一开始，"客商"便利用在侨居地所办报刊，强烈谴责日本军国主义的侵略暴行，呼吁全世界支持中国的抗日战争。

胡文虎利用自己的"星系"报纸积极报导国内抗战情况，谴责日本军国主义的侵略，号召海外华商、华侨积极迅速投入全民族的伟大抗战。在九一八事变爆发后，胡文虎的侨报《星洲日报》迅速对日本侵华的罪行进行报道，与此同时，《星洲日报》与南洋其他侨报一起动员侨胞开展抵制日货运动。由于《星洲日报》等侨报的推动，又有新加坡总商会的组织，新马华侨的抵制日货运动取得了显著成效。在短短一个月的时间里，华侨商人和华侨消费者便已经完全断绝了与日商的联系，不再买卖日货。《星洲日报》为方便侨胞输财出力，还直接参与祖国社会公益事业，如捐款购机、劝募公债、赈款义捐等。胡文虎创办的另一份报纸《星光日报》大篇幅刊登当地抗日救国活动的新闻，如救亡歌咏运动、新诗歌运动、救亡戏剧运动及文化救亡协会的活动，深受读者欢迎。1937 年七七事变爆发后，胡文虎创办的"星系"报纸对祖国的政局、战局的发展极为关注，且聘请著名爱国作家郁达夫为《星洲日报》主编。1938 年，由于南京和上海已沦陷，东南沿海受封锁，香港成为文化中心和交通枢纽。胡文虎于是投资 40 万元，在香港创办《星岛日报》，突出反法西斯的鲜明立场，把中国人民抗战的真实情况告诉海外同胞和国际友人，取得国际声援和支持。抗战期间，胡文虎创办的《星华日报》《星岛日报》《星洲日报》等 8 家报纸，成为华商、华侨救亡团体的喉舌，也是宣传抗日的主要阵地。

抗日战争爆发后，"客商"创办的印度尼西亚巴达维亚《天声日报》的抗日救亡宣传，在巴达维亚一带产生了很大的影响。马来亚"客商"梁燊南筹资创办并兼任总编辑的《马华日报》，在 1938 年题为《本报与国难》的元旦言论中指出"海外侨胞，愤倭寇之残暴猖獗，尤力主与一决雌雄，函电交驰，踊跃输将，誓为后盾"；号召海外侨胞"凡直接间接，可以断敌人之资源，削弱其国力者，应于无碍当地法律范围之内，尽量运用"，"只愿吾侨毁家纾难者，接踵而起，使战时国家之经济巩固，然后可以应付裕

---

① 王大良. 抗日救亡运动与客家爱国传统［M］//舒龙. 客家与中国苏维埃革命运动. 北京：中央文献出版社，2004：194 - 195.

如，此种责任，为远处海外之侨胞所不能诿卸者"；并向读者阐明该报在抗战期间，"思以笔作枪，追随各地同业之后，增厚吾侨言论之力量也"。由"客商"谢英伯任主笔的加拿大《新民国报》，梅县籍"客商"熊幼霖创办的泰国《华侨日报》，梅县籍华侨谢佐舜任总编辑的巴达维亚《新报》等，在抗战期间都发表了大量的文章，揭露日寇的血腥暴行，号召华侨以各种形式支持祖国的抗战，并及时报道抗日前线的胜利消息。

东南亚各地的一些"客商"社团还组织文艺团体，进行话剧、歌舞的创作和演出，以此宣传和推动华侨抗日救亡运动。20 世纪 20 年代中期侨居马来亚的梅县籍"客商"郑天保，在"八一三"事变后又从国内返回马来亚的加影华侨中学任教，与梅县籍华侨胡一声组织了加影流动歌舞剧团。郑天保创作了《中华魂》《合浤之夜》等戏剧，排演了《南岛风光》《忍受》《太平年》等剧目，到马来亚各大小城市巡回演出，大力宣传中国共产党提出的"民主团结，抗日救国"的主张。

一些"客商"团体还在街头进行宣传活动，募捐款物支持抗战。据丰顺县马来亚归侨彭爱群回忆，他 12 岁在马来亚读书时参加了卖花募捐。

1939 年 7 月，新加坡"客商"组织的嘉应五属同侨救乡委员会发表《抗日宣言》："暴敌侵凌，国将不国……两年以来，敌人既愈战愈弱，吾人则愈战愈强，东西南北各战场上，吾人均已转败为胜，大量歼灭暴寇，使敌人泥足益深，再无越雷池一步之可能……潮汕被占之后，我嘉应五属局势突告紧张，后方既变为前方，福地将化为战地。我炎黄华胄之神圣国土，我先祖列宗之田园庐墓，岂容吾人坐令敌蹄践踏也？我骨肉相亲之家人父子，戚里邻族，我痛苦流离之伤兵难民，岂容吾人坐视不救也？爱国也应爱乡，救乡即是救国，大处着眼，小处做起，全国动员，分头抵抗，使敌人进既不能，退亦不得，陷身于天罗地网之中，直至精疲力绝，束手被歼而后已，最后胜利，斯其时矣！嘉应五属旅星同侨有见及此……一致议决组织新加坡嘉应五属同侨救乡委员会……服从祖国政府之领导，进行救乡济难之一切必要工作，以尽国民天职！"

1939 年 4 月，由"客商"组织成立的全欧华侨抗日救国联合会成立华侨国际宣传统一委员会，开办电台，对外报道中国的抗日情况，并组织救国宣传会、演讲会，印发传单，出版报纸等宣传祖国抗日。另外，他们还开展民间外交活动，争取侨属地政府和国际社会对中国抗战的同情和支持。

三、辍商回国投入抗战

抗战爆发后，一大批南洋"客商"及其子弟返回祖国，投身抗敌救国的洪流。仅梅州籍的知名人士就有：钟庆发、陈龙、廖冰、丁拓、李介夫、温坚、李德奇、余震、陈耕国、温洪、王谦、郭治新、李英岚、罗启章、张上明、潘伊梅、刘水、朱慧莉、张棣昌、刘复之等。

四、参加侨居国抗战，为世界反法西斯斗争做贡献

在太平洋战争爆发后，南洋各地也相继沦陷。"客商"除支持祖国抗战外，还积极参加侨属国的抗日斗争，其事迹也同样可歌可泣。他们与当地华侨及当地人民一起，在白色恐怖面前毫不屈服，勇敢地拿起武器，与日寇展开殊死斗争。如新加坡的星华义勇军，马来亚的人民抗日军、华侨抗日军、136 部队，菲律宾的华侨抗日游击队等，都是南洋著名的抗日武装。同时，在美洲、大洋洲等地，"客商"及客属侨胞也积极参加了所在国的军队，开赴抗日前线。其中在美国的华侨男性近 1/5 在陆军服役，空军第 14 地勤大队士兵几乎全是华侨。在新加坡，华人事实上"是在打两场不同的保卫战，一场是为帝国属地新加坡而进行的战斗，其参战者包括正规的英国军队以及英联邦的军队，包括马来军团和义勇军；另一场，则是海外华人救亡图存运动中最后一场英勇的抵抗，这属于抗日战争的一部分"①。华商林谋盛组织领导的 1000 多人的华侨"星华义勇军"，在保卫新加坡的战斗中英勇奋战，让西方舆论赞叹不已。

抗日战争期间，客属侨胞始终不懈地以各种方式全力参与斗争，以空前的规模组织起来，开展波澜壮阔的救亡运动，为祖国和世界反法西斯战争的胜利建立了卓著功勋。他们与海外其他华侨一起，构成一个统一的爱国整体，继辛亥革命之后形成"第二次爱国高潮"，是"中国对日抗战的四大支柱之一"。当时的国民政府评价他们"为抗战建国力量源泉之一"，"是一万分地对得起祖国"。朱德说他们"是世界反法西斯的重要力量"。这些对全体华商、华侨的高度评价，其中包含有对"客商"及客属侨胞重大贡献的肯定。由于"客商"及客属侨胞在华侨中占有相当大的比例，而且多又活动在支持抗战最为踊跃的南洋，这样的高度评价，对"客商"及客属侨胞在抗日战争中的伟大贡献而言毫不为过。②

---

① ［英］藤布尔. 崛起之路：新加坡史［M］. 欧阳敏，译. 上海：东方出版中心，2020：14－15.
② 王大良. 抗日救亡运动与客家爱国传统［M］//舒龙. 客家与中国苏维埃革命运动. 北京：中央文献出版社，2004：195.

五、部分为抗战做出杰出贡献的"客商"及子弟

谢晋元，广东蕉岭人，其父是客籍行商。"八一三"淞沪抗战爆发后，谢晋元奉命带领部队穿过敌人猛烈的炮火，进驻苏州河北的四行仓库，与原守军一起坚守四天四夜，击退日军 6 次进攻，毙敌数百人。他号召士兵"要人在阵地在，誓与日军血战到底！"此消息迅速传遍上海，为国内外瞩目，谢晋元部被誉为"八百壮士"，谢晋元被誉为"抗日旗帜"。

毛泽东高度赞誉"八百壮士"为"民族革命典型"（见图 6 - 4）。1938年，由应云卫导演、袁牧之主演的电影《八百壮士》轰动一时。

图 6 - 4　毛泽东为谢晋元"八百壮士"的题词

抗日名将吴奇伟，广东大埔人，10 岁离家随伯父在店铺里当小伙计，13 岁在老隆经营一间商店。"八一三"上海抗战爆发后，吴奇伟奉命率第四军抵上海嘉定、罗店一带前线，与日军激战三昼夜，歼敌数千，其部队获得"铁军"称号。1938 年，吴奇伟任武汉会战万家岭战役的前敌总指挥，成功围歼日军第一〇六师团主力大部，这是抗日战争中中国军队第一次接近全歼整个日本师团。叶挺将军曾评价万家岭战役："万家岭大捷，挽洪都于垂危，作江汉之保障，并与平型关、台儿庄鼎足而三，盛名当垂不朽。"1943 年的石牌保卫战中，中国军队主力是吴奇伟的江防军。此战是抗战中中国军队为数不多的以少胜多的战例之一，它的胜利，扭转了鄂西会战的战局，不仅极大提升了军民的士气，而且成功粉碎了日军侵占重庆的企图。

"太行屏障"范汉杰，广东大埔人，大哥范其通是马来亚富商，曾追随孙中山革命。范汉杰在抗日战争时期任第三十八集团军总司令，先后参加"一·二八"淞沪抗战、"八一三"淞沪会战和中条山战役。1939—1940

年,范汉杰在太行山区率二十七军在敌占区屡次出击,大小战斗数以百计,歼敌甚众,给日军以沉重打击。朱德赠其"太行屏障"锦旗一面。1941年春,在中条山战役中,范汉杰在敌众我寡之际,胆识过人,临危不惧,指挥若定,挽狂澜于既倒,受到国民政府特电嘉奖,被日本报刊称为"大胆将军"。

华侨抗日义勇军大刀队队长周辉甫,广东梅县人,17岁去南洋经商。九一八事变爆发后,年近60的周辉甫积极组织华侨爱国志士几百人,从广州北上援助抗日义军。到上海后,因交通被日寇控制,周辉甫在上海组织"国难救济会"和"华侨义勇军"。"一·二八"事变爆发后,周辉甫组织的"华侨抗日义勇军大刀队",参加十九路军的淞沪会战,十九路军总指挥蒋光鼐、军长蔡廷锴任命周辉甫为大刀队队长。周辉甫率领"华侨抗日大刀队",转战闸北、御敌浏河,痛歼日寇,共灭敌几百人,击沉敌船7艘。

回国参战英勇捐躯的钟若潮,广东梅县人,16岁赴暹罗经商。1942年改名李中,任广东人民抗日游击总队独立中队政委。1944年4月,钟若潮率队奇袭东莞水乡芦村,歼灭伪军40多人,缴获轻机枪2挺、步枪40多支。5月7日,日军加藤大队和伪军共400余人,配有炮兵和骑兵,远道奔袭游击队司令部驻地。钟若潮奉命率领独立中队一个排抢占马山,与十倍于己的日伪军激战,毙伤日伪军百余人,加藤剖腹自杀。钟若潮同坚守马山的战士全部壮烈牺牲,2015年,钟若潮被列入民政部公布的第二批600名著名抗日英烈和英雄群体名录。

港九"秘密大营救"的主要组织者和执行人廖安祥,是香港亚洲贸易公司的创办者。抗战开始后,廖安祥担任中共的交通员,亲自护送了大批从南洋、中国香港回内地的进步青年,分赴延安和前线,成功掩护在香港的何香凝、柳亚子、茅盾、邹韬奋、胡绳等大批文化界知名人士秘密回到内地。1949年,柳亚子得知当年脱险的详情,钦佩廖安祥的义勇,赋诗一首:"柳车复壁无穷意,今日方知东道人。谢客负才嗟不禄,钟郎交臂失由旬。沉机大海恩情重,索句新都感慨频。惭愧千金悭报德,王孙漂母异殷勤。"并诗识言:"当时未知船主实梅州大侠廖安祥先生也……"

延安华侨救国联合会会长李介夫,广东梅县人,1928年到南洋经商。卢沟桥事变后,李介夫回国到延安陕北公学学习,1939年7月,领导成立南洋华侨回国服务团驻延办事处,1940年9月,该组织发起召开在延华侨第一次代表大会,来自世界各国的华侨170余人出席,宣告成立"延安华侨救国联合会"(简称"侨联")。李介夫连任三届延安侨联执委会主任,领导侨联对侨胞开展宣传、联络工作,组织募捐救济难侨,发起组织西北华侨实业公司，在延安开办华侨毛纺厂和制药厂，组织归侨参加抗战和边区建设。延安《新中华报》社论评价："没有他们的努力，国内的抗战一定是更加困难的。"[①]

"红色资本家"古耕虞，四川巴县（今重庆巴南区）人，享誉世界的"猪鬃大王"。抗战爆发后，古耕虞经营的"古青记"的猪鬃成了反法西斯同盟国的抢手货。国民政府移都重庆，军事委员会为统一管理猪鬃的出口，决定成立了四川畜产贸易股份有限公司，古耕虞任总经理。他通过多种渠道，保障战乱时期我国猪鬃顺利出口，为国家换取宝贵的外汇和军用物资。周恩来称赞古耕虞"为抗战立了功，是一个出色的爱国者"。

革命诗人蒲风，早年随父在南洋经商。1940年秋参加新四军，在艰苦的环境中，他一手拿笔，一手拿枪，随军转战，坚持抗日。1942年8月13日因病逝世。蒲风的诗歌热情奔放、朴实无华、想象丰富、意象独特、讲究哲理、通俗易懂。他以抗日为主题的代表作有《抗战三部曲》（诗歌出版社，1937）、《抗战诗歌讲话》（诗歌出版社，1938）等。

"抗日秋瑾"陈康容，1915年出生于缅甸"客商"家庭。1938年春，参加中共闽西南特委训练班，后被派到家乡永定岐岭，从事地下抗日活动，公开身份是乡小学教员。1940年8月18日，陈康容被日伪军逮捕，后惨遭扒皮杀害（见图6-5）。她就义前说："青春价无比，团聚何须提。为了申正义，何惧剥重皮。"

图6-5　陈康容被捕时的历史照片

① 张振文. 抗日政权中的华侨参议员李介夫［J］.党史天地，2000（8）：48.

第四节 "客商"与中国工农革命

熊彼特说，革命就是革除一心想保持旧制度的利益集团及其设置的违反人民意志的障碍。要把真正的民主带给社会，就必须消除窒息民主的资本主义的乌烟瘴气。[①] 从欧洲革命历程来看，商业势力与农民联盟是推翻土地贵族统治的重要力量。其农业革命始于商业化，主要有三种形式：土地贵族转入商品经济经营（如英国）；土地贵族迫使农民转入商品经济经营，贵族再进入市场交易（如法国）；土地贵族把自由农民重新纳入农奴制以增加商品谷物出口（如德国东部）。在中国，没有发生地主领导的农业商品经济革命，辛亥革命也没有农民的发动和参与，传统的小农经济和土地地主占有制没有被实现。而这一突破是传统农业社会向现代工业社会转变的必要前提。[②] 但中国的情况很特别，商业势力大多数与地主结成联盟，是反对工农革命的力量。"客商"的特别之处在于，他们是 20 世纪初与海内外沟通比较广泛的群体，能够以国际视野看待中国问题；他们经历过或见证过下层社会的艰难生活，有改变社会现状的强烈愿望；"客商"的艰难创业历程使他们对土地贵族堕落的享受很反感；他们的文化素质较高、现代化意识萌芽早。因此，大部分"客商"意识到中国共产党领导的工农革命代表中国发展的大方向，他们积极响应和支持。

中国共产党早期重要的理论宣传家熊锐，广东梅县人，其父熊朋初是旅居毛里求斯的"客商"侨领。1918 年初，熊锐东渡日本入东京大学学习，1920 年，考入赴法学生团，后转入德国弗莱堡大学学习，获文学博士学位。其间熊锐研究马克思主义，与周恩来、赵世炎、陈延年等组织成立旅欧中国少年共产党（后改名为旅欧中国共产主义青年团）。1922—1924 年，先后发表《赤俄最近之经济状况》和《新苏俄联邦与帝国主义》等文章，介绍苏俄社会主义革命与帝国主义国家状况。

1925 年秋，熊锐带着自己翻译的《唯物史观》《人类进化史》手稿及马克思、恩格斯著作回到广州，同毛泽东、张太雷、萧楚女、恽代英等任政治讲习班教员，熊锐讲授《帝国主义之由来及其性质》。1926 年 6 月，中华全国总工会教育宣传委员会创办劳动学院，培训工人运动骨干，熊锐与

---

① ［美］熊彼特. 资本主义、社会主义与民主［M］. 吴良健，译. 北京：商务印书馆，1999：350 – 351.

② 罗荣渠. 现代化新论：中国的现代化之路［M］. 上海：华东师范大学出版社，2013：249.

刘少奇、萧楚女、阮啸仙、恽代英等为教员，熊锐讲授《世界革命史》，介绍俄国十月革命历史和世界工人运动史，为中国工农革命宣传先期经验和世界视域。

中国共产党创始人之一邓恩铭，据其族人介绍，是从梅县迁往广西的客家人，其父是乡村医生兼药材商。还有一批像古耕虞、廖安祥这样的"红色资本家"，以及一大批直接参加工农革命的"客商"。"客商"群体在工农革命中基本上属于温和派，主张保护工商业者利益，对地主进行温和改造。

客属地区基本上是山区，土地问题比较突出，社会矛盾尖锐。比如，早期红色革命根据地井冈山地区，就是客家人的集聚地之一，早期工农武装和政权的创建人很多是客家人。这也是"客商"群体支持工农革命的另外一个原因。

"客商"及其子弟参加工农革命的代表人物还有：中国工农红军第一方面军参谋长朱云卿、中华苏维埃临时人民政府中央审计委员会主任阮啸仙、越南社会主义共和国缔造者胡志明夫人曾雪明、人民出版社原社长兼原总编辑曾彦修等。①

---

① 闫恩虎.《"客商"与近现代中国》[M].广州：广东人民出版社，2017：150－152.

第七章　"客商"与中国现代经济

大丈夫不能以文学致身通显，亦当破万里浪，建树遐方，创兴实业，为华侨生色，为祖国人种增辉。

——张弼士

马克思、恩格斯在《共产党宣言》中说："新的工业的建立已经成为一切文明民族的生死攸关的问题。"[①] 马克思在《资本论》中论述现代生产方式时强调："不是商业使工业发生革命，而是工业不断使商业发生革命。"[②] 洋务运动后，海外华商纷纷回国投资，创办现代工业，为中国现代经济体系的构建做出了重大贡献。仅在1907年，华侨汇回的资金就有白银7300万两，这是中国工业化初始阶段极其重要的资本驱动。他们带来的不仅是资本，还有当时国人难以想象的技术、设备，更重要的是开阔的视野和先进的管理经验。"华侨汇款回国使沿海府县大量居民得以维持生计；它促进了广州地区、华东诸省，甚至往北远及满洲等地的工业化；就全国范围来说，侨汇数量大大有助于弥补商业赤字和外债造成的收支不平衡。而且在南洋（即东南亚），有为数众多而且十分活跃的华侨富商甚至还为祖国的现代化提供了大量人才和精神鼓舞……华侨熟悉西方事务，相信经商的优越性，而且因身处备受歧视之地而产生的一种自卫感，使他们能热爱祖国和坚持自己的民族特点。他们带来了影响大陆的文化模式，例如言论自由和中西结合的教育制度。"[③]

在许多方面，当时海外华商能够做到的，国内商人却难以做到。因为海外华商们有特殊的身份，可以避免制度障碍和官僚盘剥，拥有相对宽松的发展空间和较大的话语权。正如费正清所言，他们出过洋，曾是新加坡、

---

① 马克思恩格斯选集，第一卷 [M].3版.中共中央马克思恩格斯列宁斯大林著作编译局.北京：人名出版社，2012：24.

② 中共中央马克思恩格斯列宁斯大林著作编译局.马克思恩格斯全集：第二十五卷 [M].2版.北京：人民出版社，2006：372.

③ [法] 巴斯蒂-布律吉埃.社会变化的潮流 [M] // [美] 费正清，刘广京.剑桥中国晚清史：下卷.中国社会科学历史研究所编译室，译.北京：中国社会科学出版社，1985：572.

槟榔屿或马来亚等英属殖民地的居民并取得了英国国籍，因而他们也可以要求领事裁判权的保护。这就形成一个介乎东、西方之间的中国新商人阶层，海外华商便成为特权人物：他们拥有外国武器和与外国人的关系，中国官吏要对他们进行高压就得三思而行。他们只需简单地换上西服就有权要求不受清政府的管理，而一旦改着中国服装，又可以融合在本地人中间。① 用孔飞力的话来说，就是"利用边缘性作为生意的杠杆"，"当事人身份的每一个层面都被利用来作为撬动其他层面之利益的杠杆"。②

"客商"是当时海外华商的重要构成，他们在中国现代经济理念形成、现代经济体系构建等方面做出了重大的贡献，直接推动了中国的现代化进程。

第一节 "商战"是中国现代经济理念形成的重要标志

工业化不仅包括工业技术、生产和组织，还需要基础设施、教育培训以及资源整合等，更重要的是政治体制、社会结构、思想观念和生活方式的转变。从本质上讲，工业经济是一种竞争经济，强调国家利益的着力点是技术领先、市场占有和资源整合效率；工业经济也是开放经济，需要广阔的市场空间，通过规模化降低成本、提升效益。因此，经济全球化是工业经济发展的必然结果。工业经济的发展，需要一个工业社会作为支撑，工业社会是法制和民主的社会。巴林顿·摩尔说："事实上，英国的经验诱使人们认为，让农业不再成为一个主要的社会活动，是民主取得成功的一个先决条件。"③ 这就是说，工商业尤其是制造业是现代经济的重心，也是现代化的主要推动力量。但"在中国历史上，从来没有为工业化作为一种价值来接受作内部的准备。这种准备的缺乏及其背后的各种社会因素，是19世纪中国物质上的'自强运动'失败的原因"④。苏耀昌研究近代华南地

---

① ［美］费正清．条约制度的形成［M］//［美］费正清，刘广京．剑桥中国晚清史（1800—1911 年）：上卷．中国社会科学院历史研究所编译室，译．北京：中国社会科学出版社，1985：227－228．

② ［美］孔飞力．他者中的华人：中国近现代移民史［M］．李明欢，译．南京：江苏人民出版社，2016：189．

③ ［美］摩尔．专制与民主的社会起源：现代世界形成过程中的地主和农民［M］．王茚，顾洁，译．上海：上海译文出版社，2012：443．

④ ［美］列文森．儒教中国及其现代命运［M］．郑大华，任菁，译．桂林：广西师范大学出版社，2009：60．

区的丝织业时发现，19 世纪末，中国的生丝出口量约占世界贸易量的 42%，是同期日本生丝出口量的两倍；但到了 20 世纪 30 年代，日本生丝出口占世界的 75%，而中国仅占 10%。原因在于当时的士绅们从丝织业中赚取了大量的利润，却不是将其用于工业技术的改进和生产规模的扩大，而是用于"资助地方民团、修建祠堂及撰写族谱"①。现代经济理念的缺失，是近现代中国工业化乏力的主要原因。

19 世纪和 20 世纪之交，"客商"领袖们提出的"商战"思想是中国的现代化进程即将开启之时国人对工业经济和全球化竞争的直观认识，是中国现代经济理念产生的重要标志，也是初生的中国工商势力面向世界的经济宣言。

一、郑观应的"商战"思想

郑观应的"商战"思想是其在《盛世危言》中提出来的。但"商战"一词更早的时候包世臣、曾国藩等人也用过。郑观应吸收了前人与同时代改革者的思想精华，结合了自己的商海经验，提出了系统的"商战"理论，使之成为近代实业救国的核心理论。

郑观应认为，列强的威逼手段中，"商战"比"兵战"更为隐蔽、更有威胁性。与西方人展开"商战"必须破除重本抑末的思想积弊："西人以商为战，士、农、工为商助也，公使为商遣也，领事为商立也，兵船为商置也。……我中国宜标本兼治。若遗其本而图其末，貌其形而不攻其心，学业不兴，才智不出，将见商败而士、农、工俱败，其孰能力与争衡于富强之世耶？""商以贸迁有无，平物价，济急需，有益于民，有利于国，与士、农、工互相表里。士无商，则格致之学不宏；农无商，则种植之类不广；工无商，则制造之物不能销。是商贾具坐生财之大道，而握四民之纲领也。商之义大矣哉！""中国不乏聪明材智之士，惜士大夫积习太深，不肯讲习技艺，深求格致，总以工商为谋利之事，初不屑与之为伍。其不贪肥者，则遇事必遏抑之；惟利是图者，必借端而朘削之。于是但有困商之虐政，并无护商之良法。虽欲商务之兴，安可得哉？"②

郑观应同时提出在中央六部之外特设商部，分设商务局于各省水陆通

---

① 林济. 传统、现代与华南地区的发展：苏耀昌先生访谈录［M］//叶显恩，卞恩才. 中国传统社会经济与现代化：从不同的角度探索中国传统社会的底蕴及其与现代化的关系. 广州：广东人民出版社，2001：600.

② 郑观应. 盛世危言［M］. 北京：华夏出版社，2002：344－345，307－308.

衢，由素有声望的绅商为局董，支持和保护工商业发展。同时，于各府、州、县设商务公所，由工商业者自行选举商董。要发展现代工商业，就必须有一大批具有近代素质的企业家与管理者，建立新的管理制度，按照明确的商事法则行事。这些明确的主张说明，"商战"思想是当时在国际竞争格局中关于中国经济发展的系统探索，是中国本土最早的现代经济思想体系，是强国御辱的积极创举。①

二、倡导保护民族实业

"客商"领袖们从南洋回国，对当时的国际局势比较了解。他们明白发展实业、提升民族工业的竞争力，需要政府的保护和支持。因此，他们呼吁社会敦促政府保护和支持民族实业的发展，实现固本强国。当时商部的成立很重要，史景迁认为，醇亲王在为义和团运动向西方各国政府致歉回国后，积极支持国家强力干预经济，并促成成立商部，是张弼士等海外华商影响的结果。② 罗威廉称"商部"的成立，"对于 2000 年来表面上认为私有商业不值得有组织的政治支持和规范的帝国体系来说，是一个重要的转变"③。

商部成立后，首先倡导地方成立商会。"纵览泰西诸国，交通互市，殆莫以商战角胜，驯至富强。而揆厥由来，实皆得力于商会。"商会旨在"开商智、联商情、扩商权"，着力保护保护商人利益。1903 年颁布的《商会简明章程》，规定"凡属商务繁富之区，不论系会垣、系城埠，宜设立商务总会，而于商务稍次之地设立分会"；"凡各省行埠如前经各行以商为主，有商务公所及商务分会等名目者，一律改称商会"。中国近代第一个商会是1902 年成立的上海商业会议公所。1904 年，商部上奏"劝办京城商会，并推广上海商会，将原设商业会议公所，改为商务总会"。1905 年底，全国共创设商务总会和分会 70 多个。1906 年，京师商务总会成立。1908 年，农工商部（1906 年由商部改组成立）制定颁行《商务总分会与地方衙门行文章程》，规定商务总会于本省及他省督抚行文均用"呈"，司道以下用"移"，分会于本省及他省督抚司道行文均用"呈"，府厅州县均用"牒"，即"商

① 刘圣宜. 近代强国之路的探索者：郑观应 [M]. 广州：广东人民出版社，2006.

② ［美］史景迁. 追寻现代中国：1600—1912 年的中国历史 [M]. 黄纯艳，译. 上海：远东出版社，2005：281.

③ ［美］罗威廉. 最后的中华帝国：大清 [M]. 李仁渊，张远，译. 北京：中信出版社，2016：233.

务总会与司道平级"。自此，两千年来处于"四民之末"的商人终于在制度上可以与官员平起平坐了。商会得到制度认可，不再是以前封闭的自卫性的商帮，而是公开的拥有社会职能的现代组织，可以据理力争。苏州商务总会成立时，明言："干脩、抽丰、一切无谓酬应之费，概不担任"；"如有土棍吏役讹诈凌压，借端滋扰商业者，本会当代为仲诉"。① 商会通过制造新闻舆论、罢市等方式向政府施压，政府为了维持秩序和获得捐税，对于商会请求往往"昨复"而"今准"。

1903 年，慈禧太后和光绪皇帝召见张弼士，询问南洋情况以及富国强民之道。张提出在全国范围内开展奖劝实业和筹办南洋劝业会的建议。慈禧太后接受并支持他提出的建议。张弼士是建议创办劝业会的第一人。1909年，在清政府农工商部注册的企业全国仅有 15 家。1910 年 6 月，张弼士捐献了 20 万两白银，张榕轩、张耀轩兄弟也捐资白银 20 万两，促成南洋劝业会在南京举办，历时达半年，吸引了海内外近 30 万观摩者，总成交额数千万银元，对中国近代工业的发展起到了重大的积极作用。其"开通民智""引领风气"的先导作用更是影响深远，时人称之为"我中国五千年未有之盛举"。当时的报界高度评价劝业会："全国之大钟表也，商人之大实业学校也，产品之大广告场也，输送本国货以向外国之轮船、铁道也"；"一日观会，胜于十年就学"。《申报》曾介绍劝业会："若日之东京大坂、美之圣路易、意之米廊，皆以地方为名，而实含内国与世界性质，本会虽名南洋劝业会，实与全国博览会无殊。"

1910 年，张弼士出任全国商会联合会会长，1915 年，再次被推选为全国商会联合会会长。商会既有利于商人的沟通联合和行业管理，也有利于政府与社会的沟通，能更好地支持和保护民族实业。1910 年，上海总商会抵制政府的统捐方案获得成功；1914—1916 年，全国商会联合抵制北洋政府颁布的《商会法》中要求各级商会对其官厅行文使用"禀"或"呈"、官厅对商会行文使用"令"或"批"的条款，要求恢复清末的平等行文规则，最后斗争成功。1913 年，全国商会联合会联系各省总商会进行了一次调和国会党争的活动，标志着商界正式登上中国的政治舞台。

最令人振奋的是，1905 年，为反对美国政府的"排华"政策，上海总商会号召各地商会抵制美货，这场运动得到了海外华商组织的响应支持，最终美国总统罗斯福不得不表示：将对"排华"政策进行修改，"以给予（中国人）与日本人同等待遇"。1910 年，《大清商律》草案呈请资政院颁

① 苏商总会试办章程（光绪三十一年九月）［G］//章开沅. 苏州商会档案丛编：第一辑. 武汉：华中师范大学出版社，1991：28，31.

布。这是中国第一部成文商法，标志着现代商业制度在中国的初步建立。它也是中国第一部由民间推动、参与起草的法规，在中国现代化进程中具有重要意义。1928 年底，国际商会会长比莱利通过中国驻比利时大使致函上海总商会，希望与中国商会建立联系。国民政府工商部和全国商会联合会征询各省商会意见，各省总商会纷纷表示赞同。1928 年 7 月，全国商会联合会派出的代表团列席第五届国际商会大会，这是中国商人第一次现身世界组织舞台。1931 年 2 月，国际商会中国分会成立，中国商会成为国际商会的正式成员，中国商人第一次进入自己的国际组织，成为世界商业舞台的重要一员。

商会在中国近现代化进程中的另一个重大贡献是办学校和办报刊。一般总商会成立时，其章程中大多有办学计划。比如，苏州商务总会规定："本会经费未裕，应先筹设商学研究讲习所，以开商智而涤旧染"；"本会经费充裕，应先筹设商业学堂，以造就商界人才"。① 上海商务总会规定为中等商业学堂提供 6% 的办学经费。当时，直隶高阳商务分会创办的商业学堂，课程设置已相当完备，本科课程有商业道德、商业学、商业历史地理、经济学、统计学以及破产学等 19 门。大商埠的商会一般都会赞助支持创办报刊。比如，上海商务总会赞助创办《华商联合报》，发行全国，后更名为《华商联合会报》，是当时联络海内外华商的重要刊物。广州商会办有《广州总商会报》，重庆有《重庆商会报》，天津总商会办有《天津商报》等。

1911 年的"保路运动"是一件敏感而复杂的事情。清政府整顿铁路系统是有必要的，但削弱地方权益和排斥民族企业家的参与又是不合时宜的。可以这样说，当时铁路运营的民间资本有无或多少是利益分配问题，但外国势力控制铁路则是关系国家安全利益的重大问题。"保路运动"的实质是保护民族利益。广东"保路运动"的带头人就是张弼士，他强烈要求清政府收回出卖的路权，呼吁保路权在于"夺外蔑视之奸胆，申张正义以绝阻谋"。张弼士要求的是国家安全与民族实业并举。

---

① 苏商总会试办章程（光绪三十一年九月）［G］//章开沅. 苏州商会档案丛编：第一辑. 武汉：华中师范大学出版社，1991：30，31.

第二节 促进中国现代经济发展的杰出 "客商"

一、近代民族工业的先导者——张弼士

近年考古出土的西周时期的葡萄酒，证明在三千多年前中国就已经有了成熟的葡萄酿酒技术，唐代就有"葡萄美酒夜光杯"的诗句。然而，到了近代，中国却没有葡萄酒工业。张弼士认为办葡萄酒业，"兴本国自有之利益在此"，"挽历年外溢之利权亦在此也"。[①] 1892 年，张弼士投资 300 万两白银创办张裕葡萄酿酒公司。张裕葡萄酿酒公司是中国第一个工业化生产葡萄酒的厂家，也是当时亚洲最大的葡萄酒生产经营企业，"为国人大规模仿造洋货之始创者"。1912 年 8 月，孙中山来烟台，参观了张裕葡萄酿酒公司，亲笔题赠"品重醴泉"四字，更使张裕酒声名大噪。1915 年，张弼士率中国实业考察团携酒赴美，张裕葡萄酿酒公司所产的可雅白兰地、红葡萄酒、雷司令、琼瑶浆（后改为味美思）等，在巴拿马万国博览会上获金质奖章和最优等奖状，这是中国葡萄酒首次在国际上争得荣誉。张裕可雅白兰地声名大噪，得金质奖章，遂将奖章图案缩印在商标上，改名为"金奖白兰地"。张弼士此行被外人誉为"中国科技文化进步的标志"。"前大总统黄陂黎公（黎元洪），每有宴会必以该公司之葡萄酒饷客，称之曰'国货上乘'。流风所尚，河北、辽宁均视之为宴客佳酿。"[②]

玻璃制造在西方历史悠久，与中国的陶瓷制造差不多。但到了洋务运动时，中国还没有玻璃制造业。张弼士在烟台附近创设玻璃制造厂，除制造盛瓶所需的凹底及平底酒瓶外，还制造其他用具，如平底玻璃、玻璃管等各种容器，以及餐台器具和药用玻璃等。这是中国玻璃制造业的开端。为了推动国内民族工业的兴起与发展，他还以巨额投资在国内兴办农、工、路、矿、机械、垦殖等企业。先后投资创办了广州亚通机织公司、惠州福兴玻璃公司、佛山裕益机器制砖公司、雷州普生机械火犁（拖拉机）垦殖公司等企业，大量引进美国、日本、意大利等国家的先进技术和设备，为

---

① 中国社会科学院近代史研究所．张弼士 [M]．北京：中华书局，1980.

② 温雄飞．南洋华侨通史 [M]．郑州：河南人民出版社，2016：280.

近代民族制造业的发展做出了杰出的贡献。①

　　张弼士在发展中国铁路事业方面同样贡献巨大，他同张榕轩、张耀轩兄弟投资兴建的潮汕铁路是中国近代第一条中国人自己投资、自己设计、自己运营的铁路，也是中国第一条商办铁路。这是中国近代工业史上一次伟大的创举。1894 年，张弼士投资兴建广三铁路、开采矿产。1898 年，任粤汉铁路（今京广铁路南段）帮办。1900 年，督办粤汉铁路。1904 年，张弼士被任命为"考察外埠商务大臣，兼督办闽、广农工路矿事宜"，立即在广州成立铁路总公司，向商部申请修筑广厦铁路、广澳铁路等。

　　张弼士也是中国现代金融业的奠基人之一。1897 年，张弼士由李鸿章保荐，参与中国通商银行的筹办，出任银行总董。1915 年 4 月张弼士应美国总统威尔逊之邀，率团赴美签订中美银行合约和筹备在北京、上海与美国纽约、旧金山成立第一家中美合资的国际金融机构。1915 年 6 月 13 日的《纽约时报》刊出介绍张弼士的专题文章——《中国的洛克菲勒》。经济学家郎咸平认为，值得"中国的洛克菲勒"称号的，张弼士是唯一一个，因为他除了富可敌国外，还有一颗忧天下的慈善之心。温雄飞认为张弼士为"爱国的经济心理所鼓荡耳"②。

　　"19 世纪末，戊戌变法虽然失败，维新运动中提出的发展本国民族工商业、反对列强攫取中国路矿权的呼声进一步高涨，从 1895 年至 1898 年，中国共创办民营煤矿 4 家，其中规模最大的是广东北海煤矿，资本达 83.9 万元。在这个过程中，华侨巨商张弼士返回中国，发挥了重要的作用。"③《剑桥中华民国史》说："在清政府最后几年中，有志改良的大臣们也在海外找到可贵的合作者。如富商张弼士从新加坡回国，帮助盛宣怀发展国家的铁路系统和建立商部。"④ 郑观应对张弼士尊崇备至，誉其为"商务中伟人"，并亲自撰写《张弼士君生平事略》，书中有感言："培植葡萄、酿酒，种棉纺纱，火机制造，玻璃、印砖，织布，火犁垦荒，倡办铁路、银行，盐田畜牧，各种发明……"；"所最难者，拥厚资不自暇，晚年已垂老，不惮焦劳，无非欲提倡实业，遂其救国救民之志"；"外国商报论中国实业大家由

　　① 田辛垦，张广哲. 张弼士［G］//黄伟经. 客家名人录：梅州地区卷，第一大卷. 广州：花城出版社，1992：330 – 337.

　　② 温雄飞. 南洋华侨通史［M］. 郑州：河南人民出版社，2016：280.

　　③ 子月. 岭南经济史话：下册［M］. 广州：广东人民出版社，2000：175.

　　④ ［法］贝热尔. 中国的资产阶级，1911—1937 年［M］// ［美］费正清. 剑桥中华民国史（1912—1949 年）：上卷. 杨品泉，等，译. 北京：中国社会科学出版社，1994：722.

毅力而成就昭著者独惟推张君焉"。① 张弼士是 19、20 世纪之交,敢于同西方列强竞争并取得成功的中国企业家之一,为中国现代经济的发展做出了杰出的贡献。

二、药业巨子胡文虎

1910 年,胡文虎根据中西药理,采择中、缅古方,并重金聘请医师、药剂师多人,用科学方法,将"玉树神散"改良成既能外抹,又能内服,携带方便、价钱便宜的万金油;同时,又吸收中国传统膏丹丸散的优点,研制出八卦丹、头痛粉、止痛散、清快水等成药。不久,"虎标良药"便畅销于缅甸、印度、新加坡、马来亚各地,成为家家必备、老少皆知的药品。

1932 年,他又把自家的药企永安堂总行从新加坡迁到中国香港,并在广州、汕头建制药厂,先后在厦门、福州、上海、天津、桂林、梧州、重庆、昆明、贵阳、澳门、台湾等地设立分行,把市场扩展到中国东南沿海及西南内地。永安堂"虎标良药"从此畅销于整个西太平洋和印度洋的广大地域,销售对象占全球总人口的半数以上。特别是在 1937 年日本全面侵华和 1941 年底太平洋战争爆发以后,中国最为紧缺的物资,除武器弹药和食物外,就要数药品。"虎标良药"成为市场的抢手货。

胡文虎所建汕头永安堂有新、旧洋楼两座(见图 7 - 1),新楼高七层,是 20 世纪前半期汕头最高的现代建筑。新洋楼内设制药厂及营业部、星华日报馆等。报馆采用新式印刷机器,能够独立接收国际电报,是当时国内设备完善的报馆之一。

图 7 - 1　建于 1927 年的汕头永安堂(胡文虎大楼)

---

① 郑观应. 张弼士君生平事略 [G] //沈云龙. 近代中国史料丛刊:75 辑. 台北:文海出版社,1986:14 - 15.

三、中国铁路业的开创者张榕轩、张耀轩

铁路被称为现代经济的大动脉，是现代化进程的重要标志，也是现代化初期极难推进的建设项目和产业体系。"闽粤的近世式交通事业，特别是在潮汕与闽南，其创办及发展，多依赖南洋华侨……据他们在南洋的经验，知道交通是经商的一个基本条件，所以就从事于交通的营业。"①

铁路建设是工业革命的基础要素。它开创了交通新历史，缩短运输时间，加快运输速度，使大批量物流人流短时间完成。比如，从北京到天津，火车运行时间在 2 个小时左右。但在清末，据英国外交官的记载，这 240 多里路程，即使在好季节按最优的路线，要先坐船到通州，再换乘马车完成剩下的 20 公里，也需要 4 天时间，即使连夜赶路，最快也需要 3 天。如果在 11 月后的 4 个月，河水冻结，全程道路泥泞，则需要走更多天。② 更重要的是，铁路改变了人们的生活理念，时间不再是以天来计算，而是以小时、分秒来计算；它按时出发、按时到点，将规律规则意识植入人心；以前不可思议的社会流动和财富转移成为现实，冲破传统区域的一切阻隔，包括宗教、语言、习俗和行政管控等；行车的安全保障和生活服务，使出行不再与恐惧联系，旅行成为生活的一部分……总之，火车以翻山越岭的轰鸣告诉人们：地球是平的，世界无限宽广。

恩格斯十分关注当时中国的铁路问题，认为铁路建设必将摧毁中国根深蒂固的小农经济，同时也将冲击整个世界经济格局，影响大多数国家的国民生活。1886 年，他在致倍倍尔的信中说："工商业复苏的唯一前景——这至少对制铁业来说是直接的，对其他行业则是间接的——是中国的铁路建设可能开放；这样，这最后一个闭关自守的、以农业和手工业相结合为基础的文明将被消灭。"③ 全球第一条商用铁路 1830 年在英国启用，到 1850 年，欧美工业化国家已有近 4 万公里纵横交错的铁路，世界其他国家或地区铁路总长才只有 4000 公里。1880 年，西方国家铁路长度超过 35 万公里，但全球其他地区还只有 3.5 万公里（而且大多数是英国在印度所铺设）。1863 年，英国伦敦地下铁路开始通车；1896 年，奥匈帝国在布达佩斯开通

---

① 陈达. 南洋华侨与闽粤社会 [M].北京：商务印书馆，2011：179.

② [美] 李明珠. 华北的饥荒：国家、市场与环境退化（1690—1949）[M].石涛，等，译. 北京：人民出版社，2016：284.

③ [德] 恩格斯.1886 年 3 月 18 日致奥·倍倍尔的信 [M] //中共中央马克思恩格斯列宁斯大林著作编译局. 马克思恩格斯文集：第十卷. 北京：人民出版社，2009：550.

欧洲大陆第一条地下铁路;1881 年,有轨电车在德国柏林开始运行。1876年,中国才出现第一条铁路,全长 25 公里,由欧洲人建造,但建成第二年就被清政府拆除。直到 1880 年,中国连一条铁路也没有。"中国和波斯其实并不缺乏制作蒸汽机的科技(当时要照抄或是购买都完全不成问题),他们缺少的是西方的价值观、故事、司法系统和社会政治结构,这些在西方花了数个世纪才形成及成熟,就算想要照抄,也无法在一夕之间内化,之所以法国和美国能够很快跟上英国的脚步,是因为他们本来就和英国共享一套最重要的故事和社会结构。而中国和波斯总是追赶不及,则是因为整个关于社会的想法和组织就是不同。"① 直到 1912 年,全国已经铺设的铁路才 5600 英里,中国人自己兴办使用机器的制造业和采矿业工厂约有 600 个,现代性的商业投资仅 1.6 亿银元,仅占当期农业投资的百分之六七。后来的研究者评价:"中国铁路问题极为错综复杂,已不纯粹是经济或技术问题,而一般研究铁路问题的,也不把它当成技术或工程问题来研究,反而注重其与政治经济的关系。"②

兴修铁路在"洋务运动"初期争议很大,后经西方列强的敦促和改良主义者的推动,慈禧等当权者才认为修铁路是兴国之举。但在路权、资金、设计、征地、经营等问题上,清政府却举步维艰,就连极力主张兴修铁路的张之洞、盛宣怀等也十分困惑。史景迁在研究中国现代化历程时感慨:"事实证明,在清朝面临的新技术中,铁路是最棘手的。很多中国人认为铁路会破坏人类与自然的和谐。它们长长地切开大地,打乱了正常的节律,转移了大地仁慈的力量,它们使道路和运河工人失业,改变了业已形成的市场模式。"③

1903 年,任粤汉铁路和广东佛山铁路总办的张弼士,特邀请张榕轩一同回国洽谈兴办铁路事宜。后来清政府正式批准兴建潮汕铁路,筹建时总预算金额为 300 万银元,其中张榕轩、张耀轩各出 100 万元。1904 年 4 月潮汕铁路公司正式创办,张榕轩出任董事长。铁路的勘测设计由詹天佑负责。史景迁在《追寻现代中国》一书中对清末的铁路路权运动这样分析:"作为这次新浪潮(民族主义)的一部分,在中国很多地区,人们发起了收回利权运动,其目的是发行地方债券,募集资金,以使中国人能够买回由外国

① [以色列]赫拉利. 人类简史:从动物到上帝 [M]. 林俊宏,译. 北京:中信出版社,2017:264 – 265.

② 李国祁. 中国早期的铁路经营 [M]. 台北:"中央研究院"近代史研究所,1976:2.

③ [美]史景迁,追寻现代中国:1600—1912 年的中国历史 [M]. 黄纯艳,译. 上海:远东出版社,2005:302.

投资者拥有的铁路路权，由中国人完全控制自己的交通系统。争取路权运动中充斥的信心也得益于其他的经济和技术进步。一个是中国企业家经营的新式重工业的发展，另一个是东南亚华人中有大量可以利用的资金，第三个就是接受西方教育的新一代中国工程师有能力处理铁路建设中恶劣地区最困难的问题。"①

1906 年 10 月，中国历史上第一条由华侨投资兴建的纯商办铁路——潮汕铁路干线终于全部竣工，11 月 25 日正式通车，在中国近代史上开创了民办铁路之先河（见图 7 - 2）。在其影响下，清朝灭亡前的最后几年间，各省成立的商办铁路公司总计有十多个，对振兴民族实业产生了重大影响。

民国初年，仅潮汕地区咸菜经这条铁路运输出口，每年收益不下国币500 万元，潮柑运输出口每年收益约 200 万元。以前自潮梅地区往南洋，需要走七八日甚至十余日方能抵达汕头候船，铁路建成后，自潮州到汕头仅需要一个半小时，人们可以指定日期，短时间到达汕头乘船。铁路建成前，汕头当天的报纸运到潮州城需要两天，建成后，当天就可以运到。更重要的是，"因为交通发达，内地与外埠，就时常接触，僻壤陋习也因此起了改革"②。

图 7 - 2 张榕轩、张耀轩兄弟投资的潮汕铁路开张志庆

①　［美］史景迁. 追寻现代中国：1600—1912 年的中国历史［M］.黄纯艳，译. 上海：远东出版社，2005：304.
②　陈达. 南洋华侨与闽粤社会［M］.北京：商务印书馆，2011：180 - 183.

张榕轩、张耀轩兄弟同张弼士一道，都是我国近代民族海运业和金融业发展的重要促进者。1898年，张氏兄弟与张弼士合办裕昌和广福两家远洋航运公司，悬有大清龙旗的4艘侨办海轮首次航行于东南亚、香港和上海等埠，大长了民族航运业的气势。张氏兄弟还协助张弼士在印度尼西亚筹建日里银行和巴达维亚中华银行，大力支持张弼士在国内开拓金融业。张耀轩是1915年以张弼士为团长的中国赴美实业考察团的重要成员，为中国近代金融业的国际化发展做出重要贡献。

四、杨俊如兴建中国最早的侨资轻便铁路——汕樟轻便铁路

上海"客商"杨俊如民国初年回到家乡广东大埔。虽然此时潮汕铁路已经开通，但杨俊如仍感到交通极不方便，认为兴建一条连接汕头埠与澄海县重要港口樟林港之间的轻便铁路，可以大大改善粤东地区交通，促进经济发展。1915年，他联络同乡在汕头成立汕樟轻便铁路股份有限公司，筹建汕头至樟林的轻便铁路，建设经费绝大部分由南洋华侨出资。次年开始施工，1923年修至澄海县城，沿途共8站，总站设在汕头盐埕街头。汕樟轻便铁路路轨采用从台湾购进的小铁轨，开始营业时共有轻便车140辆，其中普通车可坐4人，票价1角5分，另有特别车，只供2人乘坐，票价3角。轻便车没有车厢，座位用藤竹等制成，安放在四轮台车上，由2个车夫手按横木，人力推动车走。沿路设候车点和交车路轨，仿效火车规则。这种车不论是运载货物还是人乘坐均比以往道路方便，价格也不贵，因此运营初期沿途乘客甚多，生意兴隆。鼎盛时有轻便车200辆，推车工人约180名。

五、"猪鬃大王"古耕虞

古耕虞21岁继承父业，经营古青记山货字号，仅2年便"拥有重庆山货业天下之半"，不久便垄断四川猪鬃出口业，使其"虎牌"猪鬃驰名欧美市场。在抗战期间，猪鬃是中国最主要的换取战略物资的出口商品。1946年，古耕虞与美国化学银行副总裁、美国财政部司长马海德合作，在美国注册成立"海洋公司"（实际上是四川畜产公司设在美国的分公司）。1946—1948年，古耕虞经营的川畜公司每年营业额有1000多万美元，仅1948年就获利300多万美元。此时的输美"虎牌"猪鬃，已占中国输美猪鬃的70%，称霸全球，古耕虞亦赢得了"猪鬃大王"称号。

六、"石行伟人"李浩如

李浩如是"亚洲球王"李惠堂之父。本名李衍庆，16 岁赴香港，被誉为"石状元"。1888 年，创办联生营造公司，先后为港府承建大潭笃水塘、油麻地避风塘、港九各马路及海堤码头，成为巨富。后来受两广总督张之洞聘请勘查粤汉铁路，承建英德至韶关段路基，"浩如"一名即张之洞所起。李浩如被粤港两地同行称为"石行伟人"，20 世纪 20 年代曾任广东省石业会馆和香港石业会馆会长。

七、香港"领带大王"曾宪梓

曾宪梓 1968 年移居香港，靠一把剪刀，艰苦创业，创立了享誉世界的"金利来"品牌。为表彰其在实业和社会公益方面的杰出贡献，1993 年中国紫金山天文台将编号 3388 的小行星命名为"曾宪梓星"。

八、香港"人造革大王"田家炳

田家炳 1958 年在香港创办田氏塑料厂，后田氏塑料厂成为香港最大的人造革企业。为表彰其在实业和社会公益方面的杰出贡献，1993 年中国紫金山天文台将编号 2886 的小行星命名为"田家炳星"。

九、"维他奶大王"罗桂祥

罗桂祥抗战时在香港创办的豆品公司，生产"穷人的牛奶"——营养饮品维他奶，该公司在 20 世纪六七十年代取得巨大成功，成为全球最大的豆奶公司。

第三节 开启粤东地区的现代经济

苏耀昌长期研究华南地区的近代工业，他认为：华南地区的近代农业商品化和工业化是在世界体系作用下发生的，民间力量在其中起到了关键性作用。这个民间力量就源于海外华商及其宗族。"华南地区工业化发生在乡村，但它并不是传统手工业的发展与延续，事实上它跨越了包买制度和小工场制度等中间阶段，直接从个体农户生产跃入大规模的工厂生产。"[①] 洋务运动后，"客商"回家乡创办现代企业，开启粤东山区的现代经济，并同潮商一起，利用汕头开埠的发展机遇，推动整个粤东地区的现代经济迅速发展。

姚德胜晚年回国定居后，投资创办印刷厂、纺织厂，开粤东农村发展现代工业之先河。泰国"客商"范坤南于1899年在嘉应州城创办嘉应染织传习所，传授染织技术，并附设染织厂。范坤南还在梅县曾家祠办了6期"梅县染织传习所"（半年一期），传授外国染料染织技术，从此外国染料开始进入广东。民国初期，"客商"侨贤先后在梅州创办了5家采矿公司，1911年由印度尼西亚"客商"投资10万元成立的协泰煤矿公司，是当时规模较大的一家采煤公司，产品一度畅销上海。而1805—1913年，整个中国的采矿企业总数才有81家，其中设于梅州山区的矿业占比达到6.2%，而同时期梅州人口还不到全国总人口的千分之一。之后，海外"客商"在粤东投资建起了14家工厂，最早且规模较大的当推1915年印度尼西亚"客商"创办的梅县振东织布公司，资本额为10万银元，而当时全中国的织布和印染企业总数才27家，平均资本额是4.7万元。[②] 旅越、柬"客商"张价城于20世纪初回乡，在兴宁创办兴昌油豆行、兴宁大陆烟草公司，在汕头开办汕头大昌肥皂公司。伍佐南民国初期在香港以及上海、广州、汕头、梅县等地设立企业，包括分公司，促进民族工业发展。"一战"结束后，他独资开设一家船务公司，经营出入口贸易，如外国之伦敦、南非、古巴、印度、巴达维亚、新加坡，暨香港、上海、广州、汕头、梅县等口岸，或

① 林济．传统、现代与华南地区的发展：苏耀昌先生访谈录［M］//叶显恩、卞恩才．中国传统社会经济与现代化：从不同的角度探索中国传统社会的底蕴及其与现代化的关系．广州：广东人民出版社，2001：597–599.

② 汪敬虞．中国近代工业史资料（1895—1914）：第二册［G］．北京：中华书局，1962：869–920.

设分行，或委托代理，其航行线路以汕头—东南亚线为主。其子伍东白投资上海裕昌有限公司，经营大米、木材、树胶等的出口，还创办东升米业公司、东南木业公司、东暹树胶公司等。1930 年印度尼西亚"客商"创办梅县光明电灯厂，1947 年印度尼西亚"客商"罗寿环独资创办蕉岭高思大地碾米厂。吴德馨 20 世纪 30 年代初回国，在广州、汕头开办企业，1932年合资创办汕头百货"四大天王"之一的振源百货公司，经营批发零售业务，并办理侨批汇兑。他借鉴、运用南洋的现代企业管理经验，制定员工守则、盈利分配及奖惩规则。他还投资经营交通运输业，购买汽车经营汕头至梅县、赣州等地的货运。振源公司当时每月营业额高达七八万大洋，其侨批汇兑业务联通南洋与潮梅十五县，为侨乡经济交流与发展发挥了重要的作用。[①] 他还独资在汕头兴建一条有 48 座四五层楼建筑的"德馨街"，即现在的德兴街前身。

李柏桓 1928 年归国回乡，在汕头成立南生股份有限公司，筹资兴建 7楼层高、欧式风格的南生百货大楼，在楼内安装汕头第一部电梯，大楼一时成为汕头的现代标志。大楼一、二层为南生百货公司，三、四层为中央酒楼，五、六层则为中央旅店，集购物、餐饮、住宿、娱乐等功能于一体。南生公司是汕头第一个现代综合性企业，兴盛时有员工 300 多人，这些人成为最早期的现代经济的从业者，他们将现代经济思维带进广大的乡村世界。

以梅县为例，梅县地处落后的粤东山区，本来是工业化的死角。然而，在 20 世纪初期，梅县的工业化水平却一度居全国前列，原因就是大量海外"客商"的投资推动。据统计，1840—1949 年，梅县海外"客商"投资县域资本总额达到 95213 万元。[②] 1895 年以前，全国有 103 家外资企业，能与之竞争的就是侨资企业。1888 年，新加坡"客商"黄琼清在梅城开设黄奕记机械修理厂。1899 年，旅泰"客商"黄信如开设梅南染织厂，用新式工业技术染织。1899—1913 年，全中国仅有 142 家手工纺织工场，广东 6 家，[③] 在梅县就有 2 家。民国初年，梅县已有电力、机械、纺织、制药、玻璃等工业，这些基本上都是海外"客商"创办的。（见表 7 - 1）至 40 年代初，全县有小型工厂 80 多家、采掘业（采煤）60

---

① 徐志超. 吴德馨 [G] //黄伟经. 客家名人录：梅州地区卷，第二大卷. 广州：花城出版社，1996：272 - 274.

② 黄浔清，杜佳. 梅州华侨与中国的近代建设 [J]. 客家研究辑刊，1997（1）：149 - 161.

③ 彭泽益. 中国近代手工业史资料（1840—1949）：第二卷 [G]. 北京：生活·读书·新知三联书店，1957：369 - 376.

多家、石灰业 34 家、纺织作坊 100 多家，加上其他手工业，从业人数约 2
万多。

表 7 - 1　1900—1949 年梅县海外"客商"工业投资一览①

创办时间	企业名称	资本额	侨资比例
1911	梅县协泰煤矿公司	1000000 银元	100%
1915	梅县振东织布公司	100000 银元	100%
1915	梅县南昌公司皮革厂	20000 银元	100%
1918	梅县胜利毛巾厂	50000 银元	60%
1918	梅县光耀电灯厂	60000 银元	20%
1922	梅县有利公司	15000 毫银 *	100%
1930	梅县光明电灯厂	50000 银元	80%
1847	梅县大地碾米厂	20000 港币	100%
1948	梅县丙村陶瓷厂	90000 国币	100%

* 毫银：也称双毫，是当时广东一种流行的货币单位，一元毫银相当于八角银元。

　　工业化的基本保障是现代教育体系，20 世纪 40 年代，梅县有中学 29
所，大部分是海外"客商"捐资创办的，其余的均受海外"客商"资助。
当时国民政府教育部评价梅县和江苏武进是全国教育水平最高的县域，而
梅县在广东省一直是最好的。另外，梅县还有海外"客商"兴办的嘉应大
学和南华学院以及近 10 所职业技术学校、女子职业学校和师范学校。如此
完备的现代教育体系在全国县域是绝无仅有的。
　　金融服务是工业化的必备体系。由于市政建设和商业的繁荣，20 世纪
40 年代，共有 11 家银行在梅县设办事处或分局，分别是中央银行梅县办事
处、中国银行梅县支行、交通银行梅县办事处、农民银行梅县支行、广东
省银行梅县支行、邮政储金汇业局梅县分局、中央信托局梅县分局、广西
省银行梅县办事处、江西省裕民银行梅县办事处、福建省银行梅县分行、
梅县银行。海外"客商"的侨批是当时梅县金融体系的重要构成，当时正
式挂牌经营侨批的批局有 15 家。此外，还有一些主要经营百货同时兼理侨
汇的商店，如廖元盛经记、黄宏记、广联昌、华丰、广丰庄等。
　　由于 1949 年大量侨资撤出，梅县当年工业产值占生产总值的比重降为

---

① 黄浔清，杜佳. 梅州华侨与中国的近代建设 [J]. 客家研究辑刊，1997（1）：149 - 161.

15%，低于全国的平均水平（17%）。1950 年，广东省将省内 99 个县分为特等、甲等、乙等、丙等、丁等 5 个等级管理，梅县同中山、南海番禺等18 个县属于经济实力强的特等县。

20 世纪二三十年代，为了促进粤东地区社会经济的发展，海外"客商"纷纷集资，协助地方政府兴建公路，1927—1937 年为梅县公路建设的鼎盛时期，这一时期内先后兴建了 10 余条公路，初步形成了以梅县县城为中心的公路网。"客商"投入资金最多、里程较长、存在时间较久以及影响最大的首推梅（城）松（口）公路，它建成于 1931 年，全长 90 公里，总投资 8万银元。"客商"还投资其中侨资 5 万银元，并组成利群行车公司，每日行车 12 班次。

广东蕉岭籍印度尼西亚"客商"罗寿环 20 世纪 30 年代回乡筹修蕉武公路（从广东蕉岭县城到福建武平县城），自己带头先捐 1 万银元（其在整个工程中累计投入了 6 万银元），后又回印度尼西亚在"客商"中筹款。经过 2 年建设，全长 55 公里的蕉武公路终于建成。这条公路对于沟通闽、粤两省的政治、经济、文化交流，促进山区发展起到了重要的作用。

第四节　"客商"与近现代国货运动

现代工业经济中，市场拓展与技术装备一样重要。近代中国民族工业起步和发展都很艰难，设备技术都需要从国外进口，产业工人基本上要从农村招募，没有受过职业培训，因此产品质量与西方国家有一定差距。而当时中国的上层社会主导者是留学或游历过欧美日本的，崇洋成为一种社会风气。张弼士对此深有感触，他出席各种宴会必带自己的张裕酒，还强调张裕酒不比洋酒差，获得巴拿马金奖后，直接在酒名上冠以"金奖"二字，以示民族工业产品难得的地位。市场才是实业发展的真正动力，积极使用国货、宣传国货、经营销售国货，就是对民族工业的大力支持。"客商"是近现代锐意经营国货，推动民族工业发展，提升民族实业竞争力的重要力量。早在洋务运动开始后不久，"客商"就在海内外宣传使用国货。抗日战争爆发后，"客商"在南洋各地大力宣传抵制日货、购买国货，支持民族工业。

余连庆 1958 年移居香港，邀集亲友合资创办裕华国货有限公司（见图7-3），锐意经销国货，裕华国货有限公司渐渐发展成为香港著名的五大百货公司之一。余连庆之子余国春继承父志，大力开拓国货市场，成为当今闻名遐迩的香港"国货大王",为沟通香港与内地的经济往来和繁荣香港的经济做出了贡献。

图7-3 余连庆创立的香港裕华国货有限公司

20世纪50年代,国货正在港澳地区、海外起步,数量少、品种少、质量差,加之西方列强的封锁,举步维艰。此时,谢淡秋将资本由印度尼西亚转入中国香港,在九龙弥敦道与梅县籍"客商"孙城曾等合伙创办大型国货公司——中侨国产百货有限公司,孙城曾任董事长,专营国产百货。1961年,谢淡秋与人合作,创办嘉侨国产电器有限公司,专营国产电子电器产品。1975年,谢淡秋再在香港轩尼诗道创办正丰国产药品有限公司,专营国产药材、药品。经过谢淡秋十几年的努力,中侨国货公司成为香港五大百货公司之一。此外,1957年劳勿埠太平局议员、惠阳籍"客商"朱荣芦在吉隆坡开办专营中国商品的"富兴行",经营中国土特产,生意极为兴隆。

第八章　"客商" 与现代国家及社会建设

> 如果我通过移情（爱）使你的利益也成为我的利益，那么我就更不可能会以危害你的方式行为。如果我使集体的利益也成为我自己的利益（爱国家），那么我就会为了那种利益而打造我的个人利益。如果我信奉一条因某种原因而规定合作的原则，那么我就会为了责任而打造自身的利益。
>
> ——曼斯布里奇《政治体系中的公共精神》

海外华商的积极参与是中国现代化建设重要的促进因素。他们的直接投资解决了工业化初期启动资本不足的问题，同时，先进的技术、管理经验和思维方式也被带进国内，带动了整个国家竞争发展的社会活力。观念的更新是发展最根本的推动力。海外华商参政议政，将新的发展思路和成熟的应用模式带进来，使中国的现代化少走了许多弯路。正如蒋廷黻所言："科学的思想方法是近代文化的至宝。"[1]

海外华商在西方相对成熟的市场经济国家奋斗并取得成功，他们的经验是独特的、宝贵的！海外生活经验和中华文化的底蕴，使他们可以在中西对比的视角下就中国现代化问题提出中肯的建设思路。同时，他们的爱国热忱也坚定了决策层改革发展的信心。另外，海外华商也是中国企业和中国产品进入国际市场的重要引导者。

"客商"是为中国现代化建设做出重大贡献的海外华商的重要组成部分。

第一节　"客商" 对现代国家及社会建设的贡献

在不同时期，爱国有不同的表现。在半殖民地半封建时期，外侮内辱、政治腐败、民不聊生，爱国的根本表现就是革命；革命取得成功后，爱国的主要表现是支持国家建设。作为商人，支持国家建设，核心是兴办实业，以

---

[1]　蒋廷黻. 中国近代史［M］.南京：江苏人民出版社，2014：102.

实业兴国；除此之外，爱国还体现在积极参政议政为国家建设出谋划策、支持发展教育事业、兴办文化体育等现代社会事业、支持公益建设、赈灾救困等等。可以说，在这些现代社会建设方面，"客商"做出了杰出的贡献。

一、积极参政议政促进现代化建设

具有政商结合的事业观，是"客商"的重要特征。现当代"客商"在参政议政方面显示了杰出的才能。尤其是海外"客商"，他们长期在海外开拓，视野开阔，对国际局势有比较全面而深刻的认识，对中国这样的发展中国家而言，这样的参政意义重大，他们对政府的建议往往有重要的参考价值。事实也证明，当时"客商"的建议是积极有益的，为国家建设起到了推动作用。

中华人民共和国成立以来，因参政议政为国家做出重大贡献而被中央政府邀请参加国庆大典和国庆宴会的"客商"有：宋中铨，1951年受邀参加国庆观礼和国庆大典，受到毛泽东主席接见；刘宜应、刘家棋，1951年受邀赴北京参加国庆观礼；谢应瑞，1953年应邀出席国庆典礼，周恩来总理1955年访问印度期间接见谢应瑞；黄光荣，1955年应邀参加国庆庆典，在国庆宴会上周总理亲自向其敬酒；余连庆，1957年应邀参加国庆观礼；谢淡秋，1962年应邀参加国庆庆典，受到党和国家领导人接见；陈公木，1965年应邀参加国庆观礼，并出席周总理主持的国庆宴会；黎子达，1965年受邀参加国庆观礼，出席国庆宴会，周总理亲自向其敬酒；刘耀曾，1965年应邀参加国庆观礼。1973年，黎子达再次应邀回国参加国庆，出席邓小平副总理主持的国宴。

（一）张弼士推动设立商部和主张振兴商务

1903年6月，张弼士获朝廷"以三品京堂候补，并赏加侍郎衔，俟设立商部后交商部大臣差遣委用"。他向光绪皇帝上呈奏折《奏陈振兴商务条议》，直言："现时库款支绌，财力困微，其能筹集巨资，承办一切者，惟仰赖于商；农、工、路、矿诸政必须归并商部一部，否则事权不一，亦非商战之利"，请求尽快设立商部。7月3日，皇帝发布谕旨："候补三品京堂张振勋（即弼士）奏条陈商务事宜，缮具清单一折，着载振、伍廷芳妥议具奏。"载振等复奏："候补三品京堂张振勋条奏前因，奏旨交臣等妥议，臣等详加绅绎，该京堂所奏大意，亦主农工商三者并重，而握其枢誉商部……先行特简大员开办商部。"9月7日，清廷下诏成立商部，与原有的六部及外文馆同级，内设保惠司（管理贸易，包括专利权和专卖）、平均司（管理农业和林业）、通艺司（管理工业）、会计司（管理审计，包括银行、商业事务、度量衡、商务诉讼）。钦命载振为商部尚书、张弼士为商部考察外埠商务大臣并补授太仆寺正卿。创刊于 1904 年的《东方杂志》称："实业之有政策，以设商部始。"著名历史学家、香港中文大学教授王尔敏认为："商部之建置……充分显示重商意义……实足代表觉醒之成熟，与自救行动之开始。"①

商部成立的主要筹办者，后任商部左侍郎、署理尚书的唐文治说："（《议复张振勋条陈商务折》）为清廷成立商部之刍议，也可视为商部成立后施政纲要的框架和重要借鉴。"② 张弼士提出的振兴商务十二条建议，在今天看来仍有参考价值。比如吸引海外投资，"尝闻世之策商务者，莫不曰招徕外洋华商振兴农工路矿"；在策略上可"动之以祖宗庐墓之思，韵之以衣锦还乡之乐"；然后"凑集华资，认真提倡，选择要地，筑路一段，开矿一区"；以沿海地区作为窗口："外埠华商，籍隶闽、粤者，十人而九，其拥厚资善经营者，指不胜屈"；所以"振兴商务，尤非自闽广等省入手不可"，然后"由南至北，逐步扩充"。当时清廷根据张弼士的建议，先后颁发《奖励华商公司章程》《华商办理农工商实业爵赏章程》，以种种优惠政策吸引海外华商回国投资。1905 年，张弼士奉旨在南洋游说海外华商"实业兴邦、利不外溢"。据史料记载：1903—1908 年，在商部注册的公司有 265 家，开矿达 410 处。资本总额达到 12028.8 万元，平均每年增加超过 30 家，新投资年平均超过 650 万元。一些主要行业年均增速达到 15%～20%。资本构成也发生了重大变化，官僚资本额由 77.6% 下降到 23.7%，商办企业资本额由 22.4% 上升到 76.3%。③ 早期民族工业的萌芽勃发，张弼士的商务条陈起了重要的作用。

（二）梁璧如的《矿务刍言》

清政府驻马来亚槟城领事、"客商"领袖梁璧如 1906 年前往海南、广西考察，并向清政府递呈《矿务刍言》，建言在中国内地以现代技术和管理模式开发矿业，保护国家矿产资源免受外国侵夺。

（三）王宠惠与中国现代外交及法律体系

王宠惠出生于香港，天津北洋西学学堂（今天津大学）毕业，中国第

①　王尔敏. 中国近代思想史论［M］.北京：社会科学文献出版社，2003：279–282.

②　王桐荪，等. 唐文治文选［M］.上海：上海交通大学出版社，2005：72.

③　汪敬虞. 中国近代工业史资料：第二辑，下册［G］.北京：科学出版社，1959：869–919.

一张新式大学文凭的获得者。

1919 年巴黎和会时，王宠惠与蔡元培等人致电中国代表团，要求维护国家领土和主权完整，废除一切不平等条约。代表团因而拒绝在和约上签字。1921 年，作为中国出席华盛顿会议的全权代表之一，王宠惠坚决主张废除领事裁判权，因此赢得广泛的国际赞誉。1921 年 6 月，王宠惠代表北京政府出席国际联盟会议，被选为国际仲裁法庭裁判员。1924 年，王宠惠当选为修订国际法委员会委员。1925 年 4 月，在修订国际法委员会第五次会议上，他从领事裁判权造成中国司法主权缺失的背景出发，对领事裁判权的合法性提出质疑，表达了弱势国家摆脱列强司法干涉的强烈愿望。1925年 9 月 16 日，北京政府任命王宠惠为法权会议中国委员，在会议中他强烈要求列强放弃在华的治外法权。南京国民政府成立后，王宠惠任司法部部长。在任期间，全面展开了中国现代刑法体系的构建，制定刑法典。1928年 8 月，同胡汉民等组织起草《中华民国国民政府组织法草案》，绘制了国民政府的基本架构。同年，与蔡元培等参与审查民法总则的立法原则，次年参与制定中华民国民法。1930 年，参与起草《训政时期约法》，该约法确定了国家政治的宪政目标，明确了训政最终必须走向宪政。郑彦棻评价他："（民国各时期）法规、规章、楷模范式，皆须草创牵建，擘划定制，凡此，悉为王氏启其端绪，莫不其基。"①

抗战全面爆发后，任外交部部长的王宠惠将抗战外交方针定为"对内求自立、对外求共存"，"多求友、少树敌"，"联合世界上爱好和平的国家，援助我国，抵抗日本"。1939 年 2 月 18 日，他在旧金山世博会开幕式上致辞，呼吁美国援助中国抗战。1943 年 11 月，他陪同蒋介石出席开罗会议，利用自己出色的国际法知识与英文能力以及丰富的外交经验维护中国的国家利益。1945 年 4 月 25 日，王宠惠出席旧金山会议，由他最后修正定稿《联合国宪章》中文文本。他代表中国在《联合国宪章》上用中文签字，中国成为联合国创始成员国、安全理事会常任理事国，国际地位得到空前提高。

（四）胡文虎与福建的现代建设

胡文虎在 20 世纪 30 年代出资 8 万元修筑闽西公路，并投资港币 20 万元兴办福州自来水公司。1933 年蒋光鼐主政福建时，组织"福建省建设委员会"，胡文虎被聘为委员，他在社会建设尤其医药卫生方面积极提供意见，并在《星洲日报》发行"新福建"专刊，推动福建省建设计划的实施。

---

① 刘昕杰. 王宠惠评传［J］. 政治法学研究，2014（1）：163 – 211.

1946 年秋，他在新加坡发起组织福建经济建设服务有限公司，担任筹备委员会主任，准备经营金融、交通、工业、矿产以及茶叶、水果等土特产。该公司总资本初步定为国币 300 亿元，计划在东南亚募股 200 亿元，在国内募股 100 亿元，他自己率先承担 10 亿元。但由于当时中国陷入内战，整个投资建设计划被搁浅。

（五）古耕虞建议给资本家"摘帽子"

1979 年 1 月 17 日，邓小平等中央领导人在人民大会堂福建厅与应邀出席的民建中央和全国工商联领导人胡厥文、胡子昂、荣毅仁、古耕虞和周叔弢等召开座谈会，邓小平就改革开放、吸引外资、发挥原工商业者作用等问题向他们征询意见。古耕虞提出给资本家摘帽子问题："资本家的'帽子'就如同头上顶着磨盘走路，想走也走不快。"1979 年 6 月 15 日，邓小平主席在全国政协五届二次会议上郑重地宣布给资本家"摘帽子"。

（六）罗桂祥的《中国城市（商业）改革大纲》

1985 年末，当时担任全国政协委员的维他奶创始人罗桂祥将一份事关中国城市商业改革的建议书《中国城市（商业）改革大纲》上呈中央领导人。在此后内地十几年的商业改革中，《大纲》中提出的改革建议基本上都得到了落实。

（七）伍连德与中国现代医学体系的建立

"客商"子弟伍连德是中国卫生防疫、检疫事业以及微生物学、流行病学、医学教育和医学史等领域的先驱。1910 年末，东北三省肺鼠疫大流行，他出任全权总医官，在 4 个月内彻底消灭鼠疫，拯救了东北数百万群众的生命，因此他在国内外享有巨大声誉，主持召开了万国鼠疫研究会议。此后他又多次成功主持鼠疫、霍乱的大规模防控。在他的竭力提倡和推动下，中国收回了海关检疫的主权。他先后兴办检疫所、医院、研究所、学校等机构 20 余所，发起成立中华医学会等 10 余个学会，并创办《中华医学杂志》。他和王吉民用英文编写的《中国医学史》于 1932 年出版，该书第一次系统地向世界介绍中国医学，使中医从此走向世界。

（八）中国热带医学的奠基人之一钟惠澜

钟惠澜出生于葡属东帝汶。1957 年在第二届全国政协三次会议上提出人口过快增长对国民经济发展的不利影响，以及实施计划生育的重要性。

他后来被聘为中国人口学会顾问。在医学领域他对回归热、斑疹伤寒、黑热病、肺吸虫病、钩端螺旋体病等疾病的病原学、流行学、临床学和防治进行了开拓性研究。证明了中华白蛉是黑热病的传染媒介，并阐明犬、人、白蛉三者在黑热病传播流行环节中的关系，提出骨髓穿刺的诊疗方法，此诊疗方法被命名为"钟氏黑热病补体结合试验法"，钟惠澜建立了国际医学界公认的新学说。他新发现了 8 种肺吸虫，包括首次发现拟钉螺为四川养殖吸虫的中间宿主。时任卫生部部长的崔月犁在钟惠澜主编的《热带医学》一书序言中说："(《热带医学》) 是国内第一部热带医学的巨著……它标志着我国热带医学进入一个崭新的阶段，它将为人类的健康事业和创造具有中国特色的现代医学，做出更大的贡献。"[①]

(九) 黄慕松与中国的军事测绘及中央驻藏机构设立

"客商"子弟黄慕松于 1928 年和 1933 年两次代理陆军大学校长，1929 年任参谋本部测量总局局长。他先后奉派去英国出席万国航空会议、第四届万国测量家联合会会议、第三届万国航空摄影测量会议，并作为中国代表团专门委员出席国际军缩会议。1934 年初，黄慕松受命赴藏代表南京国民政府成功地举行了第十三世达赖喇嘛的册封与致祭典礼。黄慕松的西藏之行，扩大了国民政府在康藏地区的影响，密切了中央与西藏地方的关系，加深了国民政府对藏区情况的了解，特别是恢复驻藏办事机构，结束了辛亥革命以来中央政府在藏没有常驻机构的历史，这些都为国民政府进一步开展西藏工作创造了良好条件。他又因为在测量学方面的杰出贡献，被誉为"中国军事测量之父"。

二、积极推动国民教育事业

侨乡是广东早期现代教育最发达的地区，为国家现代化建设培养了一大批高端人才。以广东籍两院院士为例，截至 2022 年底，广东籍院士有148 人，大多出自侨乡，其中江门 30 人、梅州 27 人、佛山 20 人、汕头 16人、广州 15 人、中山 7 人。出自商人家庭的有 20 人，家庭有商人背景者，据不完全计算在 80% 以上。这是同华侨的教育投资密切相关的。

教育是现代价值准则的基本投资，是现代社会建设的基础。客聚地大多是山区，经济一直比较落后，而教育却一直发达，教育经费从何而来？

---

① 李懿征. 钟惠澜 [G] //黄伟经. 客家名人录：梅州地区卷，第二大卷. 广州：花城出版社，1996：477 – 480.

据专家研究，主要有四种途径：一是族姓祖田、庙会和族中店铺租金等收入。如宋末进士、民族英雄蔡蒙吉在梅州为官期间，曾捐私人土地创办松源堡"义学"（古代免费的公共教育场所，乡间的称"义学"，城市的称"社学"）；近代爱国志士、教育家丘逢甲在1906年冬利用"族田"收入创办员山、城东两所丘氏家族的"创兆学堂"。法国神甫赖里查斯在《客法词典》自序中也写道："为什么梅县的教育会这样的发达呢？我觉得最大的原因，是由于它的环境所促进，因为这地方，山多田少，粮食不够，男子必须出外谋生，而学习谋生技能，自必先知书识字；况其祖先原由北方迁来者，皆为门户清高的人物，都存有读书为贵的观念，因此，他们便极力想法设立学堂。他们的祠堂都有许多公产，并将公产所收入用来办学，学生大抵免费，所以虽属乞儿子弟，亦有读书求学的地方，而不致成为文盲，此即所谓教育机会均等者是也。"二是学生缴费。但这一部分不是主要的，只是在特殊情况下才成为办学经费的主要来源。如抗日战争期间，1940年，梅县的公立学校经费主要由学杂费充当。又如兴宁县，据县政府第三科统计，1936年全县教育经费249069元，学杂费收入占55%以上，其中县立一中学费收入竟占总收入的75%。民国前期学生交学费是支付银元，如五华县，1935年前，中小学每学期每名学生分别收银元5元和3元。1936年开始收纸币，中小学生分别收费纸币8元和5元。当时，除富裕子弟必须交纳学费外，大多数贫困学生是可以免费就读的。三是由海内外"客商"捐助，这是最主要的经费来源。公立学校经费由官方向富商募集，私立学校经费由董事会向海内外殷商和热心人士募捐。据民国初年的统计，梅州地区学校办学经费大多数是"客商"捐献的。以广东梅县为例，民国时期"客商"兴学办校的盛况，1940年梅县的报纸曾有这样的记述："私人捐资兴学约在百万元以上，中小学各占其半。捐款的主要（可说是全部）来源为南洋华侨乐助，派员往南洋募捐，成为最有效最流行的筹集学校经费的办法，每次筹集的结果，多的数十万元，少的数万元不等（如私立国光中学募得20余万元，私立肇基学校募得7万余元）。有的学校刊印捐册托人在外代劳，亦可得巨款。此外捐款的形式尚有多种，如认缴月捐、年捐，按期寄交学校，或负责垫偿每学期不敷经费等。"① 四是由省府、县府拨款或酌情补助。这部分主要是用于公立学校，数额是很少的。因此可以肯定，客居地传统和现代教育的经费主要是来自"客商"捐赠。

---

① 何国华. 客家人的教育观初探［J］. 岭南文史，1992（2）：9－15.

（一）捐资兴办现代学校，支持推动现代教育发展

陈达在《南洋华侨与闽粤社会》中说，光绪二十九年（1903 年），张弼士报效学堂经费 20 万两，"那时候认为是创举"，南洋华商"便是新教育的先锋。他们的志愿在逐渐提高南洋及家乡的教育标准，不但使教材渐与生活适合，且介绍健全的人生哲学，以便充实教育的内容，并开拓教育的范围"①。

正如邹至庄所言，鸦片战争之前，中国人一直都以其拥有的文化传统而自豪。但在 1840—1895 年，中国被欧洲列强入侵并在中日甲午战争中被位于亚洲的日本打败，被迫做出让步。正是在这个时期，"中国的统治者开始重新审视，中国的传统教育是否足以抵抗西方国家影响的问题。他们很快意识到要想实现中国的现代化，与列强竞争，必须将科学技术作为教育的内容。经过政府的政策和西方传教士的努力，现代教育被引入中国"②。由于"客商"们四海为商，他们很早就已经接触过西方文明，也见识过欧美科技的成就，明白未来世界发展的大方向。他们积极将西方先进的科技和文化理念带回家乡，促进现代文明在中国的落后山区率先发育，而教育是最突出的体现。在科举教育尚占垄断地位的时候，"客商"就已经在家乡——粤东闽西山区大力创办现代新式学校教育了。在以后的 50 多年间，"客商"仅在梅州就创办了各种中小学校几百所，从幼儿园一直办到大学，在当时经济社会发展落后的粤东山区完成了从幼儿园到大学本科教育的完整的现代学校教育体系建设，这在当时的中国是难能可贵的。一批知名学者曾在这儿任教，培养了一大批国家建设所需要的高端人才。梅州在新中国成立后仅两院院士就有近 30 人，担任过大学校长的就有 470 多人。这是近现代"客商"推动现代教育为国家建设做出杰出贡献的有力证明。

1890 年，仅梅县一县（当时为嘉应州府直辖地，并未设县）的新式学校就已有 25 所，这在当时中国县域是绝无仅有的。这 25 所学校，除 2 所教会学校外，其余均为海外"客商"集资创办。1902 年，全国才共有新式学校 35787 所③，其中绝大部分在沿海的口岸城市，而且多是教会学校，内地县域是很少的。1898 年，康有为向清政府奏请"废科举、办学校"。后光绪帝下诏，将各省书院"改为兼习中学、西学之学校"，"至于民间祠庙……

---

① 陈达. 南洋华侨与闽粤社会 ［M］. 北京：商务印书馆，2011：43，205.

② ［美］邹至庄. 中国经济转型 ［M］. 3 版. 徐晓云，等，译. 北京：电子工业出版社，2017：387.

③ ［法］巴斯蒂 - 布律吉埃. 社会变化的潮流 ［M］// ［美］费正清，刘广京. 剑桥中国晚清史（1800—1911 年）：下卷. 中国社会科学院历史研究所编译室，译. 北京：中国社会科学出版社，1985：548.

一律改为学堂"。但是，随着戊戌变法的失败，"废科举、办学校"的改革停滞了很多年。中国的现代教育体系建设开始于 1903 年的"癸卯学制"，该学制分为大、中、小学三段和蒙养（幼儿园）、初小、高小、中学、大学预科、大学、通儒院七级。"客商"在家乡办新式学校，比"癸卯学制"的实施早了十多年。

1900 年，丘逢甲与主教潮州金山书院的何寿朋（大埔人）商议组建同文院，并前往马来亚、新加坡等地向"客商"及"潮商"筹募办学资金，共募得捐款 5240.5 元。这个同文院，就是今韩山师范学院的前身之一。

"癸卯学制"颁行后，客居地的"客商"更加积极兴学办校。以梅州地区为例，当时嘉应州的海内外"客商"与黄遵宪、温仲和等乡贤，于 1903 年组织兴学会，积极筹建师范学校，组织嘉应教育会，以推动各地原有的书院、社学、义学改设小学、中学。一时间，嘉应州中、小学如雨后春笋般涌现。1904 年，大埔籍旅日"客商"何定球、何展鹏、何季武一起创办了乐群中学（今大埔中学）；1905 年，丘燮亭捐资 1.8 万银元，香港的温佐才等"客商"各捐赠 1000 银元，兴建丙村三堡学堂（见图 8 - 1）；1906 年，大埔籍"客商"创办湖山官学（现虎山中学）；宣统年间，马来亚"客商"领袖戴春荣捐资 3 万银元建崇和小学，后又在潮州、汕头等地捐资兴建学堂 10 所；丰顺县旅暹罗"客商"徐明楷也在此期间捐资创办振东中学。梅县松口中学自 1908 年起，得张耀轩、张榕轩、丘元荣等人捐助 3 万元为建校经费，其常年办学经费亦主要由"客商"捐助。

图 8 - 1　叶剑英元帅母校，"客商"捐款创办的丙村三堡学堂（作者摄）

1910 年，姚德胜回国定居，在家乡兴新学，育人才，创设了当时教学条件一流的芝兰小学：两层新式校舍，有图书馆、运动场、花园、果园、膳堂和宿舍，教职员待遇优厚。这所小学的图书馆订购了中外多种报纸杂志，使师生有机会接触国外的新思想和新理念，开风气之先。接着，姚德胜倡议把平远中学由原来偏僻的仁居镇迁到新县城大柘。他捐资 5 万多银元兴建平远中学的新校舍，捐 2 万多银元购置校产作办学经费。新校舍的建筑面积有 5000 余平方米，主体建筑采用钢筋、麻石等材料，美观大气。他的家人还按照他的嘱咐，把邻近校舍的家产芝兰斋一幢，捐赠给学校。"八一三"淞沪会战中为国捐躯的黄梅兴将军（牺牲后被追赠陆军中将）以及姚子青将军（牺牲后被追赠陆军少将）都是平远中学的校友。

民国建立后，孙中山倡导大力发展现代教育，梅籍"客商"在家乡兴学办校更是蔚然成风。1913 年，"客商"丘燮亭、谢逸桥、叶子彬等人捐资创办广东名校——梅县东山中学，仅丘燮亭一人就捐赠大洋近万元。

1914 年，兴宁县兴民中学由肖惠长至南洋向张耀轩等募得大洋 4000 多元建校。1921 年，该校校舍不敷使用，肖惠长等人又到中国香港和南洋募捐得大洋 2100 多元，其中香港"客商"陈瑞山独捐 1500 元，用以添建三层楼房一座作为教室和宿舍，又添置了图书、教学仪器。20 年代初，"客商"吴德馨捐巨款兴建三圳公学（40 年代初扩建为晋元中学）。20 世纪初，梅县新办的溪南中学、西洋中学、学艺中学、隆文中学、水白中学、畲江中学、梅江中学等学校几乎全是由"客商"资助建校费和办学经费。

1925 年，旅泰丰顺籍"客商"集资大洋 4000 多元兴建县立丰良中学教学楼。

1928 年，印度尼西亚"客商"吴郁青在香港新界捐资兴建锦全学校。

1928 年和 1932 年，马来亚"客商"李桂和捐资创办五华县华城中学、水寨中学、安流中学。

1930 年，马来亚"客商"黄子松回乡捐献 1000 洋元，创办连城博文小学。

1937 年，"客商"潘氏家族又为梅县安仁学校增设初中，使安仁学校形成幼儿园、小学、初中三级教育体系，该校教育经费基本上由潘氏家族资助。

1939 年 9 月，福建永定"客商"在永定县下洋中川村兴办侨育中学。

民国初期，广东的新式学校教育是全国最先进的。1909 年，广东有新式学堂 1694 所，在校学生 86473 人。而差不多同期，1911 年，梅县仅小学就有 200 余所，几年后增至 500 所。发展速度远高于全省、全国平均水平。到 20 世纪 40 年代末，梅县有 34 所中学，中学教育普及程度为全国之冠。民国初年，广东的教育经费每年不到 30 万元，而与此同时，"客商"领袖姚德胜一次捐资 10 万银元创建平远中学，相当于当时全省教育经费的 1/3。1916 年，朱庆澜任广东省省长，全省教育经费才增至 88 万元。1921 年，陈独秀应陈炯明的邀请，任广东省教育委员会委员长，在广东厉行教育改革，教育经费骤增至 150 多万元，是民国时期历年来最多的。此时也是民国时广东教育最兴盛的时期，省内有公立高等专科学校 3 所：广东高等师范学校、农业专科学校、法政学校；私立高等学校 2 所：私立广州法学院、私立光华医科专门学校；中学有省立 14 所、县立 36 所、私立 13 所，小学几千所。① 可以算出当时每所学校每年获得的省政府拨款有多少。如果没有海内外"客商"的捐助，处在粤东山区的梅州的教育如何能领先全国？

1906 年，胡子春在福建永定县城独资创办永定师范学堂，学制一年，当年招生百余人。1913 年该校改称"永定师范讲习所"。

抗日战争全面爆发前夕，胡文虎捐 350 万元港币，准备 10 年内在中国兴建 1000 所小学，争取每县办一所，以实现在国内普及教育和扫除文盲的夙愿。后因日本全面侵华，学校只建成了一部分，但他仍将建校余款 200 万元港币存入香港中国银行，指定为战后建校之款项，后来又将这笔款项全部认购了"抗日救国公债"，计划抗战胜利后兑换成现款，继续兴办小学。最终由于时局动荡，经济恶化，胡文虎的愿望未能实现。

1948 年，福建平和县旅印度尼西亚"客商"游凤超女士与其弟游范吾回乡创办"商业专科学校"。游凤超自任校长，管理学校。该校每年春秋两季招生，学制 3 年。至 1950 年，先后招 5 班，在校学生 130 人。办学经费由"客商"募集。设语文、珠算、会计、马来语、家礼、商业和中药等课程。

1915 年，张弼士为香港大学捐资 15 万银元，设立"张弼士奖学金"。1916 年，张弼士逝世，他的夫人和儿子遵其遗愿，捐资 7 万银元，邀请曾任美国建筑师协会主席的埃得蒙茨设计，于 1921 年在岭南大学建成一座四层西式小楼，命名为"张弼士堂"，中山大学的档案馆就曾设在这里。在中山大学的建筑文物中，张弼士堂是最早落成的以中国人命名的一座独资捐建建筑，已被列为广东省文物保护单位。现存张裕公司档案室的《张弼士遗嘱》着重强调："不拘何人之子弟，不分同宗异姓，有志向学苦于无资本者，须酌量给以资斧，以重教化。"

1902 年，张耀轩以其兄张榕轩的名义捐献 8 万两银给广州一所高级中学作基金。此外，张氏兄弟捐赠 10 万元给香港大学，并向岭南大学捐建一

---

① 蒋祖缘，方志钦. 简明广东史［M］. 广州：广东人民出版社，1998：618.

座两层的"耀轩楼"（在今中山大学广州校区南校园内）。近代著名教育家郭秉文曾专门为张氏题写"兴学建业，功在祖国"横幅（见图 8 - 2），以表彰张耀轩兄弟为国家教育事业做出的杰出贡献。

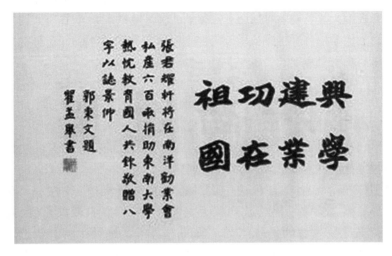

图 8 - 2　郭秉文为张耀轩题赞

胡文虎在国内先后捐助过大厦大学（上海）、中山大学、岭南大学、福建学院（福州）、厦门大学以及广州仲恺农工学校、上海两江女子体育专门学校、汕头市立第一中学、汕头市立女子中学、汕头私立回澜中学、海口琼崖中学以及厦门的大同中学、厦门中学、双十中学、中华中学、群惠中学等院校。在上述院校中，建有诸如"虎豹堂""虎豹楼""虎豹图书馆""虎豹体育馆""文虎科学馆"以及"虎豹亭"之类的纪念性建筑物。香港大学也于 1951 年初设立"胡文虎妇产科病系奖学金"。

胡仙继承父志，对祖国教育事业和人才培养倾注一腔热血。她先在广州、梅州以及福建等地捐赠了 6 所小学。1993 年 10 月，胡仙在福州注册成立"胡文虎基金会"，将其在内地资产收益全部用于捐赠，仅在江苏泗洪县就捐建了 26 座教学大楼，在福建永泰、永安、永定、上杭、泰宁、宁化等地兴建 15 所学校，捐资 4000 万元以上，获得"捐赠兴办公益事业突出贡献奖"。1994 年，她将祖业广州永安堂捐赠给广州人民政府作为广州少年儿童图书馆馆址。在捐赠仪式上，胡仙由衷地说："我秉承先父'取之社会用之社会'的遗训，决定把祖业永安堂捐赠给广州市政府，作少年儿童图书馆，让广州的少年儿童有更多的场所学习文化科学知识。少年儿童是国家的未来主人翁，广州要建设成为国际化大都市，必须拥有大批人才，培养人才就要从少年儿童做起。"1996 年，广州市人民政府将图书馆命名为"纪念胡文虎广州少年儿童图书馆"。

田家炳毕生坚持"中国希望在教育"的信念，全力支持国内教育事业，甚至不惜卖掉自己在香港的豪华别墅，以实现"中国每个省的师范大学都有田家炳教学大楼，广东省每个（地级）市、梅州市每个县、大埔县每个镇都有田家炳学校"的宏伟目标。田家炳 1982 年决定捐出 10 余亿元的财产，成立"田家炳基金会"，专事捐办教育等公益事业。田家炳对德育尤为重视，认为教育首重德育，以培养高尚完美的人格为先。2005 年他捐资 100 万元，委托中央教育科学研究所推行"田家炳基金会学校德育发展及研究计划"，从而更具完善规划、更有针对性地推动中国教育事业德育工作。田家炳对中国师范教育的热心资助，得到海内外舆论的高度赞誉，他被誉为中国高等师范教育的"百校之父"。

曾宪梓教育基金奖是目前国内师范教育最高奖项。1992—2007 年，曾宪梓教育基金会奖励优秀教师和优秀大学生总计约 9500 万元，共奖励 7000 多名内地优秀教师，另外捐出 5000 余万元实施"优秀大学生奖励计划"，每年资助 35 所内地高校共 1750 名贫困大学生。20 世纪 80 年代，曾宪梓在家乡梅州先后捐巨资兴建梅州市曾宪梓中学、梅县宪梓中学和丽群小学。

1949 年新中国成立后，全国学校由政府接办并下拨经费，但广大"客商"仍保持兴学办校的积极性。1955—1958 年，梅县、大埔、兴宁、丰顺、蕉岭、平远等县，皆由海外"客商"集资分别创办了华侨中学。据统计，梅州籍海外"客商"捐助家乡办学金额，1948—1966 年共有 67.6 万元，1967—1978 年共有 83.47 万元。[①]

（二）"客商"子弟邹鲁是广东现代高等教育的重要推动者

邹鲁在韩山书院求学时，在老师们的赞助下，便与同乡以 4 块鹰洋创办乐群中学（大埔中学的前身）。在广州读书时，又在时任广东教育总会会长丘逢甲的赞助下，以 120 块光洋倡办了潮州师范学校。

1924 年，邹鲁任国立广东高等师范学校校长、国立广东大学筹委会主任。2 月，负责接管广东农业专门学校、广东法科大学。3 月，召开国立广东大学筹备会议，孙中山亲自筹措资金。6 月，孙中山任命邹鲁为国立广东大学校长，并题写校训：博学、审问、慎思、明辨、笃行。10 月，大元帅

---

① 何国华. 客家人的教育观初探 [J]. 岭南文史，1992 (2)：9 – 15.

大本营批准将广东公立医科大学、国立广东法科学院、广东省立勤勤大学工学院并入国立广东大学。1926 年 7 月，国立广东大学正式更名为"国立中山大学"。

邹鲁在任中山大学首任校长的 6 年间，亲自创作校歌歌词，倡导大学要成为"国之文化所借以为转移者也"，"研究学问必须应用到社会发展上面"，十分注重教育引导学生"内外兼修"及养成人格质量；提出"学校生产化"的创造性理念，且付诸实施：新校园内，除了各幢建筑物林立，其余空地皆开垦为农林场或花果园，并陆续设立直接服务于社会的科研机构。经过不懈奋斗，邹鲁将中山大学建设为文、法、理、工、农、医、师范等学科完备的现代大学，并聘请一大批著名学者来中大任教，或担任学科长、系主任。1935 年，中山大学设立研究院，邹鲁兼任首任院长。因此，建校不久的中山大学便成为当时与清华、北大同列的全国三所研究型大学之一。

（三）在粤东山区创办最早的侨办大学之一——嘉应大学

1924 年，梅州籍"客商"黄墨村、廖道传、熊幼霖、丘元荣等，同基督教会牧师汲平如一起创办嘉应大学（见图 8-3），这是广东第一所民办地方大学，也是国内最早的侨办大学之一。根据教育部信息，何世桢兄弟1924 年 12 月在上海兴办的"私立持志大学"（上海外国语大学的前身）是中国最早的民办大学，然而嘉应大学创办和开学时间都早于持志大学，在侨办大学中仅次于厦门大学（厦门大学于 1921 年创办）。

图 8-3　20 世纪 20 年代，嘉应大学原教学楼

教育家黄慕罗任嘉应大学首任学校监督（校长），学校设立文科、林科、预科 3 个班，第一批学生 50 多人。1926 年 2 月，学校废监督改委员制，设 5 名委员。1927 年 5 月，因部分学生参加中共"五一二"梅城暴动，嘉应大学被国民党当局查封停办。嘉应大学虽然只开办了 4 年，但当时吸引了一批知名学者在校任教，如著名诗人丘复、教育家钟鲁斋（曾任清华大学文学院院长）等。1949 年，嘉应大学在海内外"客商"的支持下又复办半年。1985 年，梅县地区行署会同"客商"领袖曾宪梓、田家炳等再次复办嘉应大学，该校后与嘉应师专、嘉应教育学院合并，形成今天的嘉应学院。

（四）创办现代民办大学的典范之一——南华学院

南华学院 1938 年秋始创于香港，10 月在香港招生开学。创办人钟鲁斋在南华学院开学后，就筹谋在教育发达的梅县侨乡设校。1939 年夏，钟鲁斋赴南洋发动华侨筹资办学，并阐述在梅设立大学之必要，立即得到印度尼西亚巴达维亚中华商会会长丘元荣及广大"客商"的大力支持，随后，华侨界知名人士傅可英、丘问谷、廖楚詹等被聘任为南华学院校董。1939 年 9 月，香港南华学院迁至梅县，正式招生开学，除广东学生外，还有江西、福建的学生。1941 年 4 月，南华学院改聘校董会，推举胡文虎、丘元荣为正、副董事长，形成了以"客商"领袖为核心的校董会。后港方大学部迁回梅县，与梅县正校合并，时全校师生共有 200 余人。

1945 年 8 月抗战胜利后，南华学院由梅县迁设汕头，同时，在香港九龙原址及梅县校址则设附属中学，各有学生 400 多人。学院迁往汕头后，学生增至 500 多人。

南华学院实行教学导师制，注重对学生文化知识和思想修养的教育。开办之初，设理工科与商科。理工科分设心理学、地理、数学、物理、化学、地质、建筑工程学 7 个系；商科分设商学、经济 2 个系。后增设文科文史系、商科会计系。院长钟鲁斋是现代著名的教育家、美国斯坦福大学教育学博士，历任清华大学文学院院长，上海沪江大学文学系主任，厦门大学、中山大学等校教授。教务主任李松生教授（后任中山大学教授）、数理系主任古文捷教授（曾任华南联合大学副校长）、数学教授李时可（留学日本，曾任广东省立工业专科学校数学系教授、岭南大学教授）、社会学教授谢健弘（曾任广东法商学院院务主任委员，中山大学校务委员会委员、历史系教授）等人，都是当时教育界的知名人士。还有任教国文科的杨徽五，是清代名儒，也是清末梅县最早的留日师范生。

1949 年冬，南华学院由汕头复迁梅县。1950 年春，校董会改组，学院改名南华大学，设文学院、商学院和农学院。1951 年，南华大学改办为南华财经专科学校。

三、大力支持民族文化及体育事业

客家人历来"崇文重教"，这种社会文化环境形成了"客商"文化深厚的"言商向儒"本质。"客商"追求"儒商合一"或"先贾后儒"。前者如谢逸桥、谢良牧兄弟及谢枢泗、温佐才等，他们本身就是学者；后者如张榕轩、张耀轩兄弟等。张氏兄弟在商事之余，不忘读书修身，于 1901 年、1911 年先后出资辑录刊成收录嘉应五属诗人的大型诗歌选集《梅水诗传》初集、续集共 13 卷，并鼎力捐资支持翰林院检讨温仲和总纂编成光绪《嘉应州志》。张榕轩著有《海国公余辑录》6 册和《海国公余杂著》3 卷留世。从近代"客商"开始，"客商"领袖大都有博士或荣誉博士学位，或受聘为大学客座教授、荣誉教授。这既是"客商"崇文的表现，也是其热爱文化的表现。

体育是现代文明的重要构成。毛泽东早年曾写过一篇《体育之研究》，发表在 1917 年的《新青年》第六卷第五号，文中说："善其身无过于体育。体育于吾人，实占第一之位置。体强壮而后道德之进修，勇而收效远。""体育一道，配德育与智育，而德智皆寄于体。无体是无德智也。"蔡元培1919 年 2 月在《教育之对待的发展》一文中提出："凡道德以修己为本，而修己之道又以体育为本。忠孝，人伦之道也，非健康之本，无以行之。""于国家也亦然……一切道德殆非羸弱之人所能实行者，苟欲实践道德宣力国家，以尽人生之天职，其必自体育始矣！"1920 年 12 月 5 日，他在新加坡南洋华侨中学演说，将健全人格分为四育，即体育、智育、德育和美育，强调"这四育是一样重要，不可放松一项的"。

"客商"在海外开拓，是最早接触西方文化的华人群体。"东亚病夫"是鸦片战争后西方和日本人对中国人的蔑称，极大地伤害了中国人的民族自尊。"客商"们希望通过体育运动增强民族体质，摆脱"东亚病夫"的耻辱，同时以体育精神振奋民族精神，促进中华崛起。近现代"客商"领袖大多数是国民体育事业的热心支持者，不仅在 20 世纪培养出"亚洲球王"李惠堂这样的杰出运动员，而且许多"客商"长期担任各种体育协会的会长、名誉会长，资助国民体育事业。比如胡文虎长期担任香港中华体育会名誉会长，泰国"客商"领袖、中华总商会主席郑明如长期兼任泰国射箭总会主席、亚洲地区射箭总会名誉主席、泰国奥林匹克体育委员会委员等。

胡文虎在 20 世纪 20 年代至 30 年代，多次倡议组织"新加坡中华体育会""星洲华侨体育总会"。中国国内各地体育团体和各类球队来新加坡参加比赛，他无不热情招待，提供便利。1935 年秋，上海举办第六届全国运动大会，胡文虎赞助 2.3 万元，亲自率领马来亚侨选手回国参加竞赛。除了赞助体育团体的建设和活动经费外，他也独资修建体育设施，如新加坡的虎豹游泳场（1931 年开幕）、海南岛海口白沙游泳场（1936 年开幕）、福州体育场（1936 年竣工）等。"客商"群体中产生了"亚洲球王"李惠堂、足球名将黄中孚、中国国家足球队前主教练曾雪麟等运动明星。1992 年 12 月，曾宪梓出资发起"金利来、银利来偕百家名店支持北京申办 2000 年奥运会"大型活动，为全社会支持北京申办奥运会开了个好头。2005 年，他为兴建国家游泳中心"水立方"捐款 1000 万元人民币。2008 年，他捐资 1 亿港元设立"曾宪梓体育基金"，旨在奖励在奥运会上获得金牌的中国运动员。基金分 4 期进行奖励，即从第 29 届奥运会开始，至第 32 届奥运会，每届奖金为 2500 万港元。

（一）弘扬客家文化，资助文化事业

早在 20 世纪 30 年代，胡文虎就资助罗香林等人创建"客家学"，要求对客家人和客家精神予以系统的研究，使客家民系有自己的历史叙述，这从客观上大大推进了客家民系共同意识的塑造。南洋客属总会成立后，胡文虎在组建分会时，就以宣传客家文化为基点，特别是罗香林的《客家研究导论》出版后，胡文虎就以此宣扬客家民系意识，"泊星洲客属总会，号召各地属侨，组织公会，有凌超元者，受总会派遣，至本洲推销《客家研究导论》，乘机宣传督促，成立了北婆罗洲西海岸客属公会"[①]。胡文虎还非常重视"客家精神"的提倡，在《香港崇正总会三十周年纪念特刊》上，他还特地写了一篇专文详细地分析"客家精神"，以"刻苦耐劳之精神""刚强弘毅之精神""劬勤创业之精神""团结奋斗之精神"为主体，希望通过这些精神将客家人团结起来，"自昔结集团体，首贯各会员有共同精神"[②]。胡文虎对客家民系意识的演变推动甚多，他在总结客家精神时就一直将其与中华民族意识的兴起相提并论，"苟化此精神而光大之，其有裨于

---

① 元一. 客属海外各团体之组织与发展 [M] //崇正总会. 崇正总会 30 周年纪念特刊. 香港：崇正总会，1950：14.

② 乙堂. 香港崇正总会发展史 [M] //崇正总会. 崇正总会 30 周年纪念特刊. 香港：崇正总会，1950：20.

我中华民族之发展者正无穷也","然后进而为民族国家发扬广大之成员"。①
"扩而大之,使成为中华民族之精神可也。或善而运用之,使成为救国精
神,亦无不可也"。② 胡文虎修建虎豹别墅也强调民族文化:"星洲、香港两
地兴建虎豹别墅,虽属私人住宅,但却终日开放免费供人游览,而且别墅
建筑型式采用我国古典建筑之精华,使外国人有机会得以欣赏中国文化之
优美,而又非可见区区一商人竟能有此住宅,至于广置房产以遗子孙更非
所愿。"③ 至于创办报纸,其用意则更为明确,就是在于沟通华侨与祖国的
消息,弘扬中华文化。"念华侨文化事业,必须与祖国文化机关常相联络,
常通声气,方足增其效果。因是先后于汕头开办《星华日报》,厦门开办
《星光日报》,以与海外报业沟通。"④

客家文化是中国传统文化的重要构成,也是汉族河洛文化的重要延续,
被誉为"古中原文化的活化石"。弘扬客家文化,加快客家文化的转型建
设,对于我国文化建设与发展有着重要的意义。长期以来,海内外"客商"
出钱出力,邀请梅州的文化工作者到海外考察学习,并资助其出版研究书
籍;资助重大的文化研究项目和出版研究成果;资助建设图书馆和博物馆;
资助国内外学术考察团体来梅州考察,研究传播客家文化。

"客商"姚美良 20 世纪末筹办的《纪念黄遵宪先生当代书画艺术国际
展览》及《孙中山与华侨》等大型国际书画展影响甚大。1992 年春,廖安
祥把自己在 20 世纪 40 年代组织"港九大营救"所营救的文化名流为感谢
他而赠送的 103 幅价值连城的书画艺术品一幅不留地捐给嘉应大学珍藏,其
中有何香凝、柳亚子、郭沫若、茅盾、刘海粟、吴作人、李可染等大师的
真迹。收藏有如此大规模的大师级作品集成,在全中国高校是少有的。

(二) 资助推动粤东山区体育事业走在全国前列

梅州侨乡受早期传教士和海外"客商"影响,体育运动一直活跃。开
展的运动项目较多,主要有游泳、划船、武术、下棋、登山、舞龙、舞狮、
足球、篮球、乒乓球、田径、体操等,而且体育运动的总体水平较高。

1907 年,海外"客商"领袖谢逸桥、谢良牧、温靖侯等人在梅州松口
设立"体育传习所"(属军事学堂),训练学生军事武术和日常体育,这是

① 胡文虎. 香港崇正总会三十周年纪念特刊序 [M] //崇正总会. 崇正总会 30 周年纪念特
刊. 香港: 崇正总会, 1950: 5.

② 胡文虎. 论客家精神 [N]. 星洲日报, 1938 – 11 – 29.

③ 星岛日报. 星岛报业同人敬辑 [N]. 星岛日报, 1983 – 02 – 07.

④ 胡文虎. 十年办报之回忆 [N]. 星洲日报, 1929 – 01 – 15.

广东省最早的体育学校之一，开启梅州地区现代体育教育的新篇章。

1942 年，"亚洲球王"、旅港"客商"李惠堂从香港回到家乡五华，组织锡坑足球队先后到五华各乡镇和梅州其他县进行表演赛，传授足球技术，普及足球运动。李惠堂对梅州足球运动的发展起到了积极的推动作用，也给山区人民留下深刻印象。

在海内外"客商"的支持下，1958 年梅州第一支女子足球队在梅县松口中学诞生。1964 年梅县被确定为全国开展足球运动的 10 个重点县之一。1989 年，梅州市委、市政府联同海内外"客商"，创办了当时全国仅有的两所足球运动学校之一的梅州市足球运动学校。

以梅州市为例，据统计，新中国成立以来，全市共输送了 170 人到国家队和省队，其中足球运动员 124 人。入选过国家男足的有谢育新、曾繁钦、伍文兵、池明华、郭亿军、张小文、杨宁、王惠良、黄德保；入选过国家女足的有吴伟英、李小兰、李雪峰；入选过国奥男足的有李玉展；入选过国家体操队的有李莉、钟勤；入选过国家羽毛球队的有陈其遒。"客商"归侨曾雪麟曾任国家男足主教练，"客商"归侨侯加昌曾为国家羽毛球队主力队员及主教练。

1929 年，"客商"在梅县创办了"梅县强民体育会"，对梅州侨乡的体育运动发展起到了重大的推动作用。

1935 年，以梅县强民体育会队员为主组成的梅县足球队参加第十三届省运会，荣获全省联赛冠军。梅县足球队访港，开启了梅州和港澳足坛往来的新篇章。1937 年，梅县足球队在第十四届省运动会上蝉联全省联赛冠军。1942 年，李惠堂组织了航建队来梅访问，强民队以 3 : 1 的成绩战胜客队。1936 年，"客商"蔡演雄被选为中国体育代表团篮球队主力队员，参加了在德国柏林举行的第十一届奥林匹克运动会。1941 年在韶关举行"汉魂杯"全省足球赛，梅县以强民队为主力参加比赛，结果以 4 : 0 的成绩战胜实力强劲的宝安队，夺得全省冠军。广东省以梅县足球队为主体组建省队，先后到衡阳、桂林进行比赛，取得全胜。1955 年，强民队代表广东省在武汉举行的全国分区足球锦标赛中荣获冠军。1956 年，国家体委授予梅县侨乡"足球之乡"光荣称号。

第二节 积极兴办社会公益事业

一、创建医院和育婴堂

早在 1823 年，因当时存在旧陋习，人们常将女婴溺弃，广东归善县"客商"就创建育婴堂。知县陈星联出俸金 1000 两，并发动当地"客商"富绅捐银 8000 多两，在县城花园围花费 3000 两白银建堂，余下 6000 多两存入生息，作为收养女婴费用，并选出数名"客商"绅士经营。清末，海外"客商"在广东梅县捐资兴办多所育婴堂。19 世纪末，张弼士在广东汕头埠购置物业，设置汕头育善堂，堂产用于国内福利基金和资助外出学子读书。胡文虎 20 世纪 30 年代捐 35000 元给惠州南坛建惠州医院，并将县育婴堂存款归并，附设女婴收养所。

1915 年，"客商"梁璧如捐出梁家的产业——湖鳅塘。梅籍"客商"谢梦池、梁映堂等慷慨出资，兴建德济医院肺病疗养院。该疗养院建在海拔 805 米的梅县清凉山上，占地面积 252 平方米，被赞为可与瑞士达沃斯名山疗养地相媲美。

"客商"戴春荣资助在北京、汕头、潮州等地设立贫民医院。吴郁青任港九最大的慈善机构之一广华医院董事长时，捐资免收或减收贫苦病人医疗费用。他生前立下遗嘱，以其资产的 5% 捐作基金作为内地及九龙慈善事业费用。[①]

胡文虎 1931 年独资捐献国币 37.5 万元建成南京中央医院（今中国人民解放军东部战区总医院）（见图 8 - 4），该院主建筑为宏伟的 4 层大楼，至今仍矗立于南京中山东路。1933—1934 年，胡文虎先后捐款 60 万元兴建汕头医院、厦门中山医院、福州福建省立医院（3 院各 20 万元）。还在国内外独资创办或捐助的医院、麻风医院、接生院（妇产医院）、安老院（养老院）、孤儿院有 40 多所。此外，他还捐款创办了收容流浪儿童的上海儿童教养所、广州儿童新村等等。抗日战争期间，胡文虎曾致函重庆国民政府，决定在抗战胜利后修建县级医院 100 所，并汇款 1000 万元（当时估计大县建一所医院需 10 万元，小县需 5 万元，共需款 1000 万元），分别存入当时的中央、中国、交通、农民 4 家银行。然而抗战胜利后，由于国统区出现恶性通货膨胀，币值一贬再贬，他的计划未能实现。因胡文虎慷慨捐助慈善

---

① 蕉岭县地方志编纂委员会. 蕉岭县志［M］. 广州：广东人民出版社，1992：710.

事业，1950 年，英王特授予他圣约翰救伤队爵士勋位。他对记者发表谈话表示："本人除热忱爱护国家，希望祖国富强、华侨地位提高外，对于政党政治，素不参与，凡能掌握政权，增进人民幸福者，俱为本人所愿竭诚拥护。"

图 8-4　胡文虎资助建成的南京中央医院

二、积极参与赈灾救济等慈善事业

19、20 世纪之交，国内各地经常发生自然灾害，南洋"客商"千方百计筹集资金汇回祖国各地及家乡赈济受灾同胞或亲友。

1893 年，梁璧如出资赈济，为天津灾民捐助 2000 套棉衣。1900 年，黄河决口成灾，张弼士一次募集白银百万两。姚德胜在这次赈灾中一次汇出 6 万银元支援灾区。

1895 年，马来亚"客商"李步南捐款数千银元给梅县松口赈济灾荒。1900 年前后，梅州地区由于水灾和政局动荡，大米供给紧张，地方绅商黄遵宪、温仲和、温佐才、谢益卿等倡导成立嘉应运米公司，发动南洋侨商赈济灾民，从南洋和安徽芜湖等地籴米。当时，马来西亚"客商"领袖姚德胜捐资在平远县 15 个乡设太平仓，赈济灾民，并储粮数千石谷给家乡大柘备荒。1907 年，大埔县受灾，戴春荣捐购米粮数十万石，平粜给灾民渡过难关。[①] 温佐才担任香港电报局总办时，参与多地的赈灾捐纳活动，被直隶总督袁世凯等保举。

1935 年，黄河决堤，七省受灾，"客商"吴香初（吴郁青之弟）汇巨款赈济鄂、鲁两省灾民，受到当局褒奖。1940 年，梅州几个县发生粮荒，

---

① 广东省地方史志编纂委员会. 广东省志：华侨志 ［M］. 广州：广东人民出版社，1996：345.

印度尼西亚、新加坡、毛里求斯等国梅州籍"客商"纷纷慷慨解囊，筹集巨款汇回梅州赈济粮荒。梅县松口旅印度尼西亚"客商"廖藻明与李秋娇将节约下来的结婚费用及贺仪款共 2600 元给家乡赈济灾荒。1944年，印度尼西亚"客商"捐款 45 万元给梅县赈济粮荒，旅马"客商"梁树龄亦捐巨款汇回国内赈灾。1948 年，泰国客属总会购买暹罗米运回梅县赈济灾民。①

梅州地区山多田少，地瘠民贫，许多家庭都得依赖侨汇来维持生活。据《梅县要览》记载：梅县在 20 世纪 30 年代的 10 年间，每年收到从海外汇入的侨汇约 1500 万～2000 万元，1940 年达 3000 万元，为新中国成立前的历年之最。由于海外侨汇源源不断地汇入侨乡的各家各户，因此广大侨眷的生活比较稳定。新中国成立后，侨汇仍是侨乡居民的重要经济来源。1952 年梅州侨汇达 485 万美元，1957 年达 563 万美元。海外的梅州籍华侨、华人除汇款赡养自己家人和资助亲友外，还发扬爱国爱乡的优良传统，一贯积极资助国内建设事业和公益事业。

三、"客商"与梅州山区的社会公益事业

（一）梅州市的永久性标志——梅江桥

1934 年春建成的梅江桥是梅州名气最大、修建最早的跨梅江大桥（见图 8-5）。它历经抗日战争和解放战争，几经修缮、扩建，仍屹立于梅江 U 形河道的顶端，是沟通梅江南北两岸的咽喉要道。梅江桥造型美观而实用，一直是梅城的标志性建筑。

图 8-5 20 世纪 30 年代梅县"客商"集资修建的梅江、锦江、梅东三大桥之一的梅江桥

---

① 温广益. 海外客家人对梅州侨乡建设的贡献 [J]. 华侨华人历史研究，1990（1）：41-47.

梅州北邻赣南、闽西，东接潮汕，是粤东的门户和水陆交通枢纽。优越的地理位置使梅州成为著名的商品集散地，因此，梅县人民十分希望能在梅江上建一座大桥，以改善交通条件。20 世纪 20 年代，梅县县长、"客商"彭精一和梅城的开明人士成立建桥筹备小组，发动梅县人民和广大的海外"客商"，把梅江桥建起来，造福梅县民众和四方来客。

当时在一条大江上兴建钢筋水泥大桥，不仅在梅城，就是在粤东地区都是闻所未闻的，在广东也比较罕见。筹备小组派人专程到汕头请教驻汕法籍工程师龚神父，他经粗略计算，确定建桥工程约需 12 万大洋，这对于当时的梅县来讲是一个天文数字。筹备组四处奔走，呼吁大家认捐，前后共有 8000 多人捐款，商家店铺也纷纷赊借水泥、钢材给建桥筹备组。筹备组又写信动员梅县籍海外"客商"认捐。不久，侯广德夫人在南洋募得 1.2 万多元，旅居日本"客商"潘植我捐助 1.5 万元。在爪哇巴达维亚，"客商"组织"燕络英"剧社举行义演，将筹得大洋 2100 元全部捐给筹备组。此外，南洋"客商"帮助筹备组在南洋发行三期彩票，除颁奖以外，实得大洋 21223 元，他们把这一笔巨款全部寄给筹备组。在各方的共同努力下，梅江桥终于在 1934 年初步建成。

梅江桥原桥长 278.5 米，宽 6.65 米，分 13 孔，为连拱弧形钢筋水泥大桥，后来又经过多次改扩建，才有今天的面貌。1965 年，郭沫若来到梅州时，路过梅江桥，感慨万分，称赞梅州是"文物由来第一流"。

（二）"中国最早的乡镇图书馆"——梅县松口图书馆

图书馆是人类文明成果的集散地，也是书籍和建筑物的结合体。图书馆的产生与文字出现的时间略相吻合。早期的图书馆有皇家图书馆、教会图书馆和私人图书馆等，这些图书馆并不完全对外开放，仅对所有者相关的特定人群。而现代图书馆则是公共图书馆，向社会所有成员敞开大门，让人们自由获得社会知识、信息和文化记忆。公共图书馆是现代文明的重要标志，也是现代城市的地标建筑之一。世界上最早的公共图书馆是 1747 年在华沙开放的查路斯基图书馆。"图书馆"概念在中国最早出现于 1894 年《教育世界》第 62 期中刊出的一篇《拟设简便图书馆说》。中国最早的公共图书馆是 1904 年创办的湖南图书馆。

1908 年，"客商"谢良牧、梁鸣九及"客商"子弟丘哲等同盟会会员按照南洋惯例在松口公裕源商号（公裕源米店）创办松口书报社，向社会开放阅读。1912 年，松口书报社正名为"松口通俗图书馆"。1934 年，丘哲等有识之士以教育会名义发动"客商"捐资，在中山公园北面兴建新馆，第二年落成。新馆占地面积3880多平方米，建筑面积1392平方米，初期馆藏各类书籍有10000余册，杂志30多种，报纸10多种。并在松口火船码头建10间店铺作为馆产。当时的梅县松口图书馆与"乡村文化界堪称第一"的云南省腾冲县（今腾冲市）和顺图书馆以及被称为"民国乡村图书馆的翘楚"的江苏省无锡市大公图书馆齐名，被著名学者黄俊贵誉为"中国最早的乡镇图书馆"①。

第三节　开启和推动护侨工作

海外华侨是中华民族大家庭的一分子，是近现代国家建设的重要促进力量。中国政府的侨务工作始于清末，早期的驻外领事大多由当地侨领担任，驻外领事馆主要集中在南洋。当时的"客商"领袖有许多担任过清政府的驻外领事，比如张弼士、梁璧如、戴春荣等。陈达说，中国近代的社会变迁，有一件事值得特别注意，即在维新变法运动中，有识之士提出国家应该对海外侨胞表达应有的态度并制订相应的政策。"这种态度与政策的改换，以历史的眼光言，实由于社会变迁里产生出来，但海外的侨胞对于祖国（特别是家乡——大部分是闽粤），跟着发生多方面的影响。这些影响又为我国社会——特别是闽粤的一部——近年来发生变迁的一个主因。"②

可以说，正是因为这些海外"客商"以及有识之士的积极推动，清政府对海外侨胞由拒绝、排斥、谴责甚至惩治转变为团结和保护，国家也开始了护侨工作。1887年，清政府派遣广东提督王荣和出使南洋，慰问海外侨胞，标志着中国政府与海外侨胞的体制关系建立。1904年，农工商部侍郎杨士琦再次出访南洋慰问华侨，华侨成为政府可资利用的重要社会资源。1907年，清政府与荷属东印度殖民者交涉解决中国侨民的国籍问题。1909年，清政府颁布《大清国籍条例》，采用血统原则认定国籍，即海外侨胞仍有中国国籍。中华民国建立后，《临时约法》规定从海外侨胞产生参议员6人，约占参议员总数274人的1/40。1932年4月，南京国民政府成立侨务委员会。海外侨胞成为国家建设的重要力量。

说到《临时约法》中赋予海外侨胞参政权，不得不说印度尼西亚"客商"谢碧田。1911年底，孙中山回国组建临时政府，各省代表于江苏省谘议局共商国是。华侨也公推了代表参加，其中谢碧田代表印度尼西亚华侨。

---

① 李梦霞. 梅县松口图书馆：中国最早的乡镇图书馆［N］.梅州日报，2014-08-27（8）.
② 陈达. 南洋华侨与闽粤社会［M］.北京：商务印书馆，2011：45.

他发现《中华民国临时政府组织大纲》中没有关于华侨代表的规定，也就是说华侨无选举权和议政权。他认为这"殊失侨民公举代表之意"。1912 年1 月 13 日，他联同其他华侨代表向临时参议院提出讨论"华侨代议权"事宜的要求，表达了华侨要求通过选举与代议参与国家政治的心声。后华侨参政权问题经过了一年讨论方才得到落实。"侨胞得置身议院，纯赖谢氏努力。虽不数年而议会废止，然华侨与祖国立法上的关系原则已定，此后如推行宪政，海外侨胞即可以侨民资格依成案参加议会，凡此都是海外客侨与近代中国的重要关系。"①

清末民初，许多"客商"子弟以职业外交官身份担任中国政府的驻外领事，在护侨方面做出了开拓性贡献，比如黄遵宪、王宠惠、刁作谦等。罗香林说："王宠惠、刁作谦等与中国近代外交史颇有关系的客人，考其来历亦大抵为海外侨民的化身，这可知海外客侨与中国政治又一关系了。清季比较谙晓洋务的外交大吏，如何如璋、黄遵宪诸人亦与海外客侨不无相当关系，何氏籍隶大埔，黄氏籍隶梅县，其地皆为盛产番客的县邑，何、黄等少受番客影响，习知海外各事及侨胞痛苦，故一旦出膺使节，都能以保障侨民、缔结邻好、运筹国是，为国人钦式。"②

1912 年 2 月，爪哇岛泗水华侨集会，升旗庆祝中华民国临时政府成立。荷兰殖民当局出动军警驱赶，抓捕百余人，并开枪镇压，致华侨三人死、十余人伤。此事在海内外影响甚大。时任临时政府外交总长的王宠惠立即致电候任临时大总统袁世凯："事关国体民命，恳速交涉""以存国体，而慰侨望"。同时他回电爪哇华侨：政府已同荷兰当局严正交涉。过两日，王宠惠再次以华侨联合会名义致电袁世凯："事在危急，乞速解决对付"，"乞设法拯救"。袁未回电，王宠惠第三次致电："事阅数日，连上数电，均未见复，殊深焦灼"，"民国初立，岂尚忍如满清政府放弃责任，漠视侨民"。在王宠惠的催促之下，袁终于回电："华侨遭厄，自必竭力拯救。"2 月 29 日，袁世凯电告候任国务总理唐绍仪："偶因升旗而发生，但现下所亟应力争者，不在升旗问题，而以释人索偿，废除虐例为最要。"在民国政府的外交压力下，荷兰殖民当局释放被捕者，承诺惩凶赔偿，声明保护旅居印度尼西亚华侨的合法权益。这件事史称"泗水事件"，是民国政府依法护侨的开端，在近代中国外交史上有着重大的意义。

"客商"古今辉及"客商"子弟黄锡铨、钟宝僖、廖恩焘、熊崇志、戴恩赛等在护侨方面也做出了积极的贡献。

① 罗香林. 客家研究导论（外一种：客家源流考）［M］.广州：广东人民出版社，2018：213.
② 罗香林. 客家研究导论（外一种：客家源流考）［M］.广州：广东人民出版社，2018：213.

第九章 "客商"与海外华文教育

> 语言本身并不藏着经验，它是一套发音的习惯。在任何人类社会中，它是跟着文化经验一同发展的，它亦因之成为文化经验中不能分离的部分。
>
> ——马林诺夫斯基《文化论》

第一节 文化沟通是发展的重要动力

亨廷顿认为，文明是对人最高的文化归类，是人们文化认同的最广范围，人类以此与其他物种相区别。文明既根据一些共同的客观因素来界定，如语言、历史、宗教、习俗、体制，也根据人们主观的自我认同来界定。他把当代世界文明分为七种：中华文明、日本文明、印度文明、伊斯兰文明、东正教文明、西方文明、拉丁美洲文明，另外还有非洲文明（可能存在）。"许多学者所使用的'中华'（Sinic）一词，恰当地描述了中国和中国以外的东南亚以及其他地方华人群体的共同文化，还有越南和朝鲜的相关文化。""至少在文化上，中国文明无疑是人类社会所创造出来的完美的文明之一。""文化在世界上的分布反映了权力的分布。贸易可能会，也可能不会跟着国旗走，但文化几乎总是追随着权力。历史上，一个文明权力的扩张通常总是同样伴随着其文化道德繁荣，而且这一文明几乎总是运用它的这种权力向其他社会推行其价值观、实践和体制。"[1]

美国著名人类学家克利福特·格尔茨认为，文化的移动像章鱼——并不是一种各个部分之间协同一致地增加效能、一个整体的大规模共同动作，而是这一部分那一部分的无联系的运动，最终积累起来做方向性的变化。[2] 文化自信首先表现为敢于走出去，这就是文化自觉。文化自信的第一个层

---

① ［美］亨廷顿. 文明的冲突与世界秩序的重建［M］.周祺，等，译. 北京：新华出版社，2010：22-26，72.

② ［美］格尔茨. 文化的解释［M］. 韩莉，译. 南京：译林出版社，1999：480.

面是器物。文化的交流与融合，是先器物，再制度，最后是观念层面。而第一个层面的传播与交流是通过商人与商业完成的。因此可以说，商人也是文化的使者。

海外华文教育是建立文化沟通平台的重要手段，也是增进民族认知与团结的重要途径。对于海外华人来讲，它不仅是增进民族认同的重要途径，而且有助于克服因方言、民系等造成的华侨社会的隔阂，促进华侨社会的团结；有利于华侨从文化上认同整体中国，从而增强民族凝聚力。20世纪初，海外华人民族主义的涌起，追本溯源，相当大程度上得益于华文教育的普及。①

现在，海外华文教育已经成为国家文化软实力的重要构成，也是开放中国的重要表现。随着经济全球化的进一步发展以及"一带一路"倡议的深入推进，海外华文教育显得更加重要。因为语言是沟通的介质，华文教育能够促进中国文化向国际社会的传播力度，"通过文明交流超越文明隔阂、文明互鉴超越文明冲突、文明共存超越文明优越，推动各国相互了解、相互尊重、相互信任，在提出中国主张、理念和方案，贡献中国经验、智能和模式的过程中，顺其自然提升中国在当代世界文明体系中的认同度和话语权"②。

一、发展就是文化的走出去、迎进来、融起来

孙中山百年前说："盖中国之孤立自大，由来已久，而向未知国际互助之益，故不能取人之长，以补己之短。中国所不知所不能者，则以为必无由以致之也。虽闭关自守之局为外力所打破者已六七十年，而思想则犹是闭关时代荒岛孤人之思想，故尚不能利用外资、利用外才以图中国之富强也。"③

文化是塑造人的，是意识形态的基础。"文化为体制之母"，喀麦隆思想家丹尼尔·曼格尔这句话已经得到普遍认可。文化变革是深层次的自我革命，只有触动文化这一神经，社会变革才能全面落实。同时，文化具有内生性，是民族生命的源泉和根本。文化的转型与变革，是一个激烈而痛苦的过程。世界的和平与发展必须以文化的沟通和融合作为保障，否则，任何单方面的努力都是一厢情愿，会形成冲突的源头。一百多年来，中东是世界的"火药库"，除了石油利益集团的争夺外，根本上还是因为多元文

---

① 庄国土．中国封建政府的华侨政策［M］．厦门：厦门大学出版社，1989：320．

② 梁昊光，张耀军．"一带一路"语言战略规划与政策实践［J］．人民论坛（学术前沿），2018（10）：98－105．

③ 孙中山．孙中山全集：6［M］．北京：中华书局，1981：34．

化的冲突。"拿来主义"是必不可少的,但传统也是不能丢失的,是必须在"拿来"的同时改革弘扬的。只有文化自觉地走出去,才能从对比中认识到民族文化的生命力和竞争力。

文明是多样化发展的,文化认同与区域历史联系是发展的重要基础。20世纪70年代开始,随着东亚经济奇迹的出现,现代化的非西方化成为主流。东亚奇迹的创造者之一、"客商"子弟李光耀接受的是系统的英式教育,却以儒家复兴为己任,长期担任国际儒学联合会名誉理事长。他说:"我们都是华人,我们共有某些由共同的祖先和文化而产生的特性……人们自然地移情于那些与自己有共同生理特征的人。当人们又拥有相同的文化和语言基础时,这种亲密感得到了加强。这使得他们很容易建立起亲密的关系和信任,而这是一切商业关系的基础。"① "尽管我们讲英语、穿西装,但新加坡人不是美国人或盎格鲁-撒克逊人。如果在更长的时间里新加坡人变得与美国人、英国人和澳大利亚人难以区分,或者更坏,成为他们可怜的仿制品(即一个无所适从的国家),那我们就丧失了与西方社会的区别,而正是这些区别使我们能够在国际上保持自我。"② "盎格鲁化的李光耀学会了汉语普通话,并成为一个能言善辩的儒教促进者。"③ 这就是现代化的本土化。"亚洲的挑战表现在所有的东亚文明——中华文明、日本文明、佛教文明和穆斯林文明——都强调自己与西方的文化差异,有时也强调它们之间的共性,这些共性常常认同于儒教。"④ "客商"的海外华文教育,客观上是一种文化的自觉和文化的现代化,也是一种基于历史的区域自我认同。随着中国日益走向世界舞台中心,推动汉语国际传播和中国文化"走出去",既顺应国际社会更加深入了解中国发展道路的愿望,也是维护全球化时代语言和文化多样性,以更加开放的胸襟面对他者文化,积极吸收人类文明优秀成果为我所用,展示负责任大国形象的客观要求。"语言作为'一带一路'经贸投资合作、文明交流互鉴的重要桥梁和纽带,对于推进我国国际传播能力建设,提高国家文化软实力,提升国际话语权发挥着重要作用。"⑤

---

① [美] 亨廷顿. 文明的冲突与世界秩序的重建 [M]. 周祺,等,译. 北京:新华出版社. 2010:147-148.

② MILLER F P, VANDOME A F. Government of Singapore [M]. Saarbrücken:Alphascript Publishing, 2010:2-10.

③ [美] 亨廷顿. 文明的冲突与世界秩序的重建 [M]. 周祺,等,译. 北京:新华出版社, 2010:74.

④ [美] 亨廷顿. 文明的冲突与世界秩序的重建 [M]. 周祺,等,译. 北京:新华出版社, 2010:83.

⑤ 梁昊光,张耀军. "一带一路"语言战略规划与政策实践 [J]. 人民论坛(学术前沿), 2018 (10):98-105.

二、海外华文教育与传播是民族认同和祖国情怀的重要构成

海外华文教育是民族认同和祖国情怀的重要构成。"华人中民族主义和'国语'教育的发展削弱了其内部传统上按方言或地域分群的习惯……受华语教育，具有投身政治倾向的学生专注于中国的问题和日本的威胁。多年来，新加坡的反日情绪一直在增强。1928 年国民党在山东与日军发生冲突时，以及 1931 年日军入侵中国东北时，新加坡的华人都开展了抵制日货运动。"1937年抗战全面爆发后，新加坡华人展开了全面的抵制日货运动，到 1938 年，日本与马来亚的贸易额下降了 70%。华商解雇日本职员，举行反日大游行和抗日宣传，严密监视和谴责出售商品给日本人的外国人商店。①

塞缪尔·亨廷顿认为，语言是仅次于宗教的，使一种文化的人民有别于另一种文化的人民的要素。"鉴于海外华人在东南亚的作用，汉语已经成为这一地区许多国际商业交易中使用的语言。随着西方实力相对于其他文明逐渐衰退，其他社会中使用英语和其他语言，以及用它们来进行各社会间交流的情况，也将缓慢减少。假如在遥远未来的某一天，中国取代了西方成为世界占优势的文明，英语作为世界的共同语言就将让位于汉语普通话。"②

新加坡现代化的成功是李光耀儒家文化自信、自觉的结果。在现代化的变革中，如果没有民族文化的自信，就会陷入亨廷顿所言的这种趋势："政治领导人傲慢地认为可以从根本上重构社会文化，这注定要失败。尽管他们能够引入西方文化的要素，却不能永远压制或消除本国文化的核心要素。政治领导人能够创造历史，但他们不能逃避历史。他们造就了无所适从的国家，但却不能创造出西方社会。他们将使其国家染上一种文化精神分裂症，成为国家持久的特征。"③

三、海外华文教育与传播是现代国家安全体系的重要内容

当今世界，经济安全、文化安全是国家安全的重要构成，就中国目前的安全形势。而在安全问题中，文化的共识性是一个重要方面。"客商"在

---

① ［英］藤布尔. 崛起之路：新加坡史［M］.欧阳敏，译. 上海：东方出版中心，2020：214 − 215.

② ［美］亨廷顿. 文明的冲突与世界秩序的重建［M］.周琪，等，译. 北京：新华出版社，2010：42，49.

③ ［美］亨廷顿. 文明的冲突与世界秩序的重建［M］.周琪，等，译. 北京：新华出版社，2010：134.

东南亚的开埠和华文教育，促进了中华文化的自觉和融合，为中国和东南亚国家的合作达成和平共识奠定了文化基础。孔飞力说，华商们送孩子上华文学校，自己阅读中文报刊，这就给来自中国的政治活动提供了一个全新的、可以动员组织力量的特殊舞台。①

亨廷顿认为，由于现代化的激励，全球政治正沿着文化的界线重构。文化相似的民族和国家走到一起，文化不同的民族和国家则分道扬镳。以意识形态和超级大国关系确定的结盟要让位于以文明确定的结盟，重新划分的政治界线越来越与种族、宗教、文明等文化的界线趋于一致，文化共同体正在取代"冷战"阵营，"文明间的断层线"正在成为全球政治冲突的中心界线。"尽管一个国家在冷战中可以避免结盟，但它现在不可能没有认同。'你站在哪一方？'的问题被更基本的'你是谁'的问题所取代，每个国家都必须作出回答。文化认同的答案确定了该国在世界政治中的位置、它的朋友和它的敌人。"②

这些都说明海外华文教育对中国国家安全的重要性。像执政新加坡的李光耀父子、几度入主泰国政坛的他信和英拉兄妹、享誉菲律宾政坛的阿基诺母子以及大量在政商两界影响巨大的华裔，他们大多是受海外华文教育的影响的。孔飞力说，通过华文教育与华文传播，除语言之外，南洋一些土生华人从中华文化中找到了新的充满自豪的归属，并试图实现自身的再华化。中国作为一个现代国家，作为一个具有优秀文化传统的"祖国"，开始对土生华人产生特殊的吸引力，填补了他们在当地受排挤后自尊上出现的空缺。③

第二节 "客商" 开启海外华文教育

"客商"在 17 世纪末期开启海外华文教育，并且在以后的 300 多年间不断地推动海外华文教育的发展，从私塾教育到现代教育，从中小学教育到大学教育，海外"客商"不仅捐款捐物，延师建校，而且还要同当地土著统治者和殖民者的打压、歧视政策做斗争。"大多数的华侨，初到南洋的

---

① ［美］孔飞力. 他者中的华人：中国近现代移民史［M］. 李明欢，译. 南京：江苏人民出版社，2016：255.

② ［美］亨廷顿. 文明的冲突与世界秩序的重建［M］. 周祺，等，译. 北京：新华出版社，2010：105.

③ ［美］孔飞力. 他者中的华人：中国近现代移民史［M］. 李明欢，译. 南京：江苏人民出版社，2016：256－257.

时候，是工人或是小商人，他们不免受白种人的歧视及不平等的待遇；但是他们知道中国有悠久的历史与文化，自然而然担负着发扬中华文化的责任。"① 中国文化传播是华文教育的发展和提升。今天，海外华文教育已经成为国际文化交流的热点，中华传统文化也得到了世界大多数国家的认可，尤其是传统哲学、医药医学、艺术及餐饮在国际上深受欢迎。而且，海外华文教育已经产业化，成为民族产业的重要部分。我们今天在享受发展成果的同时，应该致敬为此项事业辛苦奋斗的历代"客商"们。

"客商"与海外华文教育的关系可以分为三个阶段：第一阶段，从 17 世纪末到 19 世纪末，"客商"开启的海外华文教育（多是私塾教育），目的就是让子女学习汉语和华文启蒙，不要忘记祖国的文化。客家人的传统名言："宁卖祖宗田，不忘祖宗言。"这个"言"不仅是客家话，还包括传统文化。客家是以语言为认同基础的族群，这就是他们开启海外华文教育的根本原因。第二个阶段，从 19 世纪末到"二战"后，是现代华文学校发展阶段。1904 年，张弼士等华商领袖在南洋创办第一间海外现代华文学校后，海外华文教育的目的已经演变为传播中华文化，在域外同西方文化交流和竞争，而中国政府也开始支持海外华文教育。1905 年，两广总督岑春煊派刘士骥前往爪哇劝学，刘士骥约各埠侨领在万隆开会，提倡新学教育。1906 年，荷属华侨学务总会成立。一大批海外华文学校和华文报刊的创办，推动中国文化在海外迅速传播，走向世界平台，让世界了解中国，促进中国世界化和现代文明的中华化。1927 年，国民政府教育部起草了让海外华文学校注册登记的规定，并指导它们设置课程，鼓励华侨子女到国内接受高等教育；1929 年启动"海外华文教育发展五年计划"，号召富有华商捐资赞助海外华文教育机构；1932 年，商务印书馆和中华书局出版了专门为南洋华侨学校编写的教科书，规范中国语言文字的海外应用，以消除各地域商帮的方言障碍。1935 年，"国语"已经成为南洋华文学校的通用语言。"学校分帮的主因是方言，现因学校通用国语，各帮的界限渐泯；学校亦渐渐不因帮而分别设立。"② 这一时期，海外华商也已经认识到用现代知识教育下一代的必要性。"欧籍大商家，有比较优越的组织和科学化的商业管理，因此他们能够多赚钱，在华侨看来，这些也是根据于教育。"因此，"华侨社区内的学校，其课程多注重商业的知识和训练。要在可能范围内给学生们相当的基础，以便他们在毕业后，可以逐渐在商界服务"。同时，他们也开始同殖民地政府的"文化同化"政策做斗争，努力争取华文教学的合法

---

① 陈达. 南洋华侨与闽粤社会［M］. 北京：商务印书馆，2011：206.
② 陈达. 浪迹十年之行旅记闻［M］. 北京：商务印书馆，2013：108.

地位。"因受居留地政府学校的长期训练，我们中华民族已经变成衙门的书记或商店的雇员了。"① 第三个阶段，20 世纪六七十年代以后，海外华文教育逐渐产业化，在发挥交流窗口作用的同时，也成为海外民族产业的重要组成部分。

这三个阶段可以归结为两部分，第一部分是华侨教育，即华侨独立自主办学，学制、师资、经费、教材、授课内容等不受所在国行政制约，曾经一度受中国政府的指导。为了保持独立性，侨校拒绝接受殖民政府的津贴。中国政府虽然口头上宣称重视华侨教育，但由于自身积贫积弱，难以在经济上给予支持。所以，各地侨校都有一套筹集款项的办法。一般学校的经费来源包括学费、董事月捐、商店月捐、货捐（从入口货和土产上抽税）、商会丧事会补助费、旅馆捐、卖彩票、开夜市、赌捐等。此时的华侨教育实为无数热心侨胞以血汗培养。第二部分是狭义的华文教育，即"二战"以后，华侨办学受所在国教育行政当局管理，是所在国教育体系的组成部分，教育内容逐渐缩小到语言、礼仪等范围。在此情况下，"'华文教育'，也只能是作为一种学习语言、文化的手段"②。本书中所论述的华文教育是广义的，包括华侨教育和华文教育。

海外华文教育不仅促进优秀的中国传统文化国际化，而且在域外为中西文化交流建立了平台，这是不受本土意识形态干扰的开放平台，为中国的对外交流和现代化打开了一个新窗口，并培养了一批具有世界视野的人才，比如廖仲恺、宋氏家族、李光耀以及辜鸿铭、林语堂、伍连德等就是在海外接受华文教育的。海外华文教育为后来中国的革命和建设以及改革开放创造了文化基础，同时也为东南亚各国挣脱西方殖民文化的桎梏提供了思路。

一、开启早期海外华文教育

据文字记载，最早的海外华文学校是 1690 年印度尼西亚巴达维亚"客商"领袖、华人甲必丹郭郡观倡办的明诚书院。据台湾的有关研究资料，明诚书院是 1729 年兴办的："早在 1729 年印度尼西亚华侨就兴办了私塾——明诚书院，这可视为华侨教育之嚆矢。但在此后的一个多世纪中，

---

① 陈达. 南洋华侨与闽粤社会 [M]. 北京：商务印书馆，2011：197－200.
② 周聿峨. 华侨教育与华文教育 [M] // 暨南大学华侨研究所. 华侨研究. 广州：广东高等教育出版社，1988：219，232.

私塾教育并未有多大发展，不仅质量不佳，而且数量也寥寥。"① 18 世纪，婆罗洲"兰芳大总制共和国"的"大唐总长"罗芳伯也曾设汉文学校，提倡读书识字。1850 年以前，在槟城浮罗山背与大山脚一带，惠州籍"客商"便在天主教堂中，有组织地教育子女学习汉字，念诵四书五经。1775 年，广东"客商"在巴城重建明诚书院以及南江书院，后设明德书院。1888 年，"客商"创立槟城最早的华文私塾学堂南华义学，附设在南华医院。不久，大山脚惠州籍"客商"倡建大山脚义学，直落卓坤与武拉必的"客商"也在谭公爷庙创办华文私塾。1893 年，丘燮亭投资兴建私塾学堂时习轩。1901 年，他创办印度尼西亚第一所华文学校，同年创设图书馆，并成立编译小组，编译出版一些宣传孔子学说的小册子。与丘燮亭办时习轩同时，"客商"郑景贵在槟城办慎之私塾，接受各籍华人学童入学。1901 年 3 月，郑景贵与梁碧如、胡子春、戴春荣等"客商"在槟城倡办崇文社，设立义塾，招收各籍、各族学生，免费教课，还在槟城推行了鼓励尊重文墨的"敬惜字纸"运动。此举是源于明清时期，在客聚地区，基本上大一点村庄的村口都有一个专门收捡字纸的砖庐，既表示珍视文字资料，也彰显崇文重教。另外，崇文社也招收国内来的"士子"作为师资，教导土生华人学习诗词歌赋，以便延续古典文学教育。②

在"客商"兴学的带动下，福建、潮州、广府等海外商帮也积极兴学办校。以印度尼西亚为例，至 1899 年，印度尼西亚的华商义学已多达 369 所，学生有 6600 余人。至 1829 年，新加坡华侨已经创办了 3 所私塾。甚至在当时华人家庭并不算多的美国、加拿大，也有私塾和义学。这些中国传统的私塾和义学教育，为提高当时海外华人社会的文化水平，增强海外华人社会的凝聚力，做出了历史性的贡献，同时也开创了海外华文教育的先河。

二、推动现代海外华文教育的发展

（一）创办现代华文学校

随着癸卯学制推行，国内现代教育一起步，"客商"便在南洋迅速响

---

① 周聿峨. 华侨教育与华文教育［M］//暨南大学华侨研究所. 华侨研究. 广州：广东高等教育出版社，1988：217.

② ［马来西亚］王琛发. 漫谈客属与槟城华人教育［M］//［马来西亚］王琛发. 槟城客家两百年：槟榔屿客属公会六十周年纪念文集. 槟城：槟榔屿客属公会，1999：122 – 125.

应。1904 年，张弼士在槟城倡办中华学堂（今槟城中华学校前身），这是当时整个南洋乃至整个海外的第一所现代华文学校，不仅把海外华文教育带入新发展阶段，同时标志着中国政府开始注重以中华文化南下的方式对华侨进行统战，在重建华人的祖国文化认同的同时，也导向对政府的正朔联系（见图 9 - 1）。1905 年，两广总督岑春煊派官员前往南洋视学，不久，他委派新加坡总领事为新加坡学务总董，胡国廉为槟城学务总董，并往两地派遣总视学。闽浙总督派遣留日学生陈华为爪哇闽侨学校总视学。1906 年，清政府派遣董鸿炜到南洋总理学务，官衔为"南洋各岛视学员"。这样，地方政府有专派的视学官员，中央政府有学部委派的学务专员，南洋侨校在相当程度上是受中国政府控制。1906 年，清政府派遣梁庆桂为学务专使，前往美国指导各埠华侨学务。①

图 9 - 1　20 世纪初，槟城华侨在"客商"创办的华文学校门前拍结婚照

张弼士对海外华文教育的贡献有四个方面：第一，首先倡办并资助海外现代华文学校；第二，鼓励南洋地区筹办新式华文学校，提出"不分地域通力合作"的办学思想；第三，他宣扬教育为立国强民之基础，意图通过学堂的设立，培训华侨子弟，支持中国的现代化；第四，通过传播中华文化，培养华商华人的爱国思想。1923 年，中国驻缅甸腊戍领事梁绍文在其《南洋旅行漫记》一书中评道："在南洋最先肯牺牲无数金钱办学校的，要推张弼士为第一人。""槟榔屿的中华学校，相传为华侨学校最先创办，最有成绩的，就是弼士所建筑的。中华学校客厅之中，供一尊泥像，只有两尺高，坐在一张椅子上，手执雕毛羽扇，身穿长衫马褂，态度雍容，面

---

① 张应龙. 海外华侨与辛亥革命［M］. 广州：暨南大学出版社，2011：37.

圆耳厚，眉间表露忠厚长者的神气，安放在一个玻璃龛内，校内的职员早晚焚香供奉，这就是槟榔屿教育界人士追念张弼士恩德的纪念品了。"20 世纪 30 年代，陈达在南洋做社会学调查，当地华侨讲："戊戌以后，富绅张弼士以私产为校址，设立中华学校，博得'南洋办学大臣'之美名，并鼓励华人返国求学，入南京暨南学校。"①

以中华学校为榜样，南洋各地"客商"兴起办新学热潮，推动海外现代华文教育迅速发展。到 20 世纪前半期，华侨学校遍及南洋各地，最兴盛时，一个地区（如印度尼西亚、马来亚）就有侨校 1000 多所，并形成了从幼儿园、小学、中学到职业学校的较完整的教育体系。一个国家的侨民在侨居地兴办如此之多的学校，并使之形成独立而完整的教育体系，这在全世界是绝无仅有的。② 孔飞力认为，华文的传承只有通过以华文为媒介的教育才能实现。使用共同的语言是现代华人认同的基准的观念，是五四运动后传入马来亚的教育哲学，这一理念将现代国民意识置于文化基准之上。"通过学校教育，他们将爱国主义和对中华文化的自豪感卓有成效地植入青年学子的身心，进而拓展到整个华人世界。"③

1920 年，英属海峡殖民地（包括槟榔屿、新加坡、马六甲和纳闽）政府颁布华文学校注册条例，次年 5 月又下令限所有华校于 6 月 15 日前一律向教育局注册，并规定其有权对华文学校的教师和教材进行审核，意在限制华文教育的发展。"客商"领袖陈新政在报上发表言论，据理力争，反对殖民当局的对华文教育的限制。殖民当局以"反抗条例"的罪名将陈新政逮捕递解出境。虽然槟城华侨社团、侨领以至新加坡侨领陈嘉庚、林推迁等人出面为陈新政声援，但仍然无效。值得一提的是"客商"钟乐臣（广东大埔人）只身赴伦敦为华侨学校向英国政府请愿申诉一事。当时侨领们向殖民当局请愿取消注册法令无果时，钟乐臣只身赴英，同中国驻英使馆向英殖民地部提出抗议，虽亦无果，但"发表其意见，词无溢美，亦不过贬。请愿之举，虽不能畅达厥恉，然国民资格之风度，已见誉于伦敦社交人士之口矣"④。

1929 年，海峡殖民地的华侨子女，进入英文学校就读的有 12000 多人，入华侨学校就读的有 23000 多人；1938 年，海峡殖民地和马来亚联邦华侨

① 陈达. 浪迹十年之行旅记闻 [M].北京：商务印书馆，2013：117.

② 周聿峨. 华侨教育与华文教育 [M]//暨南大学华侨研究所. 华侨研究. 广州：高等教育出版社，1988：218.

③ ［美］孔飞力. 他者中的华人：中国近现代移民史 [M].李明欢，译. 南京：江苏人民出版社，2016：275，315.

④ 温雄飞. 南洋华侨通史 [M].郑州：河南人民出版社，2016：266.

子女入英文学校就读的有23000多人，入华侨学校的有91000多人。到1937年抗战全面爆发前，根据国民政府的统计，东南亚地区共有华文学校2800多所。

1932年，泰国有小学生788846人，其中7726人是华侨学校的中国学生。[①]

马来亚1933年华文学校已有373所（包括67所旧式学校）。[②] 20世纪50年代起，领导马来西亚华校教育事业的组织是马来西亚华校董事联合会总会（简称"董总"）和马来西亚华校教师会总会（简称"教总"）。历任董总主席基本上都是"客商"领袖，比较著名的有：陈济谋（1956—1964年在任）、林晃昇（1973—1990年在任）、胡万铎（1991—1993年在任）。马来西亚独立后，巫人主导的联邦政府采纳1956年的《拉萨报告书》和1960年的《拉曼·达立报告书》，颁布《1961年教育法令》，大力限制华文教育的发展。为了维护马来西亚华人接受华文教育的权利，董总和教总在1977年开始推动华文独立中学复兴运动。现在马来西亚有1200余所国民型华文小学、60所华文独立中学和3所私立多元媒介大专院校，是中国以外华文教育体系最完善的国家。据梅州电视台《客商》专题片摄制组在马来西亚的采访报道，目前马来西亚有60所华文独立中学，其中54所是历代"客商"兴办的。

在历代"客商"领袖的倡导推动下，南洋各地的现代华文教育发展迅速。在印度尼西亚，1908年，华文学校有75所，学生5500人；1915年增加到400所，学生17000人；1931年更是增加到600所，学生30000人。[③]梅县籍"客商"聚集的松柏港，华侨仅1000人，但有用客家话授课的华侨学校4所，每隔4公里有一所学校。另一个梅县籍"客商"聚集的城市东万律，华侨有2000人，华侨小学有2所。曼帕瓦有华侨2000人，基本是客家人和潮汕人，客家人1775年迁入，人数多于潮汕人，当地主要讲客家话。曼帕瓦有6所华校，5所是客家人所立。距离山口洋45公里的班马吉港有1万客家人，经营椰干和洋货杂货，华校有4所，二客、一潮、一闽。[④]1950—1957年，印度尼西亚华校发展达到鼎盛，75%以上的在校生是中国国籍，中国国籍教师占90%。据1949年统计，全印度尼西亚的华侨学校有816所，学生23万人；1952—1953年，在印度尼西亚教育部注册的华侨学

① 陈达. 南洋华侨与闽粤社会 [M]. 北京：商务印书馆，2011：226.
② 陈达. 南洋华侨与闽粤社会 [M]. 北京：商务印书馆，2011：225.
③ 陈达. 南洋华侨与闽粤社会 [M]. 北京：商务印书馆，2011：226.
④ 陈达. 浪迹十年之行旅记闻 [M]. 北京：商务印书馆，2013：74–82.

校达 1371 所,学生 254730 人。到 1957 年 11 月,华侨学校达到 1861 所,华侨学生有 301401 人,印度尼西亚籍华裔学生约有 97000 人。华侨学校经费比较充足,学费很低,一般家庭都可以承担。华侨学校校歌表现出强烈的祖国情怀,比如巴城中学校歌歌词:"……祝我巴中声教远扬,蔚为祖国荣光";三宝垄中华中小学校歌歌词:"垄华垄华,蔚为国光,中华文化赖发扬。自强兮不息,日就兮月将,礼义廉耻履践毋忘……"其课程设置等也按照中国的模式,分为两个学期,有春节、清明节等中国传统节假日。1957 年 11 月,印度尼西亚政府颁布《监督外侨教育条例》,限制华文中小学学校的发展,不准开办外侨高等院校。自此,华文学校开始大幅度减少,据 1959 年印度尼西亚官方报道,全印度尼西亚华侨学校仅剩下 510 所,华侨学生 12.5 万人,约是 1957 年的 1/4。后在华侨、华商的努力抗争下,加之中、印政府关系好转,1965 年,华侨学校增加到 629 所,华侨学生增加到 272782 人。① 而随着印度尼西亚苏哈托政府大肆"排华",印度尼西亚华校遭受灭顶之灾。

在新加坡,1939 年,共有 7.2 万在校生,其中 3.8 万在华语学校,2.7 万在英语学校,另外,有 6000 人在马来语学校及 1000 人在泰米尔语学校。"华语学校仍一如既往竭力与政府保持距离。他们很少接受(政府)助学款,因为随之而来的是更多的官方控制。尽管当局尝试加强监管、关闭对着干的学校并驱逐惹麻烦的老师,但华语学校还是坚持从中国境内引进教师和教科书,教导学生们心向母国。富裕的新加坡华商慷慨捐资助学,因此尽管与当局有摩擦,国民党和共产党的内战也造成了一定负面影响,但许多华语学校在 20 世纪 30 年代时发展势头仍不错。"②

(二)倡办海外华文大学

1. 与福建帮一起创办南洋大学

"二战"后,马来亚华文学校如雨后春笋般迅速发展,到 1950 年上半年,马来亚华文学校已有 1338 所,在校学生 206778 人。但华文学校毕业的学生缺少可以让他们继续深造的大学。当时马来亚仅有一所公立大学,即 1905 年成立的马来亚大学,殖民当局规定其以英文和巫文教学,而且华文中学也缺乏师资。面对这种情况,新马中华总商会会长、新加坡福建会馆主席陈六使于

① 黄昆章. 印尼华侨华人史(1950—2004 年)[M]. 广州:广东高等教育出版社,2005:71 - 99.

② [英] 藤布尔. 崛起之路:新加坡史 [M]. 欧阳敏,译. 上海:东方出版中心,2020:207 - 208.

1953 年 1 月在该会馆第十届执委会上慷慨陈词，发起倡办华文大学。陈六使率先认捐 500 万元，福建会馆决定捐献裕廊西的 500 余英亩地作为校址。2 月 7 日，刚从欧美归来的勿里洋中华商会会长、广西籍"客商"领袖李光前召开记者会，表示全力支持创办华文大学，后与陈六使等一起面见英国驻东南亚最高专员兼马来亚大学校长麦唐纳，陈述筹办华文大学的设想，征得其理解、同意，正式把新大学命名为"南洋大学"。2 月 12 日，新加坡中华总商会会同各华商侨团代表，推举陈六使同中华总商会、福建会馆、广东会馆、客属总会等 12 个公团组成大学筹备委员会。2 月 18 日，从香港返抵新加坡的胡文虎立即声明支持创办华文大学。5 月初，南洋大学注册成功，19 日成立由陈六使、胡文虎等 11 人组成的执行委员会，号召各埠华商华侨捐款办学。胡文虎捐建双联学生宿舍一座，并同陈六使一起对阻挠办学的殖民当局官员及流言蜚语者进行公开批驳。一时间，华侨各界踊跃捐输，场面感人，"一切都为了南大"是当时最响亮的口号，其盛况几乎可以同抗战时期的捐款相比。1956 年 3 月，南洋大学正式开学，陈六使在致辞中说："今日为海外华侨最光荣的日子，因为数百年前华侨南渡，经历无数的磨折与苦难，终于凭本身的力量与奋斗，今日建立起一间大学，而且这间大学就在今天开学了。"①

南洋大学是海外华文教育的里程碑，标志着海外现代华文教育完整体系的建立。它是海外华商坚守中华文化立场的根本体现，是其爱国情怀的深刻表现，也是中华文化走向世界的第一个海外高等教育平台。

2. 萧畹香创办马来西亚南方学院

在现代海外华文教育史上，"客商"萧畹香是继张弼士以后对海外华文教育起重大推动作用的人。他自 20 世纪 60 年代起长期担任闻名遐迩的柔佛州新山宽柔中学董事长，坚拒马来西亚当局取缔华文教育的禁令，保存了当时全马来西亚唯一的华文独立中学，使中华文化在当地得到延续和发展。1975 年，宽柔中学开设专科部，1986 年，专科部申请升级为宽柔学院遭政府当局拒绝，1988 年拟更名南方学院，萧畹香捐出时值 1000 多万林吉特（马来西亚货币单位）的土地建校园（15 亩土地是无偿捐款，另外 5 亩以半价售予校方）。1990 年，南方学院经马来西亚教育部批准成立并开学招生。这是继南洋大学之后的第二所海外华文高等学府。至此，"客商"完成了海外华文教育从小学到大学的完整体系建设。2000 年，为了纪念萧畹香，南方学院校方在第九届毕业典礼上宣布设立"萧畹香精神奖"。2012 年南方学院升格为南方大学学院。

① 余思伟. 中外海上交通与华侨 [M]. 广州：暨南大学出版社，1991：253 - 257.

3. 倡建泰国亚洲客属商学院与华侨崇圣大学

泰国"客商"领袖廖默林任泰国客属总会理事长期间，基于教育的延续性及商业职业技能培养的考虑，捐地和钱，以泰国客属总会的名义发起成立亚洲客属商学院。1998 年建成，泰国总理川·立派（中国名吕基文）主持揭幕。亚洲客属商学院以现代化教学设备和完善的环境推进中、英、泰文教学，以中文教育为主，并结合职业特点进行现代高等教育，将海外华文教育推进到一个新阶段。

1991 年，丁家骏在泰国筹建华侨崇圣大学，捐款 1000 万泰铢；1995 年又捐献 100 万泰铢给中华语文中心作为建校基金。早在 1975 年，他就为泰国华人学生设立奖助学基金，筹集基金 120 多万泰铢，1986 年奖助学基金增至 400 多万泰铢。凡是学业成绩优良者，可获得奖学金；家境贫穷者可申请助学金，奖助学金每年颁发一次。

孔飞力说，在马来西亚，华商支持华文教育，已经成为华人社会的一项准则。工商界精英人士只有在财力和管理方面支持华文学校，其在经济方面的成就才可以转化为社会地位和领导力。因此，"华文教育不仅仅是一个文化议题，而且成为华人社会建设的议题。华人工商界领袖人物与华人社会的联系，与华文学校的财政问题息息相关，由此也就确定了保卫华人文化是华人工商业组织义不容辞的职责"。在泰国，中华元素被认为对于家庭，乃至对于整个泰国都是有益的，中文已经成为一种重要的经商工具。①

伴随着南洋华文教育的发展，出现了一批有名的华侨教育家、文化学者，他们在海外或深入研究华文教育，或办华文报刊、研究中华历史文化，对中华文化的传播和对外交流做出杰出贡献。除以上专列的"客商"外，其他颇有成就者还有：

刘士木，1926 年在上海发起成立华侨教育协会，1927 年出任上海暨南大学南洋文化教育事务部主任，该部于 1928 年创办全国第一份研究东南亚的学术杂志《南洋研究》，随后又陆续发行《南洋情报》《中南情报》《海外侨讯》和《华侨情报》等刊物，为中国早期东南亚史和华侨研究做了大量开拓性工作。1929 年 6 月，在上海组织召开南洋华侨教育会议，"对华侨教育的宗旨、方针、教材、经费、师资等重要问题，既做了理论的探讨，又提出了解决问题的具体措施。这次会议是华侨教育史上规模最大、影响深远的一次群

---

① ［美］孔飞力. 他者中的华人：中国近现代移民史［M］. 李明欢，译. 南京：江苏人民出版社，2016：318－323.

众性学术会议"①。1940年3月，刘士木与郁达夫等知名学者在新加坡成立南洋学会，刘士木被推为理事长。南洋学会汇集了中外一大批知名学者，如香港大学的罗香林教授、中山大学的陈序经教授、中央美术学院的常任侠教授、云南大学的方国瑜教授以及剑桥大学的郑德坤教授等先后入会，英国皇家亚洲学会会长 R. Winstedt、法国远东学院院长 G. Codes 等欧美知名学者也是南洋学会会员。学会主办的刊物《南洋学报》先后由许云樵、王赓武（香港大学校长）等任主编，在海内外东南亚研究领域具有重要影响，尤其是华侨史方面。南洋学会所举办的专题研讨会更是对中华文化传播影响巨大。邓军凯，毛里求斯《华侨商报》主笔兼新华中学校长，被誉为"文化斗士"。还有刘耀曾、宋中铨、谢英伯等在文化教育界影响甚大。

---

① 周聿峨. 华侨教育与华文教育［M］//暨南大学华侨研究所. 华侨研究. 广州：广东高等教育出版社，1988：224.

第十章　"客商"建筑及其现代性

建筑是世界的年鉴，当歌曲和传说都缄默的时候，只有它还在说话。

——果戈里

建筑是思想的遗迹，是社会变革的直接物证。它表现时代特征，承载人，又塑造人。本内特说，中世纪后期，高高在上、富于精巧细致的哥特式建筑逐渐取代厚重严实、牢牢根植于大地的罗马建筑，标志着理想主义和现实主义的萌芽。人们从那个"一度充斥着不确定性、神话和恶魔的世界，慢慢地显出清晰的轮廓，成为一个更易为人所感知的世界——一个被上帝制造、被逻辑支撑、被人类理解的世界"[1]。

在闽粤侨乡，最醒目的标志莫过于建筑。这些中西合璧的杰作巍然耸立于山间田野，显得有点突兀。它是中国现代化早期艰难探索的物化凝结，是海外华商文明开拓的遗迹，像一束鲜亮的光彩，穿进灰暗沉闷且破败的乡间。它们是近现代世界建筑艺术的杰作，也是中华文明在新的视域中努力自新自强的见证。正如维也纳著名建筑家奥托·瓦格纳在其《现代建筑》中所言：我们艺术创造唯一可能的出发点就是现代生活。但在这个自命为现代的时代，艺术又有多少是挣扎在传统的禁锢，又有多少是焕然于传统的土壤。答案可以在这些远离尘嚣、历经了百多年风雨的侨乡古民居中去找，因为建筑最不会歪曲历史真相。"客商"建筑就是这些侨乡建筑的杰出代表。

第一节　"客商"建筑的思想形态与人文特征

"建筑是凝固的音乐"，这句话已是共识。从艺术角度具体地讲，建筑是一种造型艺术，但不纯粹是一种艺术体，也是一种文化体、实用体；从文化的角度讲，建筑是生存与发展理念的反映，是时代精神的体现；从应

---

① ［美］本内特. 欧洲中世纪史 [M]. 林盛，等，译. 上海：上海社会科学出版社，2021：313.

用的角度讲，建筑是有效空间的开发和人适应性的拓展。

客家民居起源于东汉时期的坞堡，经南北朝的江淮演变和入闽后的环境适应，形成为土楼和围龙屋两种主要形式，以法天象地为精神内核。香港大学建筑学院院长龙炳颐认为，客家建筑是一种较具规范的建筑，其形式千变万化，承传精巧的建筑传统、熟练的施工和营造技术，反映出其独有的经济、社会文化特色。[①] "客商"事业发达后，大都要在家乡建造一个大屋子，要不就修缮祖屋，为此不惜花费巨资。一幢屋子建造花费动辄几十万甚或百来万大洋，建筑工期动辄几年甚至十几年。像福建永定的中川村，广东梅县的新联村、侨乡村等，整个村子就是"客商"建筑群落。这些房屋建筑大多富丽堂皇、雄伟壮观，是粤闽赣交界客居山区最具魅力的人文景观之一。"客商"建筑是客家民居的时代升华，是中国传统与欧美文明的深邃对接。就建筑规模和建筑艺术而言，"客商"建筑丝毫不亚于晋商建筑和徽商建筑；就文化内涵和时代特征而言，"客商"建筑更是超越它们。"客商"建筑以其神奇的聚落环境、特有的空间形式、绝妙的防卫系统、巧夺天工的建造技术和深邃的生态文化，令世界瞩目。目前，有几处"客商"建筑已经成为公认的世界建筑的经典之作，几十处"客商"建筑被列入国家或省级文物保护单位。振成楼被列入世界文化遗产保护名录。

近代以前，客聚地的名宅大院大都是官员建的。近代以后，富丽堂皇的大屋基本上是"客商"建的，因为"客商"已经成为新时代客家人的优秀代表。

一、"客商"建筑的思想形态

霍布斯鲍姆认为，建筑不会像绘画那样导致权力和艺术间的激烈冲突，建筑不涉及如何表现现实的问题，因为建筑就是现实。[②] "客商"建筑在思想意识上，是现代化进程的现实反映，是传统与现代的调和。具体而言，"客商"建筑的思想形态特征表现在以下五个方面。

---

① 龙炳颐. 中国梅州客家建筑之价值意义［M］//余志. 客都家园：中国梅州传统民居撷英. 北京：商务印书馆国际有限公司，2011：X.
② ［美］霍布斯鲍姆. 断裂的年代［M］. 林华，译. 北京：中信出版社，2014：222.

（一）传统理念的物化凝聚

孔飞力说，中西合璧是中国侨乡大型建筑的重要特征。[①] 但"西"多是外观、是形式，"中"才是核心。这一点在"客商"建筑表现尤为明显。

吴庆洲将客家民居称为"宅祠合一"，它可以分为两种形制：一种是以祠堂为主体，凸显礼制功能；另一种以住宅为主体，内含祠堂。[②] 中国传统宗法文化崇尚"五世其昌"，出五代就得立宗（周礼是立氏）。在客家地区，如果某一分支五代子孙内没有出功名人物，这一分支的牌位就要从祠堂取出。客家人建造屋子，在家族史上等于另立基业，自己就是开基祖，即立宗立业。屋子是弘扬祖业、继往开来的体现，其取名或来自建造者名字，或是来自建造者尊敬的祖先的名字或立德词言。"客商"四海为商，艰难创业，建造壮观漂亮的大屋，不一定是为了让自己居住舒服，更主要是为了光宗耀祖。

广东民俗认为人生是"一命二运三风水"。客家人笃信风水，迁徙一直是"卜地而居"，建房子必须请风水师勘察，寻龙、点穴、化砂、理水等，一般房址都是背山面水，两边最好有小山环抱。因为"气，遇风则散，界水则止"，这是中国风水观的基本理念。风水理念认为：山主人丁水主财。后山（或化胎）上种植松树（结子）和梓树，寓意子孙兴旺；屋前修大池塘积水，最好有活水来，是谓来财积财；两边小山称之为"砂"，左边为龙砂，右边为虎砂。以前穷，没有能力搞好的风水，发迹后，一定要修个好风水，使自己和子孙兴旺发达。比如永定的振成楼、梅县的"牛角屋"和继善楼等被专家学者认为是中国堪舆运用的极好样本。从社会环境和心理因素来看，"客商"们建屋修风水，其实有不得已的因素。传统中国是"蔑商"的，商人的利益和发展在体制和文化中得不到保护和支持，他们面对复杂的环境，要谋求竞争优势和发展机遇，只能在玄学中求得精神动力。也就是说，他们想努力从居住地环境地势地貌的独特性中获得力量，毕竟人是环境的产物。而人们之所以祈求于环境的神秘力量，是因为现实中制度保障的不济。马林诺夫斯基认为，"艺术作品总是变为一种制度的一部，我们只好把它置于制度的布局中去研究，才能明了它的整个功能与发展"[③]。可以说，近代"客商"建筑的堪舆信仰，本质上是制度缺陷的产物。

堪舆学作为一种传统理论，是中国文化的一朵奇葩，蕴含着深邃的哲

---

① ［美］孔飞力. 他者中的华人：中国近现代移民史［M］.李明欢，译. 南京：江苏人民出版社，2016：46.

② 吴庆洲. 中国客家建筑文化［M］.武汉：湖北教育出版社，2008：27.

③ ［英］马林诺夫斯基. 文化论［M］.费孝通，译. 北京：中国民间文艺出版社，1987：89.

学智慧。"从世界建筑文化的背景来比较，我国传统建筑文化的一个极为显著的特点是，各种建筑活动，无论是都邑、村镇、聚落、宫宅、园圃、寺观、陵墓，以至道路、桥梁等等，从选址、规划、设计及营造，几乎无不受到所谓风水理论的深刻影响。"① 它作为一种源远流长的文化现象，不能简单地以"迷信"来概括。它是中国传统"天人合一"哲学理念的反映，"其宗旨……就是审慎周密地考察自然环境，顺应自然，有节制地利用和改造自然，创造良好的居住环境而臻于天时、地利、人和诸吉咸备，达到天人合一的至善境界"②。李约瑟说："风水对于中国人民是有益的……虽然在其他一些方面，当然十分迷信，但它总是包含着一种美学成分，遍及中国的田园、住宅、村镇之美，不可胜收，都可由此得到说明。"③ 风水理论实际是地理学、气象学、景观学、生态学和建筑学等融合的一种综合性应用实践，全面认识它的本质思想，体会其解决具体问题的方法，对现代营造是有参考意义的。

（二）财富贮存与身份象征

罗兹曼认为，近代中国商业组织的模式使资源从大城市倒流出来的程度是罕见的。资金大量流向商人们的老家，被用来购置土地。或投入子女的教育以培养他们步入仕途，还用于各种铺张的消费。④ "客商"的钱来之不易，尤其是对海外"客商"而言，财富基本上是用生命换来的，因此他们十分珍惜。当时国内的金融体系简单落后，没有财富的保值与增值功能。19、20 世纪之交，是中国最动荡混乱的时代之一，军阀混战、土匪横行，金银是最不好保存的。男人基本都外出闯荡，奔波经商，居住在老家的就是老弱妇孺，难以保障财富的安全。因此财富贮藏的最好方式就是置不动产，即买地和盖房子。客属地区大都是山区，人多地少，而且土地不适宜大面积耕作，产出效益也不高，置地难度大且财富价值低。因此，盖屋子成为"客商"发迹后转化与贮藏财富的现实选择，而且建筑附带有林山和池塘，可以种植和养殖，不失为一种稳妥的理财之道。据陈达的调查，当

① 冯建逵，王其亨. 关于风水理论的探索与研究 [M] // 王其亨. 风水理论研究. 天津：天津大学出版社，2002：1.

② 冯建逵，王其亨. 关于风水理论的探索与研究 [M] // 王其亨. 风水理论研究. 天津：天津大学出版社，2002：3.

③ NEEDHAM J. Science & civilization in China, Vol IV [M]. Cambridge：Cambridge University Press, 1971：65.

④ ［美］罗兹曼. 中国的现代化 [M]. 国家社会科学基金"比较现代化"课题组，译. 南京：江苏人民出版社，2010：153.

时南洋华商普遍认为建房比存款可靠，因为钱存进银行或商号，可能会被侵蚀掉，房屋放在那里，是"人人看得见，拿不动的"。"华侨的光景富裕者，往往以归故乡为荣。炫耀乡里最直接了当的方法，是住屋的建筑。"①

在中国传统观念里，屋子是财富和身份的象征。在客属地区，这个观念更加强烈，建一座屋子是"客商"发迹后要做的大事之一，即便力不能逮，也要勉力为之。同治年间，江西龙南人吴明柱出身贫寒，常被人瞧不起。他发誓要赚一大笔钱，盖座大屋子扬眉吐气。后来他做桐油、茶油生意赚到了数百两银子，决定经营木材生意，赚更多的钱。但不幸的是，他的运输木排遇到洪水，木材全部被冲走。后来，虽然他四处奔波做生意，但仍没有发大财。年老的他怕乡亲看不起他，便多方筹划，凑了几百两白银建起了有 12 间房的小围屋——"吴家围"。该围屋因规模太小，被人戏称为"猫柜围"，意思是只能关两只猫（见图 10 - 1）。

图 10 - 1　江西龙南市的"猫柜围"

进入现代以后，"客商"以及大多数海外华商的财富理念发生了重大变化。住宅已经不再是地位和财富的体现，追求更好的生活品质才是兴建大屋的目的，财富实力主要体现在社会贡献和社会认可上。比如陈嘉庚，在其集美老家筹设了 6 所学校，并独资维持大多数学校的运行。但其住屋和祠堂在村子里并不显眼，周边的一些屋子都比他的堂皇豪华。田家炳也没有修缮豪华祖屋，其晚年在香港一直是租 60 多平方米的房子住。

（三）安全的需要

客家民居建筑的对外防守功能是其显著特征。《晋纪》载："永嘉大

① 陈达. 南洋华侨与闽粤社会 ［M］. 北京：商务印书馆，2011：122 - 123.

乱，中原残荒，堡壁盈世。"客家人迁徙，战乱是重要原因，而且他们新定居的地方基本上是山区。这些地方往往也是匪患活跃的区域。客家人建屋居住，既要防匪，又要应对无法避免的"土客之争"。这样的社会背景和生存环境，使得客家建筑风格带有强烈的防御色彩。从闽西的土楼到粤东的围龙屋、赣南的围楼，客家传统建筑都是封闭固守型的，具有完善的防御功能。其外墙厚 1～2 米，一二层不开窗，只要坚固的大门一关，屋子便成坚不可摧的堡垒。为防火攻，门上设有漏水、漏沙装置，紧急时楼内居民还可从地下暗道逃出。屋内都贮存有可供数月使用的粮食和洁净水。"客商"们是有钱人，为了防止匪侵（抢劫、绑票等）和应对战乱，必须盖一座坚固的大屋子，保护家人和财产的安全。孔飞力说：这些美轮美奂的碉堡式建筑，不仅显示侨眷的富有，同时也是他们虚弱感的象征。"他们内心深处真正关心的，只是他们自身和他们家庭的安全、成功和社会地位。这些目标既非粗俗，亦非自私，这是源于中国家族制度所倡导的道德规范。"①

根据陈达的调查，20 世纪 30 年代，闽南、粤东的富有华侨，其在老家的房屋建筑上都要特别加上防匪的设施，如天井上加盖粗硬铁栏，门窗加配铁条。有的还要雇用更夫，晚上来回巡逻，白天四处查看，留心往来的陌生人。②

（四）教化功能

客家人崇文重教，而且客家人是族聚的，因此屋子和祠堂在传统教育中具有重要地位，他们甚至将私塾学堂放在祠堂。屋子建好后，发人深省的励志楹联匾额、寓意深刻的壁画彩绘，都显示着有儒商素养的"客商"们"修身齐家"的理想和"止于至善"的追求。比如广东梅县桥溪村的继善楼，楼名"继善"就是教育的导向；门联"继志述事，善邻亲仁"，教育的内容非常明确；外大门口两侧是方与圆的两个鱼池，警示"无规矩不成方圆"，教育子孙人生第一关是懂规矩；二楼上堂两壁是镏金镌刻的《朱子家训》，一楼上堂名"友恭堂"，教育子孙们要团结友爱。永定的振成楼有对联："振作哪有闲时，少时壮时老年时，时时须努力；成名原非易事，家事国事天下事，事事要关心。"上屋是摆祖宗牌位的地方，标示祖宗功业，也是家族重大活动的中心，时时教育子孙勤勉努力，光宗耀祖。梅县松口

---

① ［美］孔飞力. 他者中的华人：中国近现代移民史［M］. 李明欢，译. 南京：江苏人民出版社，2016：46，377.

② 陈达. 南洋华侨与闽粤社会［M］. 北京：商务印书馆，2011：171.

梁密庵家族的承德楼在门、窗上用各种书体镌刻圣贤古训。

(五) 乡关情结

文学理论界有种观点,认为和平和爱情是文学的永恒主题,但在中国还要再加上"乡情与乡愁"。"落叶归根"是大多数中国人的基本理念,这在客家人意识里最为深厚。"客商"们有的壮年发财,盖个好屋子,晚年将生意交给子孙打理,自己回老家颐养天年。海外"客商"的乡关观念更为强烈,回老家安度晚年是他们的至高愿望。比如李光耀的祖父李云龙、姚德胜等晚年无不是排除一切困难回到老家。

二、"客商"建筑的人文特征

(一) 中西合璧

马林诺夫斯基说:"艺术似乎是文化通衢中最闭塞,而同时又是最具国际性和种族共通性的一种。"① "客商"建筑的中西合璧,可以分为两类:一是传统格式中融入西方的理念和装饰,二是大胆地以西方的建筑格式融合客家传统。前者的代表是梅县的继善楼、承德楼和达夫楼等,后者的代表是梅县的联芳楼和万秋楼。

客家建筑经过千百年的传统演化,其土地空间整合的艺术性、科学性已达到微妙精致的程度。在此基础上,近代以后,"客商"吸收欧美文化、科学与现代美学元素,并将其融入建筑。在外观和造型上,一改传统的简约与写意,大胆地融入欧洲文化元素,张扬个性。这实质上是人文主义的表现,是工业文明所特有的开拓进取精神的反映。"从十九世纪下半叶起,随着新建筑学理论和新建筑材料的诞生,在世界范围内,建筑开始了一场崭新的革命。中国的木构建筑作为农耕时代的产物,也已经走完了它的历史进程,面临着蜕变的过程。"② "客商"建筑以开放的视野既顺应了世界潮流,同时也创新了民族风格,成为19、20世纪之交中国建筑走向世界的探索之一。

耸立的尖顶和基本构件的石材运用是"客商"建筑学习欧洲风格的重要体现。前者有梅县的联芳楼和联辉楼,后者较为普遍。中世纪以后,欧

---

① [英] 马林诺夫斯基. 文化论 [M]. 费孝通, 译. 北京: 中国民间文艺出版社, 1987: 84.

② 叶廷芳. 中国传统建筑的文化反思及展望 [M]. 中国大学通识讲座编写组. 中国大学通识讲座: 001. 北京: 北京大学出版社, 2009: 84.

洲建筑重视天际线，强调高度，而传统中式建筑重视中轴线，即欧洲建筑强调展示力度和独立性，而中式建筑则探究依附性和协调性。天际线和高度能启发人的探索精神，而中轴线则侧重于平衡意识。石材的大量运用，体现了对未来的信心，毕竟石材比土木更坚固。

"客商"建筑追求现代性和功能性，也凸显传统工艺的理想化，以象征的手法通过受生物形态启发的精巧雕饰来展示现代性。有专家从广东侨乡近代建筑对比研究的角度认为：近代岭南侨乡建筑融汇西方建筑思潮，是广泛而生动的，其积极性和创造性是其他地区无法比拟的。梅州侨乡建筑使用传统式平面和外围式立面的处理手法，反映出客家华侨虽然已具开放的心态，对外国先进的建筑材料、建筑艺术、装饰手法等主动而积极地吸纳整合，但内心存有的对中国传统文化的尊崇依然根深蒂固。这与慎终追远的客家文化精神是密切相联的。如果说，五邑侨乡建筑已经表现出对中西建筑文化的积极整合和主动创新，并开始了新的建筑文化的创造，那么，梅州侨乡建筑对中外建筑文化的交流碰撞，尚处于艰难的理性抉择阶段，尚未达到实质性的融汇创新，更多地表现为在沿袭传统建筑文化之时试探性地借鉴外国建筑符号和建筑艺术。[①]

（二）丰富而显著的文化征象

建筑是一门艺术，而艺术是需要想象的。美国现代著名建筑师赖特认为："建筑，是用结构来表达思想的科学性的艺术。"[②] 丰富的文化内涵和征象是客家建筑一贯的特征，包含人与人、人与自然和谐相处的理念。

"客商"们发迹后，总想在文化上有所表现。这一点和徽商相似，但不尽相同。徽商的崇文表现是具体的，表现在文本上——著书立说和赋诗作画；而"客商"的崇文表现是抽象的，表现在思想上和物本上。建筑是集中的体现，以《易经》为原理、堪舆为指导，体现天人合一的哲学思想。形制独特，依地理定格，讲求义理和寓意，配以雕饰和文字，凸显文化征象。

（三）独特的园林融合理念

美国建筑大师沙利文认为，建筑形式由功能而来。建筑不仅是一种艺术，更重要的是它必须具有实用价值。实用价值是建筑的存在基础，建筑

---

① 唐孝祥. 近代岭南建筑美学研究［M］. 北京：中国建筑工业出版社，2003：195.

② ［美］托克. 流水别墅传：赖特、考夫曼与美国最杰出的别墅［M］. 林鹤，译. 北京：清华大学出版社，2009：65.

必须和人们的生活融为一体。东晋缙绅是客家人的源头,"在某种程度上,南朝所有的精英都把隐逸美学的元素融入到他们的生活中。当花园、村庄和群山替代了猎场和都城,成为中国文学新的地理中心,乡村也被带入城市——无论是在现实中还是在文学上——关于地方景观和地域特性的知识成为精英必须掌握的内容。特别是花园,被视作隐逸美学不可或缺的内容"。"一个园林不只是用作观赏的,它也可以从经济上收益,比如去采摘那些奇珍异果。园林重塑山野风光,通过巧妙架设窗户与看台来引导前来观光之人的视野和思绪。最后,它还能够帮助人们静思。"①

"以自然为宗"是岭南文化审美的核心之一。明代岭南学者陈白沙在《示湛雨》一诗这样生动描述:"天命流行,真机活泼,水到渠成,鸢飞鱼跃。得山莫杖,临济莫渴,万化自然,太虚何说。""客商"建筑非常客观地展现了这种审美理念,其建筑用途是丰富而多元化的。有林山池塘、花木亭台,像园林,但不是纯粹的游赏园林。池塘可以养鱼,可以种莲藕,也可以作消防备用水池;林山既是建筑的构成、建筑的背景,也有林业价值,可种树、放养家禽,而且林山还具有文化意义;屋子是人居住的,天井是采光、透风、排水的,但一样可以种花养树。"客商"建筑将居住、耕作、观赏功能有机地融而为一,是人与自然和谐共融的生态整体。整个"客商"建筑体系体现一个核心理念:人类是环境的主角,人类拥有创造和改变环境的能力,能够在自然环境的基础上,创造出符合人类意志的人工环境。"人-建筑-环境"和谐统一,形成完整、美好、舒适宜人的活动空间,同时,环境也有保障生存与生活的作用。

勒·柯布西耶1923年在他的名作《走向新建筑》中提出建筑是"居住的机器"。这就是说,建筑不仅有使用和观赏功能,而且还可以体现创造性。"客商"建筑的体系便是将创造功能融入使用与观赏之中。

(四) 开放与保守的矛盾体

"客商"建筑是一个外敛内放的混合体,内部是一个完全开放的体系,对外则是坚固的防守。因为客家人是族聚的,一个家族一个屋,对内要沟通交流,族长是最高领导,屋子里的任何事,族长都可以解决。家族的祭祀、婚丧、经济财务、家庭纠纷、子女教育等等,必须公开进行,因此只有在开放的空间,才可以充分进行这些活动。客家文化秉承中原传统,讲究长幼尊卑有序,只有在公开的空间,效果才能发挥。罗香林说客家人:

---

① [美]陆威仪. 分裂的帝国:南北朝 [M]. 李磊,译. 北京:中信出版社,2016:22,100-101.

"其经营屋宇，地基必求其敞，房间必求其多，厅庭必求其大，墙壁务求坚固，形式务求整齐。"① 另外，开放可以使屋子的空间得到充分利用，这也是外围的保守决定的。"客商"建筑对外则要有保护功能，防匪、防盗。另外，外围的坚固也显示一种威严、一种尊贵，强化家族的凝聚力。这种建筑意识是客家人在长期生存环境中形成的生活观念的反映，到近现代仍然延续。"客商"们衣锦还乡后，这种观念更加强化。

第二节　典型 "客商" 建筑介绍

一、万秋楼

万秋楼位于梅县新城，是马来亚东英公司大股东夏澄（字万秋）在20世纪20年代聘请国外名建筑师精心设计的（见图10-2）。1930年完工，夏澄以自己的字作楼名。同时也盖了一座"万秋学校"（即现扶外小学），免费供同乡学子就读。

万秋楼占地约5000平方米，糅中西建筑风格于一体，西式尖屋顶大钟楼，嵌入中式客家围龙屋，结构协调。墙体由百余根直径1.2尺、长有丈余的花岗石圆柱作骨架，石柱的底座和顶端配有花卉或各种浮雕图案，整座建筑浑然一体，庄严典雅。

图 10-2　万秋楼（作者摄）

① 罗香林. 客家研究导论［M］.上海：上海文艺出版社，1992：22.

万秋楼内部结构是客家围屋的方正布局。从大门楼进入，经过下厅、中堂、上厅到围龙脊，整个建筑布局似乎多了两个短竖的"中"字。以"长竖"为中轴线，两边横屋对称，在"长竖"的顶端，以一个弧形连接横屋后边的两杠。屋内有 5 个天井采光通风，沿回廊行走可通每个房间。万秋楼被建筑研究者誉为"新土围龙文化"。

楼内设施讲究，抛光的地板、壁饰彩绘、屋檐生动的浮雕，富丽堂皇。楼内的大门、小门、光窗及主楼的骑楼、走廊都设铁拉闸防护，天井上有防盗设施。厅堂室内还有"哈哈镜"，这在当时确是新鲜事物。然而，在万秋楼建成后，夏万秋只回来住过一次。因为夏万秋回国的消息被报纸报道，导致行踪众人皆知，他回家当天就听到消息说乡下有土匪要打劫，只在万秋楼住了一天的夏万秋怕被抓作人质，立即返回马来亚。以后万秋楼因夏万秋无后代在老家，一度处于空置状态。

据陈达的调查，1926 年 10 月，某南洋华侨回家，被土匪获悉，于是土匪深夜抢劫，打死华侨的女儿，打伤华侨，劫去 2000 余元。1933 年 11 月，某华侨回家被土匪盯上，某日深夜时分，土匪破入抢劫，华侨因已前往厦门躲过一劫，但财产损失达千余元。[①] 出于对家人及财产安全的考虑，菲律宾、马来亚和印尼的华商侨领曾三次致电蒋介石请求派遣以客家人为主体的十九路军驻闽粤维持治安。[②] 邓文钊的祖母曾灶娇（曾贯万的女儿）就是 1927 年在香港西摩道家中被土匪抢劫、杀害的。据说，她每晚都要将家里的财产用报纸卷成卷，藏在房间隐秘的地方。1924 年，大埔肇庆堂"客商"杨荫恒的儿子被土匪绑架，家人以 100 块大洋将他赎回，但不久后他就患病早逝了。

二、联芳楼

联芳楼（见图 10 - 3）位于梅县白宫镇新联村，1931 年，由印度尼西亚"客商"丘星祥五兄弟合资 20 多万大洋兴建，依佛教"一花五叶"成"五叶联芳华"之意命名。丘氏兄弟的父辈 19 世纪 70 年代到印度尼西亚经商，丘星祥 12 岁到父亲店里做生意，10 年后回国带弟弟一起下南洋经商，在老巴刹开设嘉和商号，经营大米加工和销售生意，由于经营有方，生意兴隆，便扩大商业规模，在印度尼西亚多地开设分号，后在雅加达开设针织厂，成为南洋巨富。

---

① 陈达. 南洋华侨与闽粤社会［M］.北京：商务印书馆，2011：166 - 167.
② 陈达. 浪迹十年之行旅记闻［M］.北京：商务印书馆，2013：31.

图 10-3　联芳楼的外观（曹知博素描）

　　联芳楼由潮州人翁瑞社设计，聘请国内外能工巧匠 100 多人参与施工建设，主要建材多从国外进口，用了大量的黄金、珠宝、玉石装饰。工程历时近 4 年。

　　联芳楼屋长约百米，宽四五十米，高两层，钢筋水泥结构，融欧洲巴洛克、洛可可风格及中国闽粤客家建筑格局于一体，采用中国传统的中轴对称布局，四周以墙体环成"围屋"大院。屋的正面是三个凸起的钟楼式大门，外观几乎完全是西洋风格。传统的覆瓦被雕饰的平顶代替，四周立望柱，展托出眺的平檐口，檐上设瓶式栏杆。窗户顶端饰以生动的动物和花草浮雕，风格也是中西兼容，既有中国传统的老虎、豹、鹿和鸡等，也有欧陆和古罗马式的宗教风格雕饰。大屋的内部有多个天井，每个天井四周有偏厅；屋内建房室 100 多间，堂、厅、房间、走廊、天井曲径通幽。古老的雕花屏风、四方经纬的门窗天台，都是中国传统的布置，但在细节上却显示出着欧陆风格。门锁是铜制的，刻着精美的花纹，据说全是从德国进口的。楼上有数十个房间，以中国木制构件布置出欧洲室内风情。

　　联芳楼看似欧洲的古城堡，但内部又是中国古典的庭院；庭院又不强调水平层次，只有主次之分，这是匠心独运的中西合璧。楼中不仅有大窗户，还有大阳台。阳台是整个屋子的重点修饰部位，其装饰之多令人眼花缭乱。阳台从大楼中央伸展出来，犹如一座教堂式的塔楼，这里可鸟瞰整个白宫镇。楼顶是一大片厚厚的草坪，放眼望去，四周是绿色的田野，让人心旷神怡。

　　联芳楼整个建筑格局以正中展开，看不到传统客家民居建筑的堪舆理念。这是一个重大的思想解放，也是工业文明在中国大山深处的萌芽。内外的鎏金画栋、古朴的浮雕、典雅堂皇的气派，使联芳楼成为世界建筑杰作，吸引中外许多建筑研究专家慕名考察。联芳楼整体建筑除窗户的铁栏在1958年"大炼钢铁"时被拆掉，其他保存完好。这很大程度上得益于丘氏兄弟的善行及其与新政府的友好关系。

三、联辉楼

联辉楼位于梅江区城北镇干光村，由印度尼西亚楠榜"客商"李炳章于1925年花费3.8万大洋修建（见图10－4）。

图10－4　联辉楼（作者摄）

联辉楼建筑依山就势，因地制宜，坐东北向西南，纵深较浅，向两侧延伸，呈横向长方形，以客家传统框架外饰西洋格调。主屋以禾坪（含地下室）为基准，依次为堂屋、枕屋、横屋。主屋分上下两层，共有20个厅、108个房间。东北角建有高出楼房5米以上，形似哥特风格的四方钟楼，号"摘星阁"。整个建筑占地面积约1854平方米，仿歇山顶、粉墙灰瓦。下堂外门廊装饰类似古罗马塔司干柱，柱间拱余部分浮雕彩绘中国传统题材的金狮、麋鹿、仙鹤、锦鸡等。

联辉楼对西洋元素的吸取体现在外形和装饰上，它们与中国传统的大屋顶及客家风格浑然一体，毫无突兀之感。蓝天之下，青山碧野之间，方圆相嵌，拔地而起，红、白、黛三色相衬，焕发出人类创造的魅力。

四、达夫楼

达夫楼位于梅州城东周溪边，曾经是梅州城区的标志性建筑，庄严壮观，气势磅礴（见图 10-5）。远观似石砌的客家方楼，但顶部却有拜占庭风格的西洋大钟；近看像是中世纪欧洲城堡，但它的内部分明是客家横屋结构。整个建筑已经看不到风水构思的痕迹，墙体上也没有防范侵扰的枪洞炮眼，更没有欧洲城堡应付危机的自给配套系统。说它中西合璧，但又看不到"合"的设想思路与旨归。它没有模仿的做作与突兀，整体显示了耸立的自信。这本质上可能是主人人格的反映，是现代性的本土生根。

图 10-5 达夫楼（中国客家博物馆供图）

达夫楼为毛里求斯"客商"巨富黎达夫、黎子达父子 1935 年所建，占地 1500 平方米。因为位于梅州城区边缘，且当时现代社会治理格局已经初步形成，因此建筑格局相对开放，内部空间较大，疏密有致，自然协调。黎子达是在中西文化的交融中长大的，具有相对深厚的知识学养，是一位成熟的现代企业家。由于其家人基本上在毛里求斯定居，因此 20 世纪 50 年代初，黎子达将此楼提供给兴梅造纸厂作为双方合作的投资，此楼成为工厂的办公楼。2005 年，达夫楼被政府征购并改造为中国客家博物馆的客家名人廉吏馆场地。

五、五层楼

五层楼建于 1880 年，是福建海澄（今漳州市龙海区）籍富商谢德顺的私邸，后作为女儿嫁妆送给女婿吴世荣。吴和孙中山结识，对革命事业满腔热忱，变卖产业资助革命，五层楼也在其中。1908 年，五层楼被"客商"领袖戴春荣购下，因戴春荣当时是清朝驻槟领事，五层楼便成为当时名震一时的华人领事馆，又被称为中国领事馆邸。1912 年中华民国成立，戴春荣之子戴淑原任民国驻槟领事，五层楼再次成为中国领事馆。1915 年，梁恩权、梁应权兄弟遵照父亲梁碧如的遗嘱，租借五层楼创办碧如女学，经费由梁家负担，碧如女学成为当时女校的巨擘。由于时中学校（原崇华学堂）学生日多，校舍已不敷使用，1937 年，戴淑原兄弟拨4000 余元修复祖产五层楼，并廉价租借予时中学校设立分校。1941 年，因东南亚战事紧迫，英殖民当局征用五层楼作为军事指挥机关。翌年，槟城为日军所占据，五层楼成为日军办事处。1949 年 4 月，英殖民当局将五层楼交回给时中学校。自此五层楼一直作为校舍，直到 1994 年时中分校被迫暂时停办。

五层楼外观是欧陆风格，但内部却是中轴对称的中国式平面布局。虽然这两者并不是很协调，但其典雅壮观是不可否认的。从建筑文化的历史来看，它是东西文化交接之际的历史见证，是槟城建筑文化大熔炉的重要象征之一。

五层楼位于槟城红毛路，后者俗称"百万富翁街"。这一片面海的黄金地段，早期一直被殖民者占有，到 19 世纪末才有华商涉足，后成为"客商"活动的中心区域。红毛路见证了"客商"筚路蓝缕的发展历程，散发着"客商"在南洋经商致富的历史生命力。五层楼是 19、20 世纪之交槟城最高的建筑，也是主要的地标。吴世荣变卖豪宅支持孙中山的革命事业，使五层楼被赋予革命色彩。此后，五层楼作为清朝、民国驻槟领事馆邸，是处理华人华侨事务的中心，凝聚着华侨对祖国的感情。五层楼也是"客商"艰难开展海外华文教育的历史见证。五层楼的魅力不仅仅在于建筑本身的典丽宏伟，它是槟城华商经济、政治、教育事业演变的缩影，是"客商"历史情怀的浓缩。正如第二届普利兹克奖的获得者、墨西哥著名建筑大师路易斯·巴拉干所言，有情感的建筑、能给使用者传达美和情感的建筑就是优秀建筑。①

---

① 潘冰，江滨. 路易斯·巴拉干：诗意的建筑设计大师 [J]. 中国勘察设计，2015 (9)：74–83.

第三节 "客商"建筑的历史思考

建筑属于法国思想家德·塞尔托在《文化的政治学》一书中所说的"硬性文化"（hard culture），具有符号性、蕴含性、历史性、地理适应性、延续性等特点。建筑是人的空间崛起，是文的栉风沐雨。它是人的创造，是人对世界的理解与沟通，是人对恐惧和危机的应对。它承载人，也融筑人的心灵。人用建筑来固化社会，传承意念，推动发展。建筑是一个思考体，既是建造者的智慧结晶，也是建造者自身对自然的思考，更是以后观赏者对历史的审视。

卜正民说，忽必烈请色目人建筑师亦黑迭儿丁为他设计的元大都宫殿，其规模之宏伟是前所未有的，并结合了蒙古的军事部署要素与中国传统的建筑形式。其结果是蒙汉杂糅的，与宋代建筑风格迥异，却被后世逐渐认作典型的"中国式"建筑。[①]"中国"更多是一个文化概念，也是一个发展的概念。近代的"客商"建筑是中国近现代建筑发展的一个重要组成部分，也是中国现代文明艰难发育的实证。它融合中西，在封闭落后的粤闽赣山区播撒现代文明，不仅开阔了人们的视野，更加启发了人们对现代化的思考和追求。1964年，在威尼斯召开的从事历史文物建筑工作的建筑师和技术员国际会议第二次会议通过的《保护文物建筑及历史地段的国际宪章》（简称《威尼斯宪章》）指出："历史古迹的概念不仅包括单个建筑物，而且包括能从中找出一种独特的文明、一种意义的发展或一个历史事件见证的城市或乡村环境"；"一座文物建筑不可以从它可见证的历史和它所产生的环境中分离开来"。建筑，不仅是环境适应的结果，更是文化经营的累积和见证。

"客商"建筑是对中国传统建筑的时代升华。所谓的升华，主要是将西方建筑元素有机融入传统建筑机体内。"客商"建筑大多数仍保留客家传统建筑的式样和格局，比如土楼和围龙屋，也仍保持客家传统建筑的坚固性和防护功能。也就是说，这种建筑的主要功能并不是为人们带来舒畅的生活，而是保障安全。建筑安全性的凸显，就是对社会危机的反应。研究"客商"及其建筑，就是提醒我们，要深刻认识历史，吸取教训，在现代化建设进程中，以史为鉴，开拓创新，以民族智慧融入世界大发展。

---

① ［加］卜正民. 挣扎的帝国：元与明［M］.潘玮琳，译. 北京：中信出版社，2016：80.

第十一章 "客商"文化与"客商"精神

习俗温良的地方必然有商业，有商业的地方，习俗必然温良，商业能医治破坏性的偏见。

——孟德斯鸠《论法的精神》第二十章第一节

童书业将明清时期中国的商业分为四个区域："第一类是生产最发达，特别是农业发达、交通方便的地方，如江南平原一带。第二类是靠海对外交通方便的地方，如广东、福建一带。第三类是沿江河水运发达的地方，如长江流域、运河流域等地区。第四类是内地生产不发达，需要外来商品的地方，如山西、皖南等区域。""大致说来，东南和滨海一带，是商业集中的处所。但江南地区虽然很富庶，由于工商业发展比较普遍，商业资本的集中，似乎还不及皖南和山西。"① 童书业的分析显然忽视了政治因素，如徽商（皖南）的兴起是"盐引"的力量，而晋商的兴盛则是由于"开中"的便利。

"客商"文化的基础是客家文化。客家文化以儒家文化为核心，但衍生流变又别具特色。客家人自称其文化源自河洛，河洛文化是儒家文化的一个源头。宋明时期，儒家文化在中原和江淮发生嬗变，此时，客家人已远离文化中心。他们在闽粤赣山区吸取山地文化、江海文化的养分，自成体系。比如，宗法体系方面，客家人没有严格的嫡长子继承制，也没有明确的男尊女卑讲究，女人不束胸缠足，抛头露面无禁忌；儒家文化不事鬼神，但客家重堪舆多神祀；儒家有厚葬之习，而客家人一直是简葬；中原地区人去世后强调入土为安，而客家却盛行二次葬。

宋神宗熙宁三年（1070年），周敦颐出任广南东路提点刑狱，虽然任职不到一年，但勤政的他走遍广东各地。梅州文祠边的小河名"周溪"，即以周敦颐姓而名。可见，理学对粤东客家文化的影响也由来已久。王阳明家族与广东渊源颇深，正德十一年至十六年（1516—1521年），王阳明一直在

---

① 童书业. 中国手工业商业发展史 [M]. 济南：齐鲁书社，1981：253-254.

闽粤赣客家人聚集之山区剿匪，嘉靖六年（1527 年）后又总督两广，在梅州、河源山区活动较多，深得当时客家士子们的拥戴，被梅州客家人尊为"梅州七贤"之一。阳明心学对客家文化影响很大。因此，可以说，河洛文化、濂溪理学、阳明心学是客家文化的重要基础。

客家人崇文重教，客属地区文化教育一直比较发达，另外，因为聚集地比较封闭，客家文化对人的人格塑建比较深刻。各地"客商"会馆向来也以客家文化凝聚人心。罗香林将客家人的特性概括为七点：其一是各业的兼顾与人才的并蓄；其二为妇女的能力和地位，最艰苦耐劳，最自重自立；其三为勤劳与洁净；其四为好动与野心；其五为冒险与进取；其六为简朴与质直；其七为刚愎与自用。[①] 早在 20 世纪 30 年代，日本学者有元刚在翻译罗香林的《客家研究导论》后所作的译序中说："（客家人）是南洋华侨调查研究方面不可忽略的一个特殊的……"日本学者高木桂藏将客家精神归结为：坚强团结、进取尚武、固守传统、崇文重教、热心政治、女性勤劳节俭。[②] 松元一男将客家精神总结为：刻苦耐劳、刚健弘毅、创业勤勉、团结奋斗。他认为作为海外华商重要构成的"客商"有着独特的"商法"：一，回避赊购，多用现金；二，虽然同属华侨，"客商"一般不顾其他华人；三，客家人有很多顽固不化的人，坚守他们的传统。[③]

"客商"两百年来纵横四海，所在地的文化对其有一定的影响。可以说，以儒家文化为核心，融合所在地的文化元素，形成独具特色的"客商"文化。

第一节 "客商"文化及其内涵

一、崇名务实的职业品质

儒家强调"信于名"："言以信名，明以时动。名以成政，动以殖生。政成生殖，乐之至也"（《国语·周语下》）；"大行受大名，细行受细名。行出于己，名生于人"（《逸周书·谥法》）。孔子说："君子名之必可言也，言之必可行也。"（《论语·子路》）"唯器与名，不可以假人，君之所司也。

---

① 罗香林. 客家研究导论 [M]. 兴宁：希山书藏，1933：240－247.
② ［日］高木桂藏. 客家：中国の内なる异邦人 [M]. 东京：讲谈社，1991：14.
③ ［日］松元一男. 客家パワー [M]. 东京：サイマル出版会，1995：150.

名以出信，信以守器，器以藏礼，礼以行义，义以生利，利以平民，政之大节也。若以假人，与人政也。政亡，则国家从之，弗可止也已。"（《左传·成公二年》）范仲淹说："人不爱名，则圣人之权去矣。"（《上晏元献书》）可见，在中国文化人格中，"名"何其重要。它是诚、真、信、德、业的综合反映，是士人的最高追求。民间语曰："人过留名，雁过留声。"崇名，追求社会文化认可，实现人生价值，这是人生事业追求的规范。崇名，有益于正己，有助于自律。

"崇名务实"是客家精神的重要内容。① "客商"作为近代以来客家人的优秀代表，在自己的职业生涯中，十分独特地体现了"崇名务实"的客家精神。"名"者，"实"之导也。名正则言顺，"名正"则身体力行、孜孜追求。"名"在客家人意识中特别敏感、特别重要，是因为早期他们一度被当地本土文化排斥在汉文化甚至汉族之外，为了正名，他们付出了艰辛的代价。因此，他们特别重"名"。纵观"客商"两百年来的历史，办实业、兴教育、传文化，这种种"正名"之举，留名之求，是其一生"务实"奋斗的精神基础。可以这样说，"名"属于"文"，是主导是原则；"实"则是业，是商机是竞争，二者结合，达到"文质彬彬"。

以张弼士为例，他支持革命、兴办公益、跻身官场，是为"名"，而在"实"方面，他是一丝不苟的。1893 年，中国驻英公使龚照瑗路过槟城，张前往谒见。龚问张致富有何妙术？张当即回答说："地尽利，观时变；人弃我取，人取我予；征贵贩贱，操奇致赢；人行勤敛，择人任时。"② 此言道蕴行中，充分体现了其"崇名务实"的职业品质。温雄飞评价张弼士："循名责实。"③

"客商"郑观应家族、梁密庵家族、田家炳家族等的奋斗史，就是崇名务实的展现。梅县松口梁密庵家族"五世其昌"，参加民主革命、创办学校和报刊、组织中华商会，经历印度尼西亚"排华"等，支撑他们兴盛不衰的就是这种崇名务实的品质。郑观应家族以儒商世家闻名于香江两岸已不知几代了，郑观应追述其曾祖、祖父时说："均不屑于以寻章摘句为能。"他们崇尚的是应时济世，求实绩、留实名。这就是崇名务实的深刻表现。

---

① 丁思深，闫恩虎. 叶剑英与"客家精神"[J]. 客家研究辑刊，1998（1、2）：367 – 375.
② 郑观应. 张弼士君生平事略 [M] //沈云龙. 近代中国史料丛刊：75 辑. 台北：文海出版社，1986：101.
③ 温雄飞. 南洋华侨通史 [M]. 郑州：河南人民出版社，2016：280.

二、仕商相济的人生理念

"客商"的一个显著特点，即从商不是最优选择，读书入仕才是。广东梅州号称"世界客都"，宋代王象之在《舆地纪胜》载："方渐知梅州，尝谓：梅人无植产，特以为生者，读书一事耳。"乾隆《嘉应州志》亦载："士喜读书，多舌耕，虽穷困至老，不肯辍业。"虽然不蔑商，但客家人崇尚"读书入仕"，将仕途看得很重，即便不能通过科举入仕，"以商入仕"也是次优选择。这就是"客商""仕""商"相济人生理念的文化基础，由此形成"客商"独特的"商而优则仕"的现象。

黄遵宪曾追述其高祖父黄润："吾祖自移居攀桂坊，族姓繁衍，析产日薄。逮府君而贫甚，竹笠草履，包饭趁圩，为人书牛契。"黄润曾开设当铺，"典肆凡四五所，子孙屡业富饶"。典当业从此成为黄遵宪家族数代的主要经营，但其家族一直是商学仕并举，黄遵宪曾祖父这一代几兄弟都有科举功名，到其祖父一代，有两位分别由举人出任云南嵩明州知州和福建仙游知县。这个商仕学家族一直延续到现在，黄遵宪第四代后裔在海外仍延续其家族传统。

近代"客商"们经商成功以后，大都会捐个官衔，或弃商从政，也有弃官或致仕经商的，但大多数是官商相济。现代国内的知名"客商"大都有人大代表或政协委员身份。张弼士担任过清政府的太仆寺正卿、北洋政府的顾问，他初到南洋时，曾发过这样的感慨："大丈夫不能以文学致身通显扬名显亲，亦当破万里浪，建树遐方，创兴实业，为外国华侨生色，为祖国人种增辉。"[①] 邹敏初（"香港电影教父"邹文怀之父）是前清秀才，经营银号，同时也是广东中央银行行长，大半生亦商亦官。国民革命军少将蓝荫南（澳门"赌王"何鸿燊二房太太蓝琼缨祖父）出身于"客商"世家，其家族的经商历史可以清楚追溯至清乾隆二十八年（1763年）建造大埔泰安楼的商人蓝少垣，家族一直亦商亦仕。蓝荫南退休后定居香港，经营丝绸行很成功，在市中心拥有五层大楼房；儿子蓝建仪毕业于岭南大学，后从军，为黄埔军校第七期毕业生，抗日战争期间当过骑兵大队长，抗战胜利后在香港继承父业经商。宜宾"客商"曾秀宾家族自康乾年间成富商，后亦商亦学亦政，延续两百多年，闻名川中。而以民国"国叔"自居的徐统雄，还有张鉴初等"客商"，则时商时官，彼此相辅。卢耕甫更具典型，

---

① 商鸣臣. 郑观应与张弼士经济思想及实业经营管理之比较 [J]. 山东大学学报（哲学社会科学版），1997（2）：70－75.

在商、学、官之间，顺时而立，俱有独特建树，可谓地方一代贤达名士。

费正清在《中国与美国》一书中困惑地表示：一个西方人对于全部中国历史所要问的最迫切的问题之一是，中国商人们为什么不能摆脱对官场的依赖，建立一支工业的或经营企业的独立力量？他对此一针见血地指出："因为从很早以来，中国的经济就表现为由最大数量的人共同争取少量的自然资源，而不是去开发大陆和新的工业。从事创新的企业、为新产品争取市场的推动力，不如争取垄断、通过买通官方取得市场控制权的推动力来得大。中国的传统做法不是造出较好的捕鼠笼来捕捉更多的老鼠，而是从官府取得捕鼠专利。"①

必须强调，在中国近代，要办实业，须有"官办"或"官督商办"的色彩，否则，就无法对付官、匪、绅以及列强买办的欺诈掠劫。正如郑观应在《盛世危言》中所言，当时"官不能护商，而反能病商，其视商人之赢绌也，如秦人视越人之肥瘠"。这也是近代"客商""仕""商"相济的社会原因。另外，海外"客商"视野开阔，参政议政有利于推动国家现代化。从这个意义上讲，他们"入仕"是为其"实业救国"服务，是其践行"实业救国"的护身符。这在本书前面章节已有具体论述和例证。

最后还应该说明一点，在传统中国，官员在很大程度上并非一种职业，而是一种审美，是一种人生装备。正如列文森所言："在中国由于其制度的实质，这种知识的审美标准实质上是官位。但它只是资格的象征，而非资格的必然保证"；"当官职被用来象征高的文化、知识和文明的终极价值时，做官就明显地要优越于其他社会角色，其他任何一种成就（如商业的、军事的、技术的），只要被认为是靠某种专业知识而获得的，其荣誉就不能与获得官职的荣誉相比"。② 从这个角度看"客商"的仕宦情结，就比较容易理解其思想根源了。亨廷顿说："在一个制度化的公民政体中，升官会扩大其眼界，而在一个执政官式体制下，升官则会缩小其眼界。"③

三、鲜明的儒商情怀

"儒学的目的是要创立文明的秩序和历史，它不可能信奉千年至福的学

---

① ［美］费正清. 美国与中国［M］. 张理京，译. 北京：世界知识出版社，2003：46.

② ［美］列文森. 儒教中国及其现代命运［M］. 郑大华，任菁，译. 桂林：广西师范大学出版社，2009：14-15.

③ ［美］亨廷顿. 变革社会中的政治秩序［M］. 李盛平，等，译. 北京：华夏出版社，1988：192.

说，而是信奉实现可选的人生。"① 从本质上讲，儒家文化是一种塑造至善人格的辨识体系，也是一种呼吁"利他"且要求自律的思想体系。它以"天下"为抽象对象，号召人们服务社会。可以说，持续了两千多年的儒家"义""利"之辨为近代中华"儒商"文化奠定了思想内核，而"君子好财，取之有道"则为"儒商"的行为选择提供了社会方向。用张謇的诗来讲，即"言商仍向儒，牛马于社会"。

客家文化将儒家文化与闽粤河海文化相融合，形成了"客商"独特的儒商情怀。独特之处是在儒家"中庸"之道中加入河海文化的开拓精神，将传统儒商引入现代潮流。所谓儒商情怀，简单地讲，就是自律、济世的人文情怀。"'儒商'，不是简单地指从商的知识分子，而是指有敬业精神，通晓商业惯例和技巧，兼具知识分子应有的人文情怀，有'兼济天下'的抱负、仁礼谦和的修养、崇名务实的态度、刚健自强的奋发精神和诚信开拓的经营作风。"② 儒商是中国文化独有的一种现象，其精神核心是儒家传统的"君子之道"，讲求诚信仁义。现代"儒商"还应该有宽厚的社会情怀和明确的发展理念，在这一点上，"客商"是显著的实践者。

汉语通俗地将商人称为"买卖人"或"生意人"。从儒家文化角度讲，前者似乎有点贬义，后者则具有宽泛的含意。小商小贩，斤斤计较，生存所迫也；积财享受或炫耀，生活拘囿也；明道不唯利，富而利社会，经商是为了实现理想和体现生命价值，"儒商"也。

近现代"客商"的"儒商"情怀非常显著。梁燊南晚年"常慨叹私有财产之弊，谓殖产以遗子孙，不如殖产以遗社会"。他将图书馆建在其私宅内，身后一并捐献给公众，作为永久的公共教育设施。③ 张弼士、胡文虎、田家炳等"客商"领袖也是典范代表。本书的第七章、第八章、第九章对此有详细论述。胡文虎不仅倾全力支持中国的抗日战争，而且在教育、医疗等公共事业领域不遗余力地捐资支持。田家炳秉持"中国的希望在教育"的理念，设立基金，希望中国每个省的师范大学、广东省每个市的教育学院都有一座"田家炳教学大楼"，梅州市每个县（市、区）都有一间"田家炳中学"和"田家炳医院"。据统计，他在全国93所大学捐建教学大楼或图书馆、体育馆，捐建中学166所、小学41所、专业学校及幼儿园19所、乡村学校图书室1700余间。而他自己直到90多岁了，与夫人租住几十平方

---

① ［美］列文森. 儒教中国及其现代命运［M］.郑大华，任菁，译. 桂林：广西师范大学出版社，2009：263.

② 闫恩虎."儒商"辩［N］.中国财经报，1996 – 07 – 23（4）.

③ 温雄飞. 南洋华侨通史［M］.郑州：河南人民出版社，2016：270.

米的房子，一个月生活费仅 3000 元。家政自己做，外面吃饭的剩菜都要打包拿回家，作为第二天的早餐。田家炳在生意场上也从不搞铺张的仪式，儿女婚嫁一切从简，自己 80 岁、90 岁生日也不搞宴席，一双鞋穿了 10 年，袜子补了又补，戴过的电子表因款式已旧不便示人，只好装在口袋里。连矿泉水瓶都要循环使用，出去住酒店还要自己带香皂。他多次说，他人生的榜样是"潮商"庄世平，庄老先生生前将千亿资产无偿捐献给祖国，自己却无车无房，儿子靠开出租车谋生。

厉以宁认为客家社会的效率高，原因在于其道德意识。"一个移民社会效率为什么会很高？广东、福建一带住了很多客家人，他们的祖先在湖南省，在中原地区。历朝动乱时期，一个一个家族南迁，他们靠家族的力量凝聚在一起，战胜了蛮荒的自然环境，在那里扎下了根，并走向全世界。""楼有方有圆，一座楼就有几百户人家，门一关，土墙、院子里有井，外面怎么打都打不进来的；放火烧，越烧越硬。参观完以后，他们在桌上放一张纸，要我给他们题词。这题词怎么写？想了一下，就写了七个字：'人情道德一楼中'——这个楼反应的是人情道德关系。没有道德力量，客家人走不到这样。"①

可以说，本书中提及的知名"客商"郑观应家族、廖竹宾家族、胡文虎家族、梁密庵家族、曾秀清家族、张活海家族、田家炳家族、伍佐南家族等的百年经历，不仅是中国近现代史的缩影，更是一部儒商奋斗史。

中国有句古话："富不过三代。"这似乎是对商人家族命运的感叹，但"客商"家族中三代富商的例子可以说比比皆是，"五世其昌"或更多世的例子也不在少数。比如，蓝荫南家族至少八代富商，历时 200 多年，儒家文化精神是这个家族传承的核心。四川金堂曾秀清家族，自乾隆年间一直延续到民国，是川西政商名门，兴学办校，人才辈出。梁采臣在道光十年（1830 年）从广东梅县松口远赴印度尼西亚巴达维亚创设"南茂商号"致富，其家族现在已历五代，历时 190 年，代代富商。梁家的家训是"唯德是崇，砥柱中流"。另外，梁映堂给子女的庭训是："屋要做靓，儿孙才会回家；田不可买，儿孙才能外出。"这简单的话中包含阅世深刻的治家逻辑：盖好房子，一家人常聚常团圆，亲情不散，雅致的房子也能教化人；但若有房有田，孩子们可能小富即安，不思进取，故不置田地，孩子们必须出去创业。梁密庵是著名的民主革命者，梁映堂倡组巴达维亚中华商会，后三代子孙继任中华商会会长。梁氏代代办学兴学，1901 年诞生的著名的

① 厉以宁. 科学发展观与和谐社会［M］//北大讲座编委会. 北大讲座精华集：经济. 北京：北京大学出版社，2014：15 - 16.

巴城八华学校（中华会馆学校的简称）就是他们家族兴办的学校之一，康有为曾赞曰："冠冕南极，砥柱中流。"郑观应家族仕、商、学相济，他的曾祖就是富商，现在郑观应的曾孙仍是富商，整整八代。

张活海的父亲曾经是大地主。张活海在香港白手起家，成为"洋服大王"，儿女中有著名的影视巨星、港府高官、教育家等，不到 50 年时间，这个家族完成了两次"华丽转身"：由地主到企业家再到现代社会的领军者。泰国伍淼源家族"五世其昌"，一百多年间三次"华丽转身"，由一个漂泊异乡的小商人家转变为泰国声名显赫的政商家族。19 世纪 70 年代，伍淼源从广东梅县来到暹罗，开设广源隆商行，经营木材致富，被泰王拉玛五世赐姓"蓝三"（Lamsam）。其子伍佐南、伍东白将家族发扬光大，伍佐南筹设"中华会所"，并创建泰国客属总会。其孙伍伯林创建泰华农民银行，将家族商业扩展到现代银行业。另一个孙子伍竹林在经营家族商业同时，参与政治活动，获泰王赐予勋章、委任为泰国上议院议员。第四代伍班荣将家族产业从银行业扩展到金融保险等领域，第五代伍万通是开泰银行董事长兼首席执行官。伍家控股的泰华银行现在是泰国第二大银行。伍万通的堂妹伍伦盼（泰文名暖攀·蓝三）更是闻名世界的"足球女神"，现任泰华人寿首席执行官、泰国立法会主席顾问等职。邓文钊曾祖父邓元昌家是香港的开埠者之一，著名地产商；邓文钊与兄长邓文田均留学归来，继承祖业，发扬光大，并跻身政坛；邓文钊之子邓广殷为香港著名置业有限公司董事长，全国政协委员，邓元昌族是真正的"五世其昌"。

1862 年，年仅 16 岁的广东大埔农家子弟李沐文因生计所迫，渡海到新加坡经商，经过十几年打拼成为富商，之后留下儿子李云龙在新加坡，自己回老家。李云龙不久成为新加坡"船王"，李云龙之子李进坤曾是西方石油公司的高管，李进坤的儿子李光耀留学英国，后领导新加坡独立与建设，创造了现代国家治理的成功范例，被新加坡人尊为"国父"。一百年时间，这个家族完成了从贫困农民到富商再到卓越政治家族的传奇嬗变。清末，广东丰顺的贫困农家孩子邱春盛随父母到泰国谋生，他的儿子邱阿昌在清迈开办服装公司，经营有道，成为富商，取泰国姓"西那瓦"，意思是"循规蹈矩做好人"；邱阿昌的儿子奔历·西那瓦曾两任国会议员，后再经商；奔历的儿子他信、女儿英拉及女婿颂猜先后出任泰国总理。这些白手起家的"客商"家族奇迹的核心是中国传统的儒商文化，即"天行健，君子当自强不息"的奋斗精神和"苟日新，日日新，又日新"的与时俱进的创新精神，以及"达则兼济天下"的人文情怀。

四、深沉的家国意识

早期的华商出国谋生，基本上是迫不得已，原因要么是生存艰难，要么是被当局迫害，有些人甚至是冒着生命危险偷渡出去的。然而，这些人在海外通过艰难奋斗富起来后，却并没有怨恨国家，甚至也不恨当初迫害他们的政府，而是想方设法帮助建设国家。有海外专家认为这是中国文化的魅力使然。约翰·奥莫亨德罗研究菲律宾华商社会多年，他说："华商——我的'人'——尤其让我困惑。你找不出比他们更资本主义、更保守的布尔乔亚群体，但他们为中国甩掉'东亚病夫'的帽子重获世界尊重而骄傲。即使在政治上和经济上是共产主义的难民，商人们还是会把他们的孩子送回华南故乡去度蜜月。"① "客商"在这方面表现尤为显著。明清时期，他们冒死乘"红头船"出洋，拼搏成功后，满怀热忱地支持国家建设。这种独特的家国情怀在文化史上是值得研究的。比如熊德龙没有丝毫华人血统，也没有在中国国内生活过，仅因为养父母的关系，他就坚定认为自己是中国人、客家人。他自觉恪守中国孝道，父母若休息，他有事，也要站在房外等父母起床再说。又如"华人鞋王"周仰杰，在海外出生、成长，艰难创业，成功后，一再称是中国文化造就了他。"如果说将海外华人拉到中国本土去只存在一个因素的话，那么这个因素就是中国民族主义的魔力。因为中国民族主义由'希望'和'害怕'两个孪生成分组成，希望创建一个独立强大和有尊严的国家，以提高华人的弱小地位；害怕祖国被列强瓜分和成为殖民地，从而进一步降低华人在东南亚岌岌可危的地位。"②

中国近代史是中华民族的屈辱史、苦难史，也是觉醒史、自强史。因此，民族主义在近现代中国是压倒一切的主流思潮，优秀的中华儿女都在努力探寻救国兴国之路。"中华民族就成了知识分子第一关注的对象。"③ 可以说，近代史是中国民族主义的发展史，是中国人"家国意识"最强烈的时期。惯于"天朝上国"的思维，突然面对割地求和，"亡国灭种"是当时知识界最沉痛的忧虑和恐惧，也是他们意欲唤醒国民的最敏感痛穴的刺激手段。正如 1903 年秋陈天华在《警世钟》所喊："长梦千年何日醒，睡乡

---

① ［美］奥莫亨德罗. 像人类学家一样思考［M］. 张经纬，译. 北京：北京大学出版社，2017：245.

② ［澳大利亚］杨进发. 新加坡英国殖民当局对当地华人领袖的态度（1819—1941 年）［M］//姚楠. 中外关系史译丛：第 5 辑. 上海：上海译文出版社，1991：149.

③ ［美］列文森. 儒教中国及其现代命运［M］. 郑大华，任菁，译. 桂林：广西师范大学出版社，2009：79.

谁遣警钟鸣？腥风血雨难为我，好个江山忍送人！万丈风潮大逼人，腥膻满地血如糜；一腔无限同舟痛，献与同胞侧耳听……大好江山，变做了犬羊的世界；神明贵种，沦落为最下的奴才。"1896 年春，生长在台湾的客籍诗人丘逢甲作《春愁》一诗，更是道出了海内外客家知识分子深痛的家国情怀："春愁难遣强看山，往事惊心泪欲潸。四百万人同一哭，去年今日割台湾。"

"问题在于很多来美国的中国人也与那些前往东南亚和秘鲁的中国人一样，按照他们所说，最初只是希望去干上几年就回家。这就使得中国人只是被当作旅居者，而非真正的移民。"① 客家人的历史原因以及 "客商" 们的海外经历使得近代 "客商" 的家国意识更强烈、更深沉，他们的民族主义中包含深厚的历史文化基因。罗香林说："客家为富有民族意识的一个民系，其所以能繁衍至于今日者，正因其有此特征。此种特性的构成虽说与客家的血统、语言及其自然环境至有关系，然其直接受制于其固有文教的影响者亦自不可忽视。"② 客家人迁徙，不管到哪里，他们都不会忘记祖屋的堂号，因为那是他们的根。客家人有二次葬俗，就是希望骨殖终有一天回到故乡。抗日战争，从 "七七事变" 开始算是 8 年，从 "九一八事变" 开始算是 14 年，但客家人抗日是从清政府割台开始的，整整 50 年。南洋的 "客商"，看到西方列强政府对本国商人的支持与保护，迫切希望祖国强盛，能够给他们在异国创业提供精神和现实支持。

第二节 "客商" 精神探析

"客商" 精神是客家文化与现代商业精神融合的产物。什么是商业精神？商业精神是一个综合性概念，既包含对财富、成就、社会认可的强烈渴望，也包含对公正、规则、理性的迫切需求。它是一种实践精神，在探索中获取知识，以技术提升能力。商业贸易推动了航海技术进步和探险，带来了天文学、生物学、人类学等的革命和地理大发现。它也是时代特质的反映。商业不仅可以塑建丰裕的生存空间，激发进取活力，更重要的是，它是一种限制政治权力的有效手段。商业精神是与开放、自由、民主、竞争、科学及工作伦理联系在一起的。熊彼特认为，美国的国家开发

① ［美］史景迁. 追寻现代中国：1600—1912 年的中国历史［M］. 黄纯艳，译. 上海：远东出版社，2005：249.

② 罗香林. 客家研究导论（外一种：客家源流考）［M］. 广州：广东人民出版社，2018：31.

将几乎全部的有识之士吸收进实业界,并把实业家观念深深印在民族灵魂中。①

孟德斯鸠说,每个时代都有特定的性质。在欧洲,伴随着哥特式统治形成的是无序和独立的特质;查理曼时代是僧侣精神;此后支配的是骑士精神,与此相伴的是有序的军队;而支配今天的是商业精神,商业精神使一切都成为可计算的对象。② 商业精神是早期工商业者冲击封建贵族权力垄断的精神武器,但它并不是商业发展的必然产物。孟德斯鸠认为"商业精神"的首要特质是和平,"商业的自然效用就是带来和平"。商业交往能拓宽人们视野,丰富知识,因此商业交往伴随着温和与人道的精神。"习俗温良的地方必然有商业,有商业的地方,习俗必然温良,商业能医治破坏性的偏见。"③ 在专制与暴力时代,商业精神就代表了启蒙。

"客商"精神是"客商"文化的抽象与升华,具体而言,可以概括为以下三点。

一、开拓

相较于国内其他商帮,"客商"能够行走四方以至于毅然走出国境,这是开拓精神的根本体现。他们一路南下,纵横四方,尤其在明末清初入四川、进江西湖南、开云南、拓广西,甚至到贵州、陕西、西藏等地,将战后的废墟和未开发的荒野建设成乡镇、绿野,为南中国的经济繁荣开辟了道路;在南洋与当地人民一起,垦殖开埠,传播文明,为南洋各国以后融入现代国际体系奠定了基础。洋务运动后,他们回国,开办现代企业,创办新式学校,组建海外中华商会,推进华文教育与传播,将中国政府的影响力带进南洋地区,并将南洋开辟成为中国现代化的"南风窗";坚定支持中国革命和现代化建设,在塑建现代文明方面积极奋斗。这是开拓精神的深刻表现。

开拓与冒险是分不开的,甚至可以说,开拓精神就是冒险精神。罗香林说:"客人生性冒险,只知进取,只知出路,至于前途危险与否,他们不太管的。……今日南洋群岛及南北美洲等地,差不多没一处没客人脚迹。他们去的时候,多半都是一名不文,露天点火一无凭借的,然而却能安然到达,而且还要在海外掌握金融势力,有时候还要称王称霸,这不能不算

---

① [美]熊彼特. 资本主义、社会主义与民主 [M].吴良健,译. 北京:商务印书馆,1999:478.

② MONTESQUIEU. Pensées & le spicilège [M]. Paris:R. Laffont, 1991.

③ [法]孟德斯鸠. 论法的精神:下 [M].张雁深,译. 北京:商务印书馆,1995.

是冒险进取的结果。"① 开拓是早期商业精神的主要内容。早期人们追求财富本身就是对传统意识形态的挑战，这条道路需要冒险，需要创新，当时的社会财富分配处于"帕累托改进"阶段，因此，孟德斯鸠认为："这种精神存在一天，它所获致的财富就一天不会产生坏的效果"，"个人有巨大财富而风俗并不变坏"。但随着商业社会的稳固，这种开拓精神会逐渐萎缩，代之而起的是奢靡，是挥霍，是庸俗。"我们看到，在贸易精神旺盛的国家，一切人道的行为、一切道德的品质全都成为买卖的东西。做人道所要求的最微小的事情也都是为着金钱。""商业国家变得嫉妒心十足，因看到他国的繁荣而感到不快，远远超过自己享受富足而感到的愉悦。"② 他在《随想录》中写道："欧洲，创造了世界其他三部分的商业，也成了其他三部分的主宰者。法国、英国和荷兰，这三国创造了欧洲的商业，也成了欧洲和世界的主宰者，但这种情况不能延续。这就是为什么这三股势力在上一次战争中都拼尽全力。"③ 这就是说，没有了开拓精神，商业也就丧失了发展动力的功能。

二、和融

韦伯有句名言：儒家的理性主义是对世界的合理的适应，基督教的理性主义则是合理地宰制世界。

作为延续千年的移民族群，客家人相较于犹太人，在商路开拓方面，共融发展是其可贵精神。犹太人坚守犹太教信仰，自称是"上帝的选民"，与上帝有约定，是在末日审判时唯一可以得到救赎的。他们不认可所在地的神灵，不愿意自觉融入当地社会。为此，早期欧洲大多数国家专门设有犹太社区。"客商"以自己的客家文化为荣，但以"客"自居，自觉融入当地社会，垦殖开拓，以建设为己任，很快成为受当地人民拥戴的领导力量。即便是后来欧洲殖民者进入东南亚，也需要任用当地"客商"作为管理者。犹太人的迁徙主要方向是西、是北，"客商"的大方向是南、是东。今天犹太人在金融、科技创新等方面成绩斐然，"客商"则在政治、文化教育等领域成果显著。犹太人政治崛起，但中东地区成为名副其实的"火药库"；而"客商"在东南亚的发展，促进了"文化断层线"的逐步消解。和融精神是中国传统人文主义的体现。正如费正清所言："摩西的金牌律是神在山顶上

① 罗香林. 客家研究导论（外一种：客家源流考）[M]. 广州：广东人民出版社，2018：194.
② ［法］孟德斯鸠. 论法的精神：下 [M]. 张雁深，译. 北京：商务印书馆，1995，46，15.
③ MONTESQUIEU. Pensées & le spicilège [M]. Paris：R. Laffont，1991.

授予的，但孔子只从日常生活中推究事理，而不求助于任何神灵。他并不宣称他的礼法获得什么超自然的认可。他只是转弯抹角地说这些礼法来自自然领域本身的道德性质，来自这个世界，而非来自人类无从认识的另一世界。"①

和融精神的另一个源泉应该是中国传统边疆治理的"羁縻"政策。帝制时期，中央王朝对于"藩属"国和边疆少数民族一直实行名义管理、扶持建设、高度自治的策略，尊重其文化习俗。这也是"中国"概念的基本要素。"最主要的是主张一种温和的人本主义——以人而非上帝作为宇宙的中心。"② 这与后来欧洲殖民者的殖民统治是截然不同的。"客商"在东南亚的和融发展，本质上是中国传统"天下"文化在新时代的发挥，是"朔南暨，声教讫于四海"的博大胸怀。

族群融合主要有两种方式，一种是征服和高压，经过一定时间让弱势群体的传统和文化逐步萎缩，然后融入强势者；二是平等相处，在日常生活中相互了解学习，取长补短，最终形成你中有我、我中有你的共生格局。后者就是和融，也是商业精神的重要表现。中国的两句古话"和气生财""以和为贵"，表达的就是这个意思。笔者曾经将客家精神概括为：崇名务实，谦和致中。"和"是客家文化的重要内容，因为文化优势可以让他们包容土著，共同发展。南洋"客商"会馆的名字有许多都带有"和"字，比如新加坡应和会馆、毛里求斯仁和会馆。仁和会馆内挂对联："仁厚本梅风，中外同凤占凤起；和风敷异域，免轮继美庆新居"；"仁义达乎华夷，以和为贵；嘉谋扬于中外，相应同声"。这就是"客商"和融精神的体现。费孝通认为，"和而不同"是中国传统文化的核心，是中国对世界的最大贡献。"对于中国人来说，追求'天人合一'是一种理想的境界，而在'天人'之间的社会规范就是'和'。这一'和'的观念成为中国社会内部结构各种社会关系的基本出发点。在与异民族相处时，把这种'和'的理念置于具体的民族关系之中，出现了'和而不同'的理念。这一点与西方的民族观念很不相同。这是历史发展的过程不同即历史的经验不一样。""这种'和而不同'的状态，是一种非常高的境界，它是人们的理想。但是要让地球上的各种文明，各个民族、族群的亿万民众，都能认同和贯彻这个理想，绝不是一件轻而易举的事。"③

---

① ［美］费正清. 美国与中国［M］. 张理京，译. 北京：世界知识出版社，1999：109.

② ［美］费正清. 美国与中国［M］. 张理京，译. 北京：世界知识出版社，1999：53.

③ 中国民主同盟中央委员会. 费孝通论文化与文化自觉［M］. 北京：群言出版社，2005：529，530.

三、崇文

文者，《易》云："刚柔交错，天文也；文明以止，人文也。观乎天文，以察时变；观乎人文，以化成天下。"儒家经典《论语·雍也》曰："质胜文则野，文胜质则史，文质彬彬，然后君子。"文，就是识道义，能率众。中国传统，帝王或重要大臣去世后，要对其一生盖棺定论，由朝廷确定庙号或皇帝赐谥号，其中"文"是最高的肯定和赞颂。《训谥》云："道德博闻曰文；慈惠爱民曰文；愍民惠礼曰文……经邦定誉曰文；修德来远曰文；化成天下曰文；声教四讫曰文。"崇文，就是行中庸之道：中，谓之无过无不及；庸，平常也。孔子云："君子中庸，小人反中庸。""中庸其至矣乎，民鲜能久矣。"（《中庸》）中庸即为人处世保持中正平和，因时制宜、因物制宜、因事制宜、因地制宜。

中国传统中"文"的一个重要表现是礼仪。礼仪是通过程序化的言行和交流，寻求生存环境的规范化，降低环境中的陌生性，减少可能的不确定性。礼仪也可以说是一种文化包装，让社会生活有肃穆、温馨的感觉。礼仪具有可流行性和感染性，是风俗的核心部分，一旦被接受，就会成为社会文化中最显著、最持久的成分，成为文化辨识的显著标志。"客商"在南洋建祠庙、祭祖、宴请交友、社团活动、礼仪婚娶、筑屋族聚等，将中华传统礼仪带入南洋，为儒家文化在南洋的社会化起到了积极的推动作用。

文，不仅是修养，更是思想武器，是自信的基石，是自我发展的动力。罗香林说："客家父兄喜送子弟受新式教育，揣其用意大抵皆在保持体面，冀能借此得一官半职耀祖荣宗，然而结果则使固有宗法反给他们动摇着了。"[①] 这就是文化自觉意义上的传承与发展。因为，崇文会让人充满对知识的向往和对规则的重视，会自觉学习，适应竞争环境，不至于画地为牢、故步自封。

崇文，就是超越现实矛盾、探索发展共荣，是以同理心、同情心处理事务。这是商人最可贵的品质，是"言商必向儒"的"儒商"品质的反映，是儒家文化与现代工业文明融合的本质所在。李光耀等"客商"及其子弟的事业成功就是这种精神的体现。

费孝通认为，文化自觉是当今世界共同的时代要求。文化自觉指生活

① 罗香林.客家研究导论（外一种：客家源流考）[M].广州：广东人民出版社，2018：219.

在一定文化中的人对其文化有"自知之明",明白它的来历、形成过程、所具有的特色和发展趋向,然后加强文化转型的自主能力,适应环境变化,掌握文化发展的自主权。即"各美其美,美人之美,美美与共,天下大同"①。"客商"文化是在近代世界文化竞逐交变的环境中形成的,而且是在域外,是在不受本土政权控制的场域演化发展的。因此,研究"客商"文化,对于加强文化自觉、增强文化自信有积极的意义。

---

① 费孝通. 全球化与文化自觉:费孝通晚年文选 [M]. 北京:外语教学与研究出版社,2013:158 – 159.